U0476999

谨以此书献给我亲爱的父母!

本书系福建省教育厅2013年社科（A类）立项课题"中国文化与人文教育研究"的最终成果，批准文号：JA13515S。

梦山书系

中国传统人文教育思想

李清华 著

图书在版编目（CIP）数据

中国传统人文教育思想/李清华著．—福州：福建教育出版社，2015.2（2015.7重印）
ISBN 978-7-5334-6751-7

Ⅰ.①中… Ⅱ.①李… Ⅲ.①人文素质教育－教育思想－研究－中国　Ⅳ.①G40-012

中国版本图书馆CIP数据核字（2015）第011707号

中国传统人文教育思想
李清华　著

出版发行	海峡出版发行集团
	福建教育出版社
	（福州梦山路27号　邮编：350001　网址：www.fep.com.cn）
	编辑部电话：0591－83786908
	发行部电话：0591－83721876　87115073　010－62027445）
出 版 人	黄　旭
印　　刷	福州泰岳印刷广告有限公司
	（福州市鼓楼区白龙路5号　邮编：350003）
开　　本	720毫米×1000毫米　1/16
印　　张	18.75
字　　数	320千
插　　页	2
版　　次	2015年2月第1版　2015年7月第2次印刷
书　　号	ISBN 978-7-5334-6751-7
定　　价	45.00元

如发现本书印装质量问题，请向本社出版科（电话：0591－83726019）调换。

序

两年前，得知李清华在进行中国传统人文教育思想的研究，我当时就觉得这是一个值得探讨的题目。现在，这部专著终于问世，我感到一阵惊喜。

源远流长、博大精深的中国传统文化，蕴含着丰富的人文精神和人文教育思想，具有鲜明的人文性和伦理性。中国传统儒家文化在本质上是以家族伦理为核心，以伦理教化为特征的道德哲学。在社会人文教化中，强调以"仁、义、礼、智、信、孝、忠、勇"等伦理思想为核心价值观，提出了"仁者爱人、忠恕之道、见利思义、以诚待人、孝亲为大、和而不同、天理人欲"等道德规范，并从家族推及整个社会。中华传统文化中以文化人、以文育人的美德，沿袭了多少个世代春秋。如果能够以历史为主线，挖掘中国传统文化中这些菁华，必定为今天进一步弘扬人文精神提供巨大的精神正能量。

李清华的《中国传统人文教育思想》一书，以历史为经，构建了一个中国传统人文教育思想的价值体系。本书从远古夏商周起步，陆续剖析、研究了历史上人文教育思想的发展和变化：夏商周及《周易》、《诗经》人文教育思想的萌芽和形成；春秋战国时期儒、墨、道三家人文教育思想多元发展的状况；秦汉时期董仲舒、王充及《礼记》、《史记》体现出来的人文教育思想不断变化和发展的状况；魏晋南北朝的玄学、佛教及颜之推的人文教育思想；隋唐时期以韩愈、柳宗元为主的人文教育思想从发展走向鼎盛；宋元时期二程、朱熹及陆九渊人文教育思想达到高峰；明清之际王阳明、黄宗羲、顾炎武、王夫之、严复人文教育思想既有传承也有退缩的局面；民国时期以梁漱溟、熊十力、冯友兰、陶行知为主的人文教育思想的历史性转型。

可以说，这是一部历史线索清晰、材料充分、论述合理的著作。中国传统人文思想，是一座巨大的精神宝藏。如何从中耙梳出具有价值能量的人文教育思想，则需要下死功夫。李清华通过阅读大量的史料，条分缕析，不以堆砌代替思考，扎扎实实展开学术论述。这是一个学者对于历史的苦苦求索和追问。基于如此的努力，才完成了这样一部著作，我认为是相当不容易的。

中国传统人文教育思想隐含在庞大的纷繁的历史烟海中，是中国人文精神的价值核心。中华民族几千年来形成了一套完整的人文教育思想体系，这其中有发展，也有衰落；有中兴，也有萧条；有"学在官府"，也有"学在四夷"；有"百家争鸣"，也有"独尊儒术"；有"行仁义，法先王"，也有"兴文教，抑武事"……如此等等。但无论怎么看，中国传统人文教育主要还是儒家教育，是以道德人文主义教育为根本追求的，主张德智交修、以德驭智。这是中国传统人文教育思想的优良传统，也是中国人的教育理想。中国文化之所以一脉相承，其原因就在于不断阐发这个理想，也不断地为这个理想而奋斗。正因为这个理想永恒而高远，因此人文主义教育理想在实践中并非一帆风顺，古代如此，当代也是这样。所以，践行人文主义教育理想，完美自我，以化成天下，是人文教育者始终如一的追求。

钱穆认为，中国传统教育思想有其鲜明的特征，就是人文主义教育。中国人文主义教育是强调做人的教育，是成就人格的教育。这种人文主义教育从根本上不是独立于社会存在之外的，而是来源于中国历史文化的特殊精神。从钱穆的理解上看，如何看待中国传统文化与人文教育的关系？中国的传统文化里究竟有没有蕴含人文教育思想？蕴含多少？表现在什么地方？……这些问题肯定是中国传统人文教育思想的真命题，也是值得我们的人文学者去进一步深入挖掘的。

至少，我在李清华的这部专著中看到了他所作的努力。

既然，中国传统人文教育思想是一个真命题，就可能为我们留下更多的探索空间。希望李清华从这本书出发，持之以恒，对此作出更加深入的研究。

是为序。

杨健民

2015年1月7日

（杨健民：东南学术杂志社社长、总编辑、研究员）

目 录

绪 论 1

第一章 远古夏商西周：人文之化成

一、时代背景 5
二、远古：生活即教育，言传身教 9
三、夏朝：听天由命，敬天尊祖 12
四、商朝：尊神重孝，敬事鬼神 13
五、西周：以德配天，敬德保民 15
六、《周易》：自强不息，厚德载物 16
七、《诗经》：乐而不淫，哀而不伤 26

第二章 春秋战国：人文之滥觞

一、时代背景 34
二、人文教育思想概述 35
三、儒家：仁者爱人，修身成人 38
四、墨家：兼相爱，交相利 47
五、道家：无为而治，以道化民 63

第三章 秦汉：人文之流变

一、时代背景 83
二、人文教育思想概述 86
三、董仲舒：天人合一，独尊儒术 90
四、王充：人死无知，不以为鬼 96

五、《礼记》：以礼化民，礼中见孝 …………………………………… 101

六、《史记》：究天人之际，通古今之变 ……………………………… 116

第四章　魏晋南北朝：人文之自觉

一、时代背景 ……………………………………………………………… 125

二、人文教育思想概述 …………………………………………………… 127

三、魏晋玄学：崇尚自然，以无为本 …………………………………… 130

四、魏晋佛教：自觉自悟，自修成人 …………………………………… 133

五、颜之推：教人诚孝，端正家风 ……………………………………… 134

第五章　隋唐：人文之恢弘

一、时代背景 ……………………………………………………………… 143

二、人文教育思想概述 …………………………………………………… 147

三、韩愈：顺性克情，尊师重道 ………………………………………… 151

四、柳宗元：吏为民役，以德安民 ……………………………………… 160

第六章　宋元：人文之大成

一、时代背景 ……………………………………………………………… 169

二、人文教育思想概述 …………………………………………………… 174

三、程颢和程颐：重义轻利，义利兼顾 ………………………………… 178

四、朱熹：格物致知，居敬存养 ………………………………………… 189

五、陆九渊：存心养心，辨志明义 ……………………………………… 200

第七章　明朝：人文之延续

一、时代背景 ……………………………………………………………… 210

二、人文教育思想概述 …………………………………………………… 212

三、王阳明：正心诚意，致其良知 ·················· **226**

第八章　清朝：人文之退缩

一、时代背景 ································· **232**
二、人文教育思想概述 ························· **235**
三、黄宗羲：以天下之利为利，以天下之害为害 ······ **238**
四、顾炎武：博学于文，行己有耻 ················ **242**
五、王夫之：理欲皆性，理欲合性 ················ **245**
六、严复：两利为利，独利不为利 ················ **247**

第九章　民国：人文之转型

一、时代背景 ································· **254**
二、人文教育思想概述 ························· **257**
三、梁漱溟：理性为体，本能为用 ················ **264**
四、熊十力：仁者本心，体用不二 ················ **269**
五、冯友兰：知觉灵明，尽心尽性 ················ **273**
六、陶行知：爱满天下，教人求真 ················ **284**

主要参考文献 ································· **290**
后　记 ······································· **293**

绪　论

习近平总书记强调指出，把培育和弘扬社会主义核心价值观作为凝魂聚气、强基固本的基础工程，继承和发扬中华优秀传统文化和传统美德，广泛开展社会主义核心价值观宣传教育，积极引导人们讲道德、尊道德、守道德，追求高尚的道德理想，不断夯实中国特色社会主义的思想道德基础。他强调，核心价值观是文化软实力的灵魂、文化软实力建设的重点。因此，培育和弘扬社会主义核心价值观必须以中华优秀传统文化为立足点，努力营造良好的社会人文教育氛围。

2014年3月26日，教育部印发了《完善中华优秀传统文化教育指导纲要》。《纲要》强调，在学校课程建设和课程标准修订中强化中华优秀传统文化内容，进一步丰富中小学德育课和高校思想政治理论课的教学内容，提升教学效果。目前教育部正在启动修订高中阶段课程标准，将把加强中华优秀传统文化教育列入修订内容之中，小学至初中阶段的课标修订工作也会适时启动。同时，在中考、高考升学考试中，在中小学教师资格考试中，将增加中华优秀传统文化的比重，并将中华优秀传统文化教育纳入课程实施和教材使用的督导范围，定期开展评估和督导工作。在高等教育中，鼓励有条件的高校统一开设中华优秀传统文化必修课，拓宽中华优秀传统文化选修课覆盖面。在教育内容上，《纲要》指出，加强对青少年学生进行中华优秀传统文化教育，要以弘扬爱国主义精神为核心，开展以"天下兴亡，匹夫有责"为重点的家国情怀教育；以"仁爱共济，立己达人"为重点的社会关爱教育；以"正心笃志，崇德弘毅"为重点的人格修养教育，着力培养青少年学生的爱国情怀和健全人格。在小学低年级，以培育学生对中华优秀传统文化的亲切感为重点，开展启蒙教育，培养学生热爱中华优秀传统文化的感情。在小学高年级，以提高学生对中华优秀传统文化的感受力为重点，开展认知教育，了解中华优秀传统文化的丰富多彩。在初中阶段，以增强学生对中华优秀传统文化的理解力为重点，提高对中华优秀传统文化的认同度，引导学生认识我国作为统一多民族国家的文化传统和基本国情。在高中阶段，以增强学生对中华优秀传统文化的理性认识为重点，引导学生感悟中华优秀传统文化的精神内涵，增强学生对中华优秀传统文化的自信心。在大学阶段，以提高学生对中华优秀传统文化的自主学习和探究能力为重点，培养学生的文化创新意识，增强学生传承弘扬中华优秀传统文化的责任感和使命感。这是从源头上净化民心民风，培育新一代的社会公民。

"文化"二字源于《周易》。《周易·贲卦》中说："刚柔交错，天文也。文明以止，人文也。观乎天文，以察时变；观乎人文，以化成天下。"在中国古代，"文化"本指"文治教化"，是与武力征伐相对而言。西汉刘向在《说苑·指武》中说："凡武之兴，为不服也；文化不改，然后加诛。"他将"文化"作为一个独立的概念来用，才真正出现"文化"这个词。在《辞海》中，文化从广义上说，指人类社会历史发展过程中所创造的全部物质财富和精神财富的总和。从狭义上说，指社会的意识形态，以及与之相适应的制度和组织机构，主要是指人类精神活动创造的成果。所以，从"文化"的内涵来看，"文化"的实质就是"人化"，就是"以文化人，以文育人"，主要指人类在改造自然和社会活动的过程中，创造出来的物质产物和精神产物对人类自身的教化作用。

学术界对"中国传统文化"时间的界定存在不同的看法。有的学者认为，"中国传统文化"指周秦到清中叶这三千多年时间里，中华民族创造的文化；有的学者认为，这是指从远古一直到现在，中华民族创造的文化；有的学者认为，是指远古至清晚期以前，中华民族创造的文化。在本书中，笔者将"中国传统文化"的时间界定为从远古到近现代新儒学，传统文化的内涵不仅包括中国封建社会及之前的所有传统文化，而且包括近代文化和"五四"运动以后的新文化，并从中探讨中国人文教育思想内容的演变和发展过程。

"人文"泛指人类社会的各种文化现象。"人文教育"的内涵在于注重教育对象的价值取向和人格完善,主要是培养人正确的人生观、价值观和世界观,理解人之所以为人的意义和态度,践行做人之道,实现人格的健全和谐。人文教育的目标是培养人的人文素养,就是通过人文科学知识的传授、环境的熏陶,使之内化为人的人格、气质和修养,成为人内在相对稳定的品格,体现在一个人对自己、对他人、对社会的认识、态度和行为准则之中。因此,人文教育和科学教育应当并重,应当都成为现代教育的重要组成部分。所以,"人文教育思想"就是以人类创造的文化为基础,以文化中所蕴涵的人文精神为中心,对当代人及后代人的思想行为、道德品质和道德实践产生影响和作用的文化思想。

中华传统文化源远流长、博大精深,特别是中华优秀传统文化和传统美德,积淀着中华民族最深层的人文精神,蕴涵着丰富的社会人文教育思想,是中华民族生生不息、立于不败之地和不断繁荣发展的精神动力和源泉。《周易》中首次出现的"人文"二字,其作用是"化成天下",其境界是"文明以止"。因此,如果抛弃中华优秀传统文化,就是丢掉中华民族的根本,就是割断中华民族的精神命脉。所以,在社会人文教化中,只有从娃娃抓起、从学校教育抓起,让优秀传统文化进教材、进课堂、进头脑,用中华优秀传统文化的精髓来培育学生的思想品德,以文化人、以文育人,才能牢固树立社会主义核心价值观;才能增强中华民族文化自信和价值观自信;才能使社会主义核心价值观内化为人们的精神追求,外化为人们的自觉行动。中华优秀传统文化讲仁爱、重民本、守诚信、崇正义、尚和合、求大同等,与社会主义核心价值观息息相通,是涵养社会主义核心价值观的丰厚滋养。因此,在培育社会主义核心价值观的过程中,必须将中华优秀传统文化融入社会教育、学校教育、家庭教育中去,在人们的学习、生活和工作中,不断熏陶净化人们的心灵,不断培育人们高尚的道德情操,推动人们在为家庭谋幸福、为他人送温暖、为社会作贡献的过程中,实践社会主义核心价值观。

同时,中国传统文化是以儒家文化为主流、为核心内容的文化。儒家文化是以家庭为中心,以家族伦理教化为内容,注重在家庭教育中培育人的健全人格和道德品质。并且,儒家在家庭教育中强调"孝",认为家族成员只有具备"孝"的品质,将来才能为社会和国家作贡献。所以,儒家文化在中国优秀传统文化中占有重要的地位,儒家人文教育思想成为中国人文教育思想的主流，在社会人文教化中发挥着重要的作用。梁启超认为："儒家哲学，不算中国文化全体；但是若把儒家抽去，中国文化恐怕没有什么东西了。中华民族之所以存在，因为中国文化存在；而中国文化离不了儒家。"① 这也说明了中国封建社会延续时间之长和中国传统文化之所以能够不断传承发展，其主要因素在于儒家文化发挥了重要的引领作用。

---

① 梁启超：《儒家哲学》，载于梁启超《清代学术概论》，江苏文艺出版社2007年版，第110页。

第一章 远古夏商西周：人文之化成

一、时代背景

中国是世界文明古国之一，也是人类起源和发展的摇篮之一。中国文化博大精深，蕴含在文化中的人文精神丰富多彩。中国远古时期关于燧人氏钻木取火、伏羲氏画八卦、神农氏尝百草等传说，集中体现了中国原始社会全盛时期的历史特征，是中国传统文化不断发展和进步的根与源。同时，经过夏商西周三代文化的不断发展，中国人文教育思想开始初见端倪。

在姓氏文化中，中国古代有严格的区分。在《说文解字》中说："姓，人所生也。古之神圣母感天而生子，故称天子。从女、从生，生亦声。春秋传曰：天子因生以赐姓。"[①] 从古代的"姓"中，反映了中华民族重血缘关系，并且，最初的血缘关系是由女性来确定，反映了母系氏族公社时期姓氏文化的情况。同时，在婚姻文化中，中国古代很早就有"同姓不婚"的严格限制，说明古代一个姓就是一个氏族，也是一个通婚单位。但随着人口的不断增多，一个母系氏族会繁衍出多个的女儿氏族和孙女儿氏族，这些新的近亲氏族的血缘关系保持不变。因此，这种"同姓不婚"的婚配限制范围就不断扩大，原来作为一个氏族标志的"姓"扩大成为这些近亲氏族的共同标志，由一个姓扩大成为代表一个部落。在同一部落内的各个氏族必须各有新的标志，这就是"氏"。由此可见，在中国古代"同姓不婚"的姓氏文化中，朦胧反映了近亲不宜通婚的科学依据，为中国人文教育思想的形成和发展奠定基础。

母系氏族公社是以农业生产为主，大约处于旧石器时代晚期和新石器时

[①] 《说文解字》第十二下女部。

代早中期，反映了当时经济生活的繁荣，同时也为文化的创造提供了条件。新石器时代中期，在河南渑池发现的仰韶文化，反映了我国母系氏族公社的繁荣，蕴含了丰富多彩的人文精神，为中华民族文化的不断发展奠定了扎实的基础。父系氏族公社确立以后，父权家长制家庭逐渐成为社会的基层组织，随着私有制的不断发展，出现了贫富差距，引起了阶级分化，最后导致了野蛮时代向文明时代过渡。

文学是文化中的重要组成部分，原始人类在劳动中创造了最初的文学。在上古文学中，古代神话传说是中国文化发展不可或缺的一个重要组成部分，反映了中国古代文化的社会价值和人文价值。在古代神话传说中出现的许多英雄人物，像伏羲、神农、黄帝、嫘祖、仓颉等，都集中反映了神话的积极意义和社会人文教化的价值。《淮南子》中记载的女娲补天、后羿射日等神话传说，反映了中国原始人类敢于同自然灾害作斗争的伟大精神，塑造了女娲和后羿这样具有人文精神、勇于营救苍生、为民除害的英雄形象，反映了原始人类那种最原始、最朴素的人文精神和人文情怀。同时，在社会人文教化中，古代神话总是以一种积极、浪漫的情怀，用新奇奔放的幻想，启发人们的想象力，塑造人们美好的心灵，为浪漫主义文学的萌芽奠定了基础，提供了丰富多彩的文学题材和形象生动的艺术形象，激励着人们用乐观主义的态度去面对社会现实，激励人们努力追求美好的生活，这对民众的心灵起到了净化的作用，也是远古人文教育的朴素表现。

同时，原始人类不但创造了神话，而且也创造了原始宗教文化，这同样属于文学艺术的创造。原始人类通过创造宗教文化，把自己在生产生活中的经验、情感和幻想转化为形象的意象。但在阶级社会，宗教又被统治阶级所利用，用作统治民众的工具，为剥削阶级服务，带有迷信的色彩。特别是当时掌管占卜、从事宗教迷信活动的"巫师"开始出现，这是中国宗教文化的奇特开端。所以，神话传说与宗教迷信虽然都属于远古文化的范畴，但二者所体现出来的人文教育意义却是迥然不同，有着本质的区别，在社会人文教育中产生的作用也是不同的。

公元前二十一世纪，禹在治水中得到部落成员的支持和拥戴，因而，顺理成章地被拥戴为"夏后氏"，成为诸夏之族的最高首领，建立了夏朝。禹的儿子继承王位后，打破了原始社会的"禅让制"，正式确定了世袭制度。从此，中国历史开启了漫长的"家天下"的局面，为后世儒家提出的"普天之下，莫非王土；率土之滨，莫非王臣"的教化理论提供了依据。

夏朝是建立在原始公社制度的废墟上的，父权家长制是夏朝奴隶制国家世袭王权和世袭贵族得以发展的基础。在父权制和奴隶制取得合法化以后，原来氏族部落的首领就成为一邦之"君"，"邦君"所属的父权家长也就自然成为世袭的贵族，担任邦国的官尹。邦国之内的全部田地归邦君所有，邦国之内的各级贵族又建立了自己的"家"，分有一部分田地，以役使奴隶耕作为主，这样，夏朝奴隶制国家的经济基础就建立起来了。同时，在众多邦国之上，又建立了统治全国的夏朝，形成了王室有"天下"，诸侯有"国"，大夫有"家"的奴隶制国家的组织形式。而从事田间耕作的奴隶统称为"民"，包括：黎民、平民或庶民、庶人等，他们要受到各级贵族的剥削和奴役。这样，奴隶制国家开始出现了阶级分化。夏朝奴隶制国家的建立，标志着原始社会由"天下为公"的"大同"之世开始向"天下为家"的"小康"之世转变。这一社会大变革，不但为中华民族的文化发展奠定了基础，而且也为社会人文教育思想定下了基调，特别是儒家人文教育思想的核心，就是以维护"天下为家"为根本宗旨。

商朝是中国奴隶社会的发展时期，商汤建立政权后，不断向四方征伐，不断开拓疆土，所以越来越多的周边部落前来朝贡，加速了周边地区经济和文化的发展。商汤以后，由太甲到太戊，商朝社会经济和文化得到巩固和发展。盘庚迁都后，社会经济和文化得到进一步的发展。到武丁继位后，他任用傅说为相，进行深层次的政治改革，得到了贵族和平民的大力支持和拥护，使商代的政治、经济和文化的发展达到了全盛，各地民众相互融合，始终保持着密切的联系，共同创造了商代灿烂的文化，在社会人文教化中产生了一定的影响。

西周是中国历史上第三个奴隶制王朝，在社会人文教化中，周朝不断加强宗法制度，成为中国奴隶社会的基本政治制度，形成了中国古代宗法制度文化，对人们的思想起到了潜移默化的影响和作用，是中国古代社会人文教育思想的重要组成部分，在人们的心里形成了根深蒂固的等级观念和贫贱富贵的心理认同感。宗法制度不但具有人文教育作用，同时，又有为统治者服务的消极一面。

西周初期，周公主持制定了"周礼"。礼乐制度的实行，反映了奴隶制森严的等级制度，并广泛地应用于社会政治的各个方面。一方面使人恪守符合等级观念的各种规范典则；另一方面又体现了周朝的文明程度。礼乐制度的广泛实行，在当时及后世产生了深远的影响，同时也是周朝社会人文教育内容的一个重要体现，反映了西周奴隶制王朝发展的鼎盛。

自周天子以下的各级贵族，各自有不同的政治地位和经济特权，形成了周朝奴隶制国家的政治体制。各级奴隶主贵族必须牢固树立"尊祖"的思想观念，同时各级的"小宗"必须团结在周天子的周围，对周天子要怀着无比崇敬的态度。因此，"尊祖"和"敬宗"成为维护周朝宗法制度的基本信条。周朝为了保证礼法制度的贯彻实施，又必须依靠政令刑罚等强制手段来保障，对广大民众进行有效的统治。所以，当周朝走向礼崩乐坏时，孔子极力主张"正名"，就是想从确定名分的角度入手，来求得周朝社会政治的稳定，以巩固奴隶制的等级制度。

可见，夏、商、西周三代文化的发展是中国文明的发端。"三代创造了辉煌的奴隶文化，是中国文化史上承前启后的里程碑。在西周奴隶制经济的兴盛时期，无论是物质文化还是精神文化，都达到了当时世界的先进水平。三代文化对后世的影响是全面而深刻的，春秋战国时代的诸子百家，极少不受三代文化的影响，儒家与周孔、道家与《周易》更有一脉相承、难以分割的联系。"[①]

《周易》是三代文化中的重要组成部分。根据传说，《周易》大约成书于商周之际，伏羲氏画八卦，周文王被商王纣囚禁在羑里时，把八卦演化为六十四卦，并写出卦辞和爻辞，即《易经》；孔子作《易传》，《易经》和《易传》合称为《周易》。《周易》原本是一部占卜书，是对卜筮的解释，而在深层次上却是对天道、地道、人道变化规律的探索，是中国古代生产和生活经验的总结，它的核心思想就是主张自然界的一切事物都处于矛盾运动之中，并在阴、阳的相互作用中向前发展，含有辩证法和古代朴素唯物主义思想，但未能摆脱神学思想的体系。《周易》是中国最古老的哲学著作，同时也是中国人文教化思想的重要源头之一。诸子百家都从《周易》中吸取营养，从而

---

① 余国瑞主编：《中国文化历程》，东南大学出版社 2004 年版，第 37 页。

创立了儒、墨、道、法等各学派。《周易》的思想内容博大精深，玄奥神妙，蕴含着丰富的社会人文教育思想。

《诗经》的思想性和艺术性都达到了很高的水平，在中国乃至世界文化史上具有重要的地位。特别是在国风民歌中所表现的"饥者歌其食，劳者歌其事"的现实主义表现手法和人文精神，对后世文学创作产生深远的影响，促使诗人、作家自觉主动去关心国家兴衰和人民疾苦，闪烁着人本主义教育思想的光辉，具有很高的人文教育价值。

总而言之，远古及夏商西周三代在历史进程中创造的灿烂文化，具有划时代的意义和价值，为中国人文教育思想的不断发展奠定了扎实的基础。

二、远古：生活即教育，言传身教

大量考古研究表明，大约在公元前 200 万年，在黄河及长江中下游地区就出现了人类。自从有了人类，就有了社会人文教育活动。只有不断地进行社会人文教化，才能不断地推进社会历史的前进。因此，人文教育活动在原始社会早期的人群中是普遍存在的。这时期，社会人文教育思想的发展相当缓慢，并且是相当低级和幼稚的。但在氏族公社时期，社会人文教育活动的内容相对丰富起来，到了氏族公社晚期，教育机构开始萌芽，有力地促进了社会人文教育思想的不断发展。

在原始社会早期，由于生产力水平极端低下，早期原始人群的生活环境十分艰难，只有依靠群体的力量，使用简单粗糙的石制工具，才能从自然界获取生活资料。所以，这时期的人文教育思想体现为一种简单朴素的生活教育形式，只是在生活中把制造和使用工具的经验和方法，毫无保留地传授给年轻的部落成员，并教育他们只有依靠群体的力量才能战胜自然和凶猛的野兽，从而培养起一种最朴素的合作精神和团结精神。

因此，早期人类的人文教育活动，都是在生活实践的过程中进行，主要采用言传与身教的方式进行教育。这种教育方式，简单易学，并从中体现了年长者对年幼者培育和关爱的人文精神。年轻人只有经过部落年长者手把手的传授、教育和影响，才能适应社会生活。总之，早期人类这种看似简单的言传身教的教育，主要是关注人的共同生存，培养人的合作精神，反映了最原始、最朴素的人文关怀，是社会人文教育的开端，是名副其实的"生活即教育"。

母系氏族公社时期，人类在社会生产过程中积累的经验和技术，主要通过母传女，舅传甥来实现。而在父系氏族公社时期，主要是通过父传子，子传孙来实现的。在生产过程中，部落成员之间的这种言传身教的教育关系，培养了氏族成员的集体意识和社会责任感，也使血缘、亲缘关系不断得到加强，成员之间的情感牢固地建立起来，为培养华夏民族共同体的团结意识打下了扎实的基础。

由于当时农业得到很大的发展，生活有了一定的保障，氏族成员开始过上定居的生活。在日常生活中，氏族公社经常举行氏族会议，或举办一些敬天祭神的宗教活动，以及年成好时，举办庆祝丰收的吉庆活动等。氏族公社通过这些活动对氏族成员进行生活习俗及思想教育。教育的主要内容是培养氏族成员的集体意识和公有意识，体现了"大公无私"的人文教育思想。同时，在人文教育中，也警示氏族成员若做出损人利己、损公肥私的行为必将受到大家的谴责和唾弃。可见，在原始社会的共产主义阶段，社会人文教育主要是通过活动对氏族成员进行教育，对氏族成员产生潜移默化的影响，使整个氏族成员的思想觉悟得到提高，从而净化部落成员的心灵，消除私心杂念。

在社会人文教育中，氏族公社在不自觉中建立了原始的民主制度。氏族首领由氏族成年人通过氏族会议民主选举产生，他们有选举和被选举的民主权利。选举氏族首领的目标和依据是"勤劳勇敢、经验丰富、能力卓越、受氏族成员爱戴的人担任氏族长"。[1] 这样，在原始社会形成了一种崇尚英雄人物、敬重德才双馨人才的社会人文氛围。且经氏族民主会议选拔出来的氏族首领，就必须全心全意、尽心尽力地为全体氏族成员服务。同时，在召开民主集会时，成年男女都有权参加会议，并在会议上讨论表决一切事情，而未成年的男女允许他们旁听列席会议，从小感受民主的氛围，从小接受民主精神教育，从小牢固树立民主的意识。这是中国民主制度在氏族公社时期得到最纯朴的体现，是中国民主思想在氏族公社时期得到最纯真、最无私、最民

---

[1] 孙培青主编：《中国教育史》，华东师范大学出版社2003年版，第4页。

主的表现。因此,可以说这时期是中国社会人文教育思想最灿烂、最辉煌、最让人羡慕的一个时期。

总之,在这一时期,中国人文教育的特征是:一是教育没有阶段性,男女教育机会均等,人人都有受教育的权利;二是教育的主要内容是传授生产经验、劳动技能、社会生活常识等;三是教育的主要途径是通过生产劳动和社会生活实践来进行,没有专门人员和专门机构;四是妇女、老年人是社会主要的教育者,教育的主要方式、方法是口耳接受,观察模仿。① 实现人文教育的目标是培养具有社会责任感、能承担社会责任、具有爱心和大公无私精神的氏族成员。

父系氏族公社时期,由于社会生产力的不断发展和提高,农业成为社会经济发展的主要支柱,手工业从农业中分离出来。社会开始出现剩余产品,促使私有制进一步发展,加剧了社会的阶级分化,同时推动着教育的不断发展和变化。原来的氏族首领不但占有剩余产品和拥有权力,而且也垄断了文化教育,使之成为巩固自己显贵地位的重要工具。这样,教育也从原来人人都可以平等接受教育的状态,逐渐分化成培养劳心者的专门教育和培养劳力者的社会教育两种类型,教育开始出现了等级差别,这种差别在社会人文教育中形成了劳心者与劳力者的不同人文精神,在劳心者和劳力者的心理潜意识中,形成了社会地位的差别,形成了不同的社会等级。这种人文教育的开端,为以后儒家提出的"万般皆下品,唯有读书高"的社会阶层分化埋下了伏笔,为造就统治者和被统治者从思想意识上作了铺垫。中国社会人文教育思想从原始大公无私的自然境界开始向功利境界转变。

在父系氏族公社时期,随着男子社会地位的提高,父权制代替了母权制,一夫一妻的个体家庭成为社会的基本单位,私有财产由子女继承。为了维护父权制和私有财产的继承权,在社会人文教育中,强调孝道教育,"孝"成为社会道德教育的新内容,要求子女从小要养成孝敬父母的心理品格,对父母要敬重,要做到敬孝,这才是一个人成人成才和有权继承父母私有财产的资格和前提。因此,孝是社会人文教育思想的新内容,并一直传承下来。并且,在社会人文教育中,开始宣扬天尊地卑的思想观念,在部落成员的心里形成

---

① 黄仁贤编著:《中国教育史》,福建人民出版社2003年版,第4—5页。

等级秩序和道德规范，并使他们在心里认同、服从这种用天意来解释的等级秩序和道德规范，以利于氏族首领对氏族成员的管理和统治。在强调礼乐的教育中，将氏族成员教化成具有"直而温，宽而栗，刚而无虐，简而无傲"的人，以符合当时社会发展的需要。

父系氏族公社时期，由于教育的性质和教化的目的发生了变化、迁移，所以对氏族成员灌输了少数人获利和拥有特权的合法性，从而改变了以前教化年轻人权利和义务对等性的道德观念，因此，这种人文教化必然遭到氏族年青成员的抵触，不为他们所认同。这样，在实施社会教化时，开始辅以强制的手段，体罚教育开始出现，对于不勤奋学习、不重视学业的人，实行"挞其背"及"罚其体而警其心"的教育方式，使社会人文教育思想开始蒙上了功利的色彩，使受教育者的身心未能自然纯净地发展，人的个性开始受到压制。

由此可见，中国社会人文教育思想开始从原始的自然状态进入带有阶级色彩和功利的教化目的中，社会人文教育对人心的净化和影响开始出现扭曲和偏离。在人文教育中，改变了人的本心，这是社会人文教育思想发挥作用的第一次倒退，人心开始埋下了自私自利、自高自大的种子，人性开始在善恶之间徘徊，人心开始变得复杂和不安。人类社会开始在真、善、美与假、恶、丑的不断矛盾和斗争中向前发展，这为原始社会进入奴隶社会做了社会心理上的准备。同时，中国社会人文教育思想也开始从原始社会的简单、纯真、朴实的阶段开始经历复杂、多变、曲折、扭曲的发展过程。尽管如此，但就整个社会的进程来看，仍是一大进步。人类从原始野蛮、受自然束缚的低级自由、民主、平等、公平的状态中逐步解放出来，进入由人类自身主宰和支配的相对比较高级的文明社会，人类由自然的奴隶进入王的奴隶，这虽然破坏了远古时代低级的社会结构，但却使社会人文教化思想不断向文明发展，标志着人类社会的进步。

三、夏朝：听天由命，敬天尊祖

中国从原始社会向夏、商、西周奴隶社会的跨越，经过了漫长的历程，人类社会也由野蛮时期进入文明时代，整个社会的文化也随之发生了质的变化。血缘文化是中国文化中的一个重要组成部分。中国文化在夏、商、西周期间，经历了由神本文化向民本文化的逐渐过渡。中华民族在对自然宇宙的不断探索思考中，开始从原始时期的顶礼膜拜中逐步解脱出来，比较理智地看待天、地、人之间的关系，从而使中国文化的发展逐步走向成熟。经历了由夏代的"蠢而愚，乔而野，朴而不文"，到商代的"荡而不静，胜而无耻"，再到周代的"利而巧，文而不惭，贼而蔽"的发展过程。（《礼记·表记》）

夏代在向奴隶社会的过渡中，还没有完全摆脱原始社会野蛮蒙昧的特点。同时，在当时生产力水平十分低下、社会物质财富十分匮乏、对自然界的天灾人祸等自然现象还无法认识和理解的情况下，夏代在社会人文教化中，表现出"听天由命、顺其自然"的教化状态。因此，夏代的"尊命"教化思想对后世的儒、道两家都产生了重大的影响。儒家在社会人文教育中，强调对君王要"忠"，君臣、父子、长幼、夫妻等之间要讲究"礼"，因此，儒家强调并重视夏代"朴而不文"的政令和礼仪文化，认为夏礼是周礼的源头。而道家认为，夏代政令简约，礼俗古朴，希望社会回归夏代"乔而野"的原始自然状态，以实现"无为而无不为"的理想状态中。

总而言之，夏代"尊命"的社会人文教育思想，反映了当时人们对大自然表现出一种无可奈何的生命状态，一切只好顺应自然、听天由命，这是中国奴隶社会初期人文教化思想的主旋律。因此，夏代在社会人文教育中，除了为巩固奴隶制统治基础而重视"为政尚武"外，另一重要的教育内容就是宗教教育，对民众进行以"敬天尊祖"为中心的人文教育，以及在处理人与人之间的关系时，进行人伦道德教育。《孟子·滕文公上》中记载，古代学校的共同教育任务就是"皆所以明人伦也"，说明夏代的庠序学校以"人伦道德教育"作为学校人文教育的重要内容。后来朱熹解释"明人伦"的含义，就是要在现实生活中实现"父子有亲、君臣有义、夫妇有别、长幼有序、朋友有信"的人文教育目标。

四、商朝：尊神重孝，敬事鬼神

在社会人文教化中，商朝奴隶主贵族已自觉形成强烈的宗教意识，自觉地崇尚鬼神。因此，尊神、尚鬼、重巫成为殷商文化的显著特征，表明巫史文化进入繁荣期。《礼记·表记》中说："殷人尊神，率民以事神，先鬼而后礼。"商代人敬鬼神的目的是趋利避害，祈福免祸。同时，他们也极端崇拜祖先，认为祖先是至高无上的上帝。因此，商代人事无巨细，都要占卜，乞求神的旨意。所以，商代人建立一整套"敬事鬼神"的文化，其终极目标是为巩固奴隶主贵族的统治服务。这些从事敬事鬼神活动的专职人员是当时的文化人，称为"巫史"，他们是当时社会人文教育的主要参与者和主导者。因此，敬事鬼神成为商代文化人文教育思想的一个重要特点。在社会人文教育中，商代人表现出不甘屈服于命运的一种自主有为的思想，与夏代消极无为、听天由命、顺其自然的社会人文教育思想相比是一大进步。但由于形成过分迷信鬼神的社会氛围，也给整个社会的人文教育带来许多消极的影响，甚至这种影响是深远的。同时，在一定程度上约束了中国文化的发展方向。商代人既崇拜天神，又崇拜祖先及迷信鬼神，商代成为中国神本文化最为浓厚的时代，频繁的祭祀也成为商代巫史文化最为突出的特征。

在商代"敬事鬼神"文化氛围的影响下，商代社会人文教育的目标是培养"尊神重孝，勇敢善战"的贵族子弟，使他们成为将来的统治者。在奴隶社会，受教育是奴隶主贵族的特权，同时，对贵族子弟进行思想教育和军事训练是人文教育的重要内容。奴隶主贵族为了加强和巩固统治的需要，把"尊神"和"孝祖"提到同等重要的位置。因此，在人文教化中，把"孝"作为处世的基本道德准则，只有遵守孝道才能继承王位，不守孝道会受到制裁。因此，商王要作孝的榜样。史书《尚书·太甲》记载，太甲由于不守居丧之礼，被放逐到桐去反省。伊尹教训他要做到"奉先思孝"，时刻不忘祖宗的恩德。在商代，"孝"被规定为社会道德准则，成为社会人文教育的中心内容，以培养贵族子弟的孝心。同时，礼乐教育也是商代社会人文教育的另一重要内容。殷人迷信鬼神，在经常举行的祭祀活动中，都有礼仪和音乐。在这种祭祀的仪式中，寄寓着对祖先的崇拜和敬畏，表明生命血缘的传承和价值，表明对民族血脉和文化血脉的认同，在人们的意识中，强化血缘亲情的远近亲疏的差别。因此，贵族青年必须在接受礼乐的教育和熏陶后，才能参与祭祀活动，体现出"以乐造士"的人文教育特点。用礼仪和音乐来教化贵族青年，净化他们的心灵和思想，培养他们的审美情趣和气质，为奴隶主贵族培养接班人服务。总之，商代社会人文教育思想是中国古代一份宝贵的文化遗产，西周时期的人文教育思想就是在此基础上进一步发展起来的。

五、西周：以德配天，敬德保民

中国文化是早熟的文化，中国人本主义和理性主义思想大约萌生于西周至春秋、战国时期，在中国人文教育史上延续几千年而不绝，成为中国人文教育思想的重要特色。西周统治者在吸取商朝灭亡的历史教训中，看到促使其灭亡的社会民众的强大力量。因此，西周统治者在反省中，认识到"天命靡常"的道理，提出"以德配天"、"敬德保民"的教化思想。西周统治者社会人文教化思想的转变，标志着中国古代文化由神本文化开始向民本文化嬗变，同时也决定了中国文化和人文教育思想的发展方向。

西周统治者认为"敬德保民"的最高境界就是要做到"宜民宜人"，即"形成了既要对民宽厚、惠民保民，又要慎重刑罚，才能使政权得到巩固，确保安定国家的以'敬德保民'为特色的民本主义思想体系。这种思想不仅是周人对殷人'尚鬼'思想的一种反叛，而且是巫史文化由盛而衰，中国自然宗教向伦理宗教转型的理论基石"。[①] 西周统治者在实行"宜民宜人"的统治中，进一步提出了"尊礼尚德"的教化主张。这种教化思想的产生，是由于在长期的阶级斗争中，以及在商代取代夏代、周朝取代商朝的历史现实中，促使周统治者深刻地认识到"小民难保"的道理，在维护"天命"的前提下，强调重视民众的重要性，提出"顺乎天而应乎人"的教化主张，也就是既要顺从天意，又要取得民心，最终才能维持巩固"天命"，即巩固周王朝的长治久安。

同时，西周统治者在教化中提出要以商纣王为借鉴，加强自身内在的品德教育，克制自己的非分情欲，才能真正实现"受天之命而王天下"的目标。因此，周朝提出的"尊礼"已不再像夏商单纯限于占卜、祭祀及人际来往之礼，礼的外延已扩大到社会政治、经济、文化及人们日常生活的方方面面，并成为社会的制度和规范。"礼"体现的是周朝的制度文化；而"尚德"体现的是周朝的思想文化。所以，在周朝的社会人文教育中，强调"明德"，这是

[①] 吴存浩、于云瀚著：《中国文化史略》，河南文艺出版社2004年版，第100页。

对人的思想的统一和规范。"明德"就是要明白"德"的基本含义,也就是"人对道的要义经过接触、体悟、模仿而最终获得。人们接触、认识了道,内得于己,外施于人,便称之为德。古代的道与德,分别表示我们今天说的客观的道德规范与主观的道德品质"。① 这样,周朝一方面在吸取商代覆灭的历史教训,在扭转、清算商代后期统治者骄奢淫逸又惨无人道的统治;另一方面,又实行"敬德保民"、"以德治天下"的"德治"政策,从此奠定了中国文化向人本主义和理性主义发展的大方向。

因此,中国文化中的道德理想主义,就是建立在周朝自觉的以人为本的民本主义价值观的基础上。在社会人文教化中,"儒家文化将人生视为人在道德修养上'苟日新、日日新、又日新'的不断自我完善的实现过程,把'成圣贤'规定为人生理想和终极目标,从而给人生赋予一种永恒、崇高的价值和意义"。② 可见,中国传统文化在人文教育中,充分肯定了人性的道德尊严与崇高,把道德理想和现实生活统一起来,要求民众从个体的理想道德实践出发,做到"修身、齐家、治国、平天下"的目标,由己及人,做一番经世济民的伟大事业,从而实现人生的真谛和意义。同时,也在人的心理和情感上获得一种内在的自我超越,在人文精神中富有强烈的积极入世的人文意识。《论语》中说:"如有博施于民而能济众,何如?可谓仁乎?子曰:何事于仁,必也圣乎?"(《论语·雍也》)表明的就是这种社会人文教育的情怀。

总之,西周王朝提出"敬天、明德、保民"的人文教化思想,以及在人文教育中,重视在伦理方面加强自我修养和自我约束的教化主张,成为几千年来中国文化人文教育的基础,对中国人文教育思想做出重要的贡献。在这种教化思想的支配和指导下,西周社会人文教育的目标重在人的内在品质和修养的教化上。

六、《周易》:自强不息,厚德载物

《周易》原本是中国古代巫师占卜的史料记录,是以当时人们的生活实践和社会实践来解释占卜的卦爻,因而包含了一些比较科学的思想内核。它用

---

① 陈江风主编:《中国文化概论》,南京大学出版社 2005 年版,第 22 页。
② 陈江风主编:《中国文化概论》,南京大学出版社 2005 年版,第 23 页。

阴阳对立统一学说来分析宇宙的一切现象，从表面上看是对卜筮的解释，是一部占卜书，其实是对天道、地道、人道变化规律的探索。①《周易》中的八卦选取了自然界中的天、地、雷、风、水、火、山、泽八种自然物作为生成万物的根源，其中，天、地二者又是万物生成的总根源，反映了古代朴素唯物主义世界观。同时，《周易》把自然界和人类社会错综复杂、千变万化的事物具体抽象为阴、阳两个基本的范畴，认为自然界和人类社会就是由这一对既相互对立又相互统一的阴、阳而产生发展的。并且，自然界和人类社会的发展变化，都有它自身的规律和历史过程，一切事物当它发展到一定的极限时，就会发生质的变化，转化到它的对立面去，反映了古代朴素的辩证思想。《周易》中包含了深厚的社会人文教育思想，在中国文化思想史上闪烁着智慧的光芒，是中国人文教育思想的重要源头之一。

《周易》在人文教化中，要求统治者应当要有"聚人"、"安民"的思想，应当要有忧患的意识，应当做到"安而不忘危、存而不忘亡、治而不忘乱，是以身安而国家可保也"。同时，《周易》乾卦中通过"元亨利贞"的教化思想来对统治者提出要求。"元"相当于种子的萌芽，"亨"则是生长，"利"则是开花，"贞"则是结果，结果之后，种子又落到地上，重新萌芽。说明"元亨利贞"四德是依时序循环不已，始终没有开始也没有终结。在人文精神中，"元"为四德之首，因此，君王只有修养成为最有才德的君子，才能真正成为国家的元首，才能真正履行上天赋予的统治子民的职责，一切依道之法则来行事，来治理国家，只有这样，才能使自然界和人类社会和谐稳定。

总之，"元亨利贞"所蕴含的人文精神，要求君子要以仁心作为自己的本体，才可以成为尊长；要善于寻求完美的结合，才能够合乎礼仪的规范；要善于对他人和社会施利，才能够合乎于道义的要求；要善于坚守自己正固的操守，才能够处理好政务。在人文教育中，要求君子要努力修炼，尽力达到这四种境界。

在道德修养中，《周易》要求君子要深刻领会并实践至善至美的仁，要培养自己刚健中正的德性，才能拥有领导民众的内在品质。君子应当像天那样具有刚健、健壮、适中、正当、纯粹的内在本性，具有普惠天下、不求回报

---

① 余国瑞主编：《中国文化历程》，东南大学出版社，第43页。

的禀性。在时势变幻的情势下，也不能改变自己刚健的德性和志节，不急功近利，不图虚名。即使在失意时，也不自暴自弃，不悲天怨人，要做到能坚定地保持自己的德行而不动摇。君子要以成就自己的德业作为自己行动的准则，并在日常的行动中完成自己的品德修养。

《周易》用自然界万物盛衰荣枯的自然现象，教化人们凡事要警惕并善于节制自己的情欲。乾卦上九爻辞说："亢龙有悔。"孔子对此卦解释说："贵而无位，高而无民，贤人在下位而无辅，是以动而有悔也。"说明身份虽尊贵，却不能摆正自己的位置，或者说不能正确看待自己的地位和身份，甚至不能认识到自己"在其位谋其政"的责任和义务，这就有负上天或民众所赋予他的重大责任，辜负了上天或民众对他所寄托的厚望。那么，虽然从表面上看，他的地位及身份尊贵，而实际上在民众的眼里，他已经没有地位了。因为他已经得不到民众的支持和拥护，已经失去了民心，或者说已经脱离了民众。同时，即使他身边有德才兼备的贤能之士，也不会全心全意、尽心尽力辅佐他。所以，处在这种态势下，仍居于尊贵位置的人若不知惜福，不知急流勇退，如果再轻举妄动，只知进而不知退，只知无限量地占有，却不知有一天会消亡的道理，那么就会加速其消亡的进程，到时就追悔莫及了。

《周易》要求君子应当日夜反省自己，才能不断增进自己的美德，修治自己的功业。在乾卦九三爻辞中说："君子终日乾乾，夕惕若，厉无咎。"说明君子本性刚健正直，因此，在为人处世中，只有不断地奋发努力、不懈怠、诚惶诚恐、严格谨慎、戒除骄傲自大、确立诚信，才不会招致危险，才能实现自己建功立业的目标和理想。同时，也告诫处于高位的人，必须居高思危，自我警惕，不可以贪得无厌，应当用"满招损"、"乐极生悲"等来警戒自己。可见，《周易》中蕴含的进德修业、立身处世的人文教育思想是深沉和丰富的。

在人文教化中，《周易》要求君子应当具有"以天下为己任"的宽广胸怀和气度。君子处世要具有惠及天下所有人的胸怀，要具有大公无私的品质，才会受到民众的支持和爱戴。反之，如果仅仅从个人利益得失考虑，那么，他早晚会失去民众。因此，《易经》强调做人做事要有大人圣人的风范。也就是说，做人做事要做到真正问心无愧，不损害他人和社会的公共利益。

《易经》还告诫民众在做人做事中，只有当自己做好了充分的准备，才可以表现自己的才能，并且，在表现才能时，要做到十分谨慎警惕，才可以避免遭到不测。特别在做大事中，要培养能屈能伸的气度，才能完成天或民众所赋予的社会责任。孟子曰："天将降大任于斯人也，必先苦其心志，劳其筋骨，饿其体肤，空乏其身，行拂乱其所为，所以动心忍性，增益其所不能。"这与《易经》是相通相承，说明要成就大事者，必须经历人生"磨炼、修身"的过程，才能实现"治国平天下"的宏伟目标。《易经》强调做人的最高境界是"无咎"，而不是一帆风顺、大富大贵和大吉大利。因为这是很难实现，也是无法实现的。因此，人生只有做到"无咎"才是最高境界，即使身处危险中，也无大的灾祸，无大的过失，能保存自己的全身。所以，《易经》人文教育思想的真谛就是引导民众把人做好，认识人的本质和人生的意义，做好人应该做的事。

在人文教化中，《周易》强调团结合作的精神。在做人做事中，既要谦虚谨慎，又要尽心尽力，无论自己取得多大的成就，都不可去争名夺利。只有守住自己的本分，明白自己的处境和地位，才能在与他人的合作中，把事情做得有始有终，做得尽量完善。《周易》强调人既要养成内敛含蓄、能与人积极配合的心态；又要养成诚心诚意支持别人做好每一件事，自己又不居功自傲的品质。同时，也告诫人们，不能因为自己取得了一些成绩就沾沾自喜、得意忘形。特别是越有能力的人越要注意培养自己内敛的个性，要能做到深藏不露。只有这样，才能持续保持精进的心态，不断取得成就。所以，在人文教化中，《周易》特别强调团结合作的精神。每个人都要养成善于摆正自己位置的习惯，要保持自己良好的合作心态。坤卦六三爻中说："含章可贞，或从王事，无成有终"，讲的就是这个道理。坤卦以母马为象征，要像母马那样喜欢逆风奔驰，但又要柔顺地执着于正道，这就像大地依顺着天而滋生万物一样，只有这样，做事做人才会有利。

在人文教化中，《周易》体现了宽广厚重的开放性和包容性。坤卦象曰："地势坤，君子以厚德载物。"这卦体现大地的形势平辅叙展，顺承天道。君子应当取法于地，以深厚的德行来承担重大的责任。大地广大深厚，孕育生长着万物，负载着万物，她的包容性和德行是无限和广大的，她又始终顺承于天，从而使万物都可以得到顺利生长。君子就要像大地那样既能负载着万物，又具备无穷的德行，体现了包容、广阔、光明、远大的胸怀，以宽厚的德行包容万物。说明坤卦是地道的法则,性质极柔顺,但她的运动却是刚健的;她的形态极为娴静,但她的品德却是方正的;她追随在天道之后,但运动却有自身的规律性;她包容万物,并使万物生长壮大。

因此,乾坤配是《易经》中的绝配,只有像大地那样具有深厚的包容性和无穷方正的德行,才能负载起生长万物的重任,并能很好与天道相配合,又不失自己的运行规律,从而使自己负载的万物都能得到阳光雨露的滋润,茁壮成长。所以,在人文教育中,应当教育民众效法大地,培养直率、方正、宽大的胸襟,才能像大地那样负起重大的责任。君子应当通过恭敬谨慎来矫正自己思想上的偏差,用道义的原则来规范自己行为上的悖乱。如果君子能树立起恭敬道义的精神,那么,他的品德就会产生广泛的影响,既体现君子光明正大的智慧,又体现《易经》开放性和包容性的人文教育思想。

同时,《易经》的包容性是有弹性的,大到整个宇宙,小到一个人的心际。《易经》教导君子应当在心中满含中正之德,美德包含在自己的内心,通畅到四肢,发达于事业,这才是包容性美德的极致境界。天创生宇宙万物,地负载养育生命。所以,在为人处世中,应当做到追随而不超越,包容而不排斥,应当具备柔顺的性格,体现外柔内刚、外圆内方的人文精神。也就是说:"一个人里面一定要有原则,而且要坚持,但是外面要磨成圆的,才有办法去跟别人妥协、协调,最后达到一个大家都能接受的方案。内圆外圆的人是小人,因为他完全没有理想,没有目标,唯利是图,有洞就钻,这种人是可耻的。内方外方的人也不好,内圆外圆更不好,外圆内方的人才是可贵的。有句话很重要:能妥协却不能放弃立场,才叫圆通。"①《易经》中的谦卦就是教育民众在做人做事中,要始终保持谦虚谨慎的态度,才能做好事,才能干大事的道理。《易经》中说:"刚柔交错,天文也。文明以止,人文也。观乎天文,以察时变;观乎人文,以化成天下。"说明看天象的变化,可以推出时的变动;而看人文就是看人类社会的教化状况。如果人类社会的人文精神缺失,整个社会人人只知追名逐利,而忘记了教化民众,那么,这个社会就会处于危险的境地。

所以,在人文教育中,《周易》强调人类要正确认识自身。在《周易》六

---

① 曾仕强:《易经的奥秘》,陕西师范大学出版社 2009 年版,第 83 页。

十四卦中，只有乾卦六爻都是阳的，也只有坤卦六爻都是阴的，其他六十二卦，都是有阴有阳，阴阳相陈。这种卦象说明了世上万物纯阳的不多，纯阴的也不多，各只有一卦，阴阳相陈的居多。万物是由阴阳相生相克而成的，由此可以推出人类本身也是如此，纯粹性善和纯粹性恶的人也不多，属于少数人，世上绝大多数的人都是阴阳相陈、善恶皆有的普通人。说明世上真正的好人不多，真正的坏人也不多，绝大多数的人都是好中有坏、坏中有好的普通人。在某一特定的时间、地点，特定的情境下，这个人可能表现出来的是好人的模样，人的善性被激发出来，恶性被压制下去；在另一特定的时间、地点或情境下，有可能同一个人的恶性被激发出来，善性被压制下去，这时他表现出来的言行可能恶的成分就多，在人们的眼里，他就是一个坏人。所以，社会人文教育就是对人的善性的熏陶和培育。通过人文教育来培育人的人文精神，使整个社会形成明辨是非、黑白分明、善恶清楚的社会价值观和人生观，最终形成良好的社会风气，使社会正气得到弘扬、歪风邪气得到压制，这是社会人文教化所要达到的终极目标。

在社会人文教化中，《易经》包含了丰富的哲学意象。《易经》中最基本的元素是阴阳，阴阳是构成自然万物最基本的因子。人类社会和自然界的变化是由阴阳变化引起，阴阳的对立统一，反映了自然辩证法和唯物历史观的内涵。人类社会是宇宙自然的产物，了解人类社会和自然的变化发展，首先要从阴阳的变化入手，才能正确全面地把握自然和人类社会的变动。宇宙自然和人类社会的各种现象都是从阴阳的对立统一中衍化出来的。比如从白天到黑夜，又从黑夜到白天，这都是自然的过程。宇宙自然尚且如此，人类社会也不例外，有真必有假，有假必有真；有虚必有实，有实必有虚。这样，真真假假，虚虚实实，也是阴阳的对立统一。从哲学意义上分析，《易经》中的阴阳是相对的，阴中有阳，阳中有阴，阴会变成阳，阳也会变成阴。所以，阴阳是相对，而不是绝对的。阴阳是会变动，而不是静止不动的，这就告诉我们人类社会也是不断变化发展，人也是会变的，而不是固定不变的。有的人会腐化堕落，这也是人类社会的一种自然现象。在中国传统文化人文教育思想中，凡事都追求圆满。因此，在人际关系中强调外圆内方的为人处世之道，做人做事尽量不去伤害别人，做人做事尽量讲究圆通，当然不是圆滑，体现了《易经》的人文教育精神和哲学思想。

同时，从《易经》的阴阳相随中，说明了做人不可全阳，也不能全阴，应当柔中有刚，刚中有柔，刚柔相济，外柔内刚，这才是《易经》阴阳相随的为人之道。《易经》的人文精神和教化思想，是后世诸子百家人文精神和人文教育思想的根和源。孔子倡导"仁"的思想，体现了阴阳相随的道理，"仁"字就是由左边的阳和右边的阴结合而成的，说明了一阳一阴就是仁。因此，"仁"是宇宙万物的核心，天地之间的万物都有仁。人类社会的"仁"，最初反映在男女两性的和合上，从《易经》的水坎卦（☵）中可以看出，上下两个阴，中间一个阳，表示男女交合的象。因此，男女两性的和合体现出了仁，就像自然万物的果仁埋进土里以后，就会长出新的生命一样，男女和合会孕育出新的生命，所以，"仁"在社会人文教育中是做人的基础。有了"仁"才会产生出"爱"的结晶体，没有"仁"也就无从说"爱"了。所以，"仁爱"最初是体现在男女两性的和合上，这是仁爱的最高境界，以后才慢慢扩展到宇宙自然和人类社会的人文关爱中去，以培育人的人文精神，铸就人的高尚品德。

　　《易经》把男女的性好合作为一种人文文化来看待，而不是停留在动物的性本能行为上。男女的性行为是一种性文化的行为，蕴含了人文关怀的精神，是性养生文化的基础。这是人作为高级动物的一种自主、自觉和自律的性文化行为，既是上天对人类性文化行为自主的宽容，同时，也是人类自身性行为自律精神的体现。如果人类性行为突破了自律的界限，那么，自由与自主就会成为性行为泛滥的借口，那么，就破坏了阴阳对立统一的自然规律，人类自身也必定会遭到惩罚。所以说，《易经》包含了丰富而深刻的哲学思想。

　　养生之道是《易经》中重要的人文教育思想之一。从《易经》的四象阴阳搭配中，可以看出一天的变化，因此，人体的阴阳变化要尽量和天地的阴阳变化相一致，这样才有利于人的养生。早晨，太阳出来后，天上是热的，地面还是凉的，这是处于少阳时段，适宜人们出去晨练，有利于身体的和谐顺畅。到了中午，天上地面都热，属于老阳时段，也是一天中的正午。《易经》告诉人们，这时段必须用阴来对付阳，所以，午饭后必须午休半个钟头左右。并且，在上午11点到下午1点，随着宇宙的变化，人体变化也是最快的一个阶段，这个时段称为午时，人体的变化要与宇宙的变化相一致、相和谐，才有利于人的身体健康。因此，中午人必须安静休息，有利于养生。到了黄昏，太阳开始落山，天上开始变凉，由于地面上吸收了一天的热量，虽然太阳下山了，但地面还是热的，这个时段称为少阴，也比较适合人们出去锻炼。到晚上12点，天上和地面的热量都散发差不多了，天上地下都变冷，这个时段称为老阴，也就是进入午夜，正是人体造血机能最旺盛的时候，因此，人必须保暖，并且最好在晚上11点之前要上床休息，这样才有利于身体的健康。总之，《易经》中强调人体的阴阳变化要符合天地阴阳变化的自然规律，使天人合一，说明人只有遵循大自然的规律，才能保证人的身体健康成长。

此外，水坎卦（☵）表明人类性行为既要自主自由，又要自律自制的人文教育思想，同样也包含了养生之道。男女性好合中体现出"仁"的内涵，强调男女只有在精神结合的基础上所进行的肉体结合，才真正体现出"仁爱"的精神境界，才真正有益于男女身心的健康，这是人类性行为文化教育的最高境界。凡是违背这一阴阳自然结合的规律，都不利于男女身心的健康。大自然对人类的宽容正是体现在充分尊重人类自身阴阳变化的自然规律，而不像对待动物那样，由自然规律来限制动物性行为的周期，让动物的性行为只能按大自然规定好的周期进行性交配，其目的是为了保护自然界的生生不息。因此，人类的性行为能否实现养生的目标，这个自主权完全掌控在人类自己的手里，符合自然规律的性行为就具有养生的作用，不符合自然规律的性行为有百害而无一利，体现了以仁为本的社会人文教化思想。

《易经》八卦的卦象也蕴含着丰富的人文教育思想。八卦是从与人类生活有密切关联的"天、地、风、雷、水、火、山、泽"八种自然现象中总结归纳出来的。

天乾卦（☰）的最大特征就是刚健，代表纯阳。"天行健，君子以自强不息"，说明天总是刚健地、周而复始、永不停息地前进，从而创造出宇宙万物。因此，人类只有像天一样，每天也刚健前行，孜孜以求，坚持不懈，充分开发人的潜力，才能创造出人间的奇迹，体现出自强、奋发和有为的人文精神。

地坤卦（☷）的最大特征就是柔顺，代表纯阴。"地势坤，君子以厚德载物"，说明大地是宽厚仁慈的，具有宽广的包容性和柔顺性，才能配合天，承载万物的生长，使万物生生不息，体现了宽厚、仁慈和包容的人文精神。所以，君子既要像天一样自强不息、奋发有为，又应当像大地一样，具有包容万物的仁慈品格，默默承担历史赋予的社会使命，像大地一样，摆正自己的位置，认清自己的作用，像大地一样柔顺地配合天，做好自己的本职工作，真正实现"厚德载物"的人生境界。

风巽卦（☴）是天乾卦的下面在动，下面的阳变成阴。风巽卦是一个阴爻伏在两个阳爻的下面，象征伏顺，意为顺从他人就容易被接纳，进入他人的心中。从天地大道的角度看，就是要顺从自然的道理。巽既象征风又象征命令的贯彻。因此，君子在行事之前，要反复发布命令以告诫民众，这样，君子的德行就会像风一样深入人心。风巽卦象说明了要平等对待天下万物的道理，不偏爱、不偏心，才能铸就同心。特别是处在高位的统治者要视民如子，一视同仁，尽量做到在合情合理前提下的不平等，这才是顺乎天地自然的规律。

泽兑卦（☱）是天乾卦的上面在动，上面的阳变成阴。说明天倒映在湖泽的水波下，天的上面水波在动，这一卦象展示了一幅让人赏心悦目的图像。泽兑卦中的水，可以滋润万物，使万物喜悦。从泽兑卦的卦形看，是外柔内刚的形象，可以使人喜悦，凡事可以亨通，但在使人喜悦的同时，动机必须纯正，应当固守正道，这样，使人喜悦才会有利。所以，在人文教化中，要求居高位者应当做到上顺应于天，下取悦于民，这才是真正的喜悦。这一卦象的人文意义和价值尤为突出和重大。

火离卦（☲）是天乾卦的中间在动，中间的阳爻变成阴爻。说明天空中着火，火光冲天，全民都看得见。因此，这个卦象又表示太阳，火就是太阳的象征。火离卦蕴含的人文教育思想就是处于天地之间高位的太阳，不管是晴天，阳光普照大地万物，还是阴天，太阳被乌云遮蔽，万民皆看得见。说明处于高位的统治者如同太阳一样，是否给万民阳光和温暖，普惠万民，人人皆心知肚明。同时，处高位者更要注意自己的品德修养，要像太阳一样给大地万物以阳光，普惠大地万物，让万民敬仰。而不要玩火烧身，一旦起火万民皆见，这卦具有警示的人文教育意义。

雷震卦（☳）是地坤卦的下面在动，下面的阴爻变成阳爻。说明天地阴阳交合，大地震动，产生电闪雷鸣的宇宙自然现象。引申到人类社会，天乾是父亲，地坤是母亲。在天地和合、发生雷震、天摇地动的自然环境下，人类处于极度的恐慌和恐惧之中，因此，人类不宜在天地交合时进行交合。天地为大在先，人才为小在后。如果在天地阴阳交合时交合，就不合人的自然规律，必伤身体无疑。因此，君子应当谨慎地修身反省自己的言行，善于从五雷轰顶中吸取教训，提高警觉，才能得到吉祥、平安。同时，雷震卦对居高位者有警戒警示的作用，如果居高位者一旦背上天怒人怨的罪名，那么，他们的时日也就屈指可数了。

水坎卦（☵）是地坤卦的中间在动，中间的阴变成阳。水坎卦上下都是阴爻，中间一个阳爻，阴虚阳实，阳又处在中间正位，象征心中实在。象曰："习坎，重险也。水流而不盈，行险而不失其信。"说明心中有诚信，所以做人做事才能豁然贯通，在重重的困难险难中表现出人性的光辉和品格的高尚。水坎卦要求君子应当具备这种人文精神，在重重险阻中不断修炼自己的德行，并反复不停地用言传身教的方式去教化民众，才能使社会民风淳朴，人心安泰，形成诚信的社会。

山艮卦（☶）是地坤卦的上面在动，上面的阴变成阳。这是易经中重要的一卦。艮者止也，教人凡事适可而止，不求过分。山艮卦一阳在二阴之上，说明阳已上升到极点，应该停止了。经文说："艮其背，不获其身；行其庭，不见其人。无咎。"意为只看到人的背，看不到身子的前面；走在庭院中，看不见其人，没有灾害。说明人若能修炼到内心宁静，就不会为外物的诱惑或刺激所动，就不会心生浮躁慌乱而盲动妄动。凡事依宇宙自然法则而动，不感情用事，凡事能适可而止，有原则和底线，这样就会避免灾祸。因此，"行其庭，不见其人"的深层含义不是真的看不见人，应当理解为不见人情。中国是一个讲人情世故的国度，许多灾祸都是脱不开"人情"二字，如果毫无原则地看见"人情"，就会做出许多不合大道的事情，如果为一己或二己、三己之私利私情，而置公利、公益、公情于不顾，就会让天下大道不行，让天下芸芸众生遭受损害。此卦的人文教化意义十分高远，居高位者要修炼到"人我两忘"的境界，才能真正担负起上天所赋予的重担和责任。

从深层次上来看，这卦的人文精神比其他七卦更丰富。其他七卦的人文教育内涵是元、亨、利、贞四种德性中的某几项，而山艮卦没有谈到元、亨、利、贞四种德性，只说无害。因为"不获其身"、"不见其人"又能"无咎"的境界，就不能理解为"目中无人"，而应当理解为"目中无人情"，这才是这卦的真正人文教化内涵。因此，这卦可以和"大公无私、大义灭亲、无私无畏"等相贯通理解，才能真正理解"无咎"所蕴含的人文教育思想。因为君子，特别是居高位者，只有真正做到"目中无人情"，才能真正实现人生"无咎"的境界。同时，这个"无咎"与个人的荣辱得失无关，一切以顺乎天地大道的规律为准则，才会实现"无咎"的人生境界。所以，山艮卦所说的"止"，应当理解为"止于至善"，而不是止于投机取巧、止于圆滑世故、止于见风使舵、止于察言观色等。孔子说："于止知其止所。"说明了"止"的内涵，是指止于应该止的时间、处所等。具体理解，也就是"君止于仁、臣止于敬、子止于孝、父止于慈、人与人之间止于信"。

总之，凡事要停止在应该停止的地方。君子应当效法这种精神，在其应当停止的地方停止，不应超出天地大道的范围。归根结底，山艮卦的人文教育意义在于阐释适可而止的人生哲理。在人生的旅途中，要培养善于自我节制的能力，对外界的诱惑和刺激，要修炼保持心静如水的境界。在人生进程中，既要知难而进，知其不可为而为之；更要懂得适时、适地、适宜地停止的道理。并且要停止于未开始行动之前，停止于至善的地方，才不会让自己行为言语失当，才不会让自己陷入身不由己的人生困境中。总而言之，只有修炼到不为外物所动、不为自身贪欲所乱和不为人情所困的"人我两忘"的人生境界，并能始终坚持固守，才能实现人生"无咎"的目标。

七、《诗经》：乐而不淫，哀而不伤

《诗经》是中国现实主义文学的光辉起点，在社会人文教育中具有重要的意义。《礼记·经解》引用孔子的话说，民众经过《诗经》的教育，可以形成"温柔敦厚"的品质。"《诗》三百，一言以蔽之，曰：'思无邪'。"意为《诗经》中的作品，绝大多数是符合当时社会公认的道德原则，可以用来教化民众。孔子言其为"乐而不淫，哀而不伤"。

第一，农事诗中反映了人与自然的和谐互动及共存共赢。自古以来，中国人民长期在农业生产中形成了勤劳、勇敢、淳朴和吃苦耐劳的性格特征，具有丰富积极的社会人文教育意义。由于农业是民众赖以生存的基础，并且在刀耕火种时代，农业生产年成的好坏，主要决定于气候的好坏，也就是靠天吃饭。因此，周代的农业生产与宗教祭祀活动紧密相连。周代民众在春天播种的季节，要举行祈谷和籍田的典礼，到了秋天收获累累硕果后，还要举行感恩天地的报祭礼。周代举行的这些与农业生产紧密结合的祭祀活动，在《诗经》中可见一斑。如《丰年》、《七月》、《臣工》、《载芟》等诗歌反映了周人祭天、祈求丰收和感恩丰收的情景。诗中反映了人对自然和上天的乞求与感恩，反映了民众消极的听天由命的心理状态。但同时，诗中更多的是反映了当时民众从事农业生产的状况，既有劳作过程的辛苦，也有劳动的乐趣及丰收的喜悦，对培养人们勤劳、勇敢、节俭、纯朴、懂得感恩的民族性格具有积极的意义。

《豳风·七月》是诗经中反映农事生产的最优秀的作品，记载了农夫一年辛勤劳作的情况，反映了人们在全年农事中忙碌的情境。全诗以时令为序，顺应农事生活的季节性，全面、生动地反映了农人的日常生活，体现了依自然而获衣食之源的道理，以及反映自然气候的变化与人的农事活动的关系，体现了当时民众能够"制天命而用之"的认知能力。在长期的生产劳动中，能够掌握自然规律，依自然规律而劳作，合乎自然规律地从自然界获取物质生活资料，体现了人与自然和谐互动的人文教育思想。

诗中将农夫的生活与豳公等部族首领的生活状况进行比较，体现了当时的等级差别，且在记叙中饱含了丰富的人文情感，物与事乃是情之所系，实为写事而情感融合其中，把一幅幅生动的生活和自然画面展现在人们的面前，富有人文关怀的意象。因此，《豳风·七月》不仅在社会学、历史学、农业学方面具有可贵的资料价值，而且从文学史方面来看，同样具有丰富的社会人文价值，具有很强的人文教育意义。同时也反映了《诗经》在继承和发扬中国文化传统、传承中国文化、弘扬中国民族精神上具有特殊的人文教育意义。

第二，婚恋诗反映了民众对自由幸福爱情生活的追求和向往。在《国风》中，以婚姻恋爱为主题的民歌占有很大的分量，反映了在阶级社会，不合理的婚姻制度给妇女造成了极大的伤害，给妇女带来了深深的痛苦，表现了对妇女不幸遭遇的同情，具有强烈的社会人文教育意义。《卫风·氓》是一首代表性的弃妇诗，诗中女主人公有一颗真挚纯洁的心，大胆地去追求自己的幸福和爱情，而诗中的负心郎不但骗财骗色，而且仅仅在结婚三年之后就把她抛弃了。女主人公在现实面前，幡然醒悟，在无比的悔恨中发出了"于嗟女兮，无与士耽！士之耽兮，犹可说也；女之耽兮，不可说也"的强烈呼喊，她呼吁天下的女子不能轻易和男子交往，更不能随便沉溺在爱河之中，到头来吃亏悔恨受伤的还是自己。全诗既表现了女主人公由于自己过于单纯而悔恨，又表现了女主人公被抛弃后醒悟过来时的决绝态度，富有强烈的感染力，对后人具有很强的教育和借鉴意义。《邶风·谷风》叙述了妇女遭到遗弃的内心之痛。女主人公以德自许，劝诫丈夫对妻子不应该重色轻德，叙述了女主人公治家睦邻之辛劳，说明了自己有妇德而终被弃的凄楚心情。与《氓》中女主人公不同的是，终被弃而无愧恨之词，希望能与前夫平心静气地对待夫妻分开之事，具有好聚好散的宽广心怀，又有无可奈何花落去的凄婉情怀。《氓》中之"反是不思，亦已焉哉"，表现了对负心郎的决绝态度，令人振奋，充满了乐观主义的态度；而《谷风》中之"不念昔者，伊余来墍"，表现了女主人公在失望之中仍不绝于希望的恋恋不舍的情怀，更加让人觉得凄然动人，展现了一幅社会婚姻风俗的图画，蕴含了深厚而独特的艺术魅力和人文精神。

在《诗经·国风》中，除了弃妇诗外，同时也表现了妇女对自由爱情和幸福生活的执着追求，具有强烈反抗婚姻家长制的意识。

《王风·大车》叙写了一位女子爱上了一个赶大车的男子，并大胆地向男子表达了自己的情感的故事。诗中将女子对男子的痴情、大胆，但又不失矜持的心理刻画得淋漓尽致，表现出了对爱情的忠贞和矢志不渝的态度。像"谷则异室，死则同穴。谓予不信，有如皦日！"再如"岂不尔思？畏子不敢。""岂不尔思？畏子不奔。"连续用了两个反问，表现了女主人公对爱情和幸福生活的渴望和热烈追求。当爱情遇到阻碍时，她鼓励男子和她一起私奔，表现了女主人公比男子更大胆，在追求爱情上更为坚定，敢于冲破礼教框框的束缚，敢于表白自己的心迹，指日为誓，由开始的矜持到后面的炽热，表现出了女主人公在爱河中情绪的流动。《鄘风·柏舟》中的女主人公是一个待字闺中的姑娘，因为自己心中已有心仪的对象，当父母逼迫她放弃时，她表达了至死不渝的态度。如"之死矢靡它，母也天只，不谅人只！"这种为追求自由恋爱和幸福生活而顽强斗争的精神，对后来者产生了很大的影响。像《孔雀东南飞》中的刘兰芝，《梁山伯与祝英台》中的祝英台，《白蛇传》中的白娘子等妇女人物形象，具有丰富的社会人文教育意义。

此外，《诗经·国风》中还有许多描写男女情感的恋歌，反映了劳动人民

"乐而不淫"的健康乐观的社会人文精神。

《郑风·溱洧》中反映了青年男女在春日的河边群游嬉戏的欢乐情景,同时也比较含蓄微妙地透露出男女双方在嬉戏中对爱情的试探性表达,全诗情调轻快、活跃,充满了男女对爱情生活的向往和热爱,富有人情味。诗中通过女问男答,体现了在男女欢会的节日中,女子的开朗、活泼和主动,表现了姑娘们热情奔放的情态,充满了青春活力,以及对美好生活的喜爱和追求,不愧为一首积极、健康的男女恋歌。

《邶风·静女》中"静女其姝,俟我于城隅。爱而不见,搔首踟蹰。"描写了一对情人在城隅幽会,当男子来到时,女子却故意躲藏起来,急得男子"搔首踟蹰"。说明了在男子的眼中,这个女子是个既调皮又喜欢捉弄人的机灵女,而男子的搔首踟蹰的形态,说明了男子的憨厚和忠诚,表现了青年男女在热恋中的真挚情感。全诗通过正面描写男子的表现和感觉来刻画女子的形象,形成了远近虚实相结合的艺术之美。

《周南·关雎》也是一首典型的恋歌。先由水鸟雎鸠在河洲为意象,描写了一位男子心里爱慕一位在河滩上摘采野菜的窈窕淑女,刻画了男子在思慕追求姑娘时那种难以名状的心理特征,日夜思念,辗转反侧又难于等到的急切和焦虑不安的心思,最后男子发誓一旦得到她,一定要"琴瑟友之"、"钟鼓乐之"的情怀,全诗充满了轻松、幽默与诙谐的浪漫主义色彩。

可见,在《诗经》的恋歌中,体现了青年男女纯洁的内心世界和对爱情热烈追求的积极开朗的胸怀,反映了青年男女对爱情的真挚和严肃的态度,具有深刻的社会人文教育意义。

第三,战争、徭役诗反映了民众对和平幸福生活的无比向往。在《诗经》中,反映了民众对从军生活的厌倦,对和平生活的留恋,在诗中主要表现了忧伤的情绪,但却又无可奈何。如《卫风·伯兮》通过一位女主人公既思念远征丈夫,又为丈夫的英勇而感到骄傲的复杂心理的描写,反映了包括贵族阶层妇女在内的广大民众对和平生活的渴望。全诗既表现出了深深的思念之情,却又不消极低沉,蕴含了丰富的社会人文教育思想。

《豳风·东山》描写了在外征战多年的士兵,在回家路上表现出来的复杂感情。全诗生动地刻画了战士艰苦的生活,描绘了一幅由于战争而造成农村荒芜的景象,以及居室无人、怨妇思夫、征人念家的生活画面,表现了当时劳动人民对长期征战的厌恶以及对幸福和平生活的强烈渴望。诗中描绘了征夫去东山已经很久，在回家的路上，又遇上濛濛细雨，反衬出他内心又喜又悲的复杂感情。他一方面为自己能从沙场上幸运归来，从此能过上普通平民的生活而高兴；另一方面又想起了家乡经过战争的破坏，可能迎接自己的是一片破败荒芜的景象。即使如此，仍使征夫魂牵梦绕，不能忘怀，反映了征夫对家乡、对家人的思念之深，表现了强烈的人文情怀。

《小雅·采薇》着重描写了一位戍边归家的征人在回家途中的痛苦心情。征人既为国家的安危而担心，又为自己的遭遇而悲伤，表现出在面对"大家"与"小家"发生矛盾时的十分复杂的心理变化。征人为保家卫国而出征，但却久戍不归。征人的心情从起初的"心亦忧止"到"忧心烈烈，载饥载渴"，再到最后的"忧心孔疚"，说明了征人心里所能承受的煎熬已经到了极限。最后终于等到了可以回家的日子，征人却触景生情，看到天空中纷纷扬扬地飘着雪花，而自己又饥又渴，心中无比感慨地发出了"昔我往矣，杨柳依依。今我来思，雨雪霏霏。行道迟迟，载渴载饥。我心伤悲，莫知我哀"的感叹，让人体悟出战争虽然结束了，但由于战争留给人们心灵上的创伤和痛苦，却是无法磨去的。所以，这些诗歌无不折射出浓浓的人文教育精神。

《魏风·伐檀》和《魏风·硕鼠》是对奴隶主不劳而获、残酷压迫剥削奴隶的控诉和反抗，大胆强烈地向剥削者提出严厉的责问，体现了中国早期"人权意识"的觉醒和萌芽，是中国古代劳动人民对人文思想的渴望和呐喊，在后世的社会人文教育中起了先导的作用。

第四，燕飨诗体现了人与人之间的和谐相处。《诗经》是中国古代文化宝库中的经典。周人的伦理道德观念，首先是从家庭开始，强调家庭成员之间关系的和谐，进而推广到整个社会成员之间关系的和谐。《周颂·载芟》等组诗从不同的方面表达了周人对祖先的尊敬和崇拜，形成了极强的宗国意识，并内化为民众内心最真挚的情感。在《诗经》的燕飨诗和祭祀诗中，处处充满着家庭伦理亲情，增进了社会人伦亲情关系。

《小雅·蓼莪》是一首描写在外服役的儿子悼念父母的诗。诗中儿子哀叹父母辛辛苦苦把自己抚养成人，可自己在父母生病时，却未能侍候在身边；作为儿子还没来得及报答父母的养育之恩，而父母却双双离开了人世，作为儿子，内心感到深深的自责。诗中"哀哀父母，生我劬劳"、"哀哀父母，生我劳瘁"，表现了儿子内心无限的悲痛，让人动情。如"瓶之罄矣，维罍之耻"，诗人用日常生活中的器物作比喻，说明了儿子应当供养父母，如果父母因贫困而无法生存下去，这是作为儿子的耻辱，儿子内心应该感到深深的自责。

《小雅·常棣》叙述了兄弟之情，倡导兄弟之间应当相互关爱。诗中开篇以"凡今之人，莫如兄弟"总领全诗，再以兄弟之情与朋友之情相对比，突出说明只有兄弟之情才是人世间最真最诚之情，具有劝说之意。如诗中"脊令在原，兄弟急难。每有良朋，况也永叹"，说明了人生遇到困难时，只有兄弟才能不惜一切代价相救于危难；即使有好朋友，也不能如兄弟般相救，只是增加他们的长叹而已，强调了虽然有时兄弟会相争于内，但也会共同对付一切外辱。说明了在患难之时，兄弟出手相救非朋友可比，可一切安宁之后，有的人却视自己的兄弟不如朋友，这有悖于常理。再以夫妻好合之乐与兄弟宴饮融洽而欢乐的气氛相比，进一步说明了兄弟的和乐是更持久的。最后，诗中用"宜尔室家，乐尔妻帑"，对兄弟既提出祝福，又提出忠告。只有做到兄弟友爱，才能宜室家、乐妻帑，所以告诫兄弟要想清楚"兄弟"二字的道理。

诗中一再强调兄弟之情的重要性，反映了周朝的血缘宗法家长制的政治制度。周朝的血缘宗法制度是建立在兄弟联合体的基础上，从周王到诸侯卿大夫，都是家族长，他们之间又有兄弟关系。家族长以家族代表的身份参与周王朝和诸侯国的政治活动，使周王朝和诸侯国成为不同等级的家族联合体，也就是兄弟联合体。因此，兄弟的血缘关系成为维护周王朝政治安定和等级制度的工具。所以，强调兄弟和睦的重要性，这是关系到周王朝和诸侯国和谐安定的大事。周王朝统治者将兄弟友悌的常情融进了伦理道德之中，在叙述兄弟之间绵绵情意中不知不觉蕴含政治的目的，并且具有很深的社会人文教育的文化意象，对今天倡导兄弟友爱、家庭和睦、社会和谐稳定具有重要的人文教育意义。

总之，《诗经》不管是从它的思想性和艺术性上看，还是从它的社会人文教育的价值看，都具有不可替代的地位。《诗经》在弘扬民族精神、传承中国文明、继承中国传统文化等方面都有其特殊的人文教育价值。它是中国古代文化艺术的典范，是中国文化的典籍，蕴含了丰富的社会人文精神，集中体现了周代"敬天保民"的人文精神。《诗经》中蕴含的爱国情感、父母亲情、朋友之情及对国家社会的忧患意识等,都具有重要的原创性的人文教育意义和价值,在塑造中华民族的人格和灵魂的过程中,发挥了极其重要的作用。①《诗经》是中国古代社会伦理教化的教科书,对周代民众起到了重要的教化作用。它不仅是一部反映周代社会、历史、政治、宗教和哲学的诗歌总集,而且是中国古代礼乐教化的集大成者。特别是在燕飨诗中,不但反映了君臣、兄弟、朋友相聚宴饮的欢乐场面,而且在塑造人的人格、培育人的文化修养等人文教育上具有重要的价值。

因此,《诗经》不管是在历史长河中,还是在当今构建和谐稳定的社会主义核心价值观的新进程中,都具有重要的人文教育价值。在中国社会转型期,《诗经》中蕴含的深厚爱国情怀和忧国忧民的忧患意识,是新时期构建和谐、稳定社会的催化剂,是调整社会各阶层不同心态的润滑油,是中华民族自强不息的文化基础,是弘扬中华民族"以和为贵"的传统美德的文化根本。《诗经》中体现的人与人之间、人与社会之间、人与自然之间以及人自身之间的和谐融洽关系,同样是当前构建和谐社会的重要人文精神的基础,对提高民众的人文精神素养、净化陶冶人们的心灵和性情、激发人们的文化热情和创造的智慧都具有重要的教化作用。《诗经》中蕴含丰富的社会人文精神,不但是《诗经》成为古老经典的根源,而且具有社会人文教育的不朽价值。

总而言之,远古时期由于生产力极端低下,只有培养氏族成员合作的精神才能从自然界获取生活资料,对氏族成员的教育主要在生产劳动和社会生活实践中进行,通过言传身教的方式,培养氏族成员具有合作、大公无私的精神,勇于担当社会责任。这时期是中国社会人文教育思想的萌芽和初步形成时期,也是人文教育思想最灿烂、最纯真的时期。但在父系氏族公社时期,人文教育思想开始从原始的自然状态进入带有阶级色彩和功利目的的思想中,人心开始扭曲,出现私心杂念,人性在善恶之间徘徊,这是人文教育思想的第一次倒退。夏朝是人类由野蛮社会进入文明时代的开端,在社会人文教化中,面对自然界的无穷力量,表现出"听天由命,顺其自然"的教化状态。夏朝"遵命"的教化思想对儒道两家的人文教化思想都产生一定的影响。商

---

① 刘昌安:《〈诗经〉的文化价值及现代意义论析》,《文史纵横》2006年第9期,第118页。

朝以"尊神重孝，敬事鬼神"为人文教化思想，比夏朝消极无为的教化思想前进了一步，表明了商人不甘屈服于命运的自主有为的教化思想。同时，把"孝"作为人文教化的重要内容，具有历史进步意义，在构建和谐的社会中具有现实的借鉴意义。西周在社会人文教化中，提出"以德配天，敬德保民"的教化思想，是中国古代人文教化思想由"神本"向"民本"转变的标志，成为中国人文教育思想不断发展的基础，在构建社会主义核心价值观的教育中，仍有现实的价值。

第二章 春秋战国：人文之滥觞

一、时代背景

春秋时期，各诸侯国为了争霸而进行的兼并战争，虽然给社会生产带来了极大的破坏，但从客观上看，促进了各民族之间的大融合和经济文化的交流和发展。特别是奴隶制度逐渐解体，封建制度正在形成，社会政治体制发生剧烈变化，促进了人们思想观念的改变和进步，为春秋时期社会文化的发展创造了条件，为战国时期出现"百家争鸣"的文化局面作了很好的铺垫。中国文化和文明进入了一个开放的时代，各种思想相互交锋，各种文化相互交融，创造了中国古代丰富多彩的文化，为社会进步和人文教育提供了丰富的教材，同时也开创了中国人文教育思想的先河。

战国时期，各国推行的变法运动，有力地打击了奴隶主贵族，废除了奴隶制度，巩固和发展了封建制度，这是中国古代政治、经济制度变革的先驱，是中国制度文化发展历程中的一大进步，在一定程度上触动了当时民众和知识分子的思想观念，为战国"百家争鸣"局面的形成起了很大的推动作用，为战国时期文化的繁荣和发展创造了重要的条件，是社会思想文化发展进步的动力，为中国社会人文教育提供了有力的保证。所以，春秋战国时期是中国社会人文精神发展的里程碑式的奠基时期。

随着奴隶制的逐渐解体和封建制度的逐步形成，周王朝日趋衰弱，王权败落，形成了"礼崩乐坏"的局面，造成了"天子失官，学在四夷"的局面，周王室垄断学术文化的局面逐渐被打破。由于社会发生大变革，为思想家"各抒己见，百家争鸣"的壮阔场面提供了历史舞台，从而造就了春秋战国时期辉煌的文化，奏响了中国文化光辉的乐章。同时，各诸侯国在争霸和兼并战争中，广泛招贤纳士，促进了人才的流动和文化的传播发展。"百家争鸣"所造成的局面，促进了中原文化向多元性发展，为中国文化的重构和创新提供了大环境。随着周天子"共主"权威地位的丧失，在新旧制度过渡时期，诸侯各国我行我素，形成了多元的政治格局，也为"百家争鸣"和文化向多元性发展创造了有利的条件，整个社会的学术环境相对比较自由宽松，使中国文化的发展进入了一个辉煌的时代。当时对社会比较有影响力的学派有儒家、道家、墨家、法家、兵家、名家、纵横家、阴阳家、农家、杂家等，这些学派都著书立说，为战国时期文化的发展作出了重大的贡献，奠定了中国文化发展的方向，促进了人们思想观念的革新和改造，具有十分丰富的社会人文教育的意义和价值，是中国文化发展历程中的指南针，对战国以后中国文化的发展起到了很大的促进作用。

二、人文教育思想概述

春秋时期形成了重民的教化思想和朴素的唯物史观。人们"敬天"的思想发生了动摇和变化，在社会人文教化中，关注的是对人的尊重，主张人事与天道分开，力争摆脱"尊神敬天"思想的束缚，强调在天地人之间，以人为尊；在人与神之间，强调以人为本。中国传统文化从孔子开始就超越了宗教，对鬼神敬而远之。孔子主张实行"重民、富民、教民"的政策，孟子主张"民为贵，社稷次之，君为轻"的民本思想，这对中国传统文化思想产生了深远的影响。因为"中国传统文化的发展始终围绕着人，以人为中心，以人为本，侧重于人与社会、人与人的关系，以及人的心性修养问题，构成了一种伦理本位的人本主义"。[①]

在社会教化中，老子提出了一个既是超越自然又是衍生万物的本体，称为"道"或"大"，因此，"道"成为老子哲学思想的核心。他认为"道"是"万物之宗"，也就是说，"道"是宇宙万物的老祖宗，"道生一，一生二，二生三，三生万物"。老子所说的"一"，可以理解为是元气，是原初的物质，与《周易》八卦中的太极"一"应是相通的物质，太极"一"是"亦阴亦阳"

[①] 陈江风主编：《中国文化概论》，南京大学出版社2005年版，第67页。

之物。因此，可以认为老子所说的"道"，其实也是受《易经》的启发，认为自然界的万物皆是由阴阳之气构成的，"道"就是自然界、人类社会的元气，就是万物的原本之气，万物没有了原本之气，也就丧失了生命，就会腐化消失殆尽。说明自然界、人类社会都是在一呼一吸的运气中萌生、成长、强壮，以至于气衰而亡的过程，并且周而复始地循环下去。因此，老子所说的"道"并不是虚无的本体，也不是"视之不见"的精神，而应当理解为存在于宇宙星系之间的阴阳之气。同时，天有天气的阴晴变化，地有地气的寒暖变化，人有人气的一呼一吸的强弱变化，从而维持着"天、地、人"宇宙万物的生生不息。老子从《易经》中吸取合理的因素，创造出"道"来，因此老子认为，一切应当顺应自然规律，凡是人为过多的干预，都会出现阴阳之元气的重大改变，从而产生一利一弊的情况。只是有时利大于弊，有时弊大于利而已，或者眼前表现出利大于弊，而长远则表现出弊大于利。所以，老子主张"无为而治"的教化思想，但"无为"二字并不能理解为"不为"，其实是在顺应自然规律中的"尽力而为"，因此，可以理解为是一种"无为而无不为"的积极状态，而不是简单理解为消极待命、守株待兔的"不作为"。可见，这是一种更高的"有为"，而不是听之任之，听其自然或任其自然，而应当是在顺其自然中积极而为之。

当然，老子在《道德经》中鼓吹的"愚民"政策，比如"民之难治，以其智多"、"以智治国，国之贼"等观点，主张"绝圣去智"、"绝仁弃义"，让老百姓"虚其心，实其腹，弱其志，强其骨"的教化思想具有一定的历史局限性。但老子在《道德经》中提出的"有无相生、难易相成、长短相形、高下相倾、声音相和、前后相随"等，具有朴素的辩证法的思想。同时，他提出"祸兮，福之所倚；福兮，祸之所伏"的命题与《易经》中的否卦和泰卦的转化是一样的道理，泰卦的下一卦就是否卦，就像老子说的"福兮，祸之所伏"，老子说这句话的哲学道理就是告诫人们要懂得惜福，在人生春风得意的时候，要有忧患的心理意识，那么就不会很快进入否卦，或避免走否卦。人如果能明白这个道理，是可以做到趋利避害的。老子仅仅是告诫人们福中潜伏着祸，但人们如果能做到"得意不忘形"，祸就不是一定会发生的。同样，老子说的"祸兮，福之所倚"，也不是说祸中就一定有福，而是说从祸到福要经过漫长的磨炼和奋斗，才有可能抵达福的彼岸，就像否卦和泰卦一样相邻很近，但人生从否卦轮回到泰卦却要经过六十三卦后，才又回到泰卦；而从泰卦到否卦只是一步之遥。老子朴素的辩证法思想与《易经》如出一辙，具有合理和丰富的人文教化思想的内核。

庄子的人文教化思想主要是继承老子"道"的思想，并在这个哲学体系中，进一步阐明自己的哲学观点。他认为"物是有限的，而道是无限的"，因此，他主张应当消除一切束缚在人身上的枷锁，一切要顺其自然，去追求人自身的自由和独立开放的人格，进而实现人与大自然的和谐统一，使人的身心处在逍遥自在的清幽境界之中。

孔子在社会人文教化中，提出"仁者爱人"的主张，反映了孔子以人为本的教化思想，体现了对人本身的重视，具有历史进步意义。孔子在教学中提出"有教无类"及"因材施教"等教学观点，至今仍有现实的借鉴意义。到战国时期，儒学分为"孟氏之儒、子思之儒、颜氏之儒、子张之儒、仲良氏之儒、孙氏之儒、乐正氏之儒、漆雕氏之儒"八个门派，其中影响比较大的是孟氏之儒，史称"孔孟之道"。

孟子在继承孔子"仁"的基础上，主张实行"仁政"，而实行"仁政"的基础必须是"民有恒产"，最低要保障民众的温饱问题。孟子"仁政"的哲学基础是他提出的性善学说。他认为人性本善，统治者要善于培育人先天遗传下来的善性。他说，每个人先天都有"恻隐之心、羞恶之心、恭敬之心、是非之心"这四端，只要认真培育发展人的"四端"，那么，就可以把人培养成为具有"仁、义、礼、智"四德的善人。统治者只要把人内心固有的四端之首的"恻隐之心"从小培育起来，那么，长大成人后，在参与社会系统的运作中时，就能想到占社会大多数的民众的苦乐。在为政中，能实行"以不忍人之心，行不忍人之政"，这就是"仁政"。

荀子是儒家八大门派中"孙氏之儒"的代表人物。他既尊崇孔子，又重视法治。他的思想融合了儒法两家的精髓，又批判地吸收了各家的精华，形成了一家之言。荀子既主张儒家的"礼治"，又重视法家的"法治"。他认为"礼"是根本原则，"法"是具体措施，"礼"与"法"是相辅相成，而不是相互对立的。荀子认为人性是恶的，只有经过后期的教育，才有可能变善，所以，统治者应当重视后天对民众进行教化。在自然观方面，荀子提出物质的"天"，并且论证了"天"与人类社会的"治"与"乱"并无内在必然的联系，他第一次从理论上将人与神、自然与社会区分开来，这是对天命论和宿命论的有力批判。同时，他强调发挥人主观能动性的重要作用，体现了唯物史观的理论高度，并闪烁着辩证法的光辉。

在社会人文教化中，墨子主张"兼爱"、"非攻"，反对恃强欺弱、为富不仁的阶级压迫；提倡"节用"、"节葬"，反对统治者的铺张浪费；主张"尚同"、"尚贤"，举贤授能，反对奴隶主贵族不劳而获的世袭制度。墨子的政治理想是"兴天下之利，除天下之害"，无论做什么事，首先必须考虑民众的利益。他认为，统治者只有具备这样的德行，才算是符合社会道德规范。因此，墨子的人文教化思想在中国社会人文教育上具有重要的意义和价值。

三、儒家：仁者爱人，修身成人

中国人文教育思想源远流长，在早期的夏、商、周三代文化中，就蕴含了丰富的人文精神。春秋战国时期，人文教育思想进入了一个新的发展期。孔子创立了先秦儒家学派，第一次真正将以人文为中心的中国文化精神进行了自觉的倡导和弘扬，并阐明人文教育思想对社会发展和维护社会和谐稳定的重要意义和价值。

孔子生活在一个"礼崩乐坏"的春秋时期，因此，他的人文教育思想的核心是"仁"。他提出"仁者爱人"的教化主张，并一直在努力探寻做人的道理。孔子人文教育的目标是培养具有"仁爱"精神的政治精英，所以，在人文教育中，孔子将人的道德教育放在首位。他主张要以文化为基础，对人进行道德品质教育，并且要将培养人高尚的道德情操和传授文化知识同时进行。孔子在观察当时社会时，看出当时社会人心一片混乱，不但"知德"、"好德"的人很少，而且能够按照道德信念努力去践行的人更少，整个社会处于一种严重缺乏人文道德的状态中。因此，孔子力图通过培育人的"仁爱"之心，来改变当时扭曲变态的世道人心，实现"道之以德，齐之以礼，有耻且格"（《论语·为政》）的理想社会。孔子认为，在整个社会中，不管是君子还是小人，不管是为政者还是平民百姓，只有人人心中都拥有良好的道德品质，才能实现净化社会人心的目的。所以，孔子以"礼"作为人的道德规范，以"仁"作为人的最高道德准则。"礼"和"仁"成为孔子人文教育思想的主要内容，他要求人们凡事都要做到"克己复礼"，要善于克制自己非分的欲望和贪婪之心。

在社会人文教育中，孔子提倡"礼"的教育要和"仁"的精神结合起来，为人处世心中要有仁德，才能真正去遵守礼仪制度。孔子把"仁"作为做人做事的最高道德准则，也是儒家人文教育思想的核心。在《论语·八佾》中，孔子说："人而不仁，如礼何？人而不仁，如乐何？"意为如果一个人不讲仁德，可想而知，会怎样对待礼仪制度呢？如果一个人不讲仁德，可想而知会如何运用音乐呢？因此，孔子认为"仁"的内核就是"爱人"，把人当做一个活生生的人来看待。当然，这是从人的共性上来理解"爱人"，对具体的人，应当以"仁"为准则，分清善恶，有所爱有所憎。孔子说："惟仁者能好人，能恶人。"（《论语·里仁》）这就是说，只有仁德的人，才能真正公正得当地喜爱一个人或憎恨一个人，说明了只有仁德的人才能在社会人文教化中，真正客观辩证地看待一个人，而不是盲目对人的"泛爱"。

孔子在以"仁"为核心的人文教育思想体系中，最强调"忠"与"孝"。定公问孔子："君使臣，臣事君，如之何？"孔子对曰："君使臣以礼，臣事君以忠。"说明了君臣之间的关系，君主使用臣子应当以礼相待，臣子侍奉君主应当以忠相报，要做到尽心竭力、诚实负责。在尊敬孝顺父母方面，孔子的弟子有子说："其为人也孝弟，而好犯上者，鲜矣；不好犯上，而好作乱者，未之有也。君子务本，本立而道生。孝弟也者，其为仁之本与！"（《论语·学而》）有子认为，一个人能做到孝顺父母，尊敬兄长，就不会随意去冒犯长辈和上级，也就不会犯上作乱。因此，君子要致力于根本，根本确立，那么，治国做人的原则也就产生。所谓"孝顺父母，尊敬长辈"可看作是"仁"的根本，说明在家庭中培养人孝悌的道德观念，是社会人文精神形成的根本。

在以"仁"为核心推行的社会人文教育中，孔子主要强调应当从自身主体推及他人客体这两方面进行。由己推及人是实践"仁德"的重要途径。孔子说："克己复礼为仁。一曰克己复礼，天下归仁焉。为仁由己，而由人乎哉？"（《论语·颜渊》）孔子认为，克制自己，使自己的言行回到符合传统的礼，这就是仁。因此，实践仁主要在于自己，而不在于别人。孔子强调实行"仁爱"，首先要从自己做起。孔子以人自身的好恶为立足点，阐述了仁德的具体表现和要求，就是以己之好恶推及他人之好恶，并从中实践"仁德"。他说:"己所不欲,勿施于人。在邦无怨,在家无怨。"(《论语·颜渊》)说明为人处世,凡是自己不愿意承受的,就不要强加给别人。为国家做事没有怨言,处理家事没有怨言,反映了"推己"的人文教育思想。

孔子又说:"己欲立而立人,己欲达而达人。"(《论语·雍也》)这从另一方面反映了"尽己"的人文教育思想。朱熹解释说:"尽己之谓忠,推己之谓恕。"(《四书集注》)说明了儒家在社会人文教育中,重视个体人格的塑造,强调个体道德修养不是依靠外在的强制,主要是靠个体自身的努力。孔子说:"仁远乎哉?我欲仁,斯仁至矣。"(《论语·述而》)他认为,人文教育和人文道德的培养,不能离开社会实践活动,不应当以眼前的物质满足为条件,而应当以"仁道"作为个人奋斗的人生理想和志向。孔子说:"苟志于仁矣,无恶也。"(《论语·里仁》)这就说明一个人立志去实践仁德,总不是坏事,并教化民众要将"仁"作为自己道德行为的准则。他还说:"士志于道,而耻恶衣恶食者,未足与议也。"(《论语·里仁》)说明了如果过分在意衣食的享受,也就谈不上人生的理想和志向了,个人志向的确立和坚持,主要取决于个人的信仰和自觉的努力。

在处理人际关系中,孔子十分重视对自己的严格要求。他认为,要善于用"仁"的教化思想来约束和克制自己的行为和言语,以符合"礼"的规范。他说:"躬自厚而薄责于人,则远怨矣。"(《论语·卫灵公》)说明了人在遇到困难和挫折时,只要善于多责备反省自己,少责备别人,就可以避开怨恨,"不怨天,不尤人"。(《论语·宪问》)因此,在社会人文教化中,孔子要求民众遇事要反躬自问,以反省自己行为和言语是否符合道德的规范。如果遇事不善于作自我检讨,而是片面去指责别人,这就不是君子做人做事的态度。所以,他说:"君子求诸己,小人求诸人。"(《论语·卫灵公》)他倡导人与人之间应当采取平等的态度,人与人相互之间要高度尊重,要做到严以律己、宽以待人,只有这样,才能消除积怨和矛盾。孔子用"仁"来"克己",凡事应当用恻隐之心来设身处地为他人着想,不能把麻烦和痛苦强加在别人身上。他说:"君子成人之美,不成人之恶。"(《论语·颜渊》)并说"君子义以为质,礼以行之,孙以出之,信以成之。君子哉!"(《论语·卫灵公》)体现了君子以义为根本,以礼法来实行义,以谦逊的语言来表达,以忠诚的态度来完成义,只有做到这样,才算是真正的君子。

在此基础上，孔子认为，对别人的缺点错误，应当采取宽容谅解的态度，对别人采取隐恶扬善的方式。儒家以"仁"为核心的人文教育重在要求自己，如"不患人之不己知，患不知人也"。(《论语·学而》)"君子病无能焉，不病人之不己知也"。(《论语·卫灵公》)可见，孔子试图在人文教育中，把人伦关系与个人独立人格统一起来，人不但要严格要求自己、认识自己、成就自己，而且还要认识别人，成就别人。只有这样，才能将人本身的自然属性和社会属性自觉地统一起来，这是对人自身和他人生命意义的发现与尊重，这是以"仁"为主体内容的原始人道主义社会人文精神的回归和进一步弘扬。在社会动乱不安的环境下，孔子从人文主义出发，劝导人们从自身做起，努力向善、从善，以养成自己个体的"仁德"，努力克制个人的非分之想，不做损人利己的事情，努力使个人的道德达到仁的境界，以实现个体和社会的和谐稳定。

同时，在社会人文教育中，孔子强调要尽力做到身体力行、以身垂范、以身作则。在行事做人中，应当遵循中庸之道，对自己的过失要进行自我反省，勇于改过。只有这样，才能实现"仁德"的目标。孔子认为，对人进行教化，不但要关注人的道德认识水平，更重要的是要观察人的道德实践的情况。孔子说："好学近乎知，力行近乎仁，知耻近乎勇。"(《礼记·中庸》)孔子提倡"力行"，要求人们做人要言行一致，做到"言必信，行必果"。(《论语·子路》)他还说："其身正，不令而行；其身不正，虽令不从。"(《论语·子路》)说明在社会人文教育中，只有以身垂范、以身作则，才能向人们表明自己的道德水平。

在做人行事的过程中，孔子强调应当遵循"中庸"之道，把握分寸，做得恰到好处。他说："道之不行也，我知之矣：知者过之，愚者不及也。道之不明也，我知之矣：贤者过之，不肖者不及也。人莫不饮食也，鲜能知味也。"(《礼记·中庸》)由此可见，孔子对知者、贤者的"过之"和愚者、不肖者的"不及"都极不满意。他教育学生凡事应当择其中道而行之，过与不及都是不符合中庸之道的。他把中庸之道作为君子的一种至善至美的道德品质来提倡，要求君子的行为时时处处都要体现中庸之道的品质。他说："君子中庸，小人反中庸。君子之中庸也，君子而时中；小人之中庸也，小人而无忌惮也。"(《礼记·中庸》)朱熹理解为："中庸者，不偏不倚，无过不及，而平常之理也。"(《四书集注》)他把中庸之道作为君子的一种品德修养来要求。君子的喜怒哀乐任何时候都要符合中庸之道；而小人行事毫无顾忌，行为不择手段，因此，总会背离中庸之道。所以，在社会人文教育中，不但要对君子严格要求，更要对小人进行教化。

人非圣贤，孰能无过。孔子认为，在实践"仁德"的过程中，要对每日所做之事进行自我反省，有则改之，无则加勉。只有这样，行事才能合乎"仁德"的要求。同时自觉反省之后，如若问心无愧，可以增强自身的信心和勇气。孔子说："见贤思齐焉，见不齐而内自省也。"(《论语·里仁》)说明了人要不断进行自觉的自我反省，才能向贤人靠近，而远离不贤之人。孔子说："三人行，必有我师焉。择其善者而从之，其不善者而改之。"(《论语·述而》)在社会人文教育中，孔子也认识到在现实生活中不存在没有过错的圣人，因此，君子要具有勇于改过的勇气。孔子说："圣人，吾不得而见之矣，得见君子者，斯可矣。"(《论语·述而》)因此，加强道德修养是减少犯错误的最好途径。孔子认为犯错误后的正确态度，就是勇于改过。子贡说："君子之过也，如日月之食焉：过也，人皆见之；更也，人皆仰之。"(《论语·子张》)说明了人犯错误并不可怕，只要懂得改正，仍然会受到大家的敬重。孔子在教育学生时，鼓励学生要勇于改正自己的错误。因此，孔子说："过则勿惮改。"(《论语·子罕》)既然犯了错误，就不要害怕改正。他还说："过而不改，是谓过矣。"(《论语·卫灵公》)如果犯了错误，还不改的话，那就是错上加错了。

总之，以孔子为代表的早期儒家学派的人文教育思想，以培养人的内在"仁德"为根本，使人自觉明白人之所以成为人的内心之德。因此，"由孔子至秦这一时期，即可称为中国人文思想之自觉的形成时期"。[①] 孔子人文精神的核心就是"仁"，重视人格的培养，建立以人文为中心的中国传统文化精神。

战国时期，孟子进一步发展孔子的"仁"学，成为推动儒家人文教育的重要代表人物。孟子以"性善论"为基础，进一步将"仁学"向政治领域扩展，提出了"仁政学说"，其目的是引导统治者在内心情感上，自觉形成以

---

① 唐君毅：《中国人文精神之发展》，广西师范大学出版社2005年版，第8页。

"仁"为根本的从政道德规范，实行"仁政王道"统治。可见，孟子的人文教育思想体现在他人性为善的哲学基础上。他认为，人人都有"不忍人之心"，因此，在社会人文教化中，只要把人的这种善的心性培育起来，使人在内心明人伦，以张显人性中与生俱来的"不忍人之心"，从而自觉行使"不忍人之政"，这就是孟子主张的"仁政"。所以，孟子在《公孙丑上》说："恻隐之心，仁之端也；羞恶之心，义之端也；辞让之心，礼之端也；是非之心，智之端也。"孟子提出人的"四端"学说，是他提出性善学说的理论依据，也是他进行社会人文教化的基础。他认为，人一生下来，与生俱来拥有内在的善性。因此，在人文教育中，可以进一步开发培育人的"仁、义、礼、智、信"的内在品质。

孟子从人自我内在的认识出发，尽力发挥人本身的"良知"和"良能"，使人认识到自己内心所固有的善性，并促使他自然外化，从"知性"到"知天"，并将这种善性作用服务于整个社会，以实现儒家以"仁"为中心的社会人文教化的目标。因此，孟子人文教育思想的社会价值就是发现了人性中善的因子，使儒家社会人文教育思想有了内在的人性基础，肯定了只要通过教化，人人皆可以培养成为像尧舜那样的人。同时，孟子不但进一步发展了孔子"仁"的内涵，而且还认识到实施社会人文教育，必须有一定的社会经济基础。所以，他提出"保民而王"的思想，使老百姓拥有一小块土地，使民不饥不寒，民众才会安于本分。他说："有恒产者有恒心，无恒产者无恒心"，（《孟子·梁惠王上》）体现了"制民之产"是孟子"仁政"的经济基础。他还说："五亩之宅，树之以桑，五十者可以衣帛矣。鸡豚狗彘之畜，无失其时，七十者可以食肉矣。百亩之田，勿夺其时，数口之家可以无饥矣。谨庠序之教，申之以孝悌之义，颁白者不负戴于道路矣。"（《孟子·梁惠王上》）孟子不但主张统治者在施行"仁政"中要给民众以温饱，而且更重要的是在民众温饱问题解决以后，要对民众进行思想教化。通过社会人文教育，使民众明人伦，树立起道德规范，形成孝敬长辈、敬爱兄长的良好社会风气，以家庭的长幼有序来促进社会秩序的稳定。

在社会人文教化中，孟子特别强调"修身"、"成人"的重要性。孟子提出"修身"就是要"养浩然之气"。他说："其为气也，至大至刚，以直养而无害，则塞于天地之间。其为气也，配义与道；无是，馁也。是集义所生者，非义袭而取之也。行有不慊于心，则馁矣。"（《孟子·公孙丑上》）说明了作为一种"气"，它是既大又刚强，用正义培养而不伤害它的话，它就能充满天地之间。作为一种气，它可和义与道相并；要是没有义与道，气也就瘪下去了。气是很多合于正义的行为逐渐累积的结果，并不是一次合于正义的事就能培养出浩然之气，若行为让自己感到不安，气也就瘪了。因此，"气"指的是受正义信念指导的情感和意志相混合的一种精神力量或心理状态。这种"浩然之气"可理解为是对自己行为的正义性自觉，所以具有伟大的精神力量。同时又要坚持不懈地进行修养和锻炼，才能养成浩然之气，只有养成了浩然之气，然后才能做到对名利不动心，这样就自然修炼到了"富贵不能淫，贫贱不能移，威武不能屈"的人生境界。有了这种境界的人，才算是达到了至大至刚，无所畏惧，才是顶天立地的大丈夫。

孟子提出"养浩然之气"的同时，极力倡导人性的自觉修炼和意志的高度坚定，只有这样，才能"养浩然之气"。因此，在人文教化中，孟子说："夫志，气之帅也；气，体之充也。夫志至焉，气次焉。故曰：'持其志，无暴其气。'"（《孟子·公孙丑上》）说明了人的意志是气的统帅，人如果有了崇高的信念和追求，那么就会体内充满了气，就会精神饱满；同时，志与气是密切相连的，人意志关注在哪里，气也就停在那里。所以说，人不但要尚志，而且还要坚守意志，不要妄动自己的气。如果人一方面能做到"志于道"，另一方面又能做到"集于义"，那么，浩然之气就会自然而然地产生。因此，在人文教化中，孟子主张人的境界是靠自己内心自觉"养"出来的，是靠平常自己的一举一动、一言一行慢慢地积累起来的。

在社会人文教化中，孟子进一步要求人的意志必须在逆境中进行磨砺、锻炼，然后才能成就自己的一番事业。他说："天将降大任于斯人也，必先苦其心志，劳其筋骨，饿其体肤，空乏其身，行拂乱其所为，所以动心忍性，增益其所不能。"（《孟子·告子下》）说明了人一旦处在艰难困苦的环境中，就会激发人内在的潜能，人的聪明才智才有可能被开发出来。同时，孟子虽然从人性本善的角度出发，提出自己的教化主张，但同时他又强调人的四个"善端"，必须通过后天的教化才能形成人的善性和善行，并真正落实在人的行动中。由于人的欲望是无止境的，因此人只有存心养性，才能养成善良的本性。孟子说："养心莫善于寡欲。其为人也寡欲，虽有不存焉者，寡矣；其为人也多欲，虽有存焉者，寡矣。"（《孟子·尽心下》）说明了培养人的善心，最好的办法就是减少人的欲望。人如果欲望不多，那么，即使他善心有所缺失，可能缺失的也很少；如果一个人欲望很多，即使他还存有善心，那么，他的善心一定也不多。所以，人要寡欲，并且要不断修心养性，善于反躬自问，厚于责己，"乐取人以为善"（《孟子·公孙丑上》），才能达到"仁义礼智"的境界。

孟子说："爱人不亲，反其仁；治人不治，反其智；礼人不答，反其敬。行有不得者皆反求诸己，其身正而天下归之。《诗》云：'永言配命，自求多福。'"（《孟子·离娄上》）说明你爱别人，但他却不亲近你，不领情，你就要回过头想想自己对别人的爱是否充足；管理百姓，却没能管理好，就要回过头想想自己是否明智；对别人讲礼貌，而他却没有对你讲礼貌，就要回过头来想想自己对别人是否真的尊敬。因此，做什么事都有行不通的时候，都要回头从自己身上找原因，如果自己真正行得正，天下也就归顺了。所以《诗经》上说，永远按天命行事，自己修心养性，反求诸己的行动来决定自己未来的幸福。孟子说："人有恒言，皆曰'天下国家'。天下之本在国，国之本在家，家之本在身。"（《孟子·离娄上》）体现了个人的修炼会影响到国家的根本，强调了个人"修身"、"成人"在社会人文教育中的重要作用。

战国末期，儒家学派的重要代表人物是荀子。荀子是先秦儒家最后一位大师，也是先秦人文教化思想的集大成者。他以儒学为基础，批判地吸收了诸子百家的长处，形成了自己的思想体系，标志着荀子"隆礼重法"思想观的形成。在人文教化中，荀子认为，"今人之性，生而有好利焉，顺是，故争夺生而辞让亡焉；生而有疾恶焉，顺是，故残贼生而忠信亡焉；生而有耳目之欲，有好声色焉，顺是，故淫乱生而礼义文理亡焉。然则从人之性，顺人之情，必出于争夺，合于犯分乱理而归于暴"。（《荀子·性恶》）荀子将人性本恶作为人文教化思想的基础，他认为，根本不存在像孟子所说的人天生具有"善端"。恰恰相反，人的欲望是无止境的，在社会人文教化中，只有用"礼仪"和"法度"来进行教化，才能实现人自身"化性起伪"的目标，从而使人恶的本性向善的方向发展。同时，荀子在提出人性本恶的观点后，主张要敢于正视承认人的情欲，并引导人合理的情欲需求，用礼义来疏导和控制人不合理的情欲；用刑法来惩治人不合"礼仪"的行为，使民心归顺，形成良好的社会人文氛围。荀子主张:"立君上之势以临之,明礼义以化之,起法正以治之,重刑罚以禁之,使天下皆出于治,合于善也。"(《荀子·性恶》)

荀子作为先秦儒家思想的代表人物,他的哲学视野更为宽阔,他的人文教化思想更具有开放性和包容性。荀子重视儒家"礼"的同时,又兼容法家的思想,体现了既"隆礼"又"重法"的人文教化思想。荀子说:"礼有三本:天地者,生之本也;先祖者,类之本也;君师者,治之本也。无天地恶生?无先祖恶出?无君师恶治?三者偏亡,焉无安人。故礼,上事天下事地,尊先祖而隆君师,是礼之三本也。"(《荀子·礼论》)体现了礼的社会人文内涵。所以,荀子把礼、法都作为社会人文教化和治理国家的根本。他说:"礼义者,治之始也。"(《荀子·王制》)以及"法者,治之端也。"(《荀子·君道》)荀子认为,礼是法的根据,是法的总纲;而法则是礼的体现,二者相辅相成。因此,他以"隆礼尊贤而王,变法爱民而霸"(《荀子·强国》)的人文教化思想来代替孟子主张以德王天下的教化思想。

在社会人文教化中,荀子认为,孟子提出的人有"四善端"说,只是一种理论上的推测,没有实践的意义和现实的价值,只是代表孟子理想的社会人文教化的人性基础。而荀子提出了"人之性伪之分"的主张,他认为,"性者,本始材朴也;伪者,文理隆盛也。无性,则伪之无所加,无伪则性不能自美。性伪合,然后成圣人之名,一天下之功于是就也"。(《荀子·礼论》)说明了"性"是人与生俱来的自然属性,是人先天的自然状态,不包含后天人为的因素;"伪"是指通过后天人为的努力而让人发生改变的状态。因此,在人文教化中,荀子强调要在人先天具有的原始属性状态的基础上,再经过后天环境和教育对人性进行教化和改造,以达到"性伪结合",先天与后天结合,才能培养出具有圣人品格的理想人才。荀子又说:"人之性恶,其善者伪也。"(《荀子·性恶》)说明了"恶"是人的本性,就像人都具有"饥而欲食,寒而欲暖,劳而欲息,好利而恶害"的生理本能一样,而通过后天的教化、修炼,君子和圣人就可以在特定的环境和时间中反其本性而为之,可以做到"舍生取义",可以做到不趋利避害,以成就君子和圣人之美名。究其根本原因,是他们能够把"性"和"伪"很好地结合起来。荀子认为,人性之所以善是后天人为的结果,而不是先天就有的。所以,荀子提出了与孟子"性善论"相反的"性恶论"。

荀子主张"化性起伪",强调了人通过后天的学习教化和环境的熏陶会对人产生教化的作用。荀子说:"涂之人可以为禹。"说明一般的人只要通过学习,掌握"仁义礼法",也有可能成为像禹那样具有高尚品质的圣人。这与孟子提出的"人皆可以成为尧舜"的道理是相同的,说明了人性与人文教化必须统一的重要性。同时,在社会人文教化中,荀子强调环境、教化和个人修炼三者必须有机结合,缺一不可。人与生俱来的本性相差无几,都有共同的欲望,但后来有的人成为君子,有的人成为小人,其根本原因在于后天个人修炼和起伪的程度不同而已。荀子以此为教化的理论基础,提出了王公贵族的行为如果不合礼义,就要返回到平民百姓阶层中去;同样,普通的老百姓通过自己后天的努力,也可以进入到士大夫阶层。荀子的教化主张对儒家强调的等级差别的世袭特权,提出了不同的看法,为儒家人文教育思想打开了新的思路。

先秦儒家人文教化思想主要以孔子、孟子、荀子为代表。他们立足于仁学、仁政和人性道德伦理修养,突出了"仁者爱人"的儒家人文教化思想,强调了人性个体的自我内省,实现"内圣外王"的人生目标,奠定了儒家人文教育学说的基础,对中国传统文化的形成和发展,对中国人文教育思想的深入推进都产生了深远的影响。

四、墨家:兼相爱,交相利

墨子以"兼相爱,交相利"作为社会人文教化的理论基础,这也是墨子思想的核心内容。墨子认为,当时社会出现的"国之与国之相攻,家之与家之相篡,人之与人之相贼,君臣不惠忠,父子不慈孝,兄弟不和调"(《墨子·兼爱中》)的根本原因是整个社会存在"以不相爱生"(《墨子·兼爱中》)的不良社会风气,这样就必然出现了"诸侯独知爱其国,不爱人之国,是以不惮举其国,以攻人之国。今家主独知爱其家,而不爱人之家,是以不惮举其家,以篡人之家。今人独知爱其身,不爱人之身,是以不惮举其身,以贼人之身"(《墨子·兼爱中》)的社会局面。那么,在现实生活中必定存在"强必执弱,富必侮贫,贵必敖贱,诈必欺愚"的问题,追究这种社会的病根所在,就是"以不相爱生也"。(《墨子·兼爱中》)所以,墨子在社会人文教化中提出了自己的几点主张。

（一）提出了"兼爱"、"贵义"的人文教育思想，体现以人为本的人道观。墨子针对封建制度存在的弊端，提出了"兼相爱，交相利"的以人为本的平等人道观。他认为，封建宗教家长制是以血缘的亲疏建立起来的，封建等级观念是人们"无以相爱"的根源所在。人与人之间，国与国之间之所以经常发生篡夺、欺诈、盗抢和战争，都是因为人与人之间缺乏相爱的情感；人与人之间之所以不能产生相爱的情感，是因为人与人之间有血缘的远近亲疏和等级差别。因此，人与人之间在名利之争中，就可能做出损人利己的事来。所以，墨子在社会人文教化中，提出了只有人人做到"爱人之身若己之身，爱人之家若己之家，爱人之国若己之国"的平等无远近亲疏差别的爱，才能使社会和谐安定，人民安居乐业。因此，"兼爱"是墨子人文精神的核心内容。墨子提出的"兼爱"思想是不分人己、不分远近亲疏的无差别的爱，包含了对人的自身主体性的尊重，这不同于儒家倡导的"仁爱"思想，儒家的"仁爱"思想仅仅是推己及人的同情和施舍，并不承认他人"主体性"的权利与地位。而墨子提出的相互尊重各自的"主体性"地位，正是确立现代社会道德的前提。

墨子说："视人之国若视其国，视人之家若视其家，视人之身若视其身。是故诸侯相爱则不野战，家主相爱则不相篡，人与人相爱则不相贼，君臣相爱则惠忠，父子相爱则慈孝，兄弟相爱则和调。天下之人皆相爱，强不执弱，众不劫寡，富不侮贫，贵不敖贱，诈不欺愚。凡天下祸篡怨恨，可使毋起者，以相爱生也。"（《墨子·兼爱中》）墨子认为，当时社会动荡不安的根本原因就是人与人之间不能相爱，因此，他提出如果各诸侯国能把别人的国家看成是自己的国家一样来爱、士大夫能把别人的家当作自己的家来爱、人与人之间能爱别人像爱自己一样，那么，诸侯国之间就会相爱而不会发生战争、士大夫之间也不会发生相互争夺的事情、人们之间也不会发生相互杀害的事情了。这样，君臣之间就会实现君王恩惠，臣子尽忠；父子之间就会实现父亲仁慈，儿女孝顺；兄弟之间就会实现和睦协调。如果天下人之间都能相亲相爱，那么，强的就不会去控制弱的，人多的就不会去掠夺人少的，富有的就不会欺压贫穷的，高贵的就不会去蔑视低贱的，聪明的人也不会去欺骗愚笨的人。这样，天下就不会产生怨恨、争夺、残杀等祸患，人与人之间的爱也就可以产生,"兼相爱,交相利"的和谐平等的社会也就可以真正实现了。

在墨子的"兼爱"思想中体现了以人为本的平等人道观。他主张的这种以人为本的平等人道观,超越了传统的血缘的亲疏以及身份地位的贵贱,是以人为中心、为根本的普遍的无差别的平等相爱,也就是对等基础上的相爱互报。同时,这种对等的相爱和互报,是指存在于人心的情感方面,而不是指物质上的对等回报。因此,可以把兼爱理解为是人与人之间无条件的爱,若这种爱是出于某个条件下的行为,那么就不是"兼爱"。这种爱是出于人的内在的一种本性使然,是真情实感的流露,是不求回报的。但墨子在谈"兼爱"时,也同时提出"交相利"的主张,体现了墨子实利主义的思想,这种思想正代表了广大劳动人民和小生产者的利益,希望统治者能为民谋利,不与民争利。只有这样,才能实现人与人之间"交相利"的目标。

在义和利关系上,墨子主张"贵义"。墨子认为,世间万物最珍贵的东西首推人与人之间的"义",人的一切行为,不管是为人处世,还是从政,都应当以义为准则。墨子是以利来解释义,是"交相利"的利,是利天下的利。墨子认为义和利是不可分开的,只有把义和利相结合,才能真正实现公利,而不是谋求私利。墨子认为兼爱体现了义,非攻他国体现了义,尚贤、尚同、节用、节葬、非分、非乐都体现了义。因此,兼爱和贵义是墨子的根本思想,他认为仁就是爱义、就是利,"兼爱"的本质就是"交相利",并用"义"来节制"利",把利己与利人有机结合起来。所以,墨子提出"万事莫贵于义"。(《墨子·贵义》)墨子提出的"兼相爱,交相利"的"利",是指"天下之大利"。他说:"仁人之所以为事者,必兴天下之利,除去天下之害,以此为事者也。"(《墨子·兼爱中》)他认为,仁人处理天下事务的原则,一定是要兴办对天下都有利的事,并且除去天下的祸害,这是处理天下事务的原则。

墨子在提出"贵义"的同时,也在身体力行去实践"义"。《墨子·贵义》中记载:"子墨子自鲁即齐,过故人。谓子墨子曰:'今天下莫为义,子独自苦而为义,子不若已。'子墨子曰:'今有人于此,有子十人,一人耕而九人处,则耕者不可以不益急矣。何故?则食者众而耕者寡也。今天下莫为义,则子如劝我也,何故止我?'"可见,这里用耕者少而食者多的形象比喻来说明天下行义的人少,而墨子却仍然以身垂范、身体力行。因此,墨子主张统治者一定要做到"默则思,言则诲,动则事。使三者代御,必为圣人。必去喜去怒,去乐去悲,去爱去恶,而用仁义。手足口鼻耳,从事于义,必为圣人。"(《墨子·贵义》)统治者只有做到沉默时能思考、言谈能教诲他人、行动能从事于义,并且能超越个人的喜怒哀乐,推行仁义,才能真正实现修身贵义的目标。并且,如果"为义而不能,必无排其道。譬若匠人之斫而不能,无排其绳。"(《墨子·贵义》)墨子告诫自己的弟子,如果在行义而不能胜任时,一定不要归罪于学说本身。这好比木匠没能劈好木材,一定不要归罪于所使用的墨绳一样,说明了行义的道理和木匠劈木材的道理是一样的。

墨子认为,世间万物没有比义更为珍贵的,因此要求人们的言论行为都要以"义"为根据。墨子不但自己努力去实践"义",而且也极力批判了世俗之君子不但不去实践"义",却一味地在空谈"仁义"的错误做法。墨子说:"世之君子,欲其义之成,而助之修其身则愠;是犹欲其墙之成,而人助之筑则愠也。岂不悖哉!"(《墨子·贵义》)墨子用修城墙的道理来批判世俗之君子,他们虽然口头上说要修成"义",但在实践中,如果有人帮助他修养身性以接近"义",他却生气怨恨。墨子用生活中大家都愿意为背粮者助一臂之力的道理,来进一步批驳世之君子对"义"的认同态度。墨子说:"世俗之君子,视义士不若负粟者。今有人于此,负粟息于路侧,欲起而不能。君子见之,无长少贵贱必起之。何故也?曰:义也。今为义之君子,奉承先王之道以语之,纵不说而行,又从而非毁之。则是世俗之君子之视义士也,不若视负粟者也。"表现了墨子对所谓世之君子对肩负道义的义士不仅不去帮忙,反而加以攻击和诋毁的强烈不满。当然,由于墨子自身所附带的小生产者的"贱人"的地位,因此,他的学说主张被世之君子贬为"贱人之所为而不用"也就不足为怪了。

(二)提出"节用"、"节葬"的人文教育思想,体现强本节用的生存观。墨子看到了当时封建贵族地主的穷奢极欲,浪费民财,追求声色犬马之乐,而老百姓连最起码的物质生活条件都无以保障,因此,他提出了"节用"、"节葬"和"非乐"的主张,这是墨家在社会人文教化方面的又一大贡献。墨子的这些主张虽然在当时不可能被统治者所采纳,但这一主张本身具有重要的社会人文价值。墨家的社会人文精神重在实践,重功而利行,这是墨家的传统思想。

墨子认为,统治者应当懂得爱惜民力、民财,才能使国家安定,人民安居乐业。墨子认为,凡是圣明的君主"凡费财劳力,不加利者,不为也。役,修其城郭,则民劳而不伤;以其常正,收其租税,则民费而不病"。(《墨子·辞过》)可见,圣德贤明的君主在治理国家时,讲究"节用",主要体现在节用民力和财力,凡是劳民伤财的事,对国家对人民毫无益处的事,他们都不会去做。因此,老百姓按照正常的劳役制度去服役,修治城郭,虽然感到体力上的劳苦,但却不会受到精神上的伤害;老百姓按照正常的赋税制度去纳税,虽然他们付出了自己的财物,但他们却不会感到生活困苦。这是贤明的君主懂得爱惜民力民财,懂得"节用"的结果。同时,也只有这样,老百姓才能够过上安定平和的生活,国家才能长治久安。反之,如果统治者不懂得爱惜民财民力,为了一己之私,一己之享乐,用暴力去夺取老百姓的财物,征收沉重的赋税,大兴土木,用来建造自己享乐的宫室和亭台楼阁,上行下效,耗尽天下的民脂民膏,这对老百姓、对江山社稷毫无用处,这样国家的根基就危险了。因此,墨子说:"是以其财不足以待凶饥,振孤寡,故国贫而民难治也。君实欲天下之治,而恶其乱也,当为宫室,不可不节。"(《墨子·辞过》)说明了统治者若将财力乱用在不当的地方,将会造成国穷家贫的局面,这样,老百姓也就很难治理。因此,统治者在建造宫室等各方面的花费上不能不有所节制。

墨子说:"是以其民俭而易治,其君用财节而易赡也。府库实满,足以待不然,兵革不顿,士民不劳,足以征不服,故霸王之业可行于天下矣。"(《墨子·辞过》)说明只有整个社会从上到下形成节约的良好风气,老百姓养成勤俭节约的生活风气,就比较容易治理;统治者用财有节制,国家就容易富强。一旦国富民强,仓廪殷实,人民就自然知礼节。那么,统治者也可以成就自己的霸业了。墨子从"节用"的角度,阐述了"节用"与国家安定、人民安居乐业之间的关系,反映了墨家的人文教育思想,在社会人文教化中产生了一定的影响。

墨子进一步从圣人治国理政讲究节用的角度,论述了节用于国于民的好处。墨子认为:"圣人为政一国,一国可倍也;大之为政天下,天下可倍也。其倍之,非外取地也,因其国家去其无用之费,足以倍之。圣王为政,其发令兴事,使民用财也,无不加用而为者,是故用财不费,民德不劳,其兴利多矣。"(《墨子·节用上》)意为如果圣人在一国治国理政,就可以使这个国家加倍地获利；如果圣人治理天下，那么就会使整个天下加倍得利。圣人使国家加倍获利所采取的手段，不是靠夺取邻国土地的方式，而是凭借本国的资源条件，削减那些无用的开支，讲求节用，尽力做到开源节流，这样就会使国家获得加倍的利益。况且，圣明贤德的君主在发布政令、兴办事功、使用民力民财时，无不是以增加民众、国家的效益为目标，所以，这样做就不会浪费民众、国家的财力和物力，民众也就能够安居乐业，民众、国家所获得的利益、好处也就多了。因此，墨子认为"俭节则昌，淫佚则亡"。

墨子认为要使社会从上到下形成强本节用的良好社会风尚，必须从平时的饮食、衣饰及制作舟车等做起。墨子说："古者圣王制为饮食之法，曰：'足以充虚继气，强股肱。耳目聪明，则止。不极五味之调、芬香之和，不致远国珍怪异物。'"（《墨子·节用中》）墨子认为，古代圣德贤明的君主在制定饮食的法令制度时，以能够补充身体所需的营养为标准，不必去极力追求食物的五味，也不必去强求远国的山珍海味。像远古时代，圣王尧在治理天下时，在饮食上讲究节约俭朴，只吃黍稷饭，肉食也是很单一的，用瓦器盛饭、用土杯盛水、用木勺喝酒，所以天下百姓没有不服从他的治理的。

古代圣贤明君提倡节用的生活作风，对促进整个社会形成良好的节约、节用之风产生了重要的影响。反之，如果统治者在生活上追求奢侈铺张浪费的生活，那么，就会形成上行下效的不良风气，国家也将会因此陷入混乱、贫穷的境地。墨子说："古之民未知为饮食时，素食而分处，故圣人作诲，男耕稼树艺，以为民食。其为食也，足以增气充虚，强体养腹而已矣。故其用财节，其自养俭，民富国治。今则不然，厚作敛于百姓，以为美食刍豢，蒸炙鱼鳖，大国累百器，小国累十器，前方丈，目不能遍视，手不能遍操，口不能遍味，冬则冻冰，夏则饰。人君为饮食如此，故左右象之，是以富贵者奢侈，孤寡者冻馁，虽欲无乱，不可得也。君实欲天下治而恶其乱，当为食饮不可不节。"（《墨子·辞过》）墨子在正反对比中，揭示了古代圣德贤明的君主教诲民众耕种栽培农作物，获得粮食，增强体力，调适腹胃，仅此而已。从上到下，大家能够做到节省用财，勤俭节约地供养自己，因此，那个时代人民富裕，国家安定。而墨子所处的时代则不然，统治者对百姓横征暴敛，宰杀牛羊，蒸烤鱼鳖，制作美味佳肴。大的国家君王吃饭时器具成百，小的国家君王吃饭时器具成十，各种各样的食品摆满了一丈见方的地方，眼睛也不能将他们全部看遍，手也不能将它们全部拿遍，口更不能将它们全部尝遍。冬天的时候，食物吃不完就会被冻坏，夏天的时候，食物吃不完就会腐烂变质。君王在饮食上如此讲究铺张，所以他身边的王公大臣也就效仿，这样上行下效，富贵的人在生活上奢侈无度，而孤寡的百姓却忍饥受饿，君王这样治理天下，天下不乱也是不可能的。所以，墨子向统治者发出警戒：君主若确实想要天下太平，国家和谐稳定，百姓安居乐业，那么，统治者在饮食上就不能不注意节用、节俭了。总之，墨子倡导的节用主张在社会人文教化中仍具有现实的借鉴意义和价值。

墨子告诫统治者不要过分追求注重服饰，不要把服饰当作炫耀自己身份地位的资本，以免危害人民和国家。墨子认为，古代圣人教诲妇女纺织丝麻、织造布匹、缝制衣服的主要目的是让民众冬天可以御寒保暖，夏天可以遮体凉爽而已。所以，古代的圣贤明君在制作衣服时，讲究的只是适合自己的身体，穿起来觉得舒服实用就可以了，而不是用来炫耀自己的身份地位，也不是用来让人观赏的。因此，那时民心纯朴，民风纯正，社会风尚良好，社会人文教化质朴。墨子针对当时统治者不知节用、对百姓横征暴敛、挥霍无度的做法进行了猛烈的抨击。墨子说："当今之主，其为衣服，则与此异矣。冬则轻煖，夏则轻清，皆已具矣，必厚作敛于百姓，暴夺民衣食之财，以为锦绣文采靡曼之衣，铸金以为钩，珠玉以为珮，女工作文采，男工作刻镂，以为身服。此非云益煖之情也，单财劳力，毕归之于无用也。以此观之，其为衣服，非为身体，皆为观好。是以其民淫僻而难治，其君奢侈而难谏也。夫以奢侈之君御好淫僻之民，欲国无乱不可得也。"（《墨子·辞过》）墨子认为，不管是统治者还是普通的黎民百姓，冬天穿轻便暖和的衣服，夏天穿轻便凉快的衣服就可以了，但统治者却不这样做，反而向百姓横征暴敛，强夺百姓的财物，用来为自己制作华丽锦绣的衣服，贵重的用金属来为自己铸造衣服的挂钩，耗费财力购买珠玉当作佩饰戴在身上，女人穿的是上面有文采的衣服，男人穿的衣服上有精雕细刻的装饰。讲究这些都不是用来保暖的，而完全是浪费民力、民财。这样，统治者铺张浪费，老百姓也就变得邪僻而难于管理。统治者追求奢侈的生活，而难于劝谏，这样，让奢侈无度的国君来治理性情邪僻的百姓，国家岂能不乱？

所以，圣德贤明的君主在制作衣饰上都以节俭为准则，以身作则，以身垂范，以培育良好的社会风尚，形成良好的社会人文精神。如"古者圣王制为衣服之法，曰：'冬服绀之衣，轻且暖，夏服绤之衣，轻且清，则止。'诸加费不加于民利者，圣王弗为"。（《墨子·节用中》）体现了古代圣德贤明之强本节用的人格风范。

在交通工具问题上，墨子认为，车船只要造得安全牢固、轻巧便利实用、可以运载货物人员就可以了，无须浪费财力，以保天下太平。如果统治者能做到这样，那么，即使花费的财力物力少，而从中获得的收益也会很大。墨子对当时统治者与此相悖的做法进行了抨击。墨子说："当今之主，其为舟车，与此异矣。全固轻利皆已具，必厚作敛于百姓，以饰舟车，饰车以文采，饰舟以刻镂。女子废其纺织而修文采，故民寒；男子离其耕稼而修刻镂，故民饥。人君为舟车若此，故左右象之，是以其民饥寒并至，故为奸邪。奸邪多则刑罚深，刑罚深则国乱。"（《墨子·辞过》）反映了当时统治者不惜民力、民财，一方面对百姓进行横征暴敛，用来装饰车船；另一方面却让民众忍受饥寒的煎熬。由于百姓为生活所迫，而不得不铤而走险，这样社会上做坏事的人多了，国家的刑罚就加重；刑罚加重，社会就会陷入混乱之中。墨子针对当时统治者反其道而行的做法，通过正反两方面的对比，阐述了墨家的主张和社会人文教化思想。

墨子看到当时统治者耗费大量钱财来举办葬礼，以及厚葬久丧的社会风气，不仅使社会财富严重浪费，而且也不符合古代圣德明君的传统，所以墨子提出了"节葬"的主张，这是墨家社会人文教化的重要内容之一，具有现实的借鉴价值。墨子认为，厚葬久丧并不是真正的孝。他说："仁者之为天下度也，辟之无以异乎孝子为亲度也。"（《墨子·节葬下》）墨子把为天下考虑的"仁者"比作为父母考虑的孝子，那么，仁者如同孝子，而为天下考虑的仁者，就是要想尽办法使父母富有、要想尽办法让社会人口增多、要想尽办法让社会安定。因此，真正的孝子也应为天下之父母这样考虑。

在此前提下，墨子进一步论述了厚葬久丧对人们正常生活的影响，对社会风气产生的危害。因为厚葬久丧不符合他提出的"富、众、治"三大利益。墨子说："厚葬久丧实不可以富贫众寡，定危理乱乎，此非仁非义，非孝子之事也，为人谋者不可不沮也。"（《墨子·节葬下》）因为厚葬久丧确实不能让贫穷变富、人口由少变多、社会由混乱变安定，所以这就不是仁也不是义。

如果为天下之父母考虑，那么就必须制止厚葬久葬的做法。

墨子认为，当时王公贵族举办丧事所耗费的财力物力，甚至天子在殉葬时要杀数百人，少则也要杀数十人，这不但消耗了社会的财力物力，同时也不利于社会人口的增长，不利于社会生产的发展。诸侯天子举办丧事要倾尽府库的财力，而普通百姓有了丧事，几乎也要倾家荡产。所以，墨子极力反对厚葬久丧的做法，告诫统治者和民众不要沉迷于治理丧事。如果国家实行厚葬久丧的政策，就会让国家日趋贫穷，社会动荡不安；如果百姓遵循厚葬久丧的礼制，不但会使家庭陷入贫困，而且因为要居丧三年，也会影响到正常的农业生产。

所以，墨子说："故古圣王制为葬埋之法，曰：'棺三寸，足以朽体；衣衾三领，足以覆恶。以及其葬也，下毋及泉，上毋通臭，垄若参耕之亩，则止矣。死则既已葬矣，生者必无久哭，而疾而从事，人为其所能，以交相利也。'此圣王之法也。"（《墨子·节葬下》）说明"节葬"是古圣王的做法，具有重要的社会人文意义和价值。

（三）提出"修身"、"律己"的人文教育思想，体现廉洁自律的道德观。墨子认为，君子一方面一定要注重个人的品行修养，一定要明辨大是大非，努力做到言行一致，尽力摒弃投机取巧、弄虚作假的行为；另一方面一定要磨炼培养自己吃苦耐劳、身体力行的精神。只有这样，才能实现"修身"、"律己"的人生目标，才是为人治国的根本，才能成为天下百姓的表率。墨子说："君子之道也，贫则见廉，富则见义，生则见爱，死则见哀，四行者不可虚假，反之身者也。藏于心者无以竭爱，动于身者无以竭恭，出于口者无以竭驯。"（《墨子·修身》）墨子认为，君子在修身中，要做到当自己贫穷的时候还能保持廉洁，当自己富裕的时候还能够仗义，对生者充分表现出自己的爱心，对死者表示自己的哀悼。只有遵循这四个为人处世的原则，才能说明个人的道德修养是高尚的。因为这四种行为都是不可作假的，应当是发自内心的。因此，墨子强调君子深藏于心的应当是永不衰竭的爱心，行为上表现出来的应当是永不衰竭的恭敬，口中说出来的应当是永不枯竭的雅训之言。

在人文教化中，墨子要求人们要做到修内和修外相结合，内外兼修，严于律己，不断提高自己的品德修养，才可以保持自身清正廉洁的品质。墨子说："是故君子自难而易彼，众人自易而难彼。君子进不败其志，内究其情，虽杂庸民，终无怨心，彼有自信者也。"（《墨子·亲士》）说明了君子能严格要求自己，宽松对待别人；而普通人却是宽松对待自己，严格对待别人。并且，君子在得意的时候不会因为成功而裹足不前，不会在不得志时而改变自己的一贯志向，总会从自己的内心深处去审视反省自己的公私之情感。这样，君子即使混在平庸的人群中，也能做到始终充满自信，没有抱怨之心。正因为君子能够严格磨炼自己的人格，所以能够做别人难以做到的事，不轻易放弃自己的理想和追求，最终实现自己的人生理想。

在社会人文教化中，墨子认为，要成就自己的一番事业，最根本的是要重视培育自己的德行。墨子说："士虽有学，而行为本焉。"（《墨子·修身》）说明了君子虽然有丰富的学识，但德行是人生命中最重要、最根本的东西，只有不断提高自己的道德修养，才能保持自身的廉洁，才能实现自己的理想。墨子还说："君子察迩而迩修者也。见不修行，见毁，而反之身者也，以此怨省而行修矣。"（《墨子·修身》）他进一步要求君子要严格审视自身的优点和缺点，不断提高自己的修养。如果看到不愿修行的人，或遭到别人诽谤的人，君子就能从中反省自己的言行得失，若能做到这样就会给自己减少怨言，从而增加自己的品德，实现修身的目标。

总之，墨子认为，在修身律己的社会人文教化中，君子应当修炼到让自己的言行与自身的身份相符的境界，才能成就自己的人生理想和目标。墨子说："行不信者名必耗。名不徒生，而誉不自长，功成名遂，名誉不可虚假，反之身者也。务言而缓行，虽辩必不听；多力而伐功，虽劳必不图。慧者必辩而不繁说，多力而不伐功，此以名誉扬天下。"（《墨子·修身》）可见，如果人的行为不诚实，那么名声一定会遭受损坏。因此，人的好名声不会无缘无故地产生，人的荣誉也不会无缘无故地增长。人们能够实现功成名就的目标，这个名誉一定不是虚假的，一定是自身点点滴滴积累起来的。因此，如果为人光说不做，那么话说得再好听也没有用；如果因为自己出了力而夸耀自己的功德，那么即使再劳苦，也不会为人所认同。所以，真正聪明的人，心里虽然明白许多人情事理，但不会多说，虽然自己出了好多力气，但决不会夸耀自己，做人做事只有修炼到这般境界，然后才有可能名扬天下。君子话不求多，但求机智，但求明白事理。因此，那些既没有智慧又不善于明察人情世故的人，就会与所要求的背道而驰。凡不是发自内心的善是留不住的，如果对自身的行为是非分不清楚，就无法在社会上有立足之地。墨子认为"名不可简而成也，誉不可巧而立也，君子以身戴行者也。"（《墨子·修身》）说明了君子的名声不是简单就能造成的，荣誉也不是靠投机取巧就能得到的，君子应当靠自己身体力行，才有可能获得名誉。因此，在社会人文教化中，墨子一直强调成就功名的根本在于修炼自己的德行，善于严于律己，宽以待人，只有这样才是君子为人处世的根本，这其中蕴含了丰富的社会人文精神。

（四）提出了"尚贤"、"尚同"的人文教育思想，体现崇尚贤德的政治观。墨子认为选拔官吏的重要依据是"德才兼备"，各级官吏只有既具备才能又拥有高尚的道德品质，才能实现国家富强、人民安居乐业的目标，才能实现政治清明、社会和谐安定的目标。因此，墨子提出了"尚贤"的主张。而"尚同"是墨子针对当时社会混乱不堪的现状提出的主张，要求民众的一切意见都要统一于上级，直至统一于天子，天子统一于"天"，并且这个统一必须是在"尚贤"基础上的统一，只有各级官吏都是选拔"德才兼备"的人来担任，他们才能真正代表民众的意见，才能真正做到"在其位而谋其政"，才能真正为民着想，明辨大是大非，真正代表广大民众的利益。

因此，墨子提出了"尚贤"与"尚同"的思想，这二者在本质上是基本一致的，都是对当时贵族统治的批判，表明了墨子反对贵族专政和"贵贵亲亲"的宗法政治制度，提出了"任人唯贤"的政治主张，在社会人文教化中具有振奋人心的作用。墨子认为，不管是社会底层的农民和手工业者，还是有身份修养的知识分子，只要他们"德才兼备"，都应当得到任用。而对于那些无德无能的王公贵族，该罢免的就要通通罢免，墨子的这一教化主张体现了"官无常贵，而民无终贱"的政治要求。墨子提出"尚贤"的政治主张，是对当时世袭贵族特权思想的一次重大挑战。这种"能者上，庸者下"的观点，一方面具有进步的历史意义，另一方面在社会人文教化中也具有现实的借鉴价值。

墨子说："入国而不存其士，则亡国矣。见贤而不急，则缓其君矣。非贤无急，非士无与虑国。缓贤忘士，而能以其国存者，未曾有也。"（《墨子·亲士》）说明了统治者如果不能体恤民情，崇尚贤德之人，那么国家就会处在亡国的边沿。发现了贤德的人，如果不能及时任用，那么他们就会怠慢君主。一旦国家没有贤德的人来辅佐国君，为国君分忧，那么国家也就不会有大的发展。因此，如果国君不重视贤德的人，不体恤任用贤德的人，国家还能保持完整和繁荣昌盛，那是从来没有的事情。所以，君主要想保持国家的长治久安，务必要有贤明正直的臣子来辅佐。墨子说："是故国有贤良之士众，则国家之治厚，贤良之士寡，则国家之治薄。故大人之务，将在于众贤而已。"（《墨子·尚贤上》）同样说明了如果贤良之士多，那么国家的政风就淳厚；如果贤良之士少，那么国家的政风就浅薄。所以，统治者要善于招贤纳士，重用"德才兼备"的人，要做到任人唯贤。

"尚贤"思想是墨子政治思想的核心内容。在统治者应当如何招揽人才这个问题上，墨子提出了自己的主张。他说："譬若欲众其国之善射御之士者，必将富之，贵之，敬之，誉之，然后国之善射御之士，将可得而众也。况又有贤良之士厚乎德行，辩乎言谈，博乎道术者乎！此固国家之珍，而社稷之佐也，亦将可得而众也。"（《墨子·尚贤上》）墨子用统治者招揽善于射箭驾车的人士作类比，进一步说明了如果想让那些德行深厚、道术广博的人才为国君所用，那么，君王就应当首先让他们衣食无忧，尊重他们，赏识他们，只有这样，才能让国家的这些"珍宝"、社稷的栋梁之才不断增多起来，来辅佐国君。墨子主张用贤人来治国，并给予他们一定的爵位和俸禄，来激励他们的潜在能力，并明确地提出了让平民百姓参与国家政治管理，反映了墨家"任人唯贤"的平等政治观，在历史上具有进步的意义。

在选人上，墨子把能力和品德的高低作为选拔人才的首要标准。墨子说："故当是时，以德就列，以官服事，以劳殿赏，量功而分禄。故官无常贵，而民无终贱，有能则举之，无能则下之，举公义，辟私怨，此若言之谓也。"（《墨子·尚贤上》）墨子希望平民百姓能平等参政的思想和愿望，对当时贵族世袭等级思想产生了巨大的冲击，反映了人民的要求，是中华民族人文精神的宝贵财富。墨子从政思想和主张的关键是看人的能力和德行，而不论人的地位和身份，有能力就任用，没有能力就免用，按公正、公平的原则来提拔人才，而不以私人的恩怨来罢黜人才。这样，当官的人就不会永远是尊贵的人，而平民百姓也不会始终是地位卑贱的人，君王按人的能力和品德来任用人才，按官职分配给他们权力，按官员的政绩和功勋分配给他们俸禄。那么，统治者就不会因为缺乏谋略而感到困惑，国家也不会因为没有良臣而动荡。所以，墨子说："得意，贤士不可不举，不得意，贤士不可不举，尚欲祖述尧舜禹汤之道，将不可以不尚贤。夫尚贤者，政之本也。"(《墨子·尚贤上》)表明了统治者不管是在得志或不得志的时候，都不能忘记选拔人才的重要性。如果统治者想效法继承尧舜禹汤的大道，就一定要尊重圣德贤明的人，只有尊重崇拜圣德贤明的人，才是治国理政的根本。因为"自贵且智者，为政乎愚且贱者，则治；自愚贱者，为政乎贵且智者，则乱。是以知尚贤之为政本也"。(《墨子·尚贤中》)墨子进一步分析论述了为什么"尚贤"是为政的根本所在。墨子认为，如果让圣德贤明有智慧的人，去管理那些愚昧而又卑贱的人，那么社会就会因此而安定；反之，如果让那些愚昧而又无知的人，去管理那些圣德贤明又有智慧的人，那么社会肯定会混乱不堪。由此可见，这就是为什么要"尚贤"的根源所在了。所以，墨子极力倡导统治者要善于发现提拔有才能且品德高尚的人来理政，并且要随时检验他们的行为，考察他们的能力，谨慎地授予他们官职，这才是真正任事有能的举措，只有这样，才不会对国家、对民众造成危害。因为圣德贤明的人当政，他们恪尽职守、廉洁奉公、兢兢业业、勤勤恳恳地治理国家，处理政事，国家才能安定，人民才能安居乐业。同时，圣德贤明的人在治理国家中，善于扬善惩恶，激励天下为善的人，惩除天下为恶的人，所以社会风气才会得到净化，民心才会变得纯正，良好的社会风尚才会形成，这就是"尚贤"的重要作用。墨子在政治观上主张"尚贤"，这是中华民族社会人文教化的重要内容，代表了社会下层民众希望平等参政议政的强烈愿望，也是对中国传统贵族世袭制度的挑战，具有丰富的社会人文精神价值，是中华民族政治价值观的精髓所在，具有现实的人文教育意义。

  墨子在尚贤教化思想的基础上进一步提出了"尚同"的思想。墨子认为"尚同"和"尚贤"二者必须相辅相成，因为只有崇尚"尚同"，才能彰显"尚贤"的政治功用；同时，也只有崇尚"尚贤"，才能消除"尚同"的弊病，二者不可分开。墨子的政治理想就是希望世界大同，天下太平。墨子认为，理想的政治应当是人人都有相对均等的机会，去发挥自己的特长和能力，为社会为国家作出自己的贡献。

  在大同的社会里，人人都能相爱相助，视人如自己一般，进而促进国与国之间实现"视人之国若视其国"的目标。因此，墨子认为，要实现社会的安定和谐，避免社会产生混乱，其治理的根本方法就是要"尚同"，即"上同"，民众的一切意见都要统一于上级，直到统一于天子，统一于"天"。因为"天"的意志要通过其代表人"天子"来实施，所以，天子作为"天"的代表人物，就应当成为万民的典范，才可以担当"天子"这个重任。如果天下混乱不安，民众无法安居乐业，就说明天子是不称职的，不能树立权威和德望，从而导致天下民众不能明辨是非，不能分清黑白，整个社会就会缺失崇尚贤德的风尚。

若是这样，天下民众就会为了一己之私利而如同禽兽般互相欺诈残害。所以，墨子又在"尚贤"的基础上，进一步提出"尚同"的主张，就是要求整个社会只有选拔出"仁人贤者"来担任各级长官，从地方长官直到天子都必须上同于"天"，统一于"天"的意志，并且上自天子，下到乡长，都应当由圣德贤明的人来担任，都要由民主选举产生出来。他们产生之后，全体民众就都要把他们当作社会的楷模，都要统一于他们的是非标准。从乡长到国君，从国君到天子，从天子到"天"，层层往上统一，实现上同而不下比的目标，并要受到应有的约束和规范，从而建立一个统一的有力监督的政治体系，只有这样才能实现整个社会的和谐稳定，才能实现民心纯正、民风纯朴的理想社会。所以，墨子提出"尚同"思想具有很大的社会凝聚力和人文教化的作用。

墨子认为，崇尚统一是治理国家的根本。所以，他说："今天下王公大人士君子，中情将欲为仁义，求为上士，上欲中圣王之道，下欲中国家百姓之利，故当尚同之说，而不可不察，尚同为政之本而治要也。"（《墨子·尚同下》）说明了王公大人乃至士君子之辈如果想真心实意施行仁义，希望自己的做法既符合圣王之道，又符合国家百姓的利益，那么就不能不明察"尚同"的重要性，因为"尚同"是统治者从政的根本，是治理国家的根本。在此墨子阐述了"尚同"对治国理政的重要意义和作用。墨子在论述"尚同"重要性的同时，又论述了"尚同"与"爱民"之间的关系，说明了"爱民"是"尚同"的基础，各级统治者只有真正做到爱民如子，才能实现"尚同"的理想目标。所以，墨子说："凡使民尚同者，爱民不疾，民无可使，曰：必疾爱而使之，致信而持之，富贵以道其前，明罚以率其后。为政若此，唯欲毋与我同，将不可得也。"（《墨子·尚同下》）墨子强调指出了各级行政长官要想实现"尚同"的理想目标，使民众把自己当作行事的典范和楷模，就应当真正用心去爱护自己的民众，否则，就很难役使自己的民众。并且，长官一定要致力并保持自己的诚信，一定要取信于民，把富贵当作他们前进的最终目标，把惩罚当作他们后面督促的方式。若能做到这样，那么，统治者在治理国家的时候，即便不希望民众"尚同"于君王，那也是不可能的。

因此，古代圣德贤明的君王在治理天下的时候，他们无不选择德才兼备的贤良之人来作为自己治国理政的左膀右臂。因为只有这样，才能够将诚信作为治理天下的标准，才能够实现政通人和的目标。这是"尚同"与"尚贤"完美结合的结果，二者缺一不可，如果没有"尚贤"作基础，那么"尚同"就成了无源之水、无本之木，如同一句空话。所以，墨子又着重论述了"尚贤"的重要性。墨子认为，古代圣明君主设置官职，是让他们能够真正做到"在其位而谋其政"，为天下的百姓谋幸福，能做到这一点的，只有那些品德高尚、德才兼备、大公无私的人，从根本上说明了"尚贤"的重要性。同时，墨子认为，国家设立君主王公的职位，是让他们来治理人民，而不是让那些位居此位的人，凭借他们的职位来显耀自己；设立卿大夫职位，也不是让他们在这个位置上来贪图享乐，授权给他们的目的是为了实现天下的公平、公正和机会的平等，而不是让他们用手中的权力来为自己谋私利。因此，国家设立各级官员，其根本的目的并不是为了提高他们的爵位，增加他们的俸禄，让他们在其位而无所事事，却能过上富贵淫逸的生活；而是让他们为天下民众"兴天下之利，除天下之害"，让贫穷的人富有，让混乱的地方安定，这才是设置各级官员的根本所在。

墨子从反面论述了"尚贤"是"尚同"的基础。墨子认为，如果在选拔官员时，不能以"尚贤"为标准，那么也就无法实现"尚同"的目标。因为一旦各级官员们出现以权谋私的时候，就无法使天下达到政通人和的局面，就会出现各级官员与民众离心离德的局面，那么"尚同"也就无法实现。因此，墨子说："今王公大人之为刑政则反此。政以为便譬，宗于父兄故旧，以为左右，置以为正长。民知上置正长之非正以治民也，是以皆比周隐匿，而莫肯尚同其上。是故上下不同义。若苟上下不同义，赏誉不足以劝善，而刑罚不足以沮暴。"（《墨子·尚同中》）墨子认为，如果出现官员在选拔中把自己的宗族父兄、故人旧友及那些善于谄媚的人，提拔在自己的左右，举荐他们为官，那么，民众就知道他们的长官设置这些官员，并不是为百姓谋福利的，他们就会互相勾结，隐瞒真相，这样也就不会认同长官的言行和政治措施。如果长官不能与民众同心同德，那么民众也就不会认同长官的是非标准，长官在民众的眼里也就没有什么威望可言。这样，赞誉的政治不足以勉励民众行善，刑罚的措施也不足以制止社会上的暴行，那么，这个社会就处在危险的境地了。因为上级长官所欣赏称赞的人却是百姓所反对的人，这样就无法得到民众的敬佩；反之，上级长官所惩罚的人却是民众所赞誉的人，这样社会就会出现是非不分，黑白颠倒，被上级长官所奖赏的人就不能成为民众的榜样和楷模；同样，被上级长官所惩罚的人也不能对民众起到警戒的作用。那么，国家设立各级行政长官就形同虚设，起不到统一国家号令法规的作用，也就无法实现"尚同"的目标。

所以，墨子提出为政者要善于体察民情，才能实现上下一致，令行禁止的目的。墨子说："知者之事，必计国家百姓所以治者而为之，必计国家百姓之所以乱者而辟之。然计国家百姓之所以治者何也？上之为政，得下之情则治，不得下之情则乱。"（《墨子·尚同下》）说明了统治者只有掌握下层民众的情况，体察民情，才能使国家安定，人民安居乐业。反之，如果为政者不了解下层民众的情况，那么，在施政中就会遭到下层民众的抵制，就会造成社会的混乱。同样，为政者只有体察民情，才能真正做到奖善惩恶，才能得民心、合民意，才能实现整个社会崇尚贤德的目标。

因此，国家设立各级官职是为了能够更好地治理国家，实现国泰民安的理想。所以各级官员在处理政事时一定要遵从统一的善恶是非标准，一定要真正做到在法令面前人人平等，真正做到"执法必严，违法必究"，真正做到"王子犯法与庶民同罪"的执法境界。如果没有统一的是非善恶标准，那么，为政者必定不能治理好民众，民众也必定不会从心里服从敬佩上级长官，这样就会造成上下互相陷害，从而导致社会混乱不堪。所以在治理国家中，首先国君要以身垂范，以带动百官向国君看齐，又通过百官以身作则，以影响熏陶民众向百官看齐，只有这样，国家才能安定并发展壮大。这就是墨子提出"尚同"的道理所在，在社会人文教化中具有广泛的意义和价值，崇尚统一的道理既可适用于国家，又可适用于民众个体。

墨家主张尚同的人文教化思想，其目的在于建立一个强大有力的统一的中央集权的国家，有其进步的历史意义，是墨子政治观的集中体现。墨子既崇尚圣贤，希望"德才兼备"的人出来治理国家；同时，又崇尚统一，希望国家实行专制统治。墨子既同情下层民众，主张"兼相爱，交相利"，为民众的利益鼓与呼；同时，又大讲天下同利，这又有历史的局限性，在墨子的政治思想中又表现其矛盾的一面，反映出了墨子内心的矛盾和冲突。当然，不管是墨子的"尚贤"思想，还是他的"尚同"主张，都对中华民族的历史进程，特别是对后世各朝各代的治国理政思想，产生了重大的影响，并蕴含了十分丰富的社会人文教化思想。虽然墨子的"尚同"思想带有专制统治的理念，但墨子主张以"尚同"来治理国家是必须在"尚贤"的前提下才能实施的，如果离开了"尚贤"这个前提，孤立强调"尚同"的教化思想，那么，"尚同"也就失去了存在的意义和价值。因为只有让贤能的人来担任执政者，才能实现国家的高度统一，"尚同"才具有民族的凝聚力，才能真正实现整个社会的和谐稳定。

五、道家：无为而治，以道化民

（一）老子的人文教育思想

在社会人文教育中，老子主张以"道"为最高准则，以人的生命存在为根本，主张从道的视角去理解自然、理解社会、理解生命。同时，让人回归到原始的自然状态之中，实现人与人、人与社会、人与自然的和谐统一。

1. 提出"无为而治，以道化民"的人文教育思想。老子认为，人与人之间、诸侯国与诸侯国之间、诸侯国与周王朝之间无休止的争斗，其目的就是为了争夺功名、利禄和土地。所以，老子认为，儒家提倡"仁爱"，希望以礼乐来教化民众；墨家主张以超现实的"兼爱、非攻"来教化民众；法家主张以严厉的刑法和外在的"公义"来规范民众的行为，这些在现实社会教化中是行不通的。因此，老子说："以正治国，以奇用兵，以无事取天下。吾何以知其然哉？以此：天下多忌讳，而民弥贫；人多利器，国家滋昏；人多伎巧，奇物滋起；法令滋彰，盗贼多有。故圣人云：'我无为，而民自化；我好静，而民自正；我无事，而民自富；我无欲，而民自朴。'"（《道德经·五十七章》）可见，老子主张以清静无为之道治国，以出奇诡秘的计谋用兵，以无为的政治统治天下。这一主张的依据是因为天下的禁忌越多，老百姓就越贫穷；

民间的武器越多，国家社会就越混乱；民众的智慧技巧越多，社会上邪恶的事情就会层出不穷；法令越严明，盗贼反而会越多。因此，统治者如果实行无为而治，百姓也会自我教化；统治者如果好静，动作不多，百姓也能自然端正；统治者如果不搅扰百姓，百姓就能自然富裕；统治者如果不贪婪，百姓就自然人心纯正，社会民风就自然纯朴。所以，老子批判了儒家提倡的仁义礼教对社会民众的误导，不但不能教化民众，使民众之心纯正，而且反而会使社会上充满了"虚仁假义"的不良氛围。

老子说："大道废，有仁义；智慧出，有大伪；六亲不和，有孝慈；国家昏乱，有忠臣。"（《道德经·十八章》）老子认为如果社会的正义和公正失去了，人们才会提倡呼唤仁义；人们一旦过分强调人的聪明和智慧，但如果人内在的德性如果没有纯正的话，那么社会上就会产生许多虚伪狡诈的事情；由于家庭成员之间的关系没有处理好，发生了纷争，人们才倡导要父慈子孝的礼仪；同样，由于统治者的胡作非为，把国家治理得一片混乱以后，就想有忠臣出现来收拾乱局。这些都是不得已时而想出的办法，对社会风气起不到真正的教化作用。因此，老子又说："故失道而后德，失德而后仁，失仁而后义，失义而后礼。夫礼者，忠信之薄，而乱之首。前识者，道之华，而愚之始。是以大丈夫处其厚，不居其薄；处其实，不居其华。故去彼取此。"（《道德经·三十八章》）说明了社会上因为丧失了"道"，所以人们才去追求"德"；因为丧失了"德"，所以人们才去追求"仁"；因为丧失了"仁"，所以人们才去追求"义"；因为丧失了"义"，所以人们才去追求"礼"。"礼"是祸乱的开端。因此，所谓有先见之明的人，不过是"道"的虚华，是愚昧的开始。所以，社会人文教化的最高境界，乃是让百姓立身敦厚而不浅薄、心存朴实纯正而不虚伪。在社会人文教化中，要教育民众舍弃薄华的"礼"，修炼成具有厚实的"道"和"德"，真正做一个有"道德"的人。

因此，在社会人文教化中，老子认为，首先要正确引导民众的名利观，对待名和利要顺其自然，不可强求，更不能损人以获得；其次要求为政者应当以身作则，为民众作出表率。如果为政者自身私欲难填，那就将会给社会人文教化带来极大的危害。所以，老子说："民之饥，以其上食税之多，是以饥。民之难治，以其上之有为，是以难治。民之轻死，以其上求生之厚，是以轻死。夫惟无以生为者，是贤于贵生。"（《道德经·七十五章》）说明了老百姓陷于饥饿之中,是因为统治者侵吞了国家的赋税和财物太多的缘故;老百姓之所以难于治理,是因为统治者自己在胡作非为的缘故,造成了社会风气不正;老百姓之所以不怕死,是因为统治者不惜代价在保养自己,而视民如草芥的缘故。只有那些不把保命养生看得过重的人,才比过分看重自己生命的人高明。所以,对统治者自身进行人文教化比对民众进行教化更为重要。因此,在教化中,老子提出应当遵循"人法地,地法天,天法道,道法自然"的原则,使民众从小养成具有"返璞归真"的人文精神,使民众拥有纯真质朴的人格。

老子提出"人法地",要求人要像地一样具有"厚德载物"的自然本性,具有包容万物的自然品格。说明人效法自然,无为而治,是从人的本性出发,也是人性之本然。因此,老子的人文教化思想就是要顺人性之本然来塑造人的理想人格。老子说:"为天下溪,常德不离,复归于婴儿"以及"为天下谷,常德乃足,复归于朴"。(《道德经·二十八章》)说明了在人文教化中,要尽量保持人永恒的"德",不让其离失,得以充实,从而使人性回归到婴儿似的纯真质朴的状态中去。同时,老子还主张人性要回归到醇厚真实、清澄纯洁的状态中去,这样才能真正培育人类的恒常之德,让人的道德禀性进入朴素无华的人文境界中去,从而实现人文精神的宁静与平和。所以,老子多处用"朴"和"赤子"来比喻人性的自然状态。"朴"表明人性未受到人欲或私欲侵蚀的本然天性,含德之厚,如同婴儿,天真自然。老子用赤子来比喻具有高尚道德修养的君子,并以"朴"来对照人的"欲"。老子认为,人世间一切人性的丑恶和扭曲,其根源主要在于人的贪欲,"欲"是人性自然纯真状态的突破,在内心产生了私念和贪婪,人的心灵为名利所蒙蔽,耳目为外物所引诱,人本然素朴和天真的人性已开始丧失,所以人也开始变得不是人了。因此,老子提出"回归于赤子"的教化主张。他说:"圣人在天下,歙歙焉,为天下浑其心。百姓皆注其耳目,圣人皆孩之。"(《道德经·四十九章》)说明圣人在统治百姓时,首先要收敛自己的私欲,然后使百姓的心归于混沌、淳朴的境界中去。因为百姓都专注于自己耳目感官的满足,追求自己个人的欲望,那么圣人在治理天下时,就要善于引导百姓的心性,回归到婴儿那样纯真质朴的状态中去,只有这样,才能实现社会人文教化的作用。

2. 提出"宠辱不惊,自知者明"的人文教育思想。老子认为,人们应当从人欲物累和名利资货的束缚和压制中解脱出来，要正确看待自己个人的得失，保持自己人性的纯真和自由。老子说："宠辱若惊，贵大患若身。何谓宠辱若惊？宠为上，辱为下；得之若惊，失之若惊，是谓宠辱若惊。何谓贵大患若身？吾所以有大患者，为吾有身；及吾无身，吾有何患？故贵以身为天下，若可寄天下；爱以身为天下，若可托天下。"（《道德经·十三章》）阐明了人应当修炼到宠辱不惊和忘我的思想境界，而不应当为外界的名利得失而惊恐不安。人生之所以有大祸患，其根源在于人之有大私欲；如果人没有大私欲，怎么会有大祸患呢？因此，老子主张要用看重自己身体的态度去处理社会上、人世间的一切名利和私欲，只有培养出这样的人，才可以把天下托付给他；也只有能够爱惜自己身体，并用这种态度去处理事情的人，才可以把天下托付给他。可见，老子的"无为而治"，并不是不作为，而是更高层次的作为，更不是胡作非为，而是从个人私欲的"小我"中解脱出来，去实现真正的"大我"，真正实现人性逍遥自由的状态，具有独特的人文关怀和人文教育精神。

在社会人文教化中，老子倡导人们要善于通过自我反省，自我完善，然后回归人的自然本性，实现"自知者明"的人性目标。老子说："知人者智，自知者明。胜人者有力，自胜者强。知足者富，强行者有志。不失其所者久，死而不亡者寿。"（《道德经·三十三章》）意为人通过反省才能自知，因为自知才能不断完善自己的品德。同时，人只有知彼知己，才是一个真正有智慧和圣明的人。人如果能战胜别人只是说明你有力气，只有战胜自己，才说明你是一个真正强大的人。人只有做到知足才会常乐，才算是真正的富有。如果一个人私欲很大，欲壑难填，那么不管什么时候他都是贫穷的。人只有做到坚持不懈，才算是真正的有志气。人只有做到不失去做人的根本，才能做到真正的持久。所以说，人只有实现身死而精神长存的地步，才算是真正的长寿，也就是实现了人生永垂不朽的目标。

老子又说："知不知，尚矣；不知知，病也。圣人不病，以其病病。夫惟病病，是以不病。"（《道德经·七十一章》）老子认为，自知的最高境界是知道却自认为不知道，最好；不知道却自认为自己知道，这是祸患。圣人之所以不存在这种祸患，是因为圣人把"不知知"当成一种祸患，能及时处理。圣人正因为知道将祸患当成祸患，所以才没有祸患。可见，人要懂得反省自己的无知，如果人不懂得反思、反省，而一味自以为是，终会招致祸患。因此，老子提出："绝圣弃智，民利百倍；绝仁弃义，民复孝慈；绝巧弃利，盗贼无有。此三者，以为文，不足。故令有所属：见素抱朴，少私寡欲，绝学无忧。"（《道德经·十九章》）老子认为，教化人们进行自我反省时，必须尽量压制人的各种欲望，使人们回归到内心质朴、外表单纯的状态中去，并减少私欲，抛弃所谓圣智礼法的世俗学问，才能达到既自知又没有祸患的境地。正因为人们有了聪明和巧智，而心地不善，所以才会给民众带来祸患；也正因为人们表面上虚仁假义，所以才会影响到家庭的和睦和社会的和谐。

所以，老子进一步分析了人的私欲会扰乱人的心智，影响了人进行自我反省和反思，影响了人性向淳朴道德之本然的复归。老子说："五色令人目盲，五音令人耳聋，五味令人口爽，驰骋畋猎令人心发狂，难得之货令人行妨。是以圣人为腹不为目，故去彼取此。"（《道德经·十二章》）由此可见，只有道家的人文教化思想主张清心寡欲，才能实现自知之明。因为缤纷的色彩使人眼花缭乱，纷繁的音乐使人听觉失聪，丰盛的饮食使人味觉迟钝，纵情围猎使人内心疯狂，稀罕的器物使人德行败坏，所以圣人只求温饱而不追求声色之娱。老子认为，人们只有"致虚极，守静笃"，才能"知常容，容乃公，公乃全，全乃天，天乃道，道乃久，没身不殆"。（《道德经·十六章》）在社会人文教化中，老子要求人们的心灵要修炼达到极端的空虚无欲，并牢固地保持这种清静无为的状态，才能真正认识把握"常"的道理，才能无所不包；只有无所不包才能坦然公正；只有坦然公正才能真正普惠天下；只有普惠天下，天下才会归顺；天下归顺，才符合自然；符合自然，才能符合"道"；只有符合"道"，才能长久，才能终生不会遭受危险。所以，老子认为，在对民众的教化中，要"涤除玄览"，要清除自身原有的成见，摒弃各种欲望和不切实际的妄念，尽力做到平心静气，才能真正实现自我反省的境界，才能回归于朴，抵达超凡脱俗、大智若愚的人生境界。

3. 提出"以民为本，无为顺道"的人文教育思想。在治国理政中，老子认为，儒家培养的圣人是超现实的理想人，而老子培养的圣人是基于现实生活中的民众、士、君子等现实的人。因此，老子培养的圣人，在治国理政中能做到"无为而治"，虽然肩负管理民众的职责，但并不是瞎折腾或不作为，而是体现了"道"的自然境界，其实是"无为而无不为"的境界。既管理民众又不独断专横，民众的事让民众有参与发言的机会。老子认为，在治国理政中，应当让老百姓生活在自然的状态中，没有感觉到有人在管自己，体现出大道的人文思想。

老子说："太上，不知有之；其次，亲之誉之；其次，畏之；其次，侮之。信不足焉，有不信焉。悠兮其贵言。功成事遂，百姓皆谓：'我自然。'"（《道德经·十七章》）说明在治理国家中，最好的君王就是让老百姓根本意识不到有人在统治管理他们；次一等的君王，让老百姓知道自己受到君王的恩泽，然后百姓亲近他、赞美他；再次一等的君王，采取严刑酷政，让老百姓害怕君王从而不得不服从；更次一等的君王，不但欺压百姓，而且搜刮民脂民膏，让百姓生活无保障，百姓暗地里辱骂轻侮他。一旦君王诚信不足，百姓就会不信任他。所以，最理想的君王是治理国家悠闲自如，不轻易发号施令，在潜移默化中把国家治理好，同时百姓也感觉不到君王的作为，而是觉得本来自然就应当如此罢了。老子又说："执大象，天下往，往而不害，安平泰。"（《道德经·三十五章》）说明统治者如果能悟守大道，顺乎自然，天下的人就会来归附他。民众归附他又不互相伤害，那么社会就平和而安宁。

因此，治理国家，要以民为本，顺从道的法则，实行"无为而无不为"的治理策略。老子说："侯王若能守之，万物将自化。化而欲作，吾将镇之以无名之朴。镇之以无名之朴，夫将不欲。不欲以静，天下将自正。"（《道德经·三十七章》）阐述了为政者应当坚守"道"，万物就会自然生长，在自生自长中，如果萌生了贪欲，就要用"道"的质朴本性来控制，使贪生之念无法萌生。若贪念不起，人心就会归于宁静，社会也就自然进入公平公正的正道之中。老子强调了为政者在治理国家中，首先自己不应起贪欲之念头，民众才不会萌生贪婪之欲。因此，老子主张为政者要无私心，要把老百姓心里所想的当作自己心里所想的。他说："圣人常无心，以百姓心为心。"（《道德经·四十九章》）说明了处在统治地位的人，更要收敛自己的意欲，才能使社会人心归于混沌、淳朴。即使民众有贪欲之心，为政者也要通过社会人文教化，使他们回归到纯真、纯朴的心态之中，从而使社会民心纯朴，民风纯正。

老子从正面阐述了治国理政后，又从反面进一步阐明了治国理政之道。他说："无为而无不为。取天下常以无事，及其有事，不足以取天下。"（《道德经·四十八章》）老子从反面说明了治理国家如果政策措施繁多严苛，就不能够治理天下；如果治理天下采取清静无为的方法，顺应自然，不胡作非为，就没有一件事是办不成的。老子从正反两方面阐明了"无为而无不为"在治理国家中的重要作用。最后，老子总结说："我无为，而民自化；我好静，而民自正；我无事，而民自富；我无欲，而民自朴。"（《道德经·五十七章》）意为如果统治者能做到无为的境界，不去无故扰乱民众，民众就能自我教化；统治者若能做到清静，民众就能自然端正；统治者若能做到不骚扰百姓，百姓就能自然富裕；统治者若能做到不贪婪，民心就会自然朴实了。所以，统治者的"无为、无事、无欲"，从一定层面来说，对社会人文教化的作用尤其重要。

在论述治国理政中，老子用形象的比喻来说明治国的道理。他说："治大国，若烹小鲜。以道莅天下，其鬼不神。非其鬼不神，其神不伤人；非其神不伤人，圣人亦不伤人。夫两不相伤，故德交归焉。"（《道德经·六十章》）老子把治理国家比作烹煎小鱼那么简单，之所以会有那么简单，是因为只要用"道"来治理天下，顺应自然人道规律，神也就不会兴灾作祟了，即使发生作用，也不会伤人；不仅自然界不伤人，而且圣人用道来治理国家也不伤人，那么，自然的德行就回归到民众的身上，这样治理国家就像烹饪小鱼一样容易了。

在处理大国与小国之间的关系时，老子说："大邦者下流，天下之牝，天下之交也。牝常以静胜牡，以静天下。故大邦以下小邦，则取小邦；小邦以下大邦，则取大邦。故或下以取，或下而取。大邦不过欲兼畜人，小邦不过欲入事人，夫两者各得所欲，大者宜为下。"（《道德经·六十一章》）说明了大国要像居于江河的下游一样，处于天下雌柔的位置，因为这是天下交会的地方。雌柔常常以虚静战胜雄强，其原因就是它安静地处于下方的缘故。如果大国能用谦下的态度去对待小国，不掠夺、不兼并、不侵占小国的土地和财物，就可以聚集统辖小国；如果小国能用谦下的态度去对待大国，就可以被大国会聚统辖。因此，在大国与小国的关系上，如果双方都能以谦下的态度取得相互信任，就可以各自达到自己的目标。大国只不过要聚养、控制小国；小国只不过要依靠、侍奉大国，这样大国小国的利益都得到维护和满足，那么，社会也就会相安无事了。

在处理统治者与民众的关系时，老子主张要把民众的利益放在首位，才能成为百姓的首领，民众也才会归顺他。他说："江海所以能成为百谷王者，以其善下之，故能为百谷王。是以圣人欲上民，必以言下之；欲先民，必以身后之。是以圣人处上而民不重，处前而民不害，是以天下乐推而不厌。以其不争，故天下莫能与之争。"(《道德经·六十六章》)老子认为，统治者治理国家，治理人民，要像江河大海一样，善于把自己摆在低下的位置，这样，百姓才会归服，就像大海一样才能成为百川的首领，具有海纳百川的容量，百川才会归入大海。说明用"道"来治理国家民众，统治者就必须对民众谦下；要想领导民众，就必须把自己的利益放在民众的后面，优先考虑民众的利益。那么，即使统治者处在民众之上，民众也不会感到有威压和负担；即使走在民众的前面，民众也不会感到会对他们造成危害。这样，普天之下的民众就会乐于拥戴他，而不会厌弃他。正因为统治者不与民众争利益得失，所以天下才没有人能够与他争利益得失。

　　反之，如果统治者不顺从自然道的法则来管理民众，而用太多的巧智去治理民众，那么，久而久之，民众就也会用巧智心机来对付统治者，这就是所谓民众难于治理的根本原因。因此，如果统治者善于用"道"来治理民众，尽量不让民众形成狡猾奸诈的心理，民众就可养成淳朴敦厚的性格和品质。所以，老子说："古之善为道者，非以明民，将以愚之。民之难治，以其多智。故以智治国，国之贼；不以智治国，国之福。知此两者，亦稽式。常知稽式，是谓'玄德'。'玄德'深矣，远矣，与物反矣，然后乃至大顺。"(《道德经·六十五章》)意为在社会人文教化中，统治者若用巧智去治理国家和民众，这是国家的祸害；不用巧智，而用道的自然法则去治理民众，这才是民众的幸福。老子针对当时统治者在治国治民中，采取严刑酷法，有背"道"的法则，一针见血地指出"民不畏死，奈何以死惧之？若使民常畏死，而为奇者，吾得执而杀之，孰敢？"(《道德经·七十四章》)说明老子已看到当时社会民风不正、民众不怕死的社会根源。其原因不在于民众，而在于统治者不懂得治民在于治民心的道理，治民心的关键在于统治者要重视社会民风的教化，以形成良好的社会风气，并且统治者自身要以身作则，作出表率来引导民众。如果统治者只知道用手中掌握的国家机器、用死的刑法来吓唬镇压民众，就根本解决不了社会存在的矛盾和问题。

　　所以，老子进一步抨击了统治者在对待民众"不畏死"问题上的愚昧无知和粗暴的做法。他说:"民不畏威,则大威至。"(《道德经·七十二章》)老子认为,因为民众不害怕统治者的暴力统治,不怕死,那么,愚昧无知的统治者为了逞强,就会利用手中的武力,用更加暴力的手段来统治镇压民众,使统治者与民众之间的矛盾进一步恶化,给社会和人民带来更大的祸害。因此,老子倡导圣明的君主在统治民众时,应当"无狎其所居,无厌其所生。夫惟不厌,是以不厌。是以圣人自知不自见,自爱不自贵。故去彼取此"。(《道德经·七十二章》)老子希望圣明的统治者不要逼得民众不得安居,不要压榨民众。只有统治者不压迫欺诈民众,民众才会不讨厌统治者。因此,他说有"道"的圣人,有智慧而不自我表现,能自爱而不自显高贵。所以,聪明的圣人善于舍弃后者,而采取前者。老子以此来劝谏统治者,虽然手中有武力镇压民众,但最好不用这种办法,更重要的是要善于教化民众。

4. 提出"持而不盈,得失自如"的人文教育思想。老子说:"天长地久。天地所以能长且久者,以其不自生,故能长生。是以圣人后其身而身先,外其身而身存。非以其无私邪?故能成其私。"(《道德经·七章》)说明了为人处世首先要有"无私"的思想,然后才能成就自己的功业,就像天地那样之所以能够长久存在,是因为它们昼夜不停地运行,不是为了自己,而是为了自然规律。所以,做人只有把自己摆在众人之后,才会得到大家的推崇而占先;只有先把自己置身在名利纷争之外,才能保全自己,体现了为人处世要保持不争的姿态。老子又说:"上善若水。水善利万物而不争,处众人之所恶,故几于道。居善地,心善渊,与善仁,言善信,政善治,事善能,动善时。夫惟不争,故无尤。"(《道德经·八章》)意为做人要像水一样,滋润万物却不与万物相争。水总是处在人们所厌恶的低洼之处,也就接近于"道"的法则。做人做事要像水一样处于低下的位置,才能保持自己内心的宁静,从而结识善良之人。所以,做人言谈要诚信可靠,做事要尽力而为,要善于发挥自己的特长,为政要精于治理,善于把握时机,只有这样,才不会犯什么大的过失。并且,人成功成名后,更要小心谨慎,或者明智地退隐下来,才能做到保全自己。如果一味地贪恋名利,想"持而盈之"或"揣而锐之",(《道德经·九章》)一定不能保持长久。所以,老子说:"金玉满堂,莫之能守;富贵而骄,自遗其咎。功遂身退,天之道也。"(《道德经·九章》)说明功成身退是人生的自然选择。因此,老子主张做人做事不求"圆满",因为

"圆满"之后必然亏损，反而会给人带来祸害。所以，老子又说："保此道者，不欲盈。夫惟不盈，故能蔽而所成。"（《道德经·十五章》）也就是说，只有能保持"道"的法则，不求人生的圆满，才可以做到不断敝旧生新。

在社会人文教化中，老子强调只有具有能伸能屈的品质，才能真正保全自己。老子说："曲则全，枉则直，洼则盈，敝则新，少则得，多则惑。"（《道德经·二十二章》）老子从日常的生活现象入手，深入浅出地说明了做人做事的道理。树木因为长得弯曲，反而不会被砍伐，保全了自己；人因为受了委屈，反而能得到伸张曲直的机会；坑坑洼洼因为处在低洼的地方，反而先充满了水；因为使用破旧的器物，反而得到更新的机会；因为自己比别人少取，所以就另有机会多得；因为自己贪得无厌，反而会使自己心智迷惑，而不能保全自己。所以，老子说："不自见，故明；不自是，故彰；不自伐，故有功；不自矜，故长。"（《道德经·二十二章》）说明了做人做事只有不自我吹嘘，才能显明；不自以为是，才能彰显；不自高自大，才能保持自己的长久。

在看待名利得失问题上，老子认为，"甚爱必大费，多藏必厚亡。故知足不辱，知止不殆，可以长久。"（《道德经·四十四章》）同样说明了为人处世如果过分贪求名利，必然会付出更大的代价；如果过分聚敛财富，也必定会遭到更惨重的损失。因此，做人应当知足常乐，才不会受到羞辱；做事要懂得适可而止，才不会遇到危险，只有这样，才能保全自己而获得平安。所以，老子说："罪莫大于可欲，祸莫大于不知足，咎莫大于欲得。故知足之足，常足矣。"（《道德经·四十六章》）进一步说明了人最大的祸患和过错，莫过于对财物贪得无厌，不知足。因此，只有知道满足的人才会自得其乐。

老子最后总结说："我有三宝，持而保之：一曰慈，二曰俭，三曰不敢为天下先。慈，故能勇；俭，故能广；不敢为天下先，故能成器长。今舍慈且勇，舍俭且广，舍后且先，死矣！"《道德经·六十七章》说明了在做人做事中，最重要的原则是要做到慈爱、节俭和在名利面前不敢领先。因为做人有了慈爱之心，所以才能表现出勇敢；因为讲究节俭，所以才能富裕；因为在名利面前态度恭谦居下、不争先，所以才能成就自己的一番事业。反之，如果舍弃慈爱而去求取勇敢，舍弃节俭而去求取富裕，舍弃谦让而去求取名利，那么，结果就只有死路一条了。总之，老子做人做事、为人处世的态度和主张体现了丰富的社会人文教育思想，具有重要的现实价值和意义。

(二) 庄子的人文教育思想

庄子性格孤傲清高，一生过着困顿的生活，虽然贫穷，但他终身不仕。庄子继承并发展了老子的教化思想，主张自然，反对人为。庄子认为"道"并不完全在万物之外，"道"具有泛神论的色彩。庄子的教化思想和老子的教化思想一脉相承，庄子追求的理想人格是"真人"。他认为，人生真正的自由是"无待"，若"有待"，则会成为人自由的枷锁。

1. 提出"素朴纯真，崇尚真人"的人文教育思想。庄子认为，儒家提出的"仁义礼智"，是对人的自然本性的束缚，民众应当按自己的本性过自然生活，保持"素朴纯真"的本性，并与自然万物和谐统一。庄子说："吾意善治天下者不然。彼民有常性，织而衣，耕而食，是谓同德；一而不党，命曰天放。故至德之世，其行填填，其视颠颠。"（《庄子·马蹄》）庄子认为，善于治理天下的人要尽力保持民众自然纯朴的天性，让他们织布穿衣，耕作吃饭，过一种符合自然状态的生活。他指出，在大同社会，也就是传说中道德境界最高尚的尧舜时代，民众的行为总是显出悠闲自得、自然淳朴的样子。这是庄子追求的理想人格。他又说："夫至德之世，同与禽兽居，族与万物并，恶乎知君子小人哉！同乎无知，其德不离；同乎无欲，是谓素朴；素朴而民性得矣。"（《庄子·马蹄》）庄子认为，在社会人文教化中，要使民众养成不用智巧的习惯，那么人的自然本性就不会丧失。在道德境界昌盛的时代，人如同禽兽，混杂而居，人与万物并存，分不出谁是君子，谁是小人，人们都同样没有分外之欲望，人们都能守住自己的本分，这样，人心就纯真朴实，人的自然本性就得到保持。

对于真人，庄子认为，"古之真人，不逆寡，不雄成，不谟士。若然者，过而弗悔，当而不自得也。若然者，登高不栗，入水不濡，入火不热，是知之能登假于道者也若此"；"古之真人，不知说生，不知恶死。其出不䜣，其入不距。翛然而往，翛然而来而已矣。不忘其所始，不求其所终。受而喜之，忘而复之。是之谓不以心捐道，不以人助天，是之谓真人"；"古之真人，其状义而不朋，若不足而不承；与乎其觚而不坚也，张乎其虚而不华也；邴邴乎其似喜也，崔乎其不得已也，滀乎进我色也，与乎止我德也，厉乎其似世也，謷乎其未可制也，连乎其似好闭也，悗乎忘其言也"。（《庄子·大宗师》）

说明古代的"真人",不拒绝薄德无智慧的愚人,不自恃成功,无心于事而虚己遨游。这样的人,虽有差失而无懊悔,虽合机宜而不快意,登攀高处而不惧怕,潜入水底而不被浸渍,走入火中而不感到炽热。这就是已抵达大道境界的真人。这样的真人,不会对生存感到欣喜,不会对死亡感到厌恶;在人世间,不贪生怕死,既无拘无束地来到人世间,又无拘无束地回归大自然。不忘记生命之源,守而不失,不寻求归宿,而一任自然;受生之后常自得,忘其死而又复归于自然,这就叫做不以欲心弃自然之道,不以人为助天命之常,只有做到这样才算是"真人"。

因此,庄子理想中的真人形象高大而不崩坏,好像不足而又无以承受;安闲超群而不固执,心胸宽广清虚而并不浮华,畅然怡悦,似有喜色,不得已而后动,容颜和悦的样子令人可亲,宽厚之德使人乐于归依,胸襟恢弘大度,高放自得而不可驾驭,绵貌深长好像是闭口缄默,不经心的样子好像忘其言谈。[①] 庄子在"大宗师"中刻画的"真人"形象,其实是一种接近自由无为和超越世俗的达观的理想人格,把听任本性自由地、无拘无束地发展的人称为"真人"。这种真人虽然接近于"超人"的形象,但也是社会人文教化中追求的目标。庄子强调了人性的自然发展,人与自然同乐,天人合一的教化思想,他极力追求人精神的自由和人格的独立。同时,庄子认为,人心灵的最高境界就是要修炼到"坐忘"的境界,弃绝人的常情和心智,进入无牵无挂、无障无碍,与整个自然宇宙合而为一的逍遥状态,从而实现人心灵的解放和天性的自由发展。

所以,庄子极力批判当时社会人文教化不断滑坡和衰弱的现状。他认为,儒家倡导的"仁义礼智"破坏了人性的朴实和纯真,民众为了向"仁义"看齐,而变得虚伪和不诚实。一方面为了争名夺利,另一方面又要维护"仁义"的面孔,这样,使人不得不用"虚仁假义"来伪装自己,"仁义"仅仅成为他们争名逐利的遮羞布而已。庄子说:"彼窃钩者诛,窃国者为诸侯。诸侯之门而仁义存焉,则是非窃仁义圣知邪?故逐于大盗,揭诸侯,窃仁义并斗斛权衡符玺之利者,虽有轩冕之赏弗能劝,斧钺之威弗能禁。"(《庄子·胠箧》)庄子看到了当时社会盗窃一条带子、一个铁钩的人被处死,而盗窃国家的人

---

① 崔钟雷主编:《老子庄子》,哈尔滨出版社2011年版,第161—162页。

却成了诸侯的怪现象,猛烈地抨击了诸侯们打着仁义的招牌,随便损害国家和民众利益的行为。因此,即使国家给了诸侯们高官厚禄,也不能满足他们的贪婪之心。庄子针对当时诸侯们假借"仁义",对民众进行欺骗、压榨的行为,进行了入骨三分的讽刺和批判。同时,由于统治者的"虚仁假义",不断破坏民众的自然"常性",民众为了自身的生存,也不得不穷智竭力地伪装自己,用虚伪来应付统治者的压榨。所以,庄子认为,社会上一旦伪诈成风,民众的自然纯朴之性就会被伪诈之风所侵蚀,整个社会纯朴的民风也就丧失了,那么社会上的盗窃之风、欺诈之风就会兴起,这样,就会出现"小盗窃钩,大盗窃国"的不良风气。

总之,社会人文教化的根本目的是保持民众的自然"天性",使社会形成民风纯正,民心纯朴的人文氛围。因此,在社会人文教化中,庄子要求民众要以"道"为核心,遵循自然无为的法则,尽量摆脱名利、物质、权力等的束缚,让自己的心灵舒阔,使自己的生命舒展,并能超越人世间的是非、善恶、美丑的困扰,顺应天地自然的禀性,使人的天性回归到纯真的自然境界之中,实现个人生命的价值,从而保持人性的自然和完美,而不被社会所扭曲。

2. 提出"身教示范,平等育人"的人文教育思想。庄子秉承老子"行不言之教"的人文教育思想,极力倡导"立不教,坐不议,虚而往,实而归"(《庄子·德充符》)的身教思想。庄子认为,教育者应当平等待人,少说多做,通过以身作则的示范来带动受教育者养成良好的思想品格。所以,庄子又说:"圣人怀之,众人辩之以相示也。故曰:辩也者,有不见也。夫大道不称,大辩不言,大仁不仁,大廉不嗛,大勇不忮。道昭而不道,言辩而不及,仁常而不成,廉清而不信,勇忮而不成。"(《庄子·齐物论》)庄子认为,天下的事理,有的能区分、能辩说,有的则很难区分、很难辩说。因此,品德高尚的圣人,自己以身示范,而众人则常常争辩不休,以夸示于人。所以,善于辩论的人是不用言说去折服他人,最有仁爱的人并非有意为仁,最廉洁的人也从不特意去表现自己的廉洁,最勇敢的人也从不有意去伤害他人,而是以身示教、以身垂范。因为一味地重视言辞之辩,就会有表达不到之处;仁者常爱,常爱必有不周之处;常以廉洁自清立名,往往就会出现并无实德的情况;自逞血气之勇而到处伤人,也就不能成为有道义的勇士。"行不言之教"是道家人文教育的重要方式，并强调统治者要以身示教，起模范带头作用，但道家否认"言教"的作用，具有历史的局限性和片面性。

在社会人文教化中，庄子倡导平等育人。老子说："圣人常善救人，故无弃人；常善救物，故无弃物。"（《道德经·二十七章》）老子强调了对每一个人都应当施于教育的机会和权利，不应当放弃或带有歧视的态度和情感。而庄子则主张："以道观之，物无贵贱；以物观之，自贵而相贱；以俗观之，贵贱不在己。以差观之，因其所大而大之，则万物莫不大；因其所小而小之，则万物莫不小。"（《庄子·秋水》）庄子认为，用自然之道来看，万物原来并无贵贱之分；从万物的角度来看，都是自以为贵而以他物为贱；用世俗之人的眼光来看，贵贱之权，并非自己所能掌握的。所以，按照万物之间存在的大小差别来看，从大的方面看，便以其为大，那么万物没有不是大的；从小的方面看，便以其为小，那么万物没有不是小的。可见，庄子阐明了贵与贱、大与小等都只是相对而言，从本质上说，没有贵贱、大小的差别，体现了人人平等的教化思想。同时，只有以这种平等的教化思想来实施思想道德教育，才能真正实现平等育人的目标。

3. 提出"以道治国，顺乎自然"的人文教育思想。在治国理政的人文教化中，庄子继承并发展了老子"无为而治"的思想，提出了"以道治国，顺乎自然"的主张。他对儒家、墨家和法家等提出的"以德治国、以智治国、以法治国"等进行了批判，指出只有通过"无为而治"才能真正实现天下大治的目标。因为道家认为，大道本体、天地法则虽然微妙玄通，不可深识，但仍属于自然之法则，一切要顺乎自然，并不是一切被动地听命于天道。在庄子看来，治国理政也只有遵循道的自然本体，只有顺从于道的法则，才能实现"无为而无不为"的治国目标。

道家治理国家的理想是以道治国、顺乎自然，反对用智等有损人的先天自然道德本性来统治天下。庄子认为，若是圣人治理天下，不会去治理社会的表面弊端，而应当顺应自然本性去感化民众，任人各尽所能而已。说明只要统治者心性恬静自然，清静无为，顺应事物发展的自然本性，没有自己个人的私心和贪欲，那么天下就可以得到治理。阳子居去拜见老聃，请教贤明之王治理天下之道。老聃说："明王之治：功盖天下而似不自己，化贷万物而民弗恃；有莫举名，使物自喜；立乎不测，而游于无有者也。"（《庄子·应帝王》)说明了贤明的君王治理天下,应当做到普惠天下百姓,而自己好像什么事也没做一样;教化施及万物而百姓却不觉得有所依托;君王功德无量而自己却觉得没有什么可称颂赞美的,使万物万事欣然自得;立足于高深莫测的境界,而自己却生活在清静无为的世界里。

所以,庄子认为,善于治理天下的君王,应当保持民心纯正,顺其自然。因此,在道德最高尚的时代,民众的行为总是显出悠闲自得、自然淳朴的样子,人与自然和谐相处,这才是真正实现以道治国,顺乎自然的太平盛世,才是真正的大治之世。庄子说:"夫至德之世,同与禽兽居,族与万物并,恶乎知君子小人哉!同乎无知,其德不离;同乎无欲,是谓素朴;素朴而民性得矣。"(《庄子·马蹄》)由此可见,在道德昌盛的时代,民众与禽兽混杂而居,与万物并存,并没有所谓的君子与小人的区别,民众之间都不用巧智,这样,人的自然本性也都没有丧失,大家都能做到守本分,没有过分、过多的欲望,这才是真正称得上朴实纯真,人的自然本性就能够获得了,社会民风纯朴,民心纯正,那么社会就真正大治。

庄子一方面主张以道治国,另一方面又极力反对以"仁义礼智"来治理国家。他认为,"圣人不死,大盗不止"、"圣人生而大盗起";只有"圣人已死,则大盗不起,天下平而无故矣"。(《庄子·胠箧》)说明儒家倡导的"仁义礼智",是附加在人自然本性上多余的东西,就像有些人身上并生的脚趾和歧生的手指一样,对人来说毫无用处。如果统治者极力宣扬鼓动人放弃人的自然本性,去追求"仁义礼智"这附加之物,从而博取名声,那就不符合道的本然,不是治理天下的正道,而是鼓动民众滥用自己的才智去追求自己本性之外多余的东西,这样天下不会大治。

庄子说:"自三代以下者,天下莫不以物易其性矣。小人则以身殉利,士则以身殉名,大夫则以身殉家,圣人则以身殉天下。故此数子者,事业不同,名声异号,其于伤性以身为殉一也。"(《庄子·骈拇》)说明了从夏商周三代以来,因为君王推崇仁义,从而扰乱了天下人的自然本性,为了追求仁义,从而出现了君子和小人之分。小人舍弃生命而谋私利,士人舍弃生命来博取名声美誉,大夫舍弃生命来保护家族,圣人舍弃生命来求取天下人的幸福。以上这四种人,虽然他们所做的事不同,获取的名声各异,但在为求取本性外之物,从而伤害自己的自然本性这一点上是一样的。同样,伯夷为求名而死于首阳山,盗跖为求利而死于东陵,虽然两个人死因不同,但在残害和损伤生命上是相同的。所以,庄子说:"天下尽殉也,彼其所殉仁义也,则俗谓之君子;其所殉货财也,则俗谓之小人。其殉一也,则有君子焉,有小人焉;若其残生损性,则盗跖亦伯夷也,又恶取君子小人于其间哉!"(《庄子·骈拇》)说明了天下人都是为了所求而舍弃性命,那些追求仁义而死的人,世俗之人称之为君子;那些追求财物而死的人,世俗之人称之为小人。而如果从残害和损伤自己的生命来看,那么伯夷和盗跖他们之间就没有君子和小人的区别了。

因此,庄子说:"吾所谓臧者,非仁义之谓也,臧于其德而已矣;吾所谓臧者,非所谓仁义之谓也,任其性命之情而已矣。"(《庄子·骈拇》)可见,庄子所追求的圆满完善,不是所谓的合乎仁义的标准,只是顺其自然罢了;不是所谓仁义之称,而是在于率性罢了。庄子在此基础上,进一步淋漓尽致地抨击了圣人以仁义治天下的祸害。他说:"虽重圣人而治天下,则是重利盗跖也。为之斗斛以量之,则并与斗斛而窃之;为之权衡以称之,则并与权衡而窃之;为之符玺以信之,则并与符玺而窃之;为之仁义以矫之,则并与仁义而窃之。何以知其然邪?"(《庄子·胠箧》)说明了圣人虽说提倡仁义是为了治理天下,但结果却是大大增加了盗贼。因为圣人制造了斗斛是用来量谷物的,而大盗便连斗斛也一并盗走;圣人制造了市秤是用来称东西的,大盗便连市秤也一并盗去;圣人制造了印章以便取信,大盗便连同印章也一并盗走;诸侯们打着仁义的招牌,却做了损害国家利益的事情,这就像大盗一样,把仁义盗去了。所以,即使诸侯们享受着高官厚禄的待遇,但也不能劝阻他们成为大盗;即使用最严厉的刑罚也不能禁止他们成为大盗。总而言之,庄子认为这种大盗层出不穷的原因都是圣人的过错。

此外,庄子又用圣人和盗跖对仁义的理解来说明以仁义治国的不可行。庄子说"昔者龙逢斩,比干剖,苌弘胣,子胥靡,故四子之贤而身不免乎戮"以及"跖之徒问于跖曰:'盗亦有道乎?'跖曰:'何适而无有道邪!夫妄意室中之藏,圣也;入先,勇也;出后,义也;知可否,智也;分均,仁也。五者不备而能成大盗者,天下未之有也'"。(《庄子·胠箧》)庄子从反面说明了所谓的圣人和盗贼没有什么不同的地方。因为"善人不得圣人之道不立,跖不得圣人之道不行"。(《庄子·胠箧》)从而水到渠成地批驳了圣人主张以仁义治国的荒谬和没有现实的可行性。

4. 提出"归本养生,以人为本"的人文教育思想。庄子认为,人类的共性称为道,人的个性称为德。因此,他主张人要适应自然万物运行的规律,并且要保全自己的个性特征,才能进入一种悠然自得的人生境界。人只有达到了这样的境界,才能实现"归本养生"的目标。所以,庄子提出修身养性应当回归人的本性的主张,体现了以人为本的社会人文教化思想。庄子的养生存身之道含两层含义,一是指保护自己的自然寿命;二是指保护自己个性的自由。从更深层次理解,庄子的养生存身的观点,不仅是对个体生命的保护,更是对个人思想的保护,对个性自由的保护,对个体尊严的保护。在《养生主》中,庄子开篇明义提出,"为善无近名,为恶无近刑,缘督以为经,可以保身,可以全生,可以养亲,可以尽年"。意为做了好事不要去追求名声,要不留痕迹;可允许人犯错误、干傻事,但不要犯大错,不要受刑罚。做人做事要顺循天然中正之道,做得正合适,如果能做到这样,就可以保护自己的身体,保全自己的生命,可以赡养父母,享尽自己的天年。

庄子认为,"道与之貌,天与之形,无以好恶内伤其身。"(《庄子·德充符》)说明了人不可以以好恶来损伤自己的天性,一切顺乎自然,回归于根本,来达到养生的目的。庄子说:"壹其性,养其气,合其德,以通乎物之所造。"(《庄子·达生》)就是要求人们要固守自己的灵明之心和道德本性,才能培植出自己的道德精神,才能回归自然,回归道德本性。人只有回归道德本性,入于素朴,才能体性抱神,不为声色物欲所触动,才能进入恬淡虚静的境界,从而安于性命之性,而不失自我。所以,庄子要求人们应当做到"无为名尸,无为谋府;无为事任,无为知主。体尽无穷,而游无朕;尽其所受乎天,而无见得,亦虚而已。至人之用心若镜,不将不迎,应而不藏,故能胜物而不伤"。(《庄子·应帝王》)说明了人只有做到不承担附加的名誉,不成为谋略的聚集之处、不承担世事的责任,不成为智慧的主宰,才能体验无穷无尽的大道,才能畅游在无迹可寻的虚无之境,尽享自然恩赐给人的本性,从而达到清虚无为的心境。凡大贤大圣的心思如同镜子,任凭外物来去而不迎送,只是顺应自然本性而没有任何偏私,所以能够超然于物外,本性不受损伤。

庄子认为:"彼至正者,不失其性命之性。故合者不为骈,而枝者不为歧；长者不为有余，短者不为不足。"（《庄子·骈拇》）意思是说，那些合乎事物自然本性的东西，就是不会迷失其性命的真性，所以合生在一起不能说是并联，枝生出来的不为多，长的不算多余，短的不算不足。所以，庄子认为，人要顺其自然本性，就不会有什么忧愁了。庄子认为，当今世上的仁者，高瞻远瞩而为世人的祸患担忧；而不仁之人，遗弃人的真实本性去贪图富贵。可见，仁义或许不是合乎人本性的东西。庄子进一步说明了自从虞舜推崇仁义来扰乱天下的自然本性，天下人没有不为仁义而奔波追求。有的人做到了，世俗之人就称他们为君子；有的人做不到，世俗之人就称他们为小人，这难道不是用仁义来扰乱天下人的自然本性吗？因此，庄子说："夫小惑易方，大惑易性。"（《庄子·骈拇》）意为小的迷惑让人搞错了方向，大的迷惑让人改变了本性，这都不利于人归本养生，实现不了以人为本的宗旨。

在社会人文教化中，庄子主张归本养生、以人为本，就是要求人们必须去除心中的机心，机心一旦存于心中，那么，人本性中纯粹朴素的天性也就不完备了；一旦人纯粹朴素的天性不够完备，人就会心神不定；一旦心神不定，也就不能接近大道了。因此，庄子说："执道者德全，德全者形全，形全者神全。神全者，圣人之道也。托生与民并行而不知其所之，汇乎淳备哉！功利机巧必忘夫人之心。"（《庄子·天地》）庄子认为，能接近大道，掌握大道的人，一定德性齐备；德性齐备的人，一定形体健全；形体健全的人，一定精神饱满；精神饱满的人，便是圣人之道了。这种人把生命寄托于世上，与民共存，而无心考虑自己的归宿，其本性也就达到了淳朴完备的境地，那么功利机巧肯定不存在于这种人的心中，这才是真正德性完备的人。这种人只知道保持内心的纯，却不管自己身外的变化，这种人心智明澈纯净，虚寂无为，体悟真性，守持德道精神而返璞归真，达到归本养生之境界。

因此，庄子认为，人们首先要明白以上道理，才能真正达到归本养生、以人为本的境地，才能做到养生、存身，使自己不受到伤害。庄子说："知道者必达于理，达于理者必明于权，明于权者不以物害己。"（《庄子·秋水》）意为明白大道理的人必然通达道理，通达道理的人必然知道怎样应变，知道怎样应变的人，就不会因为外物而伤害自己。所以，古人说"天在内，人在外，德在乎天"。（《庄子·秋水》）庄子认为人的天性藏在心内，人事显露在身外，品德之美，在于天然形成。因此，人只有懂得人类活动的规律，以顺应自然为根本，处于虚极而自得的境界，并能够做到进退屈伸自如，那么也就进入了返归大道自然的境界了。所以，庄子要求人们"无以人灭天，无以故灭命，无以得殉名，谨守而勿失，是谓反其真"。（《庄子·秋水》）也就是要求人们，不要人为地做事而毁灭人的天性，不要有心而为从而毁灭天理，不要为追求虚名而丧失自己的生命。只有谨慎地守住自己自然的本性而不丧失，才叫做返归纯真的本性，才是人的养生之道。所以，人要顺应自然，才能返回根本，但现实生活中的人都已把大道物化了，想要再返回根本，已经是很困难的事了，若真的能返回到人的根本，也就只有极少数明白大道的人了。

所以，庄子说："天地有大美而不言，四时有明法而不议，万物有成理而不说。圣人者，原天地之美而达万物之理，是故至人无为，大圣不作，观于天地之谓也。"（《庄子·知北游》）意为天地具有极致的美但无法用言语表达，四时有明显的规律但却无法评议，万物的生长变化都有道理但却不加以谈论。圣人探究天地极致的美而通晓万物生长变化的道理，所以明白大道的人顺应自然，从不会去妄行造作，这是他们对天地作了深入细致观察的缘故。那么，天地之大道就留在他们的心中，因为顺其天地大道之自然，所以得以养生。

庄子从天地宇宙之无穷与人生命之有限进行比较，阐述了人活在天地间，应当在有生之年明白归本养生、以人为本的道理。庄子说："人上寿百岁，中寿八十，下寿六十，除病瘦死丧忧患，其中开口而笑者，一月之中不过四五日而已矣。天与地无穷，人死者有时。操有时之具，而托于无穷之间，忽然无异骐骥之驰过隙也。不能说其志意，养其寿命者，皆非通道者也。"（《庄子·盗跖》）意为人生在世，高寿者不过百岁，中寿者八十岁，低寿者六十岁，除去疾病、死丧、忧患的时间，其中开口欢笑的时间，一个月之中也只不过四五天罢了。天地长久没有穷尽，而人的生死都有时间之限。以有限的身躯，寄托于无穷之境，无异于骐骥驰过隙穴，很快就会消失。所以说，人生在世，不能愉悦其意志、颐养其寿命的人，都不是通达明白天地自然大道的人。由此可见，庄子的社会人文教化思想中充满了对人自身的关爱和重视，体现了以人为本的人文精神。当然，庄子这种绝对的精神超越和生命自由的教化思想，在现实社会中只能是一种想象和幻想，当人人都在为自己的最基本的生存而奔波时，庄子的教化思想就只能作为现实社会中人们抚慰自己疲惫心灵的一杯忘情水。

　　总之，春秋战国时期，社会人文教育思想出现了向多元发展的态势，儒家主张以仁为本，实行重民、富民、教民的政策。在君民关系上，提出"民贵君轻，实行仁政"的教化主张，具有大胆的前瞻性和超越性。在个人修养上，提出修身成人，培育仁德，养浩然之气，实现"内圣外王"的教化目标。在治国理政中，主张"以礼治国"和"以法治国"相结合，在人文教化思想上具有积极进步的意义和现实的借鉴价值。但同时，儒家提出的教化思想不但过于理想化，而且对人格修养的要求提得过高，在现实社会中没有实践的可能，所以也就变成一种纯理论的阐述，没有实际的功用。墨家在社会人文教育思想上提出"兼爱、贵义、节用、节葬、非分、非乐、尚贤、尚同"等教化思想，对培育人勤俭节约的价值观具有重要的借鉴价值。但墨家提出的"兼爱"其内涵不同于儒家的"仁爱"，儒家的"仁爱"是从人内心自然发展出来的，由近及远、由己及人的有血缘关系的爱，是推己及人之爱，先从爱自己爱家人开始，逐步推及他人，是一种有差别的爱；而墨家主张的"兼爱"是从外部人为地附加于人的，是无差别的爱，是一种泛爱，因此，墨家的这种人文教育思想在现实社会中也是行不通的、不现实的，具有一定的局限性。道家提出"无为而治，以道化民"的人文教育思想，在"禅让制"的社会及战乱之后，社会需要实行休养生息的时期有实现的可能，但在社会经济发展、社会充满竞争的时期，道家的这种教化思想不可能成为社会的主流教化思想，只能成为个人修身养性的一种途径而已。

第三章 秦汉：人文之流变

一、时代背景

秦汉时期，是中国人文教育思想不断发展和流变的阶段。秦王嬴政统一六国后采纳法家的教化思想，实行严刑酷法。汉朝初期，汉高祖为了与民休养生息，遵从黄老思想，实行无为而治。但随着社会经济的不断发展，无为而治的教化思想已不能适应时代的要求。汉武帝统治时期，采纳董仲舒的建议，实行"罢黜百家，独尊儒术"的教化政策，使儒家的教化思想成为社会人文教化的主流。

战国时期，诸侯各国割据混战，各自为政，秦统一六国后，采取了许多强硬的措施，建立了大一统的文化体制。秦始皇以强硬的手段统一了全国的文字，以笔画简便易学的"秦篆"，也就是"小篆"，作为全国统一的标准书体，通用于公文法令中。后来，程邈又根据当时民间流行的字体，整理出一套更为简便的新书体，史称"隶书"，作为日常生活通用的文字。秦始皇采取"书同文"的措施，促进了各民族之间文化的交流，对中华民族文化的不断发展和传播产生了积极的作用。秦始皇又通过大规模的移民，不但开发了边疆，发展了经济，而且也传播了中原文化，客观上加速了民族之间文化的大融合，为中国人文教育思想的不断发展创造了有利的条件。

同时，秦始皇以强硬的手段，建立大一统的文化体制，对华夏民族文化共同体的形成和发展，产生了一定的作用。但他为了追求万世一统的帝业，希望在思想上也实现大一统，又采取"焚书坑儒"的政策，酿成了中国文化史上一次空前的文化大浩劫，首开了中国封建君主在思想文化上实行专制统治的先例，对中国自由开放的学术思想产生很大的抑制作用，不但使中国古代文化造成巨大的损失，战国时期"百家争鸣"的学术氛围不复存在，而且在人文教化上也造成了严重的摧残和破坏。

西汉初年，汉高祖采纳谋士陆贾的建议，遵从黄老思想，实行无为而治，与民休养生息，主张"行仁义，法先王"，以"教化"民众，使黄老学说成为汉初主流文化的导向，同时也影响了汉朝文化的发展方向，使道家思想文化在汉初得到进一步的发展和创新。所以说，黄老学说影响了汉初统治者的思想。同时，统治者在人文教化中的主导思想，又反过来影响了汉朝文化的发展，二者相辅相成。

汉惠帝时，黄老思想得到盛行，曹参继任汉朝丞相以后，继续奉行萧何清静无为的教化思想，出现了"萧规曹随"的政治格局，提倡约法省禁、勤俭节约的风气。文景二帝统治时期，出现了社会安定，国富民足，人民安居乐业的大好景象。所以，随着西汉统治阶层对黄老学说的倡导，黄老之学成为当时社会的一种文化思潮。在学术文化上，黄老思想成为文化领域的一个重要研究课题，西汉前期出现了一大批"黄老思想家"。但随着封建社会经济的不断发展，无为而治的黄老思想已不能适应社会发展的新要求。到了汉武帝统治时期，为了加强君主集权统治，汉武帝采纳董仲舒的建议，提出"罢黜百家，独尊儒术"的主张，使儒家积极进取的入世思想成为统治者的主导思想，这正好迎合了汉武帝有所作为和思想大一统的需要。汉武帝采取"独尊儒术"的政策，不但使孔孟思想成为汉代的正统思想，而且也影响了中国汉代至明清两千多年文化的发展。

在此需要说明的是，由于汉初统治者以黄老思想为指导，采取"无为而治"的统治政策，使黄老思想盛行一时。"黄老思想"是"黄帝之学"和"老子之学"的统称，在战国时期形成一个学派。二者之间有共性，都讲"道"，主张"无为而治"，希望统治者对百姓没有大的作为，不要胡作非为，相信百姓会"自化自为"。但黄帝之学不仅讲"道"，而且讲"法"。汉初黄老思想的代表人物陆贾把黄老学说糅合在一起，成为西汉初年封建专制统治的政治指导思想。司马谈的《论六家要旨》对儒家、墨家、名家、法家、阴阳五家都有所批判，但对道家却持肯定的态度，说明了司马谈深受黄老思想的影响。同时，汉初的"黄老之学"并不是先秦时期的原始道家学说，而是以"无为而治"的道学思想为主体，兼容了儒家、墨家、法家、名家等各家思想的精华，独创出能为汉初统治者所接受的"新道家"。在社会人文教化中，黄老之学在一定意义上肯定并吸收了儒家倡导的仁义道德对民众的教化作用。所以，汉初的黄老学说在政治上，肯定新的封建专制中央集权的统治秩序，但在政治理想上，又与老子主张的小国寡民的无为而治有根本的区别，它的政治目的是为了维护大一统的封建制度。因此，汉初实行"无为而治"的政治教化思想，不但巩固了大一统的封建中央集权的统治秩序，而且使社会生产得到了恢复和发展，促进了西汉文化的繁荣。

西汉时期，在人文教化思想上有突出成就的代表人物是董仲舒。为了维护封建统治，适应汉中期统治者的需要，董仲舒对孔子儒家学说进行改造，形成了神学宗教化的儒家思想，提出了"天人合一"和"天人感应"学说，并向汉武帝呈上了《天人三策》，大胆提出思想大一统的治国方针，主张以儒家的"德教"作为治国的指导思想，大力宣扬"君权神授"和"三纲五常"学说，又假借天威来限制皇帝的所作所为。董仲舒的新儒学思想包含了封建社会的政权、族权、神权和夫权四种权力，他改造传统儒学，建立汉代新儒学，罢黜其他各派学术思想，迎合了汉武帝的心意，所以，造成了汉代"罢黜百家，独尊儒术"的思想教化的局面，这对华夏民族大一统文化观的形成起到了重要的历史作用。同时，董仲舒从人性善恶的角度出发，提出了"性三品"学说。他认为，人性并非全善，也并非全恶，而是善中有恶，恶中有善，人善性和恶性的表现程度形成了人性的等级。他说，古之圣人生来善性多，恶性少；小人生来就恶性多，善性少；普通之凡人生来性之善恶因子差不多，可善可恶。因此，从人性善恶的角度考量，德才兼备的人为上等之人，中等之人可通过后天的"教化"，去恶存善，可以成为一个对他人、对社会有用之人，只有品德恶劣、顽固不化的下等之人，虽经社会"教化"，但性根卑贱恶劣，不可教化。

东汉时期，由于受西汉董仲舒神学宗教化的新儒学思想的影响，谶纬迷信思想开始盛行，侵蚀影响着整个社会的文化氛围。"谶纬是一种庸俗经学和封建迷信的混合物。谶是用诡秘的隐语、预言作为神的启示，向人们昭告吉凶祸福、治乱兴衰的图书符箓。"[①] 这类宣扬封建迷信的作品，配有图文，故

[①] 朱绍侯主编：《中国古代史》（上册），福建人民出版社1986年版，第391页。

又称为图书或图谶。如王莽的《金匮书》和刘秀的《赤伏符》，都作了颜色上的特殊装饰。而纬是假托神意，用宗教迷信的说法对儒家经典进行解释，其目的都是统治阶级为了愚弄百姓，维护封建专制统治地位而编造出来的。由于统治者的大力倡导，谶纬之学不断盛行，在政治思想上充斥着谶纬迷信的氛围，光武帝刘秀在临死之前还宣布图谶于天下。

公元79年，汉章帝亲自主持了一次大规模的经学讨论会，史称"白虎观会议"。后来班固将讨论结果整理成书，取名为《白虎通德论》，或简称为《白虎通》、《白虎通义》。书中一方面用谶纬来正经学，也就是用政治力量使谶纬迷信合法化，使它和经学具有同样崇高的学术地位；另一方面，用官方的意志来正经学，便于更好地为封建统治阶级服务。因此，《白虎通》不但把儒家思想法典化，使董仲舒提出的"三纲五常"学说更加具体完备，而且成为支配民众伦理思想、政治生活的准则。《白虎通》一书的编辑，使儒学独尊的地位通过政治权力得到确立。

但这种迷信思想也遭到当时唯物主义思想家桓谭的强烈批判。桓谭明确指出谶纬之书是无稽之谈，并非仁义正道之说，应当抛弃。他认为，只要统治者"为政不善"，必然"见叛天下"，并非无意所为，而是历史进程的必然规律；统治者只有为政从善，合乎民心，才能长治久安。同时，桓谭对秦汉以来的方术之士所宣扬的"长生不老"和"羽化而登仙"的神仙思想也进行了批判。桓谭从唯物论和无神论的哲学观点出发，批判当时盛行的唯心主义有神论，在中国人文教化思想史上具有重大的意义，对社会人文教化思想起到了积极的推动作用，同时也对东汉唯物主义思想家王充产生了直接的影响。

二、人文教育思想概述

秦王嬴政不但尊崇法家的教化理论，而且利用法家理论建立了中国历史上第一个统一的、多民族的、封建专制中央集权的大秦帝国。天下统一后，秦始皇继续尊崇强化法家的社会教化思想，不仅摧残中国传统文化，坑害儒生，而且在社会人文教化上实行"以法为教，以吏为师"的教化政策。秦始皇企图以法家思想来引导统一社会民心，在思想上实现大一统。可见，秦王朝全盘接收韩非提出的"明主之国，无书简之文，以法为教；无先王之语，以吏为师"的主张,对先秦文化社会人文教化的作用和价值采取全盘否定的态度,并且颁布严厉禁止私人立堂讲学的政策。这不仅是对先秦文化的专制打压,而且在社会人文教化中也是对民众思想的禁锢,是愚民政策的集中体现。从此,春秋战国时期"私学鼎盛,百家争鸣"的学风不复存在,社会人文教化进入了低谷。但秦始皇实行"以法为教,以吏为师"专制主义的文教政策,在客观上对矫正民心、整肃风俗起了一定的历史作用。秦始皇迷信"以法治国"的功用,对老百姓实行严刑峻法的残酷统治和镇压,却不知"以德治国"对百姓潜移默化的教化作用。所以,秦王朝仅仅延续了十几年,大秦帝国的大厦就轰然倒塌、土崩瓦解了。

汉高祖建立西汉王朝后,不得不深入思考秦王朝短命的历史教训,实行"无为而治,与民休养生息"的统治政策,这正顺应了汉初急需恢复发展社会生产和老百姓希望过上安定生活的客观要求。汉初统治者崇尚的"黄老之学"并非先秦原始道家的教化思想,而是以道家独特的教化理论为主体,兼容了儒、墨、法等多家思想的新道家思想体系,真正实现了"以德治国"和"以法治国"的有机结合。因此,汉初盛行的黄老之学的社会人文教化思想,吸取了法家、儒家社会教化思想的精华,形成了混合的"道德无为型社会人文教化思想、仁义伦理型社会人文教化思想和刑赏法治型社会人文教化思想",这一思想在《淮南子》中得到集中体现。[①]

因此,汉初的社会人文教化思想既偏重于道德无为型的社会人文教化思想,同时也兼容了后二者的社会人文教化意识。随着汉初政治思想和社会人文教化思想的转变,汉初在社会人文教化上采取了一系列新的政策,以促进社会人文思想的重构和发展。一是重视知识分子对培育和发展社会人文精神的重要作用。汉高祖凭借"武功"建立西汉王朝,由于汉高祖自身文化水平不高,所以统一天下后,依然鄙视知识分子的作用。后来在儒生陆贾等名臣的劝谏下,汉高祖才认识到可以在"马上打天下",但不可在"马上治天下"的道理。因此,汉高祖开始逐步重视知识分子在国家政治生活中和社会人文教化中的重要作用,颁布《求贤诏》,广召贤士,给予优厚的待遇,让各个学派的知识分子都有参与国家政治和社会民风教化的机会。汉文帝时,将全国

[①] 陈超群著:《中国教育哲学史》,山东教育出版社2000年版,第一卷,第552页。

有名的学者都召集到国都长安,封名人为经博士、传记博士等,并颁诏举贤良文学,实行地方推荐与中央考试相结合的措施来广招精英人才,从而大大提高了知识分子的政治地位和社会地位。同时也使秦以来的社会人文精神得到重新培育和建构,促进整个社会良好人文精神的形成。二是允许兴办私学。汉初在文教政策上解除了秦朝禁止兴办私学的禁令,允许兴办私人学馆,培育社会人才,传播传统文化,发展学术研究,增强社会人文教化的力度,促进了汉初私学的蓬勃发展。三是废除"挟书律"。汉惠帝四年(公元前191年),颁诏废除了秦以来的"挟书律",允许民众自由收藏携带,讨论《诗》、《书》等,鼓励民众将私人藏书献给国家或借给官府抄录,并给予一定的奖赏。这样,社会上拥有的图书迅速增加,为汉初学术的繁荣、教育的发展和社会人文精神的培育奠定了扎实的基础。

西汉王朝经过汉初高祖、惠帝及文帝、景帝实行黄老思想的无为而治后,整个社会经济得到快速发展,社会安定,人民安居乐业。但汉景帝时期发生的"七国之乱",暴露了中央实行的"无为而治"与诸侯国的"有为"思想产生了激烈的矛盾和冲突。因此,如何统一思想、控制地方诸侯的势力,成为汉武帝必须面对和思考的问题。同时,大儒董仲舒经历了"七国之乱"后,在反思总结历史教训中提出了大一统的理论,主张实行儒家倡导的"文治武功"的政策,来加强中央集权统治。董仲舒的主张正好迎合了汉武帝的政治愿望和理想,于是"罢黜百家,独尊儒术"的文教政策通过皇帝的诏令在全国正式颁布,成为国策。这样儒家积极进取的思想成为汉武帝统治时期的政治指导思想,同时也促进了这一时期社会人文教化思想的转型。

同时,汉初统治者实行无为而治,在社会人文教化上采取比较宽松的政策,这给当时各学派提供了学术自由和发展的良好机会。但各学派之间相互争论,难以形成统一的社会政治思想,不利于社会政治的稳定。董仲舒站在儒家的立场上,从大一统的观点出发,强调在社会人文教化中,要"推明孔氏,抑黜百家",使儒家在封建政治思想中居于"独尊"的地位,以儒家思想来教化社会民众,以实现大一统的政治目标。汉武帝采纳了董仲舒的建议,设立《诗》、《书》、《礼》、《易》、《春秋》五经博士,用"五经"作为统一思想、教化民众的基础和根本,实现了独尊儒术的第一步。

总之,西汉在文化教育上采取"兼容并包"的宽容态度,为社会人文教化的发展创造了宽松的社会氛围,各个学派都有机会得到发展,特别是儒家学派在发展中脱颖而出,在思想领域和社会人文教化中独树一帜,取得了"独尊"的地位。

在培养人才规格上,汉初的私学虽然兴盛,但由于各学派的思想主张各自不同,很难形成统一的思想,这样培养出来的人才,很难符合封建专制统治的需要。所以,董仲舒提出了"兴太学以养士"的建议,政府不但可以直接掌握教育的大权,规定人才培养的目标,以适应封建中央集权统治对人才的需要,而且通过太学把养士与教化二者有机地结合起来,实现培养教化官吏的目标。董仲舒在《贤良对策》中说:"养士之大者,莫大乎太学;太学者,贤士之所关也,教化之本原也。"说明了太学在养士与教化上的重要作用,一方面是培养品德高尚之贤人的地方;另一方面太学里的学生,将来一旦出仕做官,又要承担对百姓进行教化的重任。因此,当时将太学生的品行要求放在首位,这为以后担当社会人文教化奠定了扎实的基础。汉武帝采纳了董仲舒的建议,正式设立太学,五经博士的弟子就是太学生。太学的设立既统一了学术思想,又促进了以儒学为尊的社会人文教化思想的转型和发展。

选士制度在汉代的社会人文教化中也产生了重要的作用。董仲舒针对汉初选拔和使用人才中出现的弊病,以儒家的经术和道德观念为标准,提出选拔人才应当以"材"和"德"为重要依据,他强调"量材而授官,录德而定位"的用人思想,对促进社会人文精神的良性发展起了积极的作用。因为"举孝廉"首先是在乡间评议产生的,这样被推举之人的品行不但会受到广大民众的严格监督,而且也会在民众的心里产生积极的正面的影响,从而在民众的心中逐步形成"孝行"、"廉洁"的标准意识,必然会在社会上产生"彰显善行,以后教化"的社会人文教化作用。所以,汉武帝采纳这一建议,在汉初察举人才的基础上,完全确定了察举选官的制度,并且察举取士的范围由原来限于现任官吏的基础上扩大到布衣之士,开创了以儒术取士的制度。这样儒学不但在政治思想上取得了独尊的地位,而且在社会人文教化中处于主流的地位。

汉武帝采纳董仲舒"罢黜百家,独尊儒术"的建议,采取了"兴太学,立博士,举孝廉"等措施,进一步强化了以儒家思想为主导的社会人文教化制度的建立,从而奠定了儒家学说在整个社会意识形态中的独尊地位,同时也符合封建大一统思想的需要。

但是，汉代在太学教育中将董仲舒的天人感应、君权神授及谶纬迷信思想融进了先秦传统朴素的儒学中，并且董仲舒独创的新儒学确立"独尊"的地位后，就使儒学的传统思想和丰富内涵日益变得教条化、宗教化和神学化。到了东汉，光武帝刘秀又崇拜谶纬之学，自己利用《赤伏符》夺取天下，当上皇帝后，更是大力宣传谶纬之学，并宣布图谶于天下，使谶纬之说合法化。所以，东汉中期以后，西汉董仲舒提出的"天人感应"之说完全陷入了谶纬神学的氛围之中，社会人文教化也陷入了一片混乱之中，从而使儒家传统教化思想也受到极大的挑战和冲击。唯物论者王充在《论衡》中对《春秋繁露》和《白虎通义》这两部谶纬化的儒学之作进行了系统猛烈的抨击，在很大程度上触动了儒家学说的独尊地位。到东汉顺帝以后，随着社会政治日趋腐朽，统治集团日益腐败，儒家思想在社会人文教化中的地位也日益衰弱，社会人文精神出现缺失。但来自民间反映民众传统思想愿望的道教思想得以复苏，信奉道教、主张自我修炼的社会教化思想应运而生。同时，佛教作为外来的文化，在秦汉时期也得到传播和流行，在社会人文教化中产生了一定的影响和作用。

三、董仲舒：天人合一，独尊儒术

在先秦人文教化中，孟子主张人性本善，荀子主张人性本恶。西汉时期，董仲舒提出"性三品"。他认为，人性善恶因人而异，圣人之性本善，斗筲之性本恶，中民之性善恶皆有，这是他人文教化思想的基础和根据。董仲舒把人分为"三等人"，第一等是圣人，第二等是普通人，第三等是斗筲之人。董仲舒的人文教化思想就是建立在他对人性的不同划分上。他认为，人性极善的圣人，即使没有接受教育也可以自化，这是少数人；人性极恶的斗筲之人，即使接受教育也起不了多大的作用，这也是少数人；只有善恶之性兼有的中品之人，也就是普通万民，才是社会人文教化的主要对象，才具有普遍的社会人文教化的意义和价值。所以，董仲舒认为，代表绝大多数人的人性才是真正的人性，圣人和斗筲之人都代表不了真正的普遍人性，只能列入特殊人性之人。因此，社会人文教化的切入点应当把代表真正人性的中品之人，也就是普通的万民作为教化的对象,才能实现社会人文教化的目标。

(一)提出"以德教为主,刑罚为辅"的人文教育思想。董仲舒说:"凡以教化不立而万民不正也。夫万民之从利也,如水之走下,不以教化堤防之,不能止也。是故教化立而奸邪皆止者,其堤防完也;教化废而奸邪并出,刑罚不能胜者,其堤防坏也。古之王者明于此,是故南面而治天下,莫不以教化为大务。"(《汉书·董仲舒传》)他认为统治者首先要懂得对百姓进行德治和教化,如果社会人文教化没有施行,民众就不会走上正道。因为百姓的本性是求名逐利,如果不用教化作为堤防来限制他们,人性中的贪欲就会像洪水一样决堤而出,是禁止不住的。所以,只有施行社会人文教化,人性中的贪欲和奸邪之念才可能受到节制。如果社会丧失了人文教化,那么奸邪和贪欲就会同时出现,单靠刑罚是控制不了的。因此,凡是圣明之君,他们虽然身居尊位,但没有一个君王不把社会人文教化当作一件大事来看待。董仲舒在阐述了社会人文教化的重要性后,进一步阐明社会人文教化的源头在于统治者自身,只有统治者自身首先做到清正廉洁,以身垂范万民,才能让社会人文教化得到顺利推行,否则上梁不正,下梁肯定就歪了。他又说:"故为人君者,正心以正朝廷,正朝廷以正百官,正百官以正万民,正万民以正四方。四方正,远近莫敢不壹于正,而亡有邪气奸其间者。"(《汉书·董仲舒传》)因此,如果统治者能首先端正自己的行为,互相影响,形成良好的社会人文氛围,那么,天下民众也就会在潜移默化中端正自己的行为。这样,社会风气就会纯正,民风就会纯朴,贪婪和歪风邪气就不会充塞天地之间。天地之间就会阴阳调和,风调雨顺,五谷丰登,草木茂盛,国泰民安,天下也就稳定和谐了。

所以,董仲舒在社会人文教化中,强调以道德教化为本,刑罚只能作为辅助的工具。他说:"教,政之本也;狱,政之末也。其事异域,其用一也,不可不以相顺,故君子重之也。"(《春秋繁露·精华》)意为只有把"德化"和"刑罚"二者有机结合,用"德化"来改变民心,使民心从善;用"刑罚"来惩恶威慑民众,使民众心里产生畏惧,这才是社会人文教化的最高境界。因为教化为本,刑罚为辅,二者相互顺应。如果纵容奸邪,冤枉善良;恶人上公堂,善人下监狱,那么"德化"与"刑罚"就不能相互顺应,这就说明社会人文教化出现问题。所以,董仲舒主张"圣人之道,不能独以威势成政,必有教化"。(《春秋繁露·为人者天》)进一步说明了统治者只有以社会人文教化为本,以刑罚为辅,才能真正实现仁政德治的政治目标和理想。

(二)提出"以仁安人,以义正我"的人文教育思想。在个人修养上,董仲舒强调应当"以仁安人,以义正我"来进行修炼,主张要从尊重他人的价值和利益出发来培育个人的人文精神。儒家提倡"仁者爱人","仁"的本质是建立在对天地万物"博爱"的基础上,是对他人个体生命和价值的关爱上,而在现实的个人道德实践中,大多数民众常常要求他人履行责任和义务,却不断扩张自己个体的利益和权利。因此,董仲舒认为,在社会人文教化中,强调只有当个体自我道德意识觉醒以后,才能实现"以仁安人,以义正我"的教化目标。他说:"仁之法在爱人,不在爱我;义之法在正我,不在正人。我不自正,虽能正人,弗予为义;人不被其爱,虽厚自爱,不予为仁。"(《春秋繁露·仁义法》)说明了"仁"主要是对他人而言要仁,"义"主要是对自己而言,要端正自己的言行。如果自己行为不端正,别人感受不到仁爱,那么,即使他非常爱自己,也不能体现出"仁义"的内在本质。"仁"的本质是以爱的情怀去爱护、关心他人,宽容众人,应当"躬自厚而薄责于外",应当用"义"来端正自己的言行,这是"义"的法则。所以"有为而得义者,谓之自得;有为而失义者,谓之自失;人好义者,谓之自好;人不好义者,谓之不自好。以此参之,义我也,明矣。"(《春秋繁露·仁义法》)这里强调的仍是"义"的法则,行为合乎义就叫自得;行为不合乎义就叫自失;喜好义的人就叫自好;不喜好义的人就叫不自好。如果用这些来参证,那么义的意思就明白了。因此,"义"和"仁"的不同之处在于"仁"是施于别人,而"义"是自责于自己。把爱施于别人就体现了"以仁安人",用义来规范自己的行为,使自己的行为适宜就体现了"以义正我"。

董仲舒又指出,要想有效地对民众进行社会人文教化,使社会风气纯正、民风纯朴,首先统治者要想方设法让社会富裕,使民众衣食无忧,能够安居乐业,然后才能进行社会教化,才能在社会人文教化中对民众产生效果。孔子对冉有说:"治民者,先富之而后加教";以及《诗经·小雅·绵蛮》中说:"饮之食之,教之诲之"。说的都是这个道理。只有先让老百姓丰衣足食,然后进行社会人文教化才能产生作用,否则就很难净化社会风气。同时,董仲舒提出"以仁安人,以义正我"的人文教化思想,对统治者来说尤为重要。

社会人文教化的首要任务是先教化为政者，只有为政者首先做到以身垂范，做到"以仁安人，以义正我"，千方百计让百姓富裕，才能带动天下民众也用"以仁安人，以义正我"的道德标准来修炼自己。所以说，如果为政者"以义正人"，对别人要求严格，说明为政者对民众不够宽厚，民众就不会亲近他；如果为政者"以仁安己"，对自己宽松，说明为政者不够明智，必然损害自己的品行，这样必然得不到民众的尊敬。可见，如果民众既不亲近为政者，也不尊敬为政者，那么民众也必然不会相信为政者，这样，为政者在推行社会人文教化时，也就必然寸步难行。其根源就是为政者颠倒了自治与治人的原则，把"严以律己，宽以待人"变成了"严以律人，宽以待己"，这样就必然会使社会民风恶化、民心不纯。因此，董仲舒认为，"求诸己，谓之厚；求诸人，谓之薄；自责以备，谓之明；责人以备，谓之惑。"（《春秋繁露·仁义法》）说明了不管是民众还是为政者，只有苛求自己，才算是一个笃厚明智的人；反之，如果责求别人，对别人求全责备，就是一个刻薄和迷惑的人。如果统治者不能成为前者，那么就不能培育"以仁安人，以义正我"的社会人文教化的精神。

（三）提出"必仁且智，重义轻利"的人文教育思想。在"以仁安人，以义正我"的基础上，董仲舒进一步提出"必仁且智，重义轻利"的教化思想。董仲舒对"智"的认知和要求是他仁学教化思想的一个重要组成部分。他认为，在人的道德修养中，人的情感和人的认知是人的两种不同的心理因素，在社会人文教化中必须使人做到"仁"与"智"的内在统一，并强调"智"在社会人文教化中的道德价值。因为"仁"是人情感的自然流露，是出于内心的一种天生本性使然；而"智"是人认知的外在表现，是出于人内心的一种理性思维。仁者性情淳厚，广施仁爱是出于人内心善性的自然表现；而智者明了践行仁义对自己的利弊关系。所以，仁者以仁安人，智者以利为仁，也就是假借行仁义来获取自己个人的利。因此，仁者和智者所做的事，有时从表面上看似乎二者没有多大的区别，但仁者施仁爱是出于人自然的本性，没有个人目的和前提条件，不分清好坏对象，也不勉强；而智者施仁爱，来自个人内在的目的或外界特殊环境的胁迫，是有目的和分清对象的，有时是勉强的。

可见，作为社会人文教化的两种不同境界，"仁者"的境界比"智者"的境界更高一层，但二者又是构成健全人格不可或缺的重要组成部分。因为有仁无智的人会做出妇人之仁的事情，有智无仁的人会做出奸邪之智的事情，二者不可分离。所以，"仁"应当是大仁之仁，"智"应当是大智之智。大仁之仁乃是对天下人之仁，大智之智乃是为天下人之智。人只有实现"仁"和"智"的有机结合，才能做到"勇"，才能实现"仁者无忧，智者无惑，勇者无畏"的人文教化目标。因此，要培育"智、仁、勇"三者合一的、具有健全人格的人，就应当教化民众对仁义的正确理解和觉悟。

在孔孟"仁义礼智"教化思想的基础上，董仲舒强调了"智"对人教化的重要性。他说："仁而不智，则爱而不别也；智而不仁，则知而不为也。故仁者所爱人类也，智者所以除其害也。"（《春秋繁露·必仁且智》）说明了人如果有仁爱而没有智慧，就会不分善恶而爱人；反之，如果人有智慧而没有仁爱，就会知道什么是善事但不去做。所以说，仁爱是用来爱人类的，智慧是用来为人类除害的。只有实现"必仁且智"，才是社会人文教化的终极目标。董仲舒针对当时社会人文教化出现的危机，提出"莫近于仁，莫急于智。不仁而有勇力材能，则狂而操利兵也；不智而辩慧獧给，则迷而乘良马也。故不仁不智而有材能，将以其材能，以辅其邪狂之心，而赞其僻违之行，适足以大其非，而甚其恶耳。"（《春秋繁露·必仁且智》）董仲舒强调，在培育人的德行的教化中，急需培养民众仁爱的德性，急需培养民众智慧的心智。如果一个人没有仁爱之心，却拥有勇力和才能，这就像一个疯狂的人手里拿着一把锋利的武器一样，是很危险的；如果一个人没有智慧却口齿伶俐，这就像一个头脑昏乱的人骑着一匹好马，这也是很危险的。所以说，既没有仁爱又没有智慧却拥有才能的人，就会运用他的才能去助长他邪僻不正的思想，去帮助他邪恶乖僻的行为，从而使他走上严重的犯罪之路。说明了"仁"与"智"在社会人文教化中，处于同等重要的地位。

同时，在"义"和"利"关系上，董仲舒强调重义轻利的教化思想。他针对当时社会上普遍存在见利忘义、趋利避义的行为，认为只有采用德行教化、晓民以义，才是治世之道。他说："天之生人也，使之生义与利。利以养其体，义以养其心。心不得义，不能乐；体不得利，不能安。义者，心之养也。利者，体之养也。体莫贵于心，故养莫重于义。"（《春秋繁露·身之养重于义》）董仲舒认为，人天生有义和利的需求，物质和精神对人来说都很重要。"义"用来滋养人精神上的需要,"利"用来满足人肉体上的需要。如果人精神上得不到义的涵养,那么心情就不会快乐;如果人身体上得不到利的滋养,生活就不会安适。所以说物质和精神二者缺一不可,但相比之下,他认为,在鱼和熊掌不能兼得时,用来养心的义比用来养身的利更为重要,体现了"重义轻利"的教化思想。因此,他认为,人有时虽然贫穷低贱,但他的言行合于义,能洁身自好,也会乐在其中;反之,有些人尽管富裕尊贵,但他的言行不合于义,也会遭受羞辱和祸害,最终不能得到快乐。所以,董仲舒说:"夫人有义者,虽贫能自乐也;而人无义者,虽富莫能自存",进一步说明了义养心比利养身更为重要。

在社会人文教化中,董仲舒又从反面进一步指出"重利轻义"不但会祸及自身,而且还会祸及子孙的道理。他说:"民不能知,而常反之,皆忘义而殉利,去理而走邪,以贼其身,而祸其家。此非其自为计不忠也,则其知之所不能明也。"(《春秋繁露·身之养重于义》)说明了智慧不够明达的人,在尽心竭力为自己谋利的同时,因为忘记了义,从而让自己、让家人在不知不觉中为利所害。所以,董仲舒主张在社会人文教化中,首先要对民众阐明义利关系,使人们明白义利的利害关系,从而自觉主动地去践行义,合理合法地获得利。他说:"先王显德以示民,民乐而歌之以为诗,说而化之以为俗。故不令而自行,不禁而自止。"(《春秋繁露·身之养重于义》)意为古代贤明仁德的君主,在人文教化中用自己显明的德行来昭示天下百姓,老百姓心悦诚服,从而内心在潜移默化中得到感化,老百姓普遍受到感化后,就会在社会上形成良好的教化风俗。所以,统治者不用命令,他们也会做好事,不用禁止,他们也不会主动去做违法乱纪的事,这才真正实现了教化的目标,才真正实现了天下大治的目标。因此,孔子说:"国有道,虽加刑,无刑也;国无道,虽杀之,不可胜也。"(《孔子集语·颜叔子第十二》)说明了如果国家政治清明,即使想施行刑法,也没有可以处刑的人;如果国家政治不清明,即使用严酷的刑罚来杀戮犯法的人,也会杀不尽。总之,在义利关系的教化中,统治者要重义,要做到"正其谊不谋其利,明其道不计其功"的人生境界,才能引导民众重义,才能实现社会教化的目标。

四、王充：人死无知，不以为鬼

在社会人文教化中，王充以唯物史观作为社会人文教化的基础，批判当时统治者对天道神权的崇拜和迷信。他要求文人要勇于担负起"劝善惩恶、匡济薄俗"的历史责任和使命，使民众从中受到潜移默化的影响，对后世人文教化产生了积极的影响。

（一）提出"天地物质，天人无感"的人文教育思想。王充认为，天地是由物质构成，反对天人感应学说，体现了唯物主义教化思想，具有强烈的批判性。他针对当时社会盛行的"天人感应"和"谶纬神学"的人文氛围，吸收了天文学的一些研究成果，从唯物主义的天道自然观出发，对天人感应学说进行了猛烈的、系统的批判，在社会人文教化历程中具有重要的意义。在《论衡》一书中，王充对谶纬神学和浮妄虚伪的世俗学说进行论辩，明其真伪。他认为无论是天还是地，都是自然的物质实体，并没有意志，天与人之间不存在精神意志上的联系，天就是天，人就是人，天人不能感应，天不能支配人，人也不能用自己的行动来感动天，体现了天道自然的唯物教化观。他说："天，体，非气也。"（《论衡·谈天》）他认为天是体不是气，他极力论证天是自然物，是自然而然生成的，天本身是没有意志的，所以也不可能创造万物，地上万物也是自然生成的。

在社会人文教化中，王充打破了人们对天的绝对权威的迷信和崇拜，同时也否定了董仲舒提出的天人感应的学说。他说："夫天道，自然也，无为。"（《论衡·谴告》）王充利用自然科学的研究成果，从天文学的角度，大量引用实际的事实来反复证明天道自然、万物自生、万物一元的唯物哲学观。他把天当作客观存在的自然物来进行探讨，完全从科学的角度来论证自然界和人类之间的各种关系，体现了科学的人文精神。王充明确指出天是物质，天体的运动是物质的运动。人和万物都是由元气构成的，天有天气，地有地气，天释放出来的阳气和地释放出来的阴气相交合，就自然生出天地间的万物，而这个过程是自然无为的。天地之气在交流的过程中，造成了生长万物的环境和条件，所以，万物并非是天地有意志创造出来的，这就有力地批判了西汉中期占主流统治地位的"天人感应"学说和东汉盛行的"谶纬"学说。

天人感应学说从董仲舒提出被汉武帝采纳后,"天"就成了神权的最高代表,迎合了统治者实现思想大一统的需要。王充从唯物主义无神论的角度出发,极力论证了天不是神,而是客观存在的自然物,从人们的心里打破了对天绝对权威的迷信,批驳了天人感应学说的伪科学性。在对天地宇宙的认识上,王充认为,天地在宇宙中是有限性的,而宇宙是无限性的。他说:"含气之类,无有不长。天地,含气之自然也。从始立以来,年岁甚多,则天地相去,广狭远近,不可复计。"(《论衡·谈天》)论证了天地的有限性。他又说:"天之与地,皆体也。地无下,则天无上矣。天无上升之路,何如穿天之体?人力不能入。"(《论衡·道虚》)王充强调说明了天与地一样都是自然物,论证了天地的有限和宇宙的无限,并说明了天地都是含气的物质实体,天不存在有像人一样的意志,天人之间的感应是不存在的。天人感应论是西汉统治思想的哲学基础,谶纬符命之说是东汉盛行的文化现象。而王充在社会人文教化思想中,主张"天"是客观存在的自然物,这就有力地批判了天人感应和谶纬符命的唯心学说,对社会人文教化起了积极的净化作用。

(二)提出"人死无知,不以为鬼"的人文教育思想。当时统治者为了维护其统治秩序,进行了造鬼造神活动,其目的是借助鬼神来麻痹民众的思想,使其政权永固。王充认为,人的肉体和精神是不可分的,肉体死亡了,人的精神也就不复存在,体现了无神论的教化思想。

王充针对当时普遍存在的各种鬼怪神仙之说,以及人死灵魂不灭的错误观点,提出了比较系统的无神论的思想,在当时社会人文教化中起了积极的作用。他认为,人的灵魂其实就是人的精神,精神是依赖于人的形体而存在的,人活着的时候,精神就存在,人一旦死了,其形体就失去了精气,人的精神也就散失了。因此,王充明确提出了"人死无知,不以为鬼"的结论。王充提出的无神论教化思想不但超越了前人,而且对后世的唯物论教化思想产生了重大的影响。他认为,鬼神只是人们主观幻想中臆造出来的东西,他将人看成是和自然界其他生物一样,若有差别仅仅在于人具有思想和智慧而已。既然其他生物死了以后不会变成鬼神,那么人死了同样也不会变成鬼神。因为世间万物的生长和生存都是靠气在维持着,人也一样,人活着的时候,精气就存在,人一旦死了精气就消失了;人的精气一旦消失,那么人的血脉也就枯竭了,这样人的形体也就没有了活力,人的肉体也就会腐朽而化为灰土回归于大自然，那么人的精神也就不存在了，鬼神之说也就没有依据了。王充认为，产生鬼神论的根本原因在于人自身的认识，鬼神是活着的人在思念死去的人时，或对死去的人心里产生恐惧而产生的一种幻觉。因此，他说："凡天地之间有鬼，非死人精神为之也，皆人思念存想之所致也。"（《论衡·订鬼篇》）这就否定了死人的灵魂会变成鬼的说法。

在社会人文教化中，王充不但批驳了有神论者，而且进一步批驳了民间传说中死鬼作怪害人的无稽之谈。他有理有据地论证了鬼神的不可信和不存在，他说，如果人死了会变成鬼，那么从古至今已经死的人比活着的人要多得多，如果死人会变成鬼，那整个社会岂不到处都充满了鬼神，这岂不是荒谬至极。王充进一步论证，如果人死了能变成鬼，那么，那些被人谋害的人为什么不去官府告状，指明自己被谁所害。可见，人死了会变成鬼的说法是不可信的。由此推之，人死了会变成鬼去害人就更不可信了，因为那些谋害人的人并没有受到鬼的伤害，而是通过破案才被缉拿归案伏法的。王充在社会人文教化中，通过许多事实来论证世间无鬼的观点，体现了唯物主义无神论的宇宙观。

王充在批驳有神论的同时，也反对厚葬的风俗。他认为厚葬是因为人们迷信鬼神，或者以浪费财物来显示自己的孝心，这种做法是错误的。纪念祖先以尽孝道是人之常情，但超越限度就是走向极端。因为中国自古就有"事死如事生"的孝道礼制，所以，在迷信鬼神存在的世俗氛围中，崇尚厚葬之风会愈演愈烈。由于人们相信人死后会变成鬼神，相信鬼神有超人类的智慧和能力，相信鬼神能给活着的人以祸福，就必然会使厚葬之风蔓延。在社会人文教化中，王充既批判了墨家主张薄葬与主张有鬼论的相互矛盾，同时又批判了儒家主张的"重礼教，明人伦"的观点。因为儒家主张厚葬祖先的做法，可以劝勉活着的人尽忠尽孝，又有利于封建社会的统治秩序，是愚昧民众思想的一种手段。儒家提倡厚葬，主张在祭祀祖先父母时，要提供丰盛的供品，要搞出热闹的场面，这就诱使那些想获取孝子名声的人大操大办丧礼和祭祀，而那些无力摆阔又怕落个为人不孝的坏名声的人也不得不效法有钱人大操大办，这样，不利于社会的稳定和民众的安居乐业。因此，王充认为厚葬父母的做法如同给死人治病一样愚蠢，不但浪费了财力，影响了活着的人的正常生活，而且还会败坏社会风气，给社会人文教化带来十分消极的影响。所以，王充主张只有坚持无鬼论，才能从根本上铲除厚葬的陋习。总之，王充无神论的社会人文教化思想具有积极的意义和价值，他不但否定了世间有鬼神的观点，而且还从人们的心理意识上揭露了有神论和厚葬风俗的危害，在社会人文教化中对后世产生了积极的影响和导向作用。

（三）提出"疾虚妄，知为力"的人文教育思想。王充生活在谶纬神学盛行、社会风气流行虚妄的时期，因此，在《论衡·对作》中，他说："众书并失实，虚妄之言胜真美"；在《论衡·自己》中说："伪书俗文，多不实诚"；又说："失实之事多，华虚之语众"。可见，在当时社会上盛行不合事实的虚假说法和不合逻辑的谬妄言论。他认为，当时许多书本中的知识也是虚伪失实，随意夸张歪曲，以迎合当时统治者歌功颂德及社会心理的需要，从而掩盖了事实的真相，给后人留下了历史假象。所以，历史古籍中所记的事就会鱼龙混杂、真假难辨，本来是没有事实根据的虚妄内容，在后世可能会成为十分重要的东西。况且当时由于谶纬之学多以经典的形式宣传虚妄的内容，在社会人文教化中导致各种不切实际的迷信思想盛行，这对人们的思想和社会人文教化造成了严重的危害。因此，王充作《论衡》的目的就是要"疾虚妄"而"求实诚"。在《论衡·佚文》中，他说："'《诗》三百，一言以蔽之，曰：思无邪。'《论衡》篇以十数，亦一言也，曰：疾虚妄。"由此可见一斑。王充在《论衡·对作》中进一步阐明了自己的观点，他说："虚妄显于真，实诚乱于伪，世人不悟，是非不定，紫朱杂厕，瓦玉集揉。以情言之，岂吾心所能忍哉！"王充极力反对虚妄的社会风气，其目的就是让民众的思想和心态回归到"实诚"的社会人文状态中去，营造一个良好的社会人文教化的环境。王充的这一人文教化思想对魏晋南北朝时期强调真情、摒弃虚伪之风起了重要的影响作用。

王充在社会人文教化中不但极力反对虚妄的社会风气，而且还极力主张"知为力"的观点。在《论衡·效力》中，他说："博达疏通，儒生之力也；举重拔坚，壮士之力也。"他认为儒生的力量体现在对知识的拥有和运用上，使知识转化成创造社会财富的力量；而壮士拥有的是筋骨之力，体现在外在的一种体力，这与儒生内在的"知力"是不一样的。可见，王充主张的"知为力"，是指对整个社会民众内在的思想意识发生潜移默化影响的力量，也就是社会人文教化的力量。在《论衡·别通》中，他认为知识能培育人们的道德品质和操守，知识能够给人以智慧，能够培育整个社会的道德水准。因此，他说"练人之心，聪人之知"就是这个道理。利用知识对人们进行社会人文教化，能够改造人们的思想，提高整个社会民众的综合素质，改变整个社会的人文精神面貌，以实现"修德"、"立化"的社会人文教化的目的。

王充在阐述"知为力"对社会人文教化产生重要作用的前提下，又进一步阐述了唯有获取真正的知识，才能产生社会人文教化的作用。而要获取真正的知识，首先必须打破唯师是从、唯书是从的传统心理意识，只有这样，才能获得真知。他说："学问之法，不唯无才，难于距师，核道实义，证定是非也。"（《论衡·刺孟》）只有敢于怀疑古圣人之言，敢于否定权威之说中的不合理因素，才能学到真正的知识，才能使知识真正转化成改造社会的力量。

（四）提出"唯才是举，培育鸿儒"的人文教育思想。王充认为，既然知识能转化为改造社会、改变社会风尚的力量，那么就必须重视知识分子对社会人文教化所产生的重要影响和作用。因此，王充进一步论述了"唯才是举"的人才观，重视培养"文人"和"鸿儒"的教育目标。王充认为，在治国理政中，重用德才兼备的"智儒"，对保持社会稳定会产生重要的作用。他说："论道议政，贤儒之力也。"（《论衡·效力》）说明了在论道和议政中，应当充分发挥博学多才的贤儒的作用。同时，王充在充分考察当时社会所培养的人才的基础上，主张培养"文人"和"鸿儒"。他认为一般的文吏，虽然受过识字教育，但长大以后主要通过自己的门第或攀援权贵得以入仕，属于俗人之列，重用这种人不利于国家实行德治。而一般的儒生虽然能够精通儒家经书中的某一种，以教学为职责，但他们一般不能活用，在治国理政和社会人文教化中发挥不了博古通今的作用。所以，王充认为只有培养知识渊博，既能博古通今，又能融会贯通各种知识，善于将书本知识和现实社会结合起来，敢于对现实社会和人文风尚提出自己的建议和主张，能够"精思著文"、"兴论立说"，（《论衡·超奇》）具有创造性的理论思维能力的文人和鸿儒，才能真正实现"知为力"的目标。可见，王充主张培养文人和鸿儒，换句话说就是把培养杰出的政治精英和学术精英作为教育的大目标，体现了他精英教育的思想。同时，王充首次明确提出教育应当培养创造性的学术理论人才，这在中国教育史上和社会人文教化思想史上，具有里程碑的意义和价值。

王充认为能够举荐任用大材的人，其本身也是一个"有力"的人，这从另一层面更体现了"知为力"的人文教化思想。王充在《论衡·效力》中说："韩信去楚入汉,项羽不能安,高祖能持之也。能用其善,能安其身,则能量其力,能别其功矣。"这说明了刘邦能唯才是举,能够重用有"知力"的人,那么,刘邦自身也是一个有"知力"的人。同时,王充对压制人才、摧残人才的极端做法也是深恶痛绝的。他说:"举物不胜,委地而去,可也;时或恚怒,斧斫破败,此则子胥、屈原所取害也。"(《论衡·效力》)所以,王充认为,能不能重用有"知力"的人才,与国家的盛衰兴亡和社会人文风尚的好坏关系重大。因此,王充在社会人文教化中,极力强调文人和鸿儒的社会作用,从主观上看,体现了他深切希望施展自己才华的愿望;从客观上看,也体现了整个社会形成崇尚贤能风气的重要意义。总之,王充把知识作为一种力量来理解和倡导,表现了王充社会人文教化思想的进步性和科学性,成为了东汉时期社会人文科学思想的一座丰碑。

五、《礼记》：以礼化民，礼中见孝

《礼记》宣扬了儒家礼治的思想主张和治国策略,因此,在封建社会拥有显赫的地位,为历代封建统治者所看重,对巩固封建统治秩序、维护封建社会的长治久安有不可替代的重要作用。《礼记》中保存了许多中国传统文化的精华,包含了丰富的社会人文精神和人文教育思想,具有重要的人文教育意义。

(一)体现了"正心诚意,修身养性"的人文教育思想。在《大学》、《中庸》、《儒行》等篇中,对人生哲理、修身养性等人文教育思想做了精辟的论述,阐释了儒家中庸之道主要在于个人的修炼,尤其是居高位者的个人修养对整个社会和民风产生的重要影响。

《礼记·大学》中说:"古之欲明明德于天下者,先治其国。欲治其国者,先齐其家。欲齐其家者,先修其身。欲修其身者,先正其心。欲正其心者,先诚其意。欲诚其意者,先致其知。致知在格物,格物而后知至,知至而后意诚,意诚而后心正,心正而后身修,身修而后家齐,家齐而后国治,国治而后天下平。自天子以至于庶人,壹是皆以修身为本。其本乱而末治者否矣。其所厚者薄,而其所薄者厚,未之有也。此谓知本,此谓知之至也。"由此可见，修身与治国的关系是相辅相成、密不可分的。修身有利于齐家、治国、平天下，而齐家、治国、平天下离不开修身。只有身修好了才能实现齐家、治国、平天下的理想。而修身的重要内容是"正其心"，只有心修正了，思想觉悟、思想境界提高了，凡事能以家国及天下的责任为己任，才能在做人做事中始终以国家利益、民族利益为重，才能做到不苟私利、大公无私。而"正其心"的重要依据，就是"诚其意"，也就是使他拥有诚心诚意的心态，才能真正实现"正其心"的目标。若心不诚，意不正，那么"正其心"也就无从谈起了。所以，在社会人文教化中，从天子到普通的平民百姓，都应当重视思想品德的修养，这是做人做事的根本。不管是天子做大事，还是普通黎民百姓做小事，都要修身，只有修好身，才能实现做好人、做好事的理想目标。因此，统治者要先修身，才可以从政。

《礼记·中庸》中又说："君子素其位而行，不愿乎其外。素富贵，行乎富贵；素贫贱，行乎贫贱；素夷狄，行乎夷狄；素患难，行乎患难，君子无入而不自得焉。在上位，不陵下；在下位，不援上。正已而不求于人，则无怨。上不怨天，下不尤人。故君子居易以俟命，小人行险以徼幸。"说明君子只求就现在自己所处的位置，努力做好自己应该做的事，不希望去做他本分以外的事。因此，处在富贵地位的人，就应当去做富贵人应该做的事；处在贫贱地位的人，应当去做贫贱时应该做的事；人处在患难的境况中，应当做患难时应该做的事。所以，君子无论处于何种地位，只要能安心守道，乐天知命，知足守分，就能随遇而安，就能悠然自得。同时，居高位者不欺凌民众，处下位者不巴结攀援，努力修正自己的言行，这样就不会招人怨恨。所以，君子能安心地居于平安之地，顺乎人生发展的自然规律；而急功近利者却常常是冒着自己生命的风险去谋求不当的利益。因此，孔子说："故为政在人，取人以修身，修身以道，修道以仁。仁者人也，亲亲为大；义者宜也，尊贤为大。"意为居高位者的为政之道，在于得到人才，而得到人才的关键在于领导者的自身修养，并能以德行感召人才；领导者必须依据天下共遵的法则来进行修养，其中，仁慈博爱是其修养自身的重要依据。

《礼记·儒行》中说："儒有澡身而浴德，陈言而伏；静而正之，上弗知也；粗而翘之，又不急为也；不临深而为高，不加少而为多。世治不轻，世乱不沮；同弗与，异弗非也。其特立独行有如此者。"在此，强调儒者修身与做人做事的密切关系。君子要不断培养自己洁身自好、道德自律的本性，能做到既善于进谏，又能把握尺度；既为国君效力、忠于国君，又不张扬，在无形中纠正国君的过失，实现"润物细无声"的从政境界。在修己上，既要做到不处处彰显自己的荣耀和高大，也不夸大自己的功绩，能实事求是地面对自己的荣辱。在太平盛世中，能以大局为重，以国家民族利益为重，不自轻自贱；在乱世中，能坚守自己的理想情操，不自暴自弃；在处理人际关系中，能做到对与自己观点相同的人并不特别亲近；同时，对与自己观点不同的人也不妄加非议。

（二）体现了"以礼治国、以礼教民"的人文教育思想。《礼记》中的"礼运"，意为礼的运行。说明"礼"应当贯穿在国君的治国方略中，贯穿在民众的一切社会活动中。"礼"既是"君之大柄"，又是控制调节民众情感及人际关系的重要润滑剂。古之圣人制礼的目的在于顺应天理人情，使宇宙、自然、社会的万事万物都达到和谐相处的顺的境界。因此，统治者应当做到体信达顺，然后才能实现顺天道、治人情的目标，最终使礼制达于天下，人人依礼行事，上下依礼行事。一方面体现礼在社会生活中、在治理国家中的重要作用；另一方面体现礼对民众心理行为的规范、对净化人心的重要作用。

《礼记·礼运》中说："大道之行也，天下为公。选贤与能，讲信修睦，故人不独亲其亲，不独子其子，使老有所终，壮有所用，幼有所长，矜寡孤独废疾者，皆有所养。男有分，女有归。货，恶其弃于地也，不必藏于己；力，恶其不出于身也，不必为己。是故谋闭而不兴，盗窃乱贼而不作，故外户而不闭，是谓大同。"可见，儒家以"仁"为核心的人文教化思想，是以"仁"释"礼"人文精神的确立。在人文教化中，希望统治者以礼治国，以礼教民，实行仁政；希望统治者具有任人唯贤的品格和操守。社会没有剥削，没有压迫，人人相互关爱，社会上的老人是大家共同的老人，使他们老有所养；光棍、寡妇、孤儿及残疾人都有人照顾、赡养；壮年男子各司其职，年幼孩子能健康成长，男女适时婚嫁；东西丢在路上没人捡，大家都愿意为社会的公共利益尽心尽力，社会上没有乱贼偷盗的现象，整个社会是夜不闭户、路不拾遗的大同社会，体现了"以礼治国、以礼教民"的教化思想。

《礼记·礼运》中又说："今大道既隐，天下为家，各亲其亲，各子其子，货力为己，大人世及以为礼。城郭沟池以为固，礼义以为纪；以正君臣，以笃父子，以睦兄弟，以和夫妇，以设制度，以立田里，以贤勇知，以功为己。故谋用是作，而兵由此起。禹、汤、文、武、成王、周公由此其选也。此六君子者，未有不谨于礼者也。以著其义，以考其信，著有过，刑仁讲让，示民有常。如有不由此者，在执者去，众以为殃，是谓小康。"可见，两相对比，在大同社会，大道之行时，在社会人文教育中重视忠信，人人各司其职，各守其节，社会和谐稳定，人心平静，各守本分。在小康社会，大道衰微，天下为家，从禅让制度转入世袭制度，家长制及宗法制度确立，社会成员之间出现了不平等，社会矛盾开始产生。因此，调和社会矛盾的唯一办法就是以礼治国，一旦礼失，就会产生乱臣贼子，造成社会人心不安。所以，在进入"天下为家"的时代，强调以礼治国，重视社会人文精神的教化和培育就显得尤为重要。

儒家以礼治国的礼治思想，体现了为官之道的根本和关键，强调了为官者是否具有社会人文精神，是其治理国家保一方民众能否平安的重要因素。为官者、从政者如果不能以礼来教化民众，自身没有深厚的社会人文精神，那么必定是危害一方百姓，成为成事不足、败事有余的昏官。

因此，《礼记·中庸》所提出的以礼治理国家的"五伦"，即：君臣、父子、夫妇、昆弟、朋友；"三德"，即：智、仁、勇；"三重"，即：非天子不议礼、不制度、不考文；"九经"，即：修身、尊贤、亲亲、敬大臣、体群臣、子庶民、来百工、柔远人、怀诸侯等，是《礼记》中对秦汉以前社会人文教育思想的总结。虽然后世统治者在社会人文教育中未必一一照搬照抄，未必全部遵循，但他们或多或少都受到《礼记》人文教育思想的影响，是他们进行社会人文教育的根和本。

《礼记·经解》阐述了用六经对民众进行教化的得失，且重在论述用礼教对民众进行人文教育的重要意义。在《礼记·经解》中，孔子说："入其国，其教可知也。其为人也温柔敦厚，《诗》教也；疏通知远，《书》教也；广博易良，《乐》教也；洁静精微，《易》教也；恭俭庄敬，《礼》教也；属辞比事，《春秋》教也。"意为来到某个国家，就可以知道这个国家对民众教化的情况。民众说话口气温和，性情敦厚淳朴，这是民众接受了《诗经》教化的结果；民众对政事通达，能知远古帝王之事，这是他们接受了《书经》教化的结果；民众为人心胸宽广，性情和顺，这是他们接受了《乐经》教化的结果；民众说话语言简洁明了，能明晰事理，精细入微，这是他们接受了《易经》教化的结果；民众待人接物恭敬节俭，端庄貌敬，这是他们接受了《礼经》教化的结果；民众能够善于辞令，能够将事物排列比较，加以评论，这是他们接受了《春秋》教化的结果。说明了用六经对民众进行社会人文教育所产生的重要作用，培育了民众丰富的心灵世界，熏陶了民众的人文精神，净化了民众的心灵，使民众的人文精神处于安泰自然的宇宙大道之中，以形成良好纯朴的民风。反之，如果"《诗》之失，愚；《书》之失，诬；《乐》之失，奢；《易》之失，贼；《礼》之失，烦；《春秋》之失，乱。其为人也，温柔敦厚而不愚，则深于《诗》者也。疏通知远而不诬，则深于《书》者也。广博易良而不奢，则深于《乐》者也。洁静精微而不贼，则深于《易》者也。恭俭庄敬而不烦，则深于《礼》者也。属辞比事而不乱，则深于《春秋》者也"。（《礼记·经解》）从正反两方面进一步阐明了六经对教化民众的重要作用。民众若失去了六经的教化，就会走向愚昧；民众只有经过六经的教化和熏陶，才能使社会民风纯正，民众质朴温厚，体现了《礼记》对社会人文教化的重要意义和价值。

在"以礼教民"的教化中，《礼记·经解》认为"礼之教化也微，其止邪也于未形"、"礼之于正国也，犹衡之于轻重也，绳墨之于曲直也，规矩之于方圆也"，说明了以礼正国的必要性。孔子曰："安上治民，莫善于礼"，阐述了礼对民众的教化作用，说明若"以旧礼为无所用而去之者，必有乱患"的严重性。中国是一个文明古国，一向被称为礼仪之邦，秦汉以前积淀的人文精神十分丰富，是后世人文教育的一个重要源头。

（三）体现了"化民成俗，教学相长"的人文教育思想。在《礼记·学记》中充分肯定了教育具有教化民众、使民众养成良好习俗的功用。民众只有通过教育才能"脱俗"，体现了"以民为本"的人文教育思想。《学记》中说："就贤体远，足以动众，未足以化民。君子如欲化民成俗，其必由学乎！"说明教育对教化民众的重要作用。又说："玉不琢，不成器；人不学，不知道。是故古之王者建国君民，教学为先。《兑命》曰：'念终始典于学。'其此之谓乎！"阐述了人只有通过学习才能明白天地自然及人类社会的规律，就像玉一样，只有经过不断的雕琢，才能最终成器。用形象的比喻说明人只有经过不断努力学习，才能提高自己的品德修养，才能成人成才，体现了教育对人的内在品质的重视和关怀。

在教与学的关系上，《礼记》中强调，不但要尊重教学的自然规律，而且要把握认知规律。在教学中，不要急功近利，不要急于求成，应当以循序渐进的方式对学生进行教育，体现了以尊重学生主体地位的人文教育思想。把教与学摆在平等的地位上，体现了在教学中教师与学生地位的平等，处于学习的共同体之中，教与学互为条件、相互促进，共同推进教学的发展。《礼记·学记》中说："虽有嘉肴，弗食不知其旨也；虽有至道，弗学不知其善也。是故学然后知不足，教然后知困。知不足，然后能自反也；知困，然后能自强也。故曰：教学相长也。"可见，"教学相长"的教学原则体现了探究式学习的教学模式，是课堂教学民主化的最早表现，体现了民主平等的人文教育思想。

《学记》在阐述教育对人教化作用的同时，强调了师道尊严的重要性。师道尊严与教学民主化相辅相成，以彰显教师地位的崇高，体现了对教师的人文关怀和心灵的抚恤。《学记》中说："凡学之道，严师为难。师严然后道尊，道尊然后民知敬学。是故君之所不臣于其臣者二：当其为尸则弗臣也，当其为师则弗臣也。大学之礼，虽诏于天子，无北面，所以尊师也。"阐述了师道尊严的重要作用，说明只有在整个社会真正形成尊师重教的社会风气，才能真正实现师道尊严的社会人文氛围。"师严然后道尊，道尊然后民知敬学"，表明了只有在全社会真正形成尊敬教师的氛围，然后求学之道才会真正尊贵，老百姓才会真正从心里敬学，才会真正重视子女的学习，这是全社会形成良好学风的重要保证。反之，如果平民百姓不重视子女的教育，不重视子女的学习，也就难以形成尊师的社会氛围，师和道的尊严也就无从谈起，教师崇高的地位也就难以保证，社会良好的学风也就丧失，人文教育就成为无源之水、无本之木。因此，尊师重教的人文精神必须从上层培养，居高位的统治者必须以身作则，以身作范来引领下层民众形成尊师重教的良好社会风气。《学记》中阐明了古代君王"不臣于其臣者二：当其为尸则弗臣也，当其为师则弗臣也"的道理。也就是说，当臣子成为尸体时，死者为大，不再是臣子；另一种是当臣子为天子授课时，臣子不再是臣子。"无北面，所以尊师也"，说明臣子作为老师的身份为天子授课时，臣子不向天子行君臣之礼，臣子面向西，处于主位；天子面向东，处于宾位。由此可见，中国古代统治者对师道尊严的倡导和维护，至今仍具有现实的借鉴意义。

《学记》的教学目标及对学生考核的内容要求体现了以人为本的人文精神。《学记》中说："比年入学，中年考校。一年视离经辨志，三年视敬业乐群，五年视博习亲师，七年视论学取友，谓之小成；九年知类通达，强立而不反，谓之大成。夫然后足以化民易俗，近者说服，而远者怀之，此大学之道也。"意为入学一年主要是培养学生给经文断句的能力，并了解学生的理想和志向；学习三年之后，主要是考核学生对于学业学习的专心程度，并考核学生乐于与人交往的情感和态度，也就是与人交往沟通的交际能力和对学业知识的学习积累的厚薄程度；学习五年之后，主要是考核学生广博学习的能力以及对老师尊敬的心理品质和情感的形成；学习七年之后，主要是考核学生对学术是非问题的判断能力，以及在选择朋友上的价值取向，这才算是学有小成的培养目标；学习九年以后，主要是考核学生在学习做人做事上能否触类旁通、举一反三的能力，在处理事情中，能否拥有自己独立思考的能力，而不受外界客观因素的干扰和影响，并能符合社会发展的大道和自然规律，这才算是达到了学有所成、学有所用的大成目标。然后能用自己的学识和能力，实现"化民易俗"的社会教化的目的，使自己身边的人心悦诚服，使远处的人也能归向自己，这才是大学所要培养的人才，也就是实现大学的三大纲领："大学之道，在明明德，在亲民，在止于至善"的目标。可见，《学记》培养人才的目标是根据人的生理和心理发展规律，循序渐进地提高要求，尊重人的个性特点，以培养造就出内外兼修、品行端正的人才。从考核的内容上看，既包含了对人的知识积累程度的考核，又包含了对人的内在品德修养的考核，其目标是全人教育，培养出具有广博知识，又具有高尚道德情操的人，也就是培养德才兼备，能为社会、为人类作出杰出贡献的人才。

《学记》的教学方法体现出以人为本的人文精神。在教学中，教师对学生要采取"道而弗牵、强而弗抑、开而弗达"的教学方法，体现了教学上以生为本的人文教育精神。在教学中，高明的教师，善于引导学生，但决不牵着学生的鼻子；善于严格要求学生，但决不使学生感到压抑；善于启发诱导学生思考，但决不将教学内容讲得过多过透过尽，以激发调动学生学习的积极性和主动性。说明教师在教学中要点到为止，让学生有自己思考的时间和空间，只有这样，才能在教学中真正实现师生之间教学相长、和悦相亲的教学氛围，以培养出真才实学的人才。这一原则不但体现了"因材施教"的教学原则，符合教育的自身规律；而且体现了教师对学生身心发展的人文关怀，在中国人文教育思想中占有重要的地位。

《学记》中说："未卜禘，不视学，游其志也。时观而弗语，存其心也。幼者听而弗问，学不躐等也。此七者，教之大伦也。"说明在教学中，既要让学生有充分的时间优游志意，培养学生善于发挥自己的想象力，教师不要过于迫蹙学生；又要培养学生善于独立思考的能力，通过思考而有所收获。对于年幼的学生不急于求成，不越级，不超进度，循而有序地进行教与学，这才是教学的大道理，体现了对学生的人文关怀。同时，《学记》在总结成功的教学方法的同时，又指出了"今之教者"在教学方法上存在的不足之处。如"今之教者，呻其佔毕，多其讯，言及于数，进而不顾其安，使人不由其诚，教人不尽其材。其施之也悖，其求之也佛。夫然，故隐其学而疾其师，苦其难而不知其益也。虽终其业，其去之必速。教之不刑，其此之由乎！"说明了教师在教学中自己一知半解，没有理解透经文内容的全部内涵，仅仅是吟诵其所视简册之文，而多提问题。对经文大义不能深刻领会，只是以"法象"等笼统之词来敷衍了事，只求自己教学的进度，不管学生能否接受、理解并消化。这种教学方法既违背了教与学的情理和规律，也使学生的求学不能顺利进行。学生学得很困惑，渐渐地学生由厌恶学习从而转化为讨厌老师，从学习中感受不到一点的乐趣，而是感觉到学习是一种负担和压力。虽然教师的教学任务完成了，但学生忘记得也快，终究学不到什么知识，学业也就无所成。从反面总结了教师教学的失败，体现了对学生的人文关怀，具有积极的意义。

从《学记》的教学内容看，重在培养学生多才多艺的能力，以熏陶学生的内在品质。如"大学之教也，时教必有正业，退息必有居学。不学操缦，不能安弦；不学博依，不能安诗；不学杂服，不能安礼；不兴其艺，不能乐学。故君子之于学也，藏焉、修焉、息焉、游焉。夫然，故安其学而亲其师，乐其友而信其道。是以虽离师辅而不反"。说明教学内容随季节变化而不同，春夏教学生礼乐，秋冬教学生诗书之类，把正课集体学习与个人业余爱好学习相结合，要求学生通过课外经常练习，做到课内能熟练地学习弹奏琴瑟；通过课外的学习歌咏，课内就能应用譬喻来写出好诗；能通过平时从事的洒扫、应对、投壶、盥洗等细碎之事学习礼仪，做到能在待人接物中正确地行礼；通过学习"礼、乐、射、御、书、数"六艺来培养自己学习的兴趣。同时强调学习必须做到自己心里想着学习，从而积极主动去修习功课，即使在休息或闲暇无事时也注意时刻学习，从而达到"安其学而亲其师，乐其友而信其道。是以虽离师辅而不反"的忘我学习的境界，这样，自己所修的学业就能成功。从教学内容上分析，是以培养德才兼备的人才为重，重在学生外修内化的培育，促使学生学有所成、学有所用，体现了对人的重视和关注，对人的内在品质、情感的培养和熏陶，实现文质兼顾、文质并重的教学目标。

在教学中，强调教师要抓住教与学的关键所在，把握时机，激发学生学习的欲望和兴趣，又能很好地把握尺度，引导学生自主学习，共同切磋探究，形成相互学习、取长补短的良好学习氛围。《学记》中说："大学之法，禁于未发之谓豫，当其可之谓时，不陵节而施之谓孙，相观而善之谓摩。此四者，教之所由兴也。"说明在学生的不正当之欲萌发之前就加以禁止，这就是预防性原则；在学生有了可以教育的时候，不失时机地进行教育，这就是相机性原则；按照教育教学的规律循序渐进，不超越学生的实际，这就是次序性原则；学生一起学习，互相观摩切磋，取长补短，这就是合作性原则。这四点就是教育教学成功的要诀。

《学记》在教与学的过程中，从正反两方面对教师的教学方法进行总结，对教学内容进行反思。同时也对不利于学生学习的几个因素进行分析说明，以引起学习者的注意。如"时过然后学，则勤苦而难成；杂施而不孙，则坏乱而不修；独学而无友，则孤陋而寡闻；燕朋逆其师；燕辟废其学。此六者，教之所由废也。"说明一旦错过了学习的时机，即使后面再学也是事倍功半；如果教育杂乱无章，又超越进度，不循序渐进，教学就不能顺利进行；一味孤独地单个人在学习，没有和其他学友探讨切磋，自己虽然学习了，但也是会变得孤陋寡闻；如果和不正派的朋友亲近，就会违背老师的教导；如果整天和一些无聊的朋友闲谈，早晚会荒废自己的学业。这是对学习过程中可能出现的情况进行分析说明，其目的是对学习者提出警示，以引起学习者的重视。最后总结说："君子既知教之所由兴，又知教之所由废，然后可以为人师也。"这是对教师提出的要求，体现了对学生的人文关怀。教师在教学中既要知道教学兴起的原因，又要明白学生学业荒废的原因，然后才算是一名合格的教师。

总之,《学记》是《礼记》中的重要一篇,是中国教育史上第一部教育学专著,其内容十分丰富、精辟、深刻,是中国先秦时期教育思想和教育实践的概括和总结,在社会人文教化中产生了重要的影响。《学记》开篇就论述了自古以来,凡是有作为的统治者要想治理好自己的国家,如果仅仅依靠发布政令、求贤就士等手段是不可能达到目的的,统治者要想实现天下大治的目标,应当加强社会人文教化,培养民众的人文精神,提升民众的文化素养和道德水平,只有这样,才能实现天下大治。《学记》把教育与个人发展及社会进步密切联系起来,强调了教育的社会人文功能,形成了中国古代人文教育的突出特色,反映了中国古代在人文教育中重德重智的传统思想。

(四) 体现了"以孝为先,礼中见孝"的人文教育思想。《礼记》中的孝道思想丰富而全面。"孝"是中国传统文化的重要组成部分,也是中华民族的传统美德。只有在家尽孝道,养成孝敬父母、孝敬长辈的思想,才能在外做人做事中讲诚信,才能铸造出德才兼备、品德高尚的人才,才能铸造出对社会、对国家有所贡献的人才。古人说"百善孝为先","孝"是每个人道德品质的根本和基础。因此,家教的重中之重是从小培养子女的孝道思想,也就是培育子女"温、良、恭、俭、让"的思想,这些品质的培养都离不开一个"孝"字。《礼记》中丰富的孝道思想,在中国社会人文教育中具有重要的地位和作用,影响了一代代中国人的思想品质,是华夏儿女血脉中不可或缺的一个重要因子。如果中国人的血脉中没有了"孝"这个因子,那么也就不是一个真正的中国人,中华民族将会遭受前所未有的人性灾难。因此,传承孝道思想是中国人文教育的重要内容之一,这也是中华民族在历次危难面前得以生生不息的重要原因。

中国传统孝道既是封建社会意识形态的主要内容,又是中国传统文化的核心,渗透到社会生活的方方面面,其内容十分丰富,包含"敬亲、奉养、侍疾、立身、谏诤、善终"等。在中国文化历史发展过程中,孝道文化产生了重要的作用。从个体来讲,孝道是个人修身养性的基础,民众在践行孝道的过程中可以完善自己的私德。如果一个人没有孝心,失去孝道,也就同时失去了最起码的做人之道。从家庭来说,在家里弘扬孝道思想,可以有效地促进家庭和睦,上下辈之间互敬互爱,形成长幼有序的人伦秩序,并在家庭和谐稳定的基础上，促进整个社会的和谐稳定。同时，孝道思想可以规范社会的行为，调节社会人际关系，形成社会的凝聚力和向心力，为形成报效祖国和爱国敬业的思想打下扎实的基础。

《礼记》是一本专门记礼的书，但从《礼记》产生的历史背景来看，"礼"与"孝"二者是紧密相连、相伴而生的。早期"礼"与"孝"，都是在祭天敬祖的祭祀活动中表现出来的。在祭祀时，要用一定的礼节来表达颂扬祖先的不朽功德及对祖先的崇敬之心，这种对祖先的崇敬之心可以理解为对祖先的孝心。《礼记·祭统》中记载，"祭者，所以追养继孝也。孝者，畜也。顺于道，不逆于伦，是之谓畜。是故，孝子之事亲也，有三道焉：生则养，没则丧，丧毕则祭。养则观其顺也，丧则观其哀也，祭则观其敬而时也。尽此三道者，孝子之行也。"意为祭祀是自己对父母在世时的赡养和孝敬的继续。因此，身为人子尽孝道，必须做到父母在时要赡养、父母死后要服丧、服丧后还要按时节祭祀，这才算是尽了孝。父母年老时，子女赡养父母要真正出于孝心，要尽心尽力，诚心诚意赡养，不能表现出怨气和不满；父母死后，子女要从心里表现出对父母离去的哀痛；在祭祀父母时，要心存诚意和敬意，这才是子女尽孝道的行为，反映了孝道对个人品行修养的积极教化作用。《礼记·祭统》把单纯的祭祀活动上升到社会人文教化的高度来看待和理解，具有重要的社会人文教育意义和价值。

《礼记·曲礼上》中说："凡为人子之礼，冬温而夏清，昏定而晨省，在丑夷不争。"从"礼"中体现了"孝"，表明了子女对父母的敬和爱，体现了中国传统孝道文化中的敬亲思想。"夫为人子者，出必告，反必面，所游必有常，所习必有业。恒言不称老。年长以倍则父事之，十年以长则兄事之，五年以长则肩随之。群居五人，则长者必异席。"（《礼记·曲礼上》）意为子女若要出门在外，一定要禀告双亲，不能让父母担忧挂念，回来一定要去面见父母，让父母放心。出门在外要有固定的去处，学业一定要有成。在父母面前，平时说话须避"老"字；对待比自己年长一倍以上的人要像对父亲那样尊敬他；对待比自己年长十年的人要像对待自己的兄长那样对待他；对待比自己年长五年的人，和他一起走路时要并行稍后一些。若有五个人坐在一起，那么，年长者独坐一席。从待人接物的礼节中体现了孝，并由孝敬自己的父母推及孝敬年长者，这是一种博爱之孝，由己及人，是孝的泛化。孟子说：

"老吾老以及人之老，幼吾幼以及人之幼"（《孟子·梁惠王上》），与孝的人文教化思想是一脉相通的。这样，就使孝的外延不断得到扩大，由善事父母之孝，推及到祖先和家族、他人，是人性道德的外化，成为儒家人文教化的最高境界。

同时，在《礼记》中，孝的泛化教化思想和政治意识形态不断地结合起来。这样，就把对父母的孝扩展到"事君"的层面，把"孝道"与"忠君"、"报国"结合起来，使"孝道"文化的人文教育内涵不断得到丰富和发展，以适应当时社会历史发展的需要。如《礼记·中庸》中说："践其位，行其礼，奏其乐，敬其所尊，爱其所亲，事死如事生，事亡如事存，孝之至也。"及"其人存，则其政举；其人亡，则其政息。人道敏政，地道敏树。夫政也者，蒲卢也。故为政在人，取人以身，修身以道，修道以仁。仁者人也，亲亲为大；义者宜也，尊贤为大。亲亲之杀，尊贤之等，礼所生也。"由此可见，这里把修身养性、施政治国和礼孝思想三者有机结合起来，使孝与礼结合，与忠君报国贯通，从而使"孝"成为儒家"以德治国"思想的基础和核心，孝悌也成为天子王霸天下的凭借。如《礼记·祭义》中说"至孝近乎王，至弟近乎霸。至孝近乎王，虽天子，必有父，至弟近乎霸，虽诸侯，必有兄。先王之教，因而弗改，所以领天下国家也。"可见，在道德上，把孝看作是一切道德的始德和基础，也就是"夫孝德之始也"。因此，《礼记》中"孝道"思想的扩展与延伸，不仅体现在治国理政上，而且在社会人文教化领域不断产生泛化，这样，孝既成为德治、王道的基础和根本，也同样成为社会人文教化的基础和根本。孝道对凝聚民心、调节社会人际关系、规范民众行为、实现统一天下都有积极的作用。

总之，在社会人文教育中，《礼记》主要是通过人对礼仪的敬畏和尊重，从而培养人自觉践行的心理品质，体现出来的人文教化思想是以德而教育，以礼而化育的思想。《礼记》从伦理道德入手，主张要充分重视施政者的道德标准和道德观念，以施政者的道德标准来善化民心，防患于未然，推动整个社会人文精神的振兴，实现社会的和谐稳定。[①] 可见，《礼记》的孝道思想在社会人文教化中的作用，已经超越了家庭，且不仅仅停留在个体的道德修养

---

① 参阅潘斌：《试论〈礼记〉的礼学思想》，《贵州大学学报》（社会科学版），2007年第25卷，第3期，第76—78页。

上，同时已扩展到政治伦理标准上，深刻地影响了民众的思想意识、行为方式和社会政治统治。所以，《礼记》的出现，标志着中国传统礼文化开始走向成熟，中国传统文化人文教育思想已进入成熟期。

（五）体现了"音由声起，乐由心生"的人文教育思想。《礼记·乐记》虽是一篇关于音乐的专论，但其中所包含的对立统一、相辅相成的礼学思想，具有重要的社会人文教化的作用。在社会教化中，《乐记》要求统治者应当用音乐来培养熏陶人的道德情操、净化人的心灵、铸就人高尚的审美情趣，主张将音乐与治国理政、端正社会风气相配合，发挥社会人文教化的作用。

关于音乐的起源，《乐记》中认为，"凡音之起，由人心生也。人心之动，物使之然也。感于物而动，故形于声。声相应，故生变；变成方，谓之音。比音而乐之，及干戚羽旄，谓之乐。"说明音由声起，乐由心生。由于人心受外界事物的感发而动，所以就会有感而发，形成声；各种不同的声相互应和，就会产生变化，形成了长短高低、抑扬顿挫的不同旋律，然后将各种旋律加以排比编次，再用乐器来演奏就成为音乐。同样，音乐形成之后对人心又具有反作用。所以，可以用健康、高尚的音乐来陶冶人的情操、净化人的心灵，产生社会人文教化的作用。可见，从音乐的起源来看，音乐与人心是紧密相连、相互作用的，健康、高尚的音乐对培养人高尚的人文精神有很大的作用。

在音乐与政治的关系上，《乐记》中说："是故治世之音安以乐，其政和；乱世之音怨以怒，其政乖；亡国之音哀以思，其民困。声音之道，与政通矣。"说明通过不同的音乐，可以反映不同的世道。同时，从不同的音乐中，人们不但可以感受到世道的纯正和民风的纯朴，而且也可以感受到世道的混浊和民风的乖僻。因此，儒家在治国理政中十分重视礼乐的作用。《乐记》中又说："乐者，音之所由生也，其本在人心之感于物也。是故其哀心感者，其声噍以杀；其乐心感者，其声啴以缓；其喜心感者，其声发以散；其怒心感者，其声粗以厉；其敬心感者，其声直以廉；其爱心感者，其声和以柔。六者，非性也，感于物而后动。是故先王慎所以感之者。故礼以道其志，乐以和其声，政以一其行，刑以防其奸。礼乐刑政，其极一也，所以同民心而出治道也。"可见，乐对人教化作用的根本在于"人心之感于物也"，也就是说，取决于人心对外界自然物、人类社会的感受和理解的程度，从而在音乐中表现出来，是人心"感于物而后动"的结果。所以，古代统治者注重用"礼"

来引导民众的心志，用"乐"来净化、融合民众的心声，用政法来统一民众的行为，用刑法来预防民众的不当心思和邪念。

总而言之，"礼乐刑政"的终极目标就是要实现上下同心同德、齐心协力，社会和谐稳定、人民安居乐业、国家吏治清正廉洁，人们都能做到守本分、勤耕作的大治之世道。因此，《乐记》中说："礼节民心，乐和民声，政以行之，刑以防之。礼乐刑政，四达而不悖，则王道备矣。"由此可见，礼乐产生的社会人文教化作用与政刑有机地统一起来，实现"以礼乐治国"、"以德治国"和"以法治国"三者刚柔相济、相辅相成的理想目标。所以，在人文教化中，礼乐与其他的政教手段相比，在治政安民方面具有其独特的优势。《乐记》中说："乐也者，圣人之所以乐也，而可以善民心，其感人深，其移风易俗易，故先王著其教焉。"说明礼乐可以对民心产生深远而积极的影响。《乐记》中又说："乐者为同，礼者为异。同则相亲，异则相敬。乐胜则流，礼胜则离。合情饰貌者，礼乐之事也。礼义立，则贵贱等矣；乐文同，则上下和矣；好恶著，则贤不肖别矣。刑禁暴，爵举贤，则政均矣。仁以爱之，义以正之，如此，则民治行矣。"礼乐的人文教育作用与政治的有机结合从中可见一斑。因为"乐"可以协调人的好恶之情，使之趋于一致；"礼"可以让民众认识到贵贱等级的差别，使民众也懂得做人做事应当遵循礼的要求。由于"乐"能协调人的好恶之情，所以让人相亲相爱，关系融洽；"礼"能分出贵贱等级，所以能让人产生相敬之情。虽如此，但在社会人文教化中又要求人们要善于把握"乐"、"礼"的尺度，做人做事、为人处世要符合中庸之道。如果人与人之间的相亲超过了"和与同"的要求，就会变得散漫随便，而无尊卑之敬；同样，如果过分强调人与人之间的贵贱等级，那么，人与人之间就没有相亲的感觉，就会变得隔离而疏远。这两种情况都不是"礼乐"所要达到的教化目标。因此，"礼乐"在社会人文教化中的作用，应该是"相亲中有敬，相敬中有亲"，这是"礼乐"人文教化的最高境界。同时，"礼乐"在治国安民的人文教化上还体现在"乐至则无怨，礼至则不争。揖让而治天下者，礼乐之谓也"。（《礼记·乐记》）如果天下的民众都具有礼貌谦让之心，那么，统治者在这种氛围中治理天下，就没有什么可忧虑、可发怒的事了。因为天下太平，"暴民不作，诸侯宾服，兵革不试，五刑不用，百姓无患，天子不怒，如此，则乐达矣"。（《礼记·乐记》）这样，"乐"的社会人文教化的作用也就实现了。

由于乐由心生，所以音乐在加强个人修养、陶冶心灵、培养高尚情操及调节人际关系上具有重要的教化作用。《乐记》中说："致乐以治心，则易、直、子、谅之心油然而生矣。"说明用音乐来陶冶人的心灵，能够养成"和顺、正直、子爱、诚信"的禀性，是人与动物的重要不同之处。因此，《乐记》中说："是故，知声而不知音者，禽兽是也；知音而不知乐者，众庶是也。唯君子为能知乐。是故，审声以知音，审音以知乐，审乐以知政，而治道备矣。是故，不知声者不可与言音，不知音者不可与言乐。知乐，则几于知礼矣。礼乐皆得，谓之有德。德者得也。"这从知声、知音、知乐和知礼层层递进的角度说明了个人修养的差别。在个人修养上，只有礼乐都得当，才算是一个达到道德境界的人。"是故，先王之制礼乐也，非以极口腹耳目之欲也，将以教民平好恶而反人道之正也。"（《礼记·乐记》）说明了先王制礼乐的目的，是通过音乐对民众进行人文教化。

在礼乐对民众的人文教化中，由于个人修养的差异和高低，对乐的理解和把握的尺度的差别，造成乐的教化作用也有差异。所以，《乐记》中说："君子乐得其道，小人乐得其欲。以道制欲，则乐而不乱；以欲忘道，则惑而不乐。是故君子反情以和其志，广乐以成其教。乐行，而民乡方，可以观德矣。"说明君子与小人对待乐的态度的不同，乐产生的社会教化也不同。君子以道制欲，从音乐中懂得修身养性、净化心灵的道理；而小人以欲忘道，在音乐中放纵自己的情欲。所以其结果也大相径庭，君子是在用心享受音乐给自己的心灵带来一份宁静和愉悦；小人的心灵则是处于迷惑慌乱之中而得不到乐趣。可见，君子是在欣赏音乐中，返回到人本来的性情，从而使心志和谐。君子推广音乐以实现社会教化的功用，用音乐来教化民众，使民众的心志向仁义之道归附。

同时，从乐教施行的情况可以了解国君的德行。《乐记》中说："德者，性之端也；乐者，德之华也。金石丝竹，乐之器也。诗，言其志也；歌，咏其声也；舞，动其容也。三者本于心，然后乐器从之。是故情深而文明，气盛而化神，和顺积中而英华发外，唯乐不可以为伪。"这里从德的角度进一步阐述了乐的本质内涵是"德之华也"。又从"诗言志、歌咏声、舞动容"三者皆来自于心，然后以乐和之，说明了只有感情投入、德性真诚，那么音乐的文采才会鲜明;只有底气丰足,心神旺盛,那么音乐才会变化神妙。

总而言之,音乐对人教化作用的前提在于人的德性,只有当和顺之德聚积于胸时,音乐的美妙才能在外面表现出来,所以说,乐是不可以作伪的,乐发于声音,形于动静,是人道的自然之理。古代君王制作音乐的目的是来引导民众的性情,使民众在音乐的教化中不散漫随便,具有尊卑之敬的心性,用音乐的旋律、节奏等唤起民众的善心,心不生邪念,以陶冶民众的性情。

六、《史记》：究天人之际,通古今之变

《史记》是一部具有强烈的人民性和战斗性的传记文学巨著,它不但在中国文学史上产生重大的影响,而且在社会人文教化中具有重要的价值和作用。

（一）体现了"以人为本"的人文教育思想。"以人为本"的人文教化思想,是中华优秀文化中重要的传统思想之一。中国古代社会人文教化思想从"敬天、事鬼、远神、重人"的不断发展过程中,体现了"人"的价值和地位的不断提高,"人"成为人们关注的一个重要焦点,反映了"人为邦本"的社会人文教化的精神和价值,对中华民族的人文精神和社会核心价值观的形成产生了深远的影响。

《史记》继承并发展了中华优秀文化的民本思想,率先提出了以人作为根本,来关注、考察、审视社会历史的发展进程,表现出强烈的人本教化思想。在《史记》这部鸿篇巨制中,"本纪、世家、列传"三个部分占了整部史书五分之四的篇幅,用直接记人的手法从封建帝王、王侯将相一直写到侠客游士。在司马迁眼中,关注的是人的生存和发展对社会历史进程的影响,并在天人关系上,强调了人的主体地位和历史作用,表现了强烈的人本精神。

在《本纪》中,司马迁从传说中的黄帝一直记述到了汉代的汉武帝,以天子帝王为中心,展现了各自主宰一个历史时期社会发展的精神风貌,对天子、帝王的功过是非"不虚美、不隐恶",不但体现了对历史人物的尊重,而且更体现了对后代人的尊重,表现出了高度的历史责任感和对后人负责的态度。在《世家》中,司马迁认为,诸侯王、王室家属和亲戚是影响社会历史进程的重要人物,是辅佐帝王、天子成就大业的杰出人物。诸侯王的势力在很大程度上影响着一个社会的治乱和兴衰,反映了司马迁对诸侯王和诸侯国

在历史进程中发挥重要作用的认识和充分肯定。在《列传》中，司马迁关注到历朝历代的名臣将吏及文化名流对社会发展和进步所作出的杰出贡献，对整个社会历史进程和社会文明教化产生的深远影响。司马迁不但关注社会中上层人物的生存和命运，而且也关注社会中下层人物的生存和命运。在《史记》中，司马迁刻画了游侠、刺客、食客、长老和处于社会最下层的普通民众的生存状况和他们的命运。在《史记》中，虽然这类人物所占的比例不大，但却真实地反映了一个特定历史时期社会各阶层人物的状况，体现了《史记》以人为本的根本宗旨，反映了人是社会历史进程中的主体，历史是由人民创造的这一唯物史观，在社会人文教化中产生了重大的影响。

因此，不管是创立伟业的帝王将相，还是默默无闻、不受重视、处于社会下层的普通民众，在他们的身上都同样体现出一种难能可贵的独立人格和尊严。《史记》对人性中最优秀的品质进行彰显和升华，也就是对社会人文精神的弘扬。一方面是弘扬人性中奋发有为的精神；另一方面是弘扬人性中积仁行德的品质。司马迁在《史记》中超越了先秦的人文教化思想，转向以人为本，重视人本身的主体性作用，重视个体在社会历史进程中的价值和作用，这是以往人文教化思想所不及的地方。

在社会人文教化中，《史记》关注人性的善恶，表现出对人性的充分尊重。司马迁重点关注人自身体现出来的社会价值，以此为本进行评述，而不是以个人的成败得失来评论英雄，同时，也不苟同世俗的是非评论。司马迁在强调以人为本的价值取向中，既肯定了求富求利是人的本性，同时也主张通过正道来求富求利，反对以权谋私。在人的社会作用和价值的人文教化中，司马迁主张人应当顺时应势，乘势而上来建立自己一生的事业，来实现人的自我价值。像刘邦凭着自己顽强的毅力和奋发有为的精神，在历史潮流面前，适时而动，顺势而上，广招人才，善于纳谏，推行仁政，最终建立了伟业。在以人为本的人文教化中，《史记》弘扬了历史上忍辱发愤以成就功业的精神，充分肯定了他们在社会人文教化中产生的重要历史作用。在《史记》中，司马迁对从逆境中崛起的像周文王、管仲、孙膑、伍子胥、勾践、韩信等这些历史人物给予了高度的赞扬和评价。当然，在《史记》中体现出来的以人为本的人文教化思想，并不是以司马迁个人情感的好恶为根据，来评判历史人物的社会价值，而是从社会历史进步与发展的角度，来评判历史人物的社会价值和作用。因此,《史记》的人文精神具有重要的社会教化意义和价值。

在天人关系上,司马迁更看重人的社会价值和作用。司马迁认为,"天"并不能主宰人世间的是非善恶和祸福吉凶,"天道"有其自身的运行规律,对社会历史的更替和国家的盛衰兴亡起不了作用。他更多的是从人自身的角度来观察解释,充分表现了《史记》以人为本的唯物史观。司马迁对陈涉、项羽、刘邦三人成败的记述中,体现了事在人为,谋事在人,成事也在人的道理,体现了"人道"比"天道"更为重要的教化思想。司马迁批评了项羽"此天亡我,非战之罪也"的天命论。同时,司马迁对刘邦把自己之所以能够夺取天下的原因归结于用人,能够发挥不同人的作用的说法给予肯定,而对汉武帝大量耗费财力物力进行封禅的做法和迷信神仙方士的行为,给予严厉的批评,体现了《史记》重人事轻天命的人文教化思想。当然,《史记》在以唯物史观为主导的前提下,也不可避免或多或少地存在一些"天人感应"的消极思想,但这并不影响《史记》以人为本的主导思想。

(二)体现了"爱国主义"的人文教育思想。爱国主义是中华民族的传统美德之一,是一个国家凝聚民众之心的重要思想基础和强大精神动力。《史记》中通过对传记人物的刻画,体现了深厚的爱国主义人文精神,在社会人文教化中谱写了丰富多彩的爱国主义诗篇,为中华民族人文精神宝库增添了一份宝贵的精神财富,在社会人文教化中产生了重要的积极的引导作用。

在《史记·李将军列传》中,在李广的身上体现了强烈的爱国主义人文情怀。李广将军的勇敢、无畏、英勇和爱国的形象妇孺皆知,深入人心,成为了中华民族英雄史诗中的楷模。在李广将军身上体现出来的身先士卒、智勇双全、仁爱宽厚、生死与共的优秀品德,在社会人文教化中起了积极的正面引导作用,至今谈来仍没有人不为之感动,没有人内心不为之感到震撼。"但使龙城飞将在,不教胡马度阴山"正是他的写照。同样,在《史记·卫将军骠骑列传》中,霍去病在观看天子为他建造的府第时,对天子说:"匈奴未灭,无以为家也",反映了他为国忘家、克己奉公的爱国情操。

在《史记·廉颇蔺相如列传》中,在蔺相如的身上表现了"先国家之急而后私仇"的宽广胸怀,在国家危难之时,表现了以国家利益为重的爱国情怀和对祖国充满深情的责任感。在渑池之会时,面对强大的秦国,他表现出了自己的勇敢和智慧,捍卫了赵国的尊严和独立;在面对老将军廉颇的不理解时,他表现了忍辱负重、深明大义、不计个人恩怨的宽厚胸怀,以此来感动老将军。同样,在老将军身上也体现了强烈的爱国情怀。当他理解了蔺相如的爱国之心以后,羞愧难当,主动负荆请罪,两人言归于好,终于成了"刎颈之交",共同为国家的兴衰存亡而并肩作战。在《史记》中,司马迁称赞说:"相如一奋其气,威信敌国;退而让颇,名重泰山。其处智勇,可谓兼之矣!"两人的宽广胸怀,团结御敌、忠心为国的爱国主义人文精神,在社会人文教化中对后世产生了深远的影响。

(三)体现了"舍生取义"的人文教育思想。《史记》并不是历史材料的汇编,而是熔铸了司马迁的道德理想。特别是舍生取义的人文教化观,在《史记》中得到充分的体现,反映了司马迁的道德理想深受中国传统人文精神的影响。孔子主张"杀身成仁",孟子倡导"舍生取义",荀子强调"敬节死制"等,都体现了中国传统文化的道德规范。在《史记》中,司马迁记述并热情讴歌了中国历史上那些为了正义和公道而勇于抛头颅、洒热血的英雄豪杰和仁人志士的高尚品德,形成了中华民族强大的精神动力和人文教化思想的源泉。

在《史记》中,体现为国为民而敢于舍生取义的典型人物,当推伟大的爱国诗人屈原。屈原人品高尚、博闻强记、善于外交、才华横溢,但他的政治理想和抱负始终得不到实现。屈原怀抱富国强兵的爱国思想,希望国家富强独立,人民安居乐业,所以,他主张举贤授能、修明法度、统一中国,结束长期割据分裂的局面。诗人的一生为了祖国,为了实现自己的政治理想和抱负,不屈不挠地同旧贵族斗争到底,九死不悔。在长期的流放中,诗人以诗明志,抒发自己的忧患之情,指斥旧贵族违法乱纪和误国害民的罪恶。最后,当诗人看到自己的理想和抱负不能实现时,他毅然放弃自己的生命来表明自己的理想和抱负,用舍生来换取大义,来唤醒民众的觉悟和觉醒,实现了"舍小命而取大义"的人生目标。司马迁在《史记》中称其为"推此志也,虽与日月争光可也"。屈原舍生取义的人文教化精神,影响了一代代的后来人为民族大义和社会公道而不惜牺牲自己的生命,在社会人文教化中产生了积极而深远的影响。

在《史记·范雎蔡泽列传》中,司马迁借范雎之口赞颂了商鞅等人勇于改革、视死如归的献身精神。司马迁说:"是故君子以义死难,视死如归。生而辱不如死而荣。士固有杀身以成名,唯义之所在,虽死无所恨。何为不可哉!"体现了为国、为民、为社会道义公正、公平而死,是"义"的最高表现形式。在《史记·袁盎晁错列传》中,在晁错的身上同样表现出了"舍小命而取大义"的人生理想。晁错提出削藩的主张,是从国家人民的大利出发,是谋国家之安定和人民之幸福,由此随时会招来杀身之祸,晁错是心知肚明的,但晁错却义无反顾,始终坚持自己的初衷,表现出了舍身为国为民的高尚品德。

当然,《史记》在社会人文教化中,极力彰显杀身成仁、舍生取义的人文教化精神的同时,司马迁也反对为个人恩怨、为一己之私而作无谓的死亡。他说:"人固有一死,或重于泰山,或轻于鸿毛。"说明了司马迁主张的舍生取义是为了民族大义,为了国家人民的利益,为了社会公平、公正,为了社会公道而勇于牺牲的精神,这种"舍生取义"具有广泛的社会价值和意义。因此,是社会人文教化思想的一个重要组成部分,值得中华民族世世代代不断弘扬和继承。

同时,在中国传统义利观的基础上,司马迁又勇于超越传统的"义利"关系,在强调"舍生取义"的同时,在《史记·货殖列传》中,又阐述了"义"和"利"之间的关系。他认为空谈"义"不谈"利",人类就失去了生存的物质基础。所以,儒家的道德理想是偏执一方的,在毫无物质生存的条件下来谈"义",也只能是空谈,并且不能长久,是脱离社会现实的。司马迁认为,人的物质欲望和人的道德追求既是相互矛盾、相互对立,又是相互联系、相互统一的辩证关系。只有正确引导人们的物质欲望,合理满足人们的物质需要,遵循生财有道的道德规范,才能真正去实践理想的道德行为;同时,也只有正确引导人们的道德思想,才能促进人们不断完善自己的道德行为以及对物质欲望的克制程度,真正去践行"舍生取义"的人生大理想大目标。

所以,在《史记·货殖列传》中,司马迁说:"'仓廪实而知礼节,衣食足而知荣辱。'礼生于有而废于无。故君子富,好行其德。小人富,以适其力。渊深而鱼生之,山深而兽往之,人富而仁义附焉。"可见,司马迁既崇尚为大义、为社会公道而敢于献身的精神,又不拘泥于古人,勇于超越时空的限制,能够紧密结合社会现实来阐述彰显舍生取义的社会人文价值,这在社会人文教化中更具有现实的意义和价值。

（四）体现了"自强不息"的人文教育思想。《周易》乾卦曰："天行健，君子以自强不息。"说明了中华民族自古就是一个自强不息、勇于拼搏的民族。这种人文教育思想在《史记》中得到了充分的体现。司马迁在突遭李陵之祸受宫刑后，仍然忍辱负重，发愤著述，经历了千辛万苦，用了十五年的时间，终于完成了鸿篇巨制《史记》的创作，这一感人的事迹本身就体现了司马迁不畏挫折和身心上虽遭受严重打击，但仍积极进取、自强不息的奋斗精神。

在《史记·陈涉世家》中，陈涉的身上体现出了他具有鸿鹄之志、自强不息的抗战精神。在迁徙途中，陈涉揭竿而起，举起了中国历史上第一次农民起义的大旗，给秦朝统治者以沉重的打击，同时也动摇了秦王朝统治的基础，为后代农民反抗压迫和剥削树立了榜样，激励着一代代的下层民众敢于把自己的命运掌握在自己手里的勇气，体现了自强不息、不甘心遭受命运摆布的斗争精神。

同时，在《史记·孙子吴起列传》中，在孙膑的身上同样也体现了忍辱苟活、坚韧不拔和自强不息的人文精神。孙膑在遭受庞涓毒害、身残形秽的情况下，依然能忍辱负重，但求生存，支撑他的精神支柱就是他内心自强不息、积极进取的人生观，终于在马陵一战中，杀死庞涓，名扬天下。在《史记·越王勾践世家》中，勾践的身上彰显了他卧薪尝胆，虽受尽屈辱，却仍自强不息的人文精神，终于凭借三千越甲把吴国灭掉。在《史记·淮阴侯列传》中，韩信的身上也表现出了自强不息、刚健有为的人文精神。韩信在得志之前，曾受"胯下之辱"，生计无着落，生存成问题，经常受一洗衣漂母的接济才苟活下来，但他内心那份自强不息、建功立业的雄心壮志却始终没有被磨灭。

总之，司马迁在《史记》中，刻画了许多典型的人物形象，虽然他们的人生价值观和个人的品德修养参差不齐，但在他们身上体现出来的自强不息、奋发有为的人文精神却是相同的，都为中华民族的人文教化思想宝库增添了一份宝贵的财富，深深地影响着一代又一代的中国人。

（五）体现了"崇尚德治、富国利民"的人文教育思想。《史记》的创作宗旨就是"究天人之际，通古今之变，成一家之言"。（《史记·太史公自序》）

在这部历史人物传记里渗透着丰富而深厚的中华民族传统文化和人文精神的烙印。司马迁对中国传统文化进行整合，融会百家文化的精华，探究天人关系的终极目标，追寻各朝各代盛衰兴亡的主要根源在于人心的向背。司马迁在探究中华民族三千年历史中，发现每一个王朝的崛起，他们的共同点都在于推行仁政、崇尚德治、以民为本、富民强民，从而赢得了广大民众的支持和拥护。因此，司马迁的人文教化思想在于倡导儒家的仁政，崇尚以德治国，以仁政为本，并吸收道家等其他各家各派治国理政的精华，扬长避短，以经世致用为目的。

在《史记·太史公自序》中，司马迁对夏禹、商汤、周文王、周武王称赞为德治之君；而将夏桀、商纣、周厉王、秦始皇及秦二世等贬斥为暴君。《史记》中体现出来的崇尚德治、反对暴政的人文教化思想，反映了司马迁开明的人文教育思想。他在主张德治的同时，也并不反对"法治"，而只是认为德治是治国理政的根本，法治只是起辅助的作用，所以，不能以"法治"为主来治理国家，更不能靠严酷的刑罚来镇压百姓。在《史记·酷吏列传序》中，司马迁说："法令者治之具，而非制治清浊之源也。"说明了法令只是治理国家的手段和工具，要真正实现政治清明、民风纯朴、民心纯正的目标，应当以德治为本，才能净化社会风气。因此，在《史记·循吏列传序》中，他又说："法令所以导民也，刑罚所以禁奸也。文武不备，良民惧然身修者，官未曾乱也。奉职循理，亦可以为治，何必威严哉？"同样说明了法令只是手段和工具而已，虽然在治理国家中是不可缺少的，但这并不是政治的根本目的所在，理想的政治目标在于改变民心，使民心向善，使民风纯朴，才能实现国泰民安的理想政治目标。汉文帝施行德治，天下太平，人民安居乐业，而刑罚对民的惩罚作用显得很微弱，这是德治产生的作用。在《史记》中，司马迁用古今的历史事实来阐明"得民心者得天下"的道理，体现了以德治国的人文教化思想。

在《史记》中，司马迁阐明了传说中五帝施行德治的人文精神，以及汉王朝文景之治的人文精神，赞颂了他们普施德政、以民为本的治国方略。同时，他们实行仁政、崇尚德治的治国精神也积淀成为中华民族人文精神的典范，具有现实的借鉴意义。

此外，在《史记·货殖列传》和《史记·平准书》中，司马迁肯定了发展社会经济和鼓励商业活动在促进社会发展中的重要作用。同时，他从"究天人之际"中，洞察了人欲也是生产发展和社会进步的一个动力。因此，他提出富国利民的思想，鼓励民众发展生产，积极从事商业活动，以实现发财致富的目标。不但如此，司马迁还赞颂货殖，并为商人立传，提出了"素封论"的主张。"素封论"是中国封建社会通过无官而得"封"来实现自己社会价值的主张。素封，即因出身低微或入仕的条件苛刻，无法通过做官来实现自己的社会价值，而后通过经商或其他劳作来实现自己的社会价值，有了社会地位后的称谓，从而揭穿了片面强调仁义道德的虚伪性和不现实性。

在《史记·货殖列传》中，他说："今有无秩禄之奉，爵邑之入，而乐与之比者，命曰素封。"可见，司马迁认为，根据财富偏户之民也可以成为素封的侯王；而侯王失势，也会出现"客无所之"的局面。司马迁提出"素封论"的财富观，体现了他鼓励百姓从商致富、为商人辩护的人文思想；从另一方面看，"素封论"也是中国古代肯定商人价值的经济思想。因此，司马迁第一个系统地提出了一整套发展生产，促进交换，富家、富国、利民的经济理论，并阐述了经济与社会政治、经济与社会人文道德之间的紧密关系。在《史记·货殖列传》中，司马迁以文帝景帝时期，社会商品经济繁荣发展为依据，肯定了商人对汉朝初年社会经济不断发展的历史作用。在《史记·平准书》中，司马迁阐述了汉武帝统治时期，社会商品经济衰弱的原因是由于汉武帝为了加强中央集权统治，采取了更加严厉的"重农抑商"的经济政策，使商贾遭受严重打击，同时也使社会商品经济不断衰弱，反映了司马迁进步的经济人文史观。

司马迁不但敢于突破自战国以来一直推行的"重农抑商"的传统经济观念，而且极力强调农工商并重的思想。在《史记·货殖列传》中，司马迁阐明了经济发展之势，人俗变迁之理，说明商人的经济活动和商业经济的不断发展是社会历史发展的必然趋势，只有不断满足民众的物质需求，才能建立文明的社会风尚。司马迁把商业作为民众的衣食之源来研究，强调了国家的盛衰取决于社会经济基础的厚薄，只有农工商同时发展，才能实现富国利民的目标，从而否定了汉武帝采取的"重农抑商"的经济政策，表现了极大的勇气和胆量，在社会人文教化中具有积极进步的意义。

当然，在当时"重农抑商"盛行的时代，司马迁的进步经济思想只能是昙花一现。除此之外，由于司马迁富国利民的经济思想仅仅是从他自己直观中得出来的经验之谈，虽然符合唯物主义的认识观，但它不能用科学的依据来解释当时社会存在的客观现实矛盾和问题，所以，他的经济理论又成为空中楼阁。因为客观现实仍然是绝大多数的人处在受剥削和压迫的现实生活中，他的富国利民、人人可以致富的经济思想并不能成为现实，反映了司马迁经济思想的历史局限性。但这并不影响他的富国利民思想在社会人文教化中的重要意义和影响，因为司马迁的经济新思想敢于在汉武帝"独尊儒术、重农抑商"的时代背景下提出来，本身就具有难能可贵的人文精神。

总之，秦汉时期，社会人文教育思想开始出现流变。秦朝采取"以法为教，以吏为师"的教化政策，焚书坑儒，全盘否定先秦的人文教育思想，在客观上对矫正民心、整肃风化起了一定的作用，但也造成了矫枉过正、民心沦丧。汉初实行"无为而治，与民休养生息"的政策，对社会经济的恢复和发展发挥了积极的作用。汉武帝虽然采纳董仲舒的建议，实行"罢黜百家，独尊儒术"的教化政策，但比起秦始皇"独尊法家"的政策要温和得多、积极得多，所以，不但使儒家学说成为社会人文教化的主流，而且也巩固了西汉王朝的政权。东汉时期，谶纬之学的广泛流行，使社会人文教化思想陷入混乱之中，整个社会人文精神出现倒退，使传统道教和外来的佛教在社会人文教化中得到传播和流行，产生了一定的影响和作用。这时期，唯物主义思想家王充对当时盛行的"天人感应"和"谶纬神学"进行猛烈地批判，在社会人文教化中产生了积极的影响。同时，汉朝提出"兴太学以养士"，规定以儒家的"五经"作为教化士人、民众的基础和根本，将养士与教化紧密结合，将太学生的品行要求放在首位，为国家培养品德高尚的储备人才，这一做法在现实社会中有一定的借鉴价值。

第四章 魏晋南北朝：人文之自觉

一、时代背景

东汉末年，在黄巾大起义的沉重打击下，东汉政权岌岌可危。先是宦官专权，后是董卓把持朝政，东汉政权已名存实亡。各地州郡牧守纷纷以讨伐董卓为名，进行争权夺地的大混战。军阀混战不但使社会经济遭受严重的破坏，给农民带来深重的灾难，而且也影响了社会文化的交流和发展，使社会人文教育思想出现衰微。

公元196年，曹操在洛阳迎接从长安跑回的汉献帝，"挟天子以令诸侯"，取得了政治上的优势。公元203年，曹操颁布了《论吏十行能令》，提出了"不官无功之臣，不赏不战之士"（《三国志》卷一《武帝纪》）的选官用人制度。公元210年，曹操又颁布《求贤令》，进一步明确提出要选拔重用那些虽然出身低贱，但"德才兼"的人做官，从而打破了东汉时期以士族门第作为选拔人才的用人制度。公元217年，曹操又颁布了《举贤勿拘品行令》，从更大层面招揽人才，使一大批有才能的中小地主进入曹魏政权中来，有利于革新吏治、净化社会风气、端正民心，对社会人文教化产生了很大的影响。

曹丕废掉汉献帝，自立为帝，国号魏，史称魏文帝。曹丕执政后，为了取得士族的支持，接受了颍川士族陈群的建议，开始推行九品中正制度，使士族地方势力得到迅速的发展。九品中正制也称为九品官人法，代表了士族利益的选官制度。根据他们的门第、德才来确定士人的"品"和"状"。"品"分为上上、上中、上下、中上、中中、中下、下上、下中、下下九等。定品虽然也考察士人的德才，但主要是依据家世官位的资历，史称"计资定品"。"状"是根据士人的德才行为给出一个简短的综合评价。品与状写好后呈报吏部，作为统治者选拔官吏的依据。九品中正制推行到后期，主要是看士人品第的高低，这一选官制度完全成了士族地主垄断选举的工具，为门阀政治的形成铺平了道路，出现了"上品无寒门，下品无势族"的局面，在社会人文教化中产生了消极的影响。

西晋政权是在一批士族官僚的支持下，通过发动政变建立起来的，所以，在政治、经济制度建设上，体现了以保护士族地主的利益为准则。西晋在政治制度上，为了取得世家官僚的支持，司马炎建国后，形成了典型的门阀政治制度。门阀世族不但在政治上拥有特权，而且与庶族保持着严格的界限。在政治待遇上，士族可以世代做职闲望重的高官；经济待遇上，按官品的大小占有大量的土地和劳动人口，并且不向国家纳租服役，社会地位高人一等。同时，绝大多数的士族不与庶族联婚，形成了在婚姻制度上讲究门当户对的传统，这直接影响到社会人文教化。

南朝时期，虽然是寒门地主做了皇帝，但魏晋时期形成的门阀士族特权仍然盛行，因此，南朝的重要官职几乎全部被高门士族所占据，并且他们极力维护自己特殊的社会地位。为了严格区分士、庶的差别，当时盛行谱学。东晋南朝时，贾弼之祖孙三代精通谱学，撰写《十八州士族谱》，共七百多卷，使族谱文化得到发展和流传。同时，谱学也是吏部选官的重要依据，是维护士族政治特权的一个工具，是研究中国魏晋南北朝政治制度文化的一个重要内容，在社会人文教化中也产生了一定的影响。

在南方社会经济、文化不断发展的同时，在北方，北魏孝文帝统治时期，为了缓和社会阶级矛盾和民族矛盾，采取了一系列改革措施。特别是公元490年冯太后死后，魏孝文帝亲政后把都城从平城迁到洛阳，并实行汉化政策，促进民族文化的大融合，促进了民族之间文化的交流与发展。总之，南北朝时期，由于各民族的大融合，经济、文化得到了不断地发展，不但为隋唐时期经济文化的高度发展奠定了扎实的基础，而且对社会人文教化思想的不断发展起了一定的作用。

从东汉末年黄巾大起义到隋朝的重新统一，期间历时约四百年，中国社会长期处于分裂和动荡不安的混乱之中，土地兼并剧烈，社会政治黑暗腐败，阶级矛盾日益尖锐。同时，长期的割据混战给社会经济和文化带来严重的破坏，引起人们思想的重大变化和转折，使魏晋南北朝成为中国历史上独具风采的时期。人们虽然经历了政治上最混乱、心灵上最痛苦的时代，但也是人们精神上最开放、最自由、最富有创造力的时代，创造了丰富多彩的文化，在中国文化史上写下了重笔浓彩的一页。

二、人文教育思想概述

魏晋南北朝时期，中国社会经历了三国鼎立的大分裂、西晋的短期统一、南北朝的再分裂和对峙，人民遭受着战乱之苦，知识分子忍受着精神上、心灵上的痛苦和折磨。在黑暗的社会政治背景下，促使了知识分子思想上的解放和转变，汉以来主导统治人们思想的儒家伦理教化思想开始动摇，思想家和社会仁人志士开始重新思考人生和命运，开始重新探讨个体生命的意义和价值，重新对人的自主性及个人价值和社会价值的关系进行再认识，在社会人文教化领域产生了新的价值取向和追求。因此，传统儒家的人文教化模式开始衰弱，玄学、佛学、道学却蔚然成风，在社会人文教化中产生了重大而深远的影响。

两晋时期，士族是一个异常腐朽没落的阶级，他们追求享乐，依靠门第把持高官的政治地位，却不敢面对当时充满尖锐矛盾的社会现实，因此，清谈玄理之风便盛行起来。士大夫把道家的《老子》《庄子》和儒家的《易》称为"三玄"。玄学就是糅和儒道思想而形成的一种新的唯心主义思想体系。士大夫借玄学谈论本与末、有与无、名教与自然等哲理问题。玄学最早的代表人物是曹魏时期的何晏与王弼。何晏注《论语集解》和《道德论》，王弼注《易》和《老子》。他们主要通过对《老子》《庄子》和《易》这些书的注解，继承并发扬了老子的客观唯心主义观点，主张"道"是产生万物的"宗主"，在自然与名教的关系上，认为自然是本，名教是末，名教出于自然。所以，在政治上，他们主张君主应当拱默无为，委政于臣下。

曹魏末年，玄学的代表人物是阮籍和嵇康。他们对掌控魏国军政大权的司马氏，假借"名教"之名杀君篡权，表现出异常的蔑视和不满。因此，他们便大力提倡老庄思想，以老庄的"自然"与"名教"相对抗。于是他们谈说玄虚，在政治上没有明确的表态，却通过猛烈抨击名教和蔑视礼法的行为，来抗议司马氏假借名教来实现一己之私的行为。阮籍猛烈地批判名教礼法，认为名教与自然是对立的。嵇康则公开提出"越名教而任自然"的观点，敢于否定商汤和周武王的做法，同时，也敢于菲薄孔子的思想和主张。他们敢于揭露司马氏假借儒家礼法名教的虚伪性，在社会人文教育中具有一定的积极意义。

西晋时期，玄学的代表人物是向秀和郭象。向秀为《庄子》作注，郭象在向秀《庄子注》的基础上，又加以发挥补充。因此，在《庄子注》一书中，体现了他们两人的玄学思想。他们在政治上主张"无为"，一切顺其自然，不作人为的努力，反映了他们唯心主义的世界观，否定了人的主观能动性。他们的玄学思想是为维护门阀士族的统治秩序服务的。

这时期，站在唯物史观立场上，反对玄学的代表人物是裴頠。他撰写了《崇有论》一书，对玄学唯心论进行批判。他认为"无"不能产生"有"，也不能产生万物。他反对玄学的虚无，其主要目的是为了维护封建统治政权。因为他看到当时士族权贵们整天高谈玄理，追求享乐放纵安逸的生活，不务正事，这不利于封建统治政权的巩固。但在玄学唯心论盛行的时代背景下，他主张世界是由"有"构成的，而不是虚无的，承认了世界的物质性，并且提出世界是可以认识的，这在哲学史上具有积极的意义。这时期，另一位唯物主义思想家是鲍敬言，他在思想上比裴頠前进了一大步。在他撰写的《无君论》一书中，他认为，天地是物质自然存在的，万物是阴阳二气化生而成的，"天在上，地在下"是自然之理，并无尊卑之分。有了君臣等级之分，就会产生以强凌弱、以智欺愚的社会现象。他认为由于有了国家，所以才会发生战争。因此，他主张不要国君，也不要国家，他心中构想了一个没有压迫、没有剥削的理想社会。由于历史的局限性，他的理想在当时是不可实现的，以致陷入了无政府主义的思想中。但他认为自然和社会的物质性观点，却具有进步的意义，同时，也是对当时玄学唯心论的批判和对门阀士族拥有特权的抗议。

佛教和道教的发展，也是这时期文化思想领域中的重要现象。佛教从东汉开始传入中国，到了西晋时期，佛教更为兴盛，大量的佛经被翻译出来。但在玄学盛行的历史背景下，士族们着重于研究佛教的义理，把佛教中唯心主义的哲学观点运用到玄学中去，把玄学推向更深层次发展。汉朝末年，原始道教开始在民间创立，晋以后开始分化，并且从民间流行逐渐推向贵族阶层,在贵族阶层中影响很大,天师道得到了广泛的传播,其主要目的是和在民间活动的原始道教相对抗,主要代表人物有葛洪和寇谦。

葛洪是两晋时人,著有《抱朴子》一书,分内外篇。内篇主要是论述了神仙方药、鬼怪的变化,以及养生避害之道,是道教的理论;外篇主要是论述人间的得失、世事的臧否,是政论性著作。葛洪在内篇中认为,宇宙万物是由神秘的"玄"(即"道")产生的,有仙骨的人得到"玄一"或"真一",就能得道成仙。在外篇里,他认为,君臣上下等级差别以及设官分职都是自然天理,是不可更改的。葛洪站在封建贵族的立场上,为了维护封建统治秩序,把在民间活动的原始道教称为"妖道"、"鬼道",并且把农民诬蔑为"奸党"、"群愚",主张采取严酷的刑罚进行镇压。葛洪的道教思想迎合了统治者的要求,所以,《抱朴子》一书被历代的统治者尊奉为道教的经典,在社会人文教化中产生了重要的影响。

而寇谦把原始道教改造成贵族道教,把许多封建伦理教条融进道教的教义中去,要求教徒一切都要安身立命,安于现状,不可造反,不可对国君不忠等。寇谦改造后的新道教有利于统治者愚弄人民,巩固封建统治地位。所以,寇谦被北魏皇帝拓跋焘任命为国师,让他辅佐国政。这样,在北朝时期,新道教促使政教紧密结合起来,在社会人文教化中产生一定的影响。

在社会人文教化中,佛教的广泛传播,给当时社会生活带来了严重的危害,不但侵蚀着人们的思想,而且统治者为了愚弄欺骗民众,大修寺塔,耗费大量的社会财富,使社会生产力遭到严重破坏,民众受骗向寺院施舍,往往造成倾家荡产。为了唤醒民众、教化民众,唯物主义思想家范缜坚持反佛斗争,他撰写了《神灭论》一书,从理论上对佛教思想进行批驳。范缜针对佛教宣扬人死后灵魂离开肉体独立存在的谬论,提出了"形神相即"的观点。范缜认为:"神即形也,形即神也。是以形存则神存,形谢则神灭也。"说明了形体是精神赖以存在的基础,没有了形体,精神也就不存在。范缜认为,精神是活人的"质"所特有的。虽然万物各有形体,但并不能说任何形体都有精神活动,只有活人的形体才具有精神的活动,所以也就不会有离开肉体而活动的精神。范缜认为,人的精神活动分为"知"(知觉、感觉)和"虑"(思维、判断)两个功能,精神活动是以活人的生理器官为前提,如果人死了,生理器官就停止活动,精神活动也就失去了基础,因此,精神也就不存在。在社会人文教化中,范缜的《神灭论》有力地批驳了佛教形神分离、形亡神不灭的唯心主义观点,这对民众的思想起了积极的引导作用,在社会人文教化中具有重要的意义和价值。

南朝梁著名的教育家颜之推,根据自己的经历和体验,撰写了我国封建社会第一部系统完整的家庭教科书——《颜氏家训》,其中包含了丰富的社会人文教育思想。

三、魏晋玄学:崇尚自然,以无为本

在儒学教化思想衰微的同时,士族贵族阶层兴起了一股研究《老子》、《庄子》和《周易》的玄学思潮,并用老庄的道家学说,围绕着自然与名教之争,猛烈抨击儒家所倡导的"名教"思想。"名教"即儒家"以名为教"的封建礼教,是儒家以名分、名目、名节等三纲五常作为社会伦理教化思想的道德观。早在汉末,王符、崔寔、仲长统等人就认为,儒家天人感应的神学理论已不能继续维持封建统治秩序,并对汉末社会政治的现状提出了强烈的批判,希望通过法治来拯救社会。随着封建中央集权统治的衰败,许多豪强地主和地方实力派都想拥兵自立,以武力夺取天下,这样,他们就必须先从思想上打破儒学伦理思想的束缚。在此背景下,玄学的产生成为社会人文教化的必然之势。在社会危机日益严重的情形下,许多文人士子也感到穷途末路,在绝望中,他们在思想上也开始转向谈玄说理,使玄学形成了一股强大的社会人文教化思潮,对人的精神产生很大的影响。

魏晋时期,玄学流派比较繁多,但富有代表性的主要有三个派别。一是正始年间(魏齐王曹芳的年号),以何晏、王弼为代表的崇尚"贵无"的玄学流派,主张"无"为世界本体的教化思想;二是曹魏末年,以阮籍、嵇康为代表的"竹林玄学"流派,在哲学思想上,他们虽然也崇尚"贵无",但批判儒家的"名教",提出"越名教而任自然"的教化思想;三是西晋初年,以向秀、郭象为代表的崇尚"自生"的玄学流派,融合名教与自然,提出"名教即自然"的教化主张,使玄学在西晋末年开始分化,并和佛教、道教及儒教相调和,发展到东晋后期就逐渐消失了。

在社会人文教化上,早期的玄学由于批判儒家的伦理思想,所以,玄学家反对儒家以六经为主要教化内容,而主张采取崇尚自然的教化态度,在社会的教化中,应当顺应人个性的自然发展。同时,由于士族贵族为了保持他们既得的政治、经济利益,以求得他们生活的相对安逸和稳定,常常借玄学的自然虚静来掩盖他们内心空虚的精神生活,这样,玄学自然而然地成为士族贵族特别钟情的教化思想,成为他们安身立命的理论依据,从而也加速了汉以来儒家纲常名教社会人文教化思想的衰弱。

正始时期,何晏、王弼开创了魏晋玄学的主旋律。在社会人文教化思想上,他们重视人的思想关怀和社会关怀,并调和儒家和道家的长处,建立起一个思想自由、个性发展,又能关注人的社会人文教化的纲常伦理秩序。因此,玄学教化思想的核心就是"无为而治",主张顺着社会的自然之性来发展,不要过分地去扰民。

在社会人文教化中,何晏提出"以无为本"的教化思想,创立"无所有"和"有所有"的概念。在人性论上,他又提出圣人"有性无情"的性情论观点,认为圣人有性而无喜怒哀乐之情,是顺其自然之道;凡人喜怒哀乐无常,是任人之情,不合于自然之道。他把人的性看成是先天自然之物,是符合天道的;把人的情看成是后天人为之物,是不合天道,但合人道的。他将"天道、地道和人道"归纳为自然之道,从而为玄学社会人文教化思想的创立,提供了本体论与方法论的理论基础。

在社会人文教化中,王弼主要是对中国传统人性论思想进行改造。他提出"万物以自然为性"的主张,把人性的本质界定为"无善无恶",从而建立起以"性"为本体的人性论体系。在教化中,他扬弃了儒家以人性善恶论来教化民众的局限性,为宋明心性本体论人文教化思想的建立打下基础。王弼提出的"有之所始,以无为本"的"无",是以自然为本体的玄学理论,代表一种最高的存在本体,是形而上的"无"。可以说"以无为本"就是返璞归真,回归自然,这为玄学奠定了理论基础,并对儒家名教思想与道家自然观进行了适当的融和,提出了"名教出于自然"的哲学命题。在教化中,他认为,人的尊卑名分都是一种自然存在,统治者应当无为而治。他不但大胆抨击和彻底否定儒家极力宣扬的纲常伦理之说,而且又对名教与自然之间采取调和的态度。

在竹林七贤时期,以阮籍、嵇康为代表的"竹林玄学",主张"越名教而任自然"，并且在人文思想上都具有超越性和叛逆性。玄学的社会人文教化着重于对人格的培养和关怀，并且人的主体思想也超越了传统的社会理想。他们富有独立性和开拓性的性格特征，对中国社会人文精神产生了重大的影响。《晋书·阮籍传》记载，阮籍"傲然独得，任性不羁，而喜怒不形于色。或闭户视书，累月不出；或登临山水，经日忘归。博览群籍，尤好《庄》、《老》。嗜酒能啸，善弹琴。当其得意，忽忘形骸"。说明了阮籍不随波逐流，不受拘束，志气宏大豪放和傲岸不驯的性格特征。阮籍博览群书，尤其喜爱《庄子》、《老子》，随心随性，不知不觉地融进大自然中去，从而在飘飘悠悠中忘记了自己形体的存在。从阮籍的为人处世和个性特征上，体现了魏晋南北朝时期竹林玄学的人文教化思想。

嵇康有奇特的才能，虽在朝廷做官，却无意于官场，性格孤傲，心境清静淡泊，没有世俗的欲望，也好言老庄之学。他常研习道家以涵养本性，又认为君子应该没有私心，心里不掺杂是是非非，行为不违背常道，性情不为自己的欲望所连累和干扰。所以，为人处世能够超越名声和教化而任其自然，能超脱于名声而放任自己，体现了君子做事，听凭自己的本心而无邪恶的想法；袒露自己的真情而无矫揉造作的行为，表现了嵇康刚肠嫉恶、愤世嫉俗的孤傲性格。他最后被司马氏统治集团无辜杀害，同时，也以此表明自己对人格独立和人身自由的热烈追求，在社会人文教化中产生了深远的影响。

阮籍、嵇康他们反对名教的虚伪性，崇尚自然之道，希望通过追求清虚泰静和少私寡欲的生活，来追求人的个性自由。所以，阮籍和嵇康他们对儒家名教不采取调和的态度，而是公然对儒家名教进行批判和抨击。特别是司马氏父子专横朝政、滥杀名士的行为，使他们认识到"名教"与"自然"的矛盾，已处于不可调和的境地，他们提出的"越名教而任自然"的主张，其主要目的是希望能摆脱和超越名教的束缚，不崇尚名誉和虚荣来实现人的自然本性。从人文教化思想的角度来看，竹林玄学的人文思想始终保持着中国文化潜在的人文基因或种子，始终保存着重要的人文关怀的价值，从而构成了中华民族人文教化思想史上别具一格的人文精神氛围。总而言之，竹林玄学不但重视人个体生命的价值，而且还重视人的情感、人的生命和人格，这正是中国传统文化在注重人伦秩序的人文教化中所缺失的内容，反映了竹林玄学重视人的个体生命与自然情感统一的人文精神。

四、魏晋佛教：自觉自悟，自修成人

  佛教从两汉之际由印度传入中国，其间经过魏晋南北朝约五六百年的传播和发展，到隋唐时期达到鼎盛，成为中国人文教化思想的重要组成部分，深刻地影响着当时及后代人的人文精神。佛教作为一种外来文化，在与中国传统文化人文精神的冲突和碰撞中，不断得到认同和融合，实现了佛教人文精神中国化的过程，孕育出佛教自身独特的人文教化思想。佛教在与中国传统儒道人文教化思想既相互调适又有所差异的过程中，形成了具有中国民族特色的宗教话语系统，以适应中国人文文化的生态环境，并促使佛教在中国得到很大的发展，成为一种超越中国传统人文精神的宗教教化思想。

  佛教的人文关怀表现在对人类生命的终极关怀，为人类的生老病死提供了思想上的解脱和安慰，并在中国封建化的土壤中延续了两千多年的漫长历史，体现了佛教在超人文关怀上的持久性和对人的现实价值。佛教认为，从本质上说，人生就是一个无边的苦海，人从呱呱坠地来到人间，就开始承受着人世间的怨憎离别和生老病死的种种苦难和煎熬。所以，对芸芸众生来说，人生的共同之处就是一切皆苦、一切皆空。因此，"苦谛"成为人生真谛之首，人生始终处于"三世因果报应轮回"之中，如果人执迷不悟，沉溺在自己的贪欲之中，就永远也解脱不了人生的苦难。而只有秉承佛教的道义，用"戒定慧"去克服自己内心的贪欲和无明，才能彻底惮悟人生和人世间一切事物的虚幻性，才能自觉自悟、自修成人，才能自己超越人生的苦海而获得心灵和精神上的解脱。

  因此，"佛教哲学面对大伪斯兴，物欲横流，充满苦痛的现实世界，以其独特的解构方法来消解心灵上的执着，使人自知其限制，自虚其心、自空其说，以求容纳别人，就像儒家的'怨道'，道家'齐物'论一样，这不单单是个人修养身心的方法，也是人身处社会必须具备的素养"。[①] 可见，佛教以其独特超人文精神的教义思想，对现实社会的芸芸众生，进行终极人文关怀，实现了佛教在中国传播和发展的自身价值，并且不断获得众多民众的信仰。

---

  ① 陈江风主编：《中国文化概论》，南京大学出版社，2005年版，第120页。

同时，佛教作为一种人文教化的理论，最终形成了中国化的佛教宗派，而禅宗是其中重要的代表。禅宗教导民众要修炼到心如古井、随遇而安、与世无争的思想境界，从而获得人个体心灵和精神上的自由与解脱。并且，佛教启迪民众应当淡化一切身外的追求和欺诈，觉悟自己生命的本性、本真和本源，从而到达自己心灵自由的家园。

总之，佛教在中国本土化的过程中，逐渐与中国儒道传统文化人文教育思想不断地融合与交融，整合成为中华民族认同的佛教文化，在中国社会人文教化中占有重要的一席之地。

五、颜之推：教人诚孝，端正家风

颜之推早年受儒家思想的熏陶，奠定了他学术思想的基础，是南北朝时期儒家思想的代表人物。但在晋代玄学、佛学盛行的时代背景下，以及现实社会的动荡不安和个人仕途上的曲折和挫折，对他的思想产生了重大的影响。晚年时，颜之推笃信佛教，宣扬因果报应，主张儒佛调和，以佛学为主体，儒学为附庸。同时，由于他多次成为亡国之徒，历经磨难，耳闻目睹了众多士大夫家破人亡的残酷现实，使他深刻地感受到人生的无常。他从士族地主的立场出发，根据自己的经历和生活体验，并从王公贵族由豪门望族沦为阶下囚的现实教训中，痛定思痛，为了能使自己的家族趋利避害，延续不断，创作出了中国封建社会第一部系统完整的家庭教科书——《颜氏家训》。

《颜氏家训》共二十篇，是了解研究颜之推教育思想的主要依据。《颜氏家训》的人文教育思想主要体现在以下几个方面：

（一）重视品德智能教育。在社会人文教化中，颜之推认为，树立仁义的信念是培养人才的重要任务。因此，他十分重视对人的思想品德和智能的教育与培养，且实践仁义是人文教化的最终目标。他认为人性有上中下三等之分，他说，"上智不教而成，下愚虽教无益，中庸之人，不教不知也"。（《颜氏家训·教子》）说明了智力超群的人，不用教育也有可能成才；智力低下的人，即使再教育也可能毫无用处；而才智平常的大多数人，如果不进行思想品德教育，他们就不会明白事理，就会陷于无知愚昧的状态中。因此，社会人文教化的重点对象，是对绝大多数的平常之人进行思想道德教化，促进他们智能的开发和人性的不断向善。颜之推认为，通过教化，使他们既长见识又完善德性，这才是社会人文教化的重中之重。

颜之推针对当时社会人文教化严重脱离实际、忽视培养人的内在道德品质、培养出来的人不但知识浅薄平庸无能，而且自私贪婪的现状，主张从小就要重视对儿童进行人伦道德教育和立志教育。他说，"古之学者为己，以补不足也；今之学者为人，但能说之也。古之学者为人，行道以利世也；今之学者为己，修身以求进也。"（《颜氏家训·勉学》）意为古代学者学习的动机是为了充实自己，用知识来弥补自身的不足；而现在的学者学习的动机只是为了给别人看，只求能说会道。古代的学者学习的目的是为了践行人间大道，为了利国济民，服务社会；而现在的学者学习的目的是为了提高自身的学识，提升自身的修养，以求得自己的荣华富贵。因此，颜之推认为，应当从小重视儿童的思想品德教育，从小培养儿童的道德意识，主张以孝悌为中心，对儿童进行人伦道德教育和立志教育。

同时，颜之推认为一个人的发展，幼年时期良好的家庭教育是奠定一个人良好品质的重要基础，也是最好的教育时机。他甚至认为，早期的教育可以从胎教开始，或者最迟应当从婴幼儿时期开始施行教育。因为儿童心灵纯净，可塑性强，容易教化，并且婴幼儿受外界的影响少，精力集中专注，教育的效果最佳，所以，颜之推极力强调家庭教育的重要性。在教育内容上，家庭教育不但要培养儿童的人文精神，而且要开发儿童的智能。在教育方式上，应当遵循严慈恩威并施相结合的原则，只有这样，才能取得良好的教育效果。他极力反对对幼小儿童的过分溺爱，不加管教，让其为所欲为的教育方式。他认为父母应当对儿童进行严格教育，严加督训。他说，"古者，圣王有胎教之法：怀子三月，出居别宫，目不邪视，耳不妄听，音声滋味，以礼节之。"（《颜氏家训·教子》）说明了古代圣王对胎教的重视程度。皇妃们怀孕三个月后就要迁居到别宫，单纯地居住生活，要尽力做到眼睛不随便去看不良的东西，耳朵不随便去听不良的声音，音乐、饮食都严格按礼法加以节制。并且主张孩子尚在婴幼儿时期，就应当让师保给他们讲明忠孝、仁爱、礼义的道理，从小引导他们养成良好的品质和习惯。

因此，在家庭教育中，父母对子女既要威严，又要慈爱，这样，子女才会产生敬畏之心，才会拥有孝心。如果父母对子女只知溺爱，让子女为所欲为，应当训诫的，反而加以奖励；应当苛责的，反而加以鼓励，或一笑了之，那么，等到孩子长大成人以后，骄横轻慢的习性就已经形成，这时再去管教就已经太迟了。并且，父母在儿女心中的威信已经荡然无存，由此产生的后果就只能是父母心里对子女的火气天天增加，子女心里对父母的怨恨也越来越深。那么，子女的道德品质终将可能走向败坏。孔子说："少成若天性，习惯如自然。"俗话说："教妇初来，教儿婴孩。"说明了从最初开始进行培育教化的重要性。

颜之推认为，在家庭教育中，不管子女聪慧与否，都应当一视同仁，都应当把关爱和教化施于每个孩子，切忌偏袒和宠爱某个孩子，同时冷落其他的孩子。只有做到这样，才能开发孩子的内在智能，才能培养造就不同的孩子都成人成才。在家庭教育中，父母对待子女应当教育有方，严慈并施，从小培养孩子的良好品格。他说："父子之严，不可以狎；骨肉之爱，不可以简。简则慈孝不接，狎则怠慢生焉。"（《颜氏家训·教子》）说明了父子之间应当适当保持严肃，不可以太亲热；亲人骨肉之间要互敬互爱，不可以太随意、太简慢。太简慢了，父亲的慈爱和儿子的孝顺就不能很好地把握分寸；如果父子之间太亲热了，儿子对父亲就会失去了尊敬。因此，古人主张父子分室居住，这是使父子之间不会太亲热的办法；要求子女给父母按痛搔痒，叠被收枕，这是培养教育孩子孝敬父母、养成良好思想品德的重要一环。颜之推又说，"人之爱子，罕亦能均；自古及今，此弊多矣。贤俊者自可赏爱，顽鲁者亦当矜怜，有偏宠者，虽欲以厚之，更所以祸之。"（《颜氏家训·教子》）颜之推从反面进一步说明偏爱孩子、溺爱孩子的危害，强调对孩子一视同仁的重要意义和价值。他认为，聪明俊美的孩子固然应该得到父母的关爱，顽劣愚笨的孩子也更应当得到父母的怜悯和关爱。如果偏宠偏爱某个孩子，往往会导致孩子狂妄自大，反而会害了孩子，这是家庭人文教育的最大弊端。

（二）重视家庭伦理教育。中国传统家庭结构是以婚姻和血缘关系为基础组成的，家庭的每个成员之间，都存在着一定的义务和责任，每个成员都有关爱照顾其他成员的责任和被关爱照顾的权利。因此，颜之推在《颜氏家训》中十分重视家庭成员之间的伦理教育。成年的家庭成员具有尊敬奉养老人及抚养教育子女的双重任务。他强调教育子弟、尊老爱幼及夫妻和睦对社会人文教化产生的重要作用和意义。

在《序致第一》中，颜之推说："夫圣贤之书，教人诚孝，慎言检迹，立身扬名，亦已备矣。魏晋以来，所著诸子，理重事复，递相模敩（xiào 效法），犹屋下架屋，床上施床耳。吾今所以复为此者，非敢轨物范世也，业以整齐门内，提撕（提醒）子孙。"颜之推阐明了撰写《颜氏家训》这本书的本意，主要在于整顿家风，教导自己的子孙后代，而不在于重复前人圣贤著书教导人们要如何做到忠于国家、孝敬父母、言词谨慎、行为检点、处世为人、播扬名声的单纯说教。他认为，通过家庭成员之间的伦理教化，所收到的效果非一般的说教能达到的。所以，颜之推用平常家庭成员之间的特殊伦理关系，进一步说明家庭伦理教育所产生的重要作用。他说："夫同言而信，信其所亲；同命而行，行其所服。禁童子之暴谑，则师友之诫不如傅婢之指挥；止凡人之斗阋，则尧舜之道不如寡妻之诲谕。"（《颜氏家训·序致第一》）他认为，同样可信的语言，人们更信任自己亲人所说的话；同样可行的事，人们更奉行自己所信服的人的命令。如果想禁止家里小孩过分调皮的行为，老师和朋友的告诫，还不如家里侍婢的指挥；如果想制止平常人家的争吵打架，那么，古代圣贤的说教，还不如家里贤妻的劝告。

在论兄弟之间的关系时，颜之推认为，自然界先有了人类，然后才有夫妇，有了夫妇然后才有父子，有了父子然后才有兄弟姐妹。在家庭伦理结构中，这三种亲属关系最为重要，成员之间的真诚相待尤为重要。特别是兄弟姐妹之间是形体独立而气息相通的一家人。他在《兄弟》一文中说："方其幼也，父母左提右挈，前襟后裾，食则同案，衣则传服，学则连业，游则共方，虽有悖乱之人，不能不相爱也。"说明了兄弟在幼年时情同手足，感情深厚，是心心相连、心灵相通的一家人。但是，即使是这样至亲至爱的兄弟，一旦到了成年，兄弟各自成家立业以后，即使是诚实厚道的人，兄弟之间的感情也会减弱。因此，颜之推强调，在家庭伦理教育中应当重视兄弟之情的不断培育和呵护，否则就会影响到家庭的和睦，甚至影响到家族的兴衰成败。他认为，一般情况下，妯娌之间的情感通常比较疏远、淡薄，不如兄弟之间的情感深厚。如果在家庭中，妯娌之间出现不融洽的情况，将会直接影响到兄弟之间的感情，只有兄弟之间感情特别深厚的人，才有可能不受到妯娌的影响，才能避免兄弟之间关系疏远。如果兄弟之间出现关系不融洽的情况，这将直接影响到子侄之间关系的不融洽，那么，子侄之间一旦不能相互爱护，出现感情淡薄,这样下去,连过路的行人都可以随意欺负他们。因此,颜之推在家庭伦理教育中,十分重视兄弟之间感情的沟通和呵护,只有这样,才能保持家庭的长盛不衰。

因此,颜之推说:"二亲既殁,兄弟相顾,当如形之与影,声之与响。爱先人之遗体,惜己身之分气,非兄弟何念哉?兄弟之际,异于他人,望深则易怨,地亲则易弭。譬犹居室,一穴则塞之,一隙则涂之,则无颓毁之虑;如雀鼠之不恤,风雨之不防,壁陷楹沦,无可救矣。仆妾之为雀鼠,妻子之为风雨,甚哉!"(《颜氏家训·兄弟》)他认为,父母双亲去世以后,兄弟之间应当互相关照,应当像形体与影子、声音与回响一样去爱护怜惜兄弟,除了同胞兄弟之外,还有谁会这么牵肠挂肚呢?因此,兄弟之间因为和别人不同,所以,相互之间的要求也就不同了。正因为这样,如果相互之间不能心领神会、相互体贴,那么就很容易在心里产生不满。但因为地近情亲,如果双方善于反省回报的话,兄弟之间产生的不满情绪也就容易及时消除,就像房子的墙壁上出现了一个孔一样,要及时堵上,这样房子就不会有倾倒的危险;如果不问不闻的话,就会有墙塌柱倾的危险。

同时,颜之推在家庭伦理教化中,十分关注仆妾、妻子对兄弟感情所造成的破坏。因此,他特别强调要正确处理好家庭成员中的这对关系。他认为,妯娌是家庭中发生争吵的主要根源,即使是同胞姊妹,如果一旦变成了妯娌关系,也会容易引发争吵,更何况是本无血缘关系的人呢?因此,他认为,妯娌之间能无隔阂的实在不多,产生隔阂的主要原因是妯娌"以其当公务而执私情,处重责而怀薄义也"。(《颜氏家训·兄弟》)而要解决这个问题,就必须做到"恕己而行,换子而抚,则此患不生矣"。(《颜氏家训·兄弟》)总之,妯娌之间只有树立家庭大局意识,对待家庭公事没有私心,用道义去处理重大问题,不断培育仁爱之心,用爱自己孩子的心去爱妯娌的孩子,那么,家庭中的这种祸患才可以避免。

在《后娶》里,颜之推对特殊家庭的伦理教育尤为重视。他说:"凡庸之性,后夫多宠前夫之孤,后妻必虐前妻之子。非唯妇人怀嫉妒之情,丈夫有沈惑之僻,亦事势使之然也。"颜之推看到在家庭伦理教育中存在这种特殊的家庭结构,比正常的家庭伦理教育更加艰难,因此,引起了他的关注和重视。他认为,一般人的心理,在重新组合的家庭中,后夫大多会偏爱前夫的孤儿,而后妻大多会虐待前妻的孩子。这种情况不只是因为妇人怀有嫉妒的心理、男人怀有容易沉醉迷惑的缘故，而是异性兄弟的不同身份所至。因为前夫的孩子一般不敢与后夫的孩子争抢家业，而前妻的孩子常常处在后妻亲生孩子之上，凡事都有优先占有权，所以，后妻就会产生虐待的心理。在这样的家庭结构中，如果家庭教育不好的话，一旦异性的孩子受到宠爱，父母就会遭到亲生子女的怨恨；同时，如果前妻的孩子受到后妻的虐待，那么，异母的兄弟便会成为仇敌，这是家庭伦理教育的祸根，不得不引起人们的重视。

所以，在《治家》中，颜之推说："夫风化者，自上而行于下者也，自先而施于后者也。是以父母不慈则子不孝，兄不友则弟不恭，夫不义则妇不顺矣。"他认为，社会人文教化是从上而下逐步推行的，是自先而后逐步实施的。因此，在家庭伦理教育中，如果父亲不慈爱，子女就不会孝顺；如果哥哥不友爱，弟弟就不会恭敬；如果丈夫不仁义，妻子就不会顺从。所以，在社会人文教育中，治理家庭和治理国家是一样的。

（三）重视养生养性教育。他认为，养生和养性是相辅相成、缺一不可的。若只懂得养生而不知养性，长生不老也无多大价值；若只懂养性而不知养生之真正意义，养性也就毫无意义。因此，颜之推既关爱生命、珍惜生命，探求养生之道，又重视养性的重要作用，将生命的意义提升到一个新的境界。他说："夫生不可不惜，不可苟惜。"（《颜氏家训·养生》）他认为，大丈夫立身处世，不可苟活偷生。可见，他的教化主张具有积极的人生价值和社会意义。

首先，在养生方面，颜之推认为"夫养生者先须虑祸，全身保性，有此生然后养之，勿徒养其无生也。"（《颜氏家训·养生》）意为要保养身体，首先要懂得考虑避免祸患，保全性命。有了性命，然后才可以讲究养生之道，不能只注重保养而忘掉自己生命的危险。《庄子·达生》中记载：鲁国有位名叫单豹的人住在深山，喝的是泉水，不和人们争逐名利，七十岁时脸色还和婴儿一样，但不幸的是遇到饿虎被吃掉了。《庄子·达生》中又记载：有个叫张毅的人凡富贵人家无不登门趋奉，结果在四十岁时，因患内热病而死。嵇康虽然有养生的理论，但因为自己恃才傲视他人，结果被害；石崇希望服食药饵争取延年益寿，但因为贪心过重而招致杀身之祸。颜之推通过上面的事例，进一步阐述了自己养生的教化思想。

所以，颜之推主张养生之道应当顺其自然。他说："若其爱养神明，调护气息，慎节起卧，均适寒暄，禁忌食饮，将饵药物，遂其所禀，不为夭折者，吾无间然。"说明了养生之道的根本在于顺其自然之变化，善于爱惜保养自己的精和神，善于调理保护自己的气和血，小心节制自己的饮食起居，以适应自然界的冷暖变化，克服不利于健康的饮食起居习惯，谨慎服用有益养身的药物，顺从天赋的年限而不致于短命夭折，实现颐养天年，这就是最好的养生之道。所以，他对养生之道和生命的意义有独特的理解。在生命的长短与生命的意义关系上，颜之推提出"夫生不可不惜，不可苟惜"的主张。他认为"涉险畏之途，干祸难之事，贪欲以伤生，谗慝而致死，此君子之所惜哉；行诚孝而见贼，履仁义而得罪，丧身以全家，泯躯而济国，君子不咎也。"（《颜氏家训·养生》）意为一个人如果踏上一条危险的道路，去从事招致灾难的活动，为贪得无厌而丧生，因奸邪谄媚而致死，这是君子所痛惜的；如果一个人为忠孝之大事而被害，做仁义之事而获罪，以牺牲自己的性命来保全家庭，以献出自己的生命来捍卫国家，这是真正永垂不朽的养生之道。

其次，在养性方面，颜之推尊崇老庄的思想。他在《勉学》中说："夫老庄之书，盖全真养性，不肯以物累己也。"他主张为人要保全天性，不要让外界之物来拖累自己。在《文章》中，他又说："至于陶冶性灵，从容讽谏，入其滋味，亦乐事也。"说明了一般读书人或为政者，如果能做到陶冶情操，婉言规劝，并达到一定的境界，这也是一种赏心的乐事。同时，他批判了自古以来大多数文人墨客恃才傲物，轻佻肤浅，不知养性而招致祸害的事实。如屈原显露自己的才华，表现忧国忧民的情怀，从而暴露了国君的昏庸无能，结果终遭遗弃；东方朔为人滑稽而缺少雅趣；司马相如贪人财资而无操行；曹植为人背理傲慢，触犯刑律；王粲为人率直急躁，终被人嫌弃；阮籍为人蔑视礼教，败坏习俗；嵇康待人无礼，不得善终；潘岳贪求财物，自取灭亡等等，都说明了养性的重要性。同时，在做人节操上，颜之推认为"君子之交绝无恶声"，（《颜氏家训·文章》）这也是君子养性的重要方面，君子即使与人断绝来往，也不会去说别人的坏话，只有这样，才能保全自己的天性。

再次，颜之推认为要真正做到养性和养生的有机结合，就必须处理好"名"与"实"的关系。他说："名与实，犹形之与影也。德艺周厚，则名必善焉；容色姝丽，则影必美焉。今不修身而求令名于世者，犹貌甚恶而责妍影于镜也。"（《颜氏家训·名实》）说明了人的名声和实际，就像人的形体和影像一样。德行才艺丰厚的人，名声就一定好；就像容貌艳丽的人，影像就一定美丽一样。但有些人不重视陶冶自己的性情，修炼自己的身心，涵养自己的德性，却想在世上获得美好的名声，这就好比容貌丑陋的人想在镜子中找到自己亮丽的影像一样愚蠢。他说："上士忘名，中士立名，下士窃名。忘名者，体道合德，享鬼神之福佑，非所以求名也；立名者，修身慎行，惧荣观之不显，非所以让名也；窃名者，厚貌深奸，于浮华之虚称，非所以得名也。"（《颜氏家训·名实》）颜之推认为，道德高尚的人忘掉了自己的名声，中等德行的人千方百计为自己树立名声，才德低下的人善于投机取巧窃取自己的名声。正因为这样，所以品性高尚的人能清楚认识事物发展的规律，言行符合道德规范，可以自然享受上天赐予的恩福，用不着去追求名声；一心为自己树立名声的人，他们虽然也懂得陶冶自己的身心，涵养自己的德性，谨慎行事，但其根本目的是为了让自己名声显赫，整天忧虑重重，所以他们不会把名声让给别人；而挖空心思窃取名声的人，貌似忠厚而深藏奸诈，处心积虑谋求浮华的虚名，最终是不会得到好名声的。

因此，在社会人文教化中，颜之推认为，养性比养生更为重要，并且，养性要求人们要始终如一，不可半途而废去沽名钓誉，否则就会前功尽弃。他说："吾见世人，清名登而金贝入，信誉显而然诺亏，不知后之矛戟，毁前之干橹也。"（《颜氏家训·名实》）说明有的人在获得显赫的名声和地位后，就开始贪图金钱美色；有的人在获得昭著的信誉后，就开始不守信用，结果最后落的下场却是声名狼藉，身受其辱，其养生养性都是失败的。所以，在社会人文教化中，颜之推主张养生要以养性为前提，养性要以养生为目标，二者有机结合，相辅相成，始终如一，才能真正实现自己养生养性的理想目标。

同时，在为人处世上，颜之推主张注重养性。《礼记》上说："欲不可纵，志不可满。"人生在世，只有明白减少欲望和知足常乐的为人处世之道，才会真正实现养生养性的目标。因为大自然的规律都是满盈则亏损，因此，人只有修身养性，谦虚淡泊，才可以免除祸害。为人处世尚且如此，为官之道也是一脉相通。颜之推在《止足》中说："周穆王、秦始皇、汉武帝富有四海，贵为天子，不知纪极，犹自败累，况士庶乎？"他认为，像周穆王、秦始皇、汉武帝这样贵为天子，富有天下的人，却不知节制自己的欲望，修炼自己的性情，尚且为自己招来了失败或忧患，更何况一般的平民百姓呢？因此，他认为，为官之道也重在养性，知足而止，才可以实现养生。他说："常以二十口家，奴婢盛多，不可出二十人，良田十顷，堂室才蔽风雨，车马仅代杖策，蓄财数万，以拟吉凶急速。不啻此者，以义散之；不至此者，勿非道求之。"（《颜氏家训·止足》）意为以一个二十口的家庭为例，奴婢再多也不能超过二十人，有良田十顷，大小房屋只求能够挡风遮雨，车马仅能代替步行，再积蓄数万钱财，以备遇到急用就可以了，不可贪心伤性。如果超过了这个数目，就应当适当分散资助他人；如果达不到这个数目，也不能用非法手段去谋取，否则，就有可能招来杀身之祸。他又说："仕宦称泰，不过处在中品，前望五十人，后顾五十人，足以免耻辱，无倾危也。高此者，便当罢谢，偃仰私庭。"（《颜氏家训·止足》）说明为官之道，能被称作通达，不要超过中等品级，向前望有五十人，向后看有五十人，就足够免除耻辱，没有倾覆的危险。超过了就应当辞去官职，安居家中，以免可能受辱。颜之推的为官之道体现了中国传统中庸之道，但对具体的为官者来说，能恰如其分地把握中庸的为官之道，就必须进行自我养生和养性人文教化，才能真正领会把握为官的真谛，才能真正做到急流勇退，把握分寸之间的得失，以实现自己养生和养性的终极目标，而不至于贪恋权势，遭受为官之祸辱。

　　总之，魏晋南北朝时期，传统儒家的人文教育思想已开始衰弱，玄学、佛学和道学却盛行。玄学清谈玄理，崇尚自然，追求恬静的生活。同时，以裴頠、鲍敬言为代表的唯物主义者，反对玄学的虚无，主张世界的物质性，但又陷入了无政府主义思想中去，他们的教化思想在现实社会中不可能行得通。这时期，佛教兴盛，士族们把佛教中唯心主义的教化思想融进玄学中去，将玄学的教化思想推向深入，在社会人文教化中产生了消极的影响。道教在晋以后开始分化，从民间向贵族阶层蔓延，迎合了统治者的需要，有利于巩固封建统治地位，在社会人文教化中产生了重要的影响。所以，魏晋南北朝时期，玄学、佛教和道教的盛行，给社会生活带来严重的危害，不断侵蚀着人们的思想。当然，竹林玄学注重人个体的人格和生命价值，正是中国儒家伦理教化思想中所缺失的内容，表明了人个体的觉醒，在人文教化中具有现实意义。佛教文化的人文教育思想在与中国儒家传统人文教育思想不断融合的过程中，成为中华民族认同的人文教育思想，在现实社会人文教化中，具有一定的借鉴价值。

第五章 隋唐：人文之恢弘

一、时代背景

隋唐两朝都实行宽松开明、开放进取的文教政策，广泛吸收民族文化和外来文化的精华，造就了博大、繁荣的唐朝文化，特别是唐朝实行"尊崇儒教，三教并存"的文教政策，使唐朝社会人文教育思想出现了强盛恢弘的局面。

唐前期吏治清明，法制健全宽松；改革赋税制度，减轻农民负担；社会稳定，经济繁荣，这在客观上促进了社会人文教育的发展。唐朝统治者融合传统儒家、道家和佛家的教化思想，制定了以儒家文化为中心、佛家和道家文化为补充的文教政策。同时，唐统治者又根据政治的需要，不断调整三者之间的关系，以实现社会人文教化的目标，达到巩固封建统治的目的。

儒家文化的人文教化思想自魏晋以来，由于受到玄学和外来佛学的冲击，失去了独尊的地位。隋唐统一以后，为了巩固封建统治地位，积极提倡儒家的礼乐教化思想。隋文帝命人修订五礼，以劝学行礼，统一社会思想。唐高祖建立唐朝后，要求兴化崇儒，在国子学中立周公，建孔子庙，颁布《兴学敕》，要求"敦本息末，崇尚儒宗"（《唐大诏令集》卷105，《崇儒》），出现了"学者慕响，儒教聿兴"的局面。唐太宗李世民设立了弘文馆，选拔天下儒士为他所用，崇儒兴学的文教政策得以确立，为巩固唐朝的长治久安发挥了重要的作用。唐太宗为了鼓励人们学习儒家经典，命孔颖达负责编撰《五经正义》，颁行天下，并作为科举考试的标准。为了整顿礼仪，进一步发挥儒家文化的社会教化功能，唐太宗命人制定《大唐开元礼》，让人们从思想到行动都践行儒家的教化思想。唐太宗实施的这些措施不但统一了儒家学说，而且提高了儒家思想在社会人文教化中的地位和作用。

隋唐统治者虽然尊崇儒家思想，但不像汉朝那样独尊儒术，而是采取与佛道两教并重的文教政策，使佛教、道教在唐朝也得到不断发展。儒、佛、道三教既相互斗争又相互融合，共同促进唐朝思想文化的繁荣和发展。三教并存的局面，不但开阔了人们的眼界，活跃了人们的思想，而且共同构成了唐朝辉煌灿烂的文化，为宋明理学的形成和发展奠定了基础，在中国古代社会人文教化中占有不可或缺的重要地位。

隋唐时期的文教政策对当时的学校教育产生了重大的影响。在经济发展的基础上，作为培养人才的学校，在隋唐时期获得了很大的发展，同时，与学校教育密切相关的科举制度也发展到成熟阶段。科举制度产生于隋朝，在唐朝进一步得到完善和发展，经历了宋、元、明的演变，更加完备定型，于1905年被废除，在中国封建社会延续了1300年，是中国历史上持续时间最长、影响范围最广的选拔人才的制度。这种依据考试成绩来选拔人才的科举制度，既不同于两汉以德取人的察举制，又不同于魏晋南北朝以门第取人的九品中正制。隋唐时期通过科举考试来选拔人才的制度，在中国封建社会的历史进程中产生了重要的作用，同时，对人们的思想、对社会人文教化也产生了重大的影响。唐朝的学校教育是在隋朝的基础上不断发展完善起来的。唐朝的学校教育经历了从单一到综合、从偏缺到完备的复杂过程。

唐朝文教事业的不断发展完善，不但统一了人们的思想，加强和巩固了唐朝统治政权；而且也促进了唐朝社会人文教化的不断发展，使唐朝成为世界文化交流的一个中心。但是唐朝的文教政策随着统治者的改变也有所变化，这也直接影响到学校教育事业的发展。唐高宗统治时期，学校教育事业继续得到发展，并有所创新。到武则天统治时期，由于她崇信佛教不重视儒学，因此，对学校教育制度进行多次的修改，造成学校教育的不断退化。唐中宗即位后，恢复了唐初建立的教育体系，使学校教育又得到复兴和发展。唐玄宗统治前期，他重视整顿政治，社会经济文化得到飞速发展，学校教育也发展到一个新的高度。在发展学校教育的同时，唐玄宗十分重视科举取士，规定参加科举考试的人必须经过学校的学习，这一政策对促进唐朝教育事业的发展，产生了积极的推动作用，使唐朝的学校教育发展到了鼎盛时期。安史之乱以后，唐朝的学校教育便日趋衰退，由于受财力物力的限制，统治者只重科举考试而不重学校教育，学校教育逐渐成为科举考试的附庸，大大地禁锢了知识分子的思想，对社会人文教化产生了消极的影响。

随着唐朝对外经济文化交流的不断发展，唐朝统治者为了在思想上进一步加强对民众的控制，允许各种宗教共同发展。

唐高祖以道教始祖李耳为尊，积极扶植道教，希望借助道教来巩固唐王朝的政权，使道教得到空前的发展。唐太宗李世民认为，李氏江山得力于太上老君的保佑，所以把道教尊奉为皇教。唐高宗统治时期，尊奉老子为太上玄元皇帝。唐玄宗统治时期，将老子的画像颁行于天下，令王公以下都要学习《老子》。同时，又封庄子为南华真人，文子为通玄真人，列子为冲虚真人，庚桑子为洞灵真人，使道教不断得到发展壮大，对社会人文教化产生了深远的影响。

佛教自东汉末年传入中国后，经过魏晋南北朝的发展，到了隋唐时期，发展最为鼎盛。在南北朝时期，又传入了许多新的佛经，并对教义有了不同的阐释。同时，佛教的兴衰与统治者的好恶息息相关。隋文帝即位后，为了报答僧尼的抚养之恩，重兴佛教，大兴土木修建佛塔、佛寺。隋炀帝也自称是菩萨戒弟子，重赏佛寺，鼓励人们出家为僧尼。隋朝统治时期，佛教的地位超过儒教，日本多次派遣使臣来中国学习佛法。

唐朝统治时期，佛教形成了许多不同的宗派，各派虽异，但都在宣扬人的灵魂不灭，人生因果报应及六道轮回等封建迷信思想，引导人们在现实生活中，遵循逆来顺受、忍辱负重、安于现状的原则，在客观上有利于巩固和维护封建统治秩序。在佛教各派中，以天台宗、法相宗、华严宗和禅宗影响较大。天台宗以智𫖮为代表，宣扬一切"皆由心生"，世界本体是空无的，被称为"空宗"，主要经书是《法华经》；法相宗以唐玄奘为代表，宣扬"万法唯识"、"心外无法"，被称为"唯识宗"；华严宗以法藏为代表，宣扬"尘是心缘，心为尘因。因缘和合，幻相方生"，主要经书是《华严经》；禅宗以慧能为代表，宣扬以"坐禅"、"禅定"来修炼自身。禅宗相传为印度僧人达摩在北魏时期创立的。禅宗五祖弘忍有两个大弟子，一个是神秀，创立北宗；一个是慧能，创立南宗。神秀的佛教修炼主张是"身是菩提树，心如明镜台。时时勤拂拭，勿使惹尘埃"，阐明了渐悟成佛的道理。慧能的佛教修炼主张是"菩提本无树，明镜亦非台。本来无一物，何处惹尘埃"，阐明了顿悟成佛的道理，慧能的主张在社会人文教化中产生了重大的影响。神秀的渐悟修炼说是客观唯心论；慧能的顿悟成佛说是主观唯心论。慧能的顿悟成佛说，不但迎合了当时社会底层劳动人民的心理寄托，而且又迎合了当时官僚地主幻想灵魂轻易进入天堂的需要。所以，南宗最终凌驾于北宗之上，在社会中得到广泛的流传，垄断了当时整个佛坛，影响了当时社会人文教化的价值取向，产生了重大的社会影响。

唐朝统治者虽然重视佛教，但佛教始终没有处在独崇的地位。唐统治者总是平衡儒、道、佛三教之间的关系，这不但与各个时期统治者的好恶有关，而且也在客观上有利于巩固封建专制统治。但佛教的盛行，以及统治者对寺院滥施财物和赋税特权，造成了社会财富的极大损耗，不但影响了人们正常的生产生活和国家财政收入，而且也形成了僧侣地主与世俗地主之间尖锐的矛盾和冲突，形成了唐朝反佛斗争的态势。唐初反佛代表人物傅奕，从儒家的伦理道德思想和地主阶级的利益出发，对佛教僧尼进行了猛烈的抨击，主张除去佛教，令僧尼还俗生儿育女，以利社会国家的发展。他把魏晋以来的反佛人物编辑为《高识传》一书，作为反佛斗争的教材，在社会人文教化中产生了一定的影响。

安史之乱以后，社会经济出现危机，反佛斗争得到进一步的发展，其代表人物是唐宋八大家之一的韩愈。他在《原道》和《论佛骨表》中，对佛教进行尖锐的批判，主张终止宣扬佛道，勒令僧、道、尼还俗，烧掉佛经、道经，把寺院改作民房，宣扬以儒家之道取代佛道。但由于韩愈没有从唯物主义无神论的根本立场去批判佛教教义，而只是主张从儒家的唯心论去反对佛教的唯心论，所以，在反佛斗争中显得苍白无力。

后来，韩愈的弟子李翱又仿效佛教的修行说对儒学进行改造，提出了"复性"的主张。他认为人性本善，圣人因不为情欲所困，所以没有失去善良的本性；而凡人常常为情欲所困，不能超脱，所以就迷失了人的本性。因此，在社会人文教化中，他要求人们应当修炼到灭掉情欲、以求达到"弗思弗虑"的至诚境界，才能回归人性本善的目标。韩愈唯心主义哲学思想，经过宋代周敦颐、二程、朱熹等人的继承和发展，逐渐形成了理学（或道学）唯心主义理论体系，成为中国封建社会后期占统治地位的哲学，在社会人文教化中产生了十分深远的影响。

二、人文教育思想概述

　　隋唐在统一全国后，采取一系列发展社会经济的政策，促进了社会生产力的不断发展，使社会经济、文化出现前所未有的繁荣局面。隋朝统治的时间虽然短暂，但隋文帝重视社会教化，调整了社会教化政策，采取许多恢复和重振儒学的措施，创立了科举制度，促使文人士子对中国传统文化进行学习传承，客观上促进了社会人文教化的不断发展。隋文帝在社会人文教化中，重视儒学的社会教化作用，造就出一大批名儒，使儒学经典在社会上广泛传播，汉朝"尊儒"的风气，在隋朝又一度复兴，并蔚然成风，对社会人文教化和人们的思想产生了深远的影响。

　　唐朝建立以后，统治者一方面吸取隋朝迅速灭亡的教训，另一方面继承并发展隋朝尊崇儒学的社会教化政策，同时，又扶植佛道二教，从中吸收有益于统治的教化思想。这样，唐朝建构了以儒学为中心、以佛道为辅助的社会人文教化思想。唐初，唐高祖李渊下诏推行兴化崇儒的教化政策。唐太宗果断提出"以文治国"的大政方针，决心用儒家的经典思想来作为施德治、行仁政、倡教化的指导思想，以净化社会风气，使社会民风淳厚、民心纯正。儒家经典学说自汉武帝之后，又再次被统治者定为官方和社会人文教化的重要指导思想。由于儒家经典著作传播范围的不断扩大，儒学在整个社会人文教化中产生的作用也越来越大，对人们的思想产生了重要而深远的影响。

　　随着唐朝社会经济的不断发展，唐玄宗统治时期，在社会人文教化中，强调"以孝治天下"的主张。开元十年（722年），他亲自为《孝经》作注，并颁行天下，作为国子学和地方官学的教本。天宝二年（743年），唐玄宗再注《孝经》，并为《孝经》作序，令天下人收藏。唐玄宗不但重视《孝经》，以《孝经》作为统治天下的精神支柱，而且以《孝经》作为教化民众的根本。儒家倡导"百善孝为先"。唐朝统治者尊崇儒家的人文教化思想，强调以"孝"来教化民众，认为天下民众只有在家内先做到孝敬父母、尊敬长辈，才能在外做到对朋友诚信、对君主忠诚。因此，儒家"孝"的教化思想在盛唐为统治者所重视，在社会人文教化中发挥了积极的作用，对民众的思想也产生了深远的影响，特别是中国传统上以家庭作为养老的最好选择，统治者强调"孝"的思想，易于为民众所认同和接受，体现了以民为本的教化思想。

同时，唐玄宗采取了一系列的政策措施来建构新的文化价值体系，重视社会文化核心价值体系的构建，引领社会良好风气的形成，充分发挥宗教、伦理道德、乐舞文化等的教化功能，不断加强社会人文教化。首先，唐玄宗在思想意识领域重新恢复了儒家思想的正统地位，提倡重学尊儒、兴贤造士、净化风气、促成教化，并尊孔子为文宣王。其次，在尊儒的同时，唐玄宗又亲自对《道德经》作注，颁行天下，修造道观，优待道士，并在科举考试中增加道教的内容，以提高道教的社会地位，实行以儒家思想为基础、崇儒重道、三教兼容的文教政策。第三，唐玄宗既尊重知识又尊重经学博士，身体力行，不断推动重学重教等良好社会风气的形成。在社会人文教化中，唐玄宗善于对社会舆论、社会乐舞文化进行管理和控制，充分发挥社会舆论和乐舞文化，在日常社会生活中对民众进行教化，培养民众养成良好的社会道德。

在治国方略和社会人文教化中，隋唐统治者虽然都强调重视儒家学说的重要作用，但由于佛教所宣传的人的精神不灭、因果报应以及劝善惩恶等教化思想，与儒家提倡的孝亲、忠君等教化思想有异曲同工之妙；道教宣扬无为、顺其自然的教化思想，有利于巩固统治者的专制统治，因此，佛道二教的教化思想都为统治者所采用。隋唐统治者并没有采取"独尊儒术"的政策，而是采取"以儒学为正宗，三教并重，多教共存"的教化政策，对佛道二教给予了一定的扶植和支持。隋唐统治者采取"三教并重，以儒为先，兼而用之"的文教政策，不但打破了民众意识形态上的单一思维，而且有力地促进了儒、佛、道三教的相互吸收和融合，营造了一种大度、开放的文化氛围，使中国传统文化和外来文化都得到自由的发展，人们可以自由选择自己的信仰，共同培育了社会人文精神，共同促进了社会人文教化的不断发展。同时，在客观上也促进了人们思想的活跃，为创造前所未有的唐文化的繁荣局面奠定了基础。

中唐以后，皇权旁落，国势衰弱，君威不振。唐朝统治者为了加强和巩固封建统治秩序，在社会人文教化中，特别是在实施政治教化中，尤其强调"忠君爱国"的教化思想，用"忠"来取代盛唐时期倡导的"孝"的教化思想，使"忠君爱国"的教化思想成为中唐以后社会教化的核心内容。特别是在"忠孝"不能两全的情况下，主张舍孝而尽忠。安史之乱以后，统治者为了应对国家危机，为了强化皇权至高无上的权威地位，把"忠君爱国"作为社会政治教化的主导思想，把官员和民众教化成"忠臣顺民"，以利于国家的长治久安。中唐著名文学家韩愈作《张中丞传后叙》、柳宗元作《段太尉逸事状》，对尽忠殉节的仁人志士进行极力的渲染和赞扬，在社会舆论上起了导向的教化作用。同时，为了强化"忠君爱国"的教化思想，统治者对忠义之士进行了高度的褒奖表彰，赐予名节，为世人所祭拜、效仿，并且尽忠者的家属也受到朝廷的优抚，以引导社会教化的走向。

中唐统治者为了实现"忠君爱国"社会人文教化的目标，将三国时期的关羽正式列入国家级祭祀，使关羽的"忠义"品格凸显出来，引导官员、民众崇尚关羽的忠义精神，实现社会教化的目的。这样，中唐的社会教化由"孝"向"忠"转变，反映了中唐时期社会教化的核心开始转移。两汉至唐前期的社会道德教化的核心是"孝"，而中唐为了政治的需要，把"忠"置于"孝"之前，强调了"尽忠报国"的社会核心价值观。同时，"孝"与"忠"相比较而言，孝已处于次要和从属的地位。中唐以后，从社会道德教化核心价值观的改变中，反映了当时社会的急骤变化和皇权的进一步衰弱。当然，在社会人文教化中，强化"忠"的教化作用，既有正面积极的作用，又有负面消极的影响。如果强调忠于人民、忠于国家、忠于真理，这对民众的思想将起积极的导向和教化作用；如果无条件地强调忠于某个人，维护某个人的一己之私利而为他尽忠，这将对社会民众的思想起消极的导向作用，是误导、是愚忠的表现。当然，中唐以后强化以"忠君爱国"为核心的政治教化思想，为宋代重建封建专制中央集权统治奠定了民众的社会心理基础。

在天人关系的人文教化中，中唐时期，柳宗元从无神论的立场出发，提出"天人不相预"的主张，说明自然界的运行规律不会去左右、影响人类社会人的祸福命运，人也改变不了自然界的自然运行规律。他认为，天地是由物质构成的，天地之间充满元气，由阴阳二气相互作用构成元气，产生了世界万物，肯定世界的物质性，否定天所具有的神秘力量，突出强调人类自身的力量，提出人类社会应当由人类自身来主宰的主张。

继柳宗元之后，刘禹锡又提出"天与人交相胜，还相用"的教化思想，主张天人处于平等的地位，各有千秋。他指出，天所能的，人不能；人所能的，天不能。在《天论》中，他说："天之所能者，生万物也；人之所能者，治万物也。"并且,刘禹锡强调人定胜天的社会教化思想。他认为天(自然界)是无目的、无意识地按照自然规律运行,而人是有意识、有目的地改造自然,使自然为人类服务,强调了人主观能动性的重要作用。这比柳宗元对天人关系的理解更进了一步,体现了中国传统自强不息的人文教化思想。

同时,刘禹锡从唯物主义出发,认为天虽然不能干预人间的治乱祸福,人也不能干预自然界的四季变化;但自然界与人类社会之间又存在相互联系、相互作用的关系,所以,天与人之间又能够"交相胜,还相用"。他说,当社会法制畅行,是非清楚,赏罚分明,人们了解祸福的原因,以"是非"为准则的"人理"就战胜了以"强弱"为准则的"天理",人们就相信自己而不相信天命,这是人胜天。反之,当法制破坏,是非颠倒,赏罚不明,人们感到无法掌握自己的命运,这时"是非亡"而"天理胜",人们就会把社会造成的祸福归之于"天命",从而产生宗教迷信,这就是天胜人。[1]

刘禹锡"天人交相胜"的唯物观,从辩证的角度阐明了自然界和人类社会之间的相互关系,人类既要发挥人的主观能动性,又要尊重自然界的客观规律,科学合理地利用和改造自然,来满足人类社会生存的物质需要。刘禹锡对唯物主义思想作出了新的阐释,他努力从社会现象中去探寻天命论和宗教迷信产生的社会根源,在社会人文教化中具有积极的意义。

在人性善恶的社会人文教化中,继董仲舒、王充、荀子之后,中唐时期,韩愈在《原性》中认为"上焉者,善焉而已矣;中焉者,可导而上下也;下焉者,恶焉而已矣"。他明确指出,先天具有的性对每个人来说都是不同的,有上、中、下三品之分,这就从根本上说明现实生活中人的道德品性不同的原因。同时,在提出"人之性"后,他又将"人之情"分为三品。他认为,上品之情,恰到好处,完全符合道德准则,是圣人之情;中品之情,情动其中,有所甚,有所亡,是凡人都有之情;下品之情,是任情而为,没有道德准则约束,这是小人之情。韩愈将人的性与情结合分析,不但反映了韩愈社会教化的主张,而且也反映了儒家教化思想在隋唐的复兴。

总之,中国古代传统人文教育思想是以育人为唯一目的,注重对人的品德进行培养,对人的智慧进行培育,而不仅仅是单纯传授的知识。因此,在

---

[1] 朱绍侯主编:《中国古代史》(中册),福建人民出版社,1985年版,第283页。

社会人文教化中,既要培养国家需要的各种人才,又要在教育中化民成俗,形成良好的社会道德风尚,把育人和树风二者有机结合起来,促进整个社会形成民风纯朴、民心纯正的人文氛围。

三、韩愈:顺性克情,尊师重道

唐朝实行海纳百川的开放文化政策,不但使盛唐成为举世瞩目的东方文化中心,而且使中华文化出现了空前的繁荣,在社会人文教化中占有重要的地位和影响。韩愈的人文教育思想正是和盛唐这种人文文化精神紧密相连,植根在这种文化土壤之中,并深受其影响。但安史之乱以后,唐朝的国力开始衰弱,佛、道两教的势力和影响不断扩大,儒学在社会人文教化中的地位面临着严峻的挑战。韩愈力图以儒学的教化思想来整顿社会人心,重树社会人文教化的旗帜。在社会人文教化中,他坚持儒家的"道统"思想,强调"知天"、"返性"的儒家教化思想。在《原性》中,他把仁、义、礼、智、信作为人的先天本性,主张重建纲常秩序,坚持通过修身养性来实现齐家、治国、平天下的政治目标,希望统治者实行"仁政",反对拥兵者搞分裂割据,无视民众的疾苦,做出违背"仁政"和社会人文教化的行为。

(一)提出了"顺性克情,性情相应"的人文教育思想。韩愈站在时代的高度,观察到当时社会人文教化的症结所在,提出了"道统论"和"心性论"的主张,强调"顺性克情,性情相应"的人文教育思想。他认为,社会人文教化有两个重要方面:一是治心;二是辨性。所谓"治心"就是"正心诚意",并且应当做到积极有为、积极入世进行治心,而非佛老清静无为的养心。因此,治心是提升个体的内在修养、完善自我内在品德的修炼过程。

韩愈在人性的善恶上,继承并发展了儒家传统的人性论,特别是对西汉董仲舒的"性三品"说,进行了进一步的阐析,提出了自己的性情观。在《原性》中,他认为,"性也者,与生俱生也;情也者,接于物而生也。性之品有三,而其所以为性者五;情之品有三,而其所以为情者七。曰何也?曰性三品有上、中、下三。上焉者,善焉而已矣;中焉者,可导而上下也;下焉者,恶焉而已矣。其所以为性者五:曰仁、曰礼、曰信、曰义、曰智。上焉者之于五也,主于一而行于四;中焉者之于五也,一不少有焉,则少反焉,其于四也混；下焉者之于五也，反于一而悖于四。性于情视其品。情之品有上、中、下三，其所以为情者七：曰喜、曰怒、曰哀、曰惧、曰爱、曰恶、曰欲。上焉者之于七也，动而处其中；中焉者之于七也，有所甚，有所亡，然而求合其中者也；下焉者之于七也，亡与甚，直情而行者也。情之于性视其品。"意为人的性是与生俱来的，而人的情是接触外物而产生的。人性有上中下三品，上品之性的人，能够以"仁"为根本，同时兼备"义、礼、智、信"四种品德，像后稷、文王这样少数圣贤之人。中品之性的人，善恶混合，有善有恶，在"仁、义、礼、智、信"五个方面杂而不纯，缺少仁，或违背仁，其他四种道德也有好有坏。中品之性的人，虽然其性先天不足，不能完全符合道德标准，但可以通过后天的教化使他们弃恶从善，成为对社会有用的人。并且，中品之性的人占社会成员的绝大多数，这也正是社会教化的重点对象。下品之性的人，他们不但没有仁爱之心，而且也背离了"义、礼、智、信"四种道德，因此，他们的人性是恶的，即使通过后天的教育，也不可能得到教化，像叔鱼、杨食我等斗筲之人。

总之，韩愈认为，上品之性的人是至善之人，中品之性的人是可善可恶之人，下品之性的人是至恶之人。因此，社会人文教化的主要对象，是对绝大多数中品之性的人进行教化。因为上品之性的人即使不对他们进行教化，他们的本性也是至善的，下品之性的人即使对他们再教化，也很难改变他们至恶的本性，所以，他认同孔子说的"唯上智与下愚不移"的教化思想。

韩愈针对佛教主张"灭情见性"及道教主张"无情无欲"的观点，提出了"性情相应"和"顺性见情"的性情统一观。他认为，人性是天生的，分为三品，情是后天感物而生的，与性相对应，同样也分为三品。情的表现内容为"喜、怒、哀、惧、爱、恶、欲"七种。上品之情的人面对七情时，表现为发而中节，不偏不激；中品之情的人面对七情时，表现为有过之有不及，不能处其中，不能表现得恰到好处；下品之情的人面对七情时，则表现为纵情恣意，无所节制。所以，韩愈认为，上品之性的人发为上品之情，中品之性的人发为中品之情，下品之性的人发为下品之情。可见，韩愈的"性三品"之说，直接继承了董仲舒的"圣人之性、中民之性和斗筲之性"的教化思想，在此基础上进行发展和完善。说明了在社会人文教化中，要遵从人性，正确处理性与情之间的矛盾统一关系，在"顺性克情，以求善行"的过程中，必须以"仁、义、礼、智、信"作为社会人文教化的中心内容。同时，在社会人文教化中，又要充分认识到教育不可能改变人性，教育不可能使下品之性变为上品之性，教育的主要意义只是在于让绝大多数中品之性的人，尽可能引导教化他们向上品之性的人靠拢。因为这部分人的情存在着可以被教育改造的可能，因此，社会人文教化的作用主要体现在对绝大部分中性之人的教育上。在教化中，用"仁、义、礼、智、信"五个人性道德标准来教育感化他们，使他们尽力做到顺性克情、弃恶从善。

此外，对上品之性的人，在社会人文教化中，主要是发扬其人性中先天具有的仁义和善性，让他对社会、对人类作出更大的贡献。而对下品之人，在社会人文教化中，不必对他们抱有什么希望，因为他们天生就是顺情而行，对于"仁、义、礼、智、信"置若罔闻，教育对他们产生不了什么大作用，针对下品之人，只有以法来警戒、惩罚和控制他们的行为，但这种人毕竟是少数人。韩愈在《原性》中说"是故上者可教，而下者可制也"，说的就是这个道理。当然，韩愈提出的"顺性克情"的人文教化思想也有其历史的局限性，这种教化思想与孔子"有教无类"的人文教化思想相比，明显带有阶级的等级观念，显得没有人性。但他作为封建统治阶层的代言人，其人文教化思想又表明了只有运用教化和刑罚双重手段，才能真正实现社会的和谐稳定，才能真正实现社会人文教化的终极目标，对后世具有重要的现实意义。

（二）提出"以教传道，学所以为道"的人文教育思想。在社会人文教化中，韩愈认为，应当通过教育的手段使民众重新认识儒家的仁义道德，以教传道，让民众明白"学所以为道"的教化目标。在教育的过程中，他主张首先要"明先王之教"，恢复儒家学说尊崇的地位，主张把"道"贯穿于教育的过程中。韩愈从人性论和伦理道德上对"道"进行阐述，使"道"开始从宗教异化的天命神权上，过渡到以儒家仁义道德为中心的教化上来，并和佛老之道有着根本不同的内涵。在《原道》中，他说："凡吾谓道德云者，合仁与义言之也，天下之公言也；老子之所谓道德云者，去仁与义言之也，一人之私言也。"说明了老子所说的道是去仁义之道，而韩愈所要阐述的道是合仁义为一体之道。可见，韩愈所追求的"道"是秉承儒家修身、齐家、治国、平天下的有为之道；而佛老所追求的只是个人修身养性的无为之道。韩愈主张"学所以为道"的人文教化思想，为宋明理学强调以道德自律的教化思想作了铺垫。

在社会人文教化中，韩愈强调"学所以为道"的观点，其目的是强化儒学的道统地位。在《原道》中，他说："明先王之道以道之"，就是要求用儒家的仁义道德来教化民众。他又说："博爱之谓仁，行而宜之之谓义，由是而之焉之谓道，足乎己而无待于外之谓德。仁与义为定名；道与德为虚位；故道有君子小人，而德有凶有吉。"韩愈进一步阐述了儒家仁义道德的具体内涵，强调了在社会人文教化中，应当让民众明白博爱众生就是"仁"，而"义"又是"仁"的具体表现，只要人的言行合乎人情事理，就可以理解为是"义"的言行。只要用"仁义"来修炼身心，就体现了儒家的"道"，而且这种仁义是发自内心的自觉，这就体现了儒家的"德"。

因此，韩愈认为，儒家所讲的仁义是有其具体的实际内容，所以称为定名；而道德则可以有不同的解释，所以称为虚位。因为儒家所说的道德是以具体的仁义为内容，而道家所说的道德是去仁义的道德，二者有着根本的不同，所以就有了君子之道和小人之道，君子是行天下之公道，而小人是行一己之私道。《易经·泰·象传》中说："君子道长，小人道消也。"说明了君子之道是儒家的仁义之道，而小人之道正与此相反。《礼记·中庸》中说："君子之道，暗然而日章，小人之道，的然而日亡"，说的就是这个道理。同时，在德上同样就有了凶德和吉德之分。《左传》中说："孝敬忠信为吉德，盗贼藏奸为凶德。"因此，韩愈认为"老子之小仁义，非毁之也，其见者小也"。（《原道》）

由此可见，从《原性》到《原道》，再到《原人》，表明了韩愈人文教化思想的一个发展过程。《原性》明确说明了人性是由"仁、义、礼、智、信"五个方面构成的，表明了天赋予人性本善，但在现实社会生活中，又存在君子和小人、好人与坏人之分，其原因就是人性有上中下三品，即存在至善之品、可善可恶之品、至恶之品。而对于为什么人性本善，后又有上中下三品人性，其根源在哪里？韩愈并未作出明确的回答，这样他的"性本善"与"性三品"之间就产生了矛盾。

在《原道》中，韩愈提出"以教传道"，主张在社会人文教化中，传授儒家的"仁义道德"之道，也就是以儒家的"仁义道德"为正统之道来教化民众，突出了"学所以为道"的观点。当然，这一人文教化的前提必须是人性本善、人性平等。因此，在《原道》中，韩愈开门见山地提出"博爱之谓仁"的观点。说明只有人性本善，才有教化的可能；同时，只有可教之人，才有可能实现博爱，才有可能去践行"仁"的思想。如果人性本恶，人的善根缺失了，那么，后天的教育感化也就无能为力了，或者说是事倍功半，无济于事。但人性的善根是否是固定不变的，对这个问题，韩愈也未作出明确的回答。但从《原性》中可以看出，韩愈认为人性是不变的，而人情是可变的。一旦人的七情六欲发生变化，人的言行就会发生变化，在不同的时空中，人的行为就可能有善恶的不同，这就会影响到人的"品"。在不同的时空中，由于人的行为的善恶不同，人表现出来的品格也就不同，其人性的善恶也就反差很大。所以，在社会人文教化中，韩愈批评了道家舍去"仁义"来空谈道德的做法。在《原道》中，韩愈极力探求儒道之原，用以排斥佛老之道，以论证儒学社会伦理教化的历史作用。因此，可以说原道就是探求做人之道，也就是人道。人性决定人品，人品表现人性，而人性、人品归根到底还是为了反映社会人文教化的现状。

所以，韩愈晚年的人文教化思想集中体现在《原人》一文中。在《原人》中，他说："形于上者谓之天，形于下者谓之地，命于其两间者谓之人。"说明了道体现于上者为天，称为天道；体现于下者为地，称为地道；道赋予天地之间的人类以人性，称为人道，反映了天道、地道和人道既相互独立又和谐统一的关系。因为天道、地道和人道各自独立成为一个系统，所以，在《原人》中，他又说："天道乱，而日月星辰不得其行。地道乱，而草木山川不得其平。人道乱，而夷狄禽兽不得其情。"说明了天道、地道皆属自然之道，日月星辰都是按天道的运行规律自然运行，山川草木都是按自然界四时的变化自然生长，万物相生并育，以保持自然界生态的平衡。所以，人道也应当如同天道、地道一样不能乱，才能使人类得到生存和发展。但由于人类是万物之灵，具有主观的能动性和自主性，又不同于日月星辰和自然万物。一般说来，天道和地道比较固定，一般不会乱，但人类因为有主观能动性，所以，人道有时就会发生乱象，这不但对人类社会自身产生影响，而且还会影响到自然界。因此，韩愈对人与自然、人道与自然之道之间的关系作了进一步阐述，说明天道、地道是自然之道，是客观存在的道，没有主观意志；而人类有主观意志，所以人道带有主观性。可见，人性、人道的善表现为主观自觉、自律的善,而天道、地道的善表现为客观无意识的善。如果人性的善也达到了天道、地道的忘我之善,那么,这就是人性光辉的最高表现,说明人性之善已达到天地圣人的境界。

《论语·述而》中说:"我欲仁,斯仁至矣";《孟子·尽心上》中说:"尽其心者,知其性也。知其性则知天矣"。说明了人性源于天道,人道源于人性的道理。可见,韩愈在社会人文教化中,将人道自觉之善与天道、地道自然之善加以区别阐述,又点出二者之间的联系,其目的是为了说明人道之善的重要性。他说:"天者,日月星辰之主也。地者,草木山川之主也。人者,夷狄禽兽之主也。主而暴之,不得其为主之道矣",(《原人》)说明了行人道的重要性。如果人类之共主不行人道,就失去了其作为共主的合理性和合法性。因此,在社会人文教化中,韩愈提出"人道重于君权"的教化思想。又说"是故圣人一视而同仁,笃近而举远"。(《原人》)说明在社会人文教化中,人们应当发扬人性之本善,依人性之善行人道,自觉去践行儒家仁义道德的理念,使人性与天性、地性相通,使人道与天道、地道融为一体,真正做到天人合一、天人同仁的境界。同时,韩愈要求人们应当把仁爱之爱推而广之,做到推己及人、推人及物,实现"仁民爱物"(《孟子·尽心上》)的教化目标。

总而言之,韩愈在《原性》中提出"性之于情视其品",说明人性是看不见的,只有通过人情的表现来反映;而人情是看得见的,人情表现人性,人性决定人情,通过人的情与欲可以判断人的品与格。同样,"情之于性视其品",阐述的也是一样的道理。因此,韩愈认为,在社会人文教化中,应当以人性为基础,以教传道,以正统儒家的仁义道德来培育大多数人的人性之善端,并通过人性之善来修炼人情之好恶,使人欲"动而处其中",能以天下大仁、大义为中心,实现天下大化的教化目标。

(三)提出"尊师重道,师道相依"的人文教育思想。韩愈主要生活在唐朝由盛转衰的中唐时期,由于上层社会中存在追名逐利、生活奢侈、不重视从师重教的浮躁风气;同时,学校教育也日趋衰弱,儒家尊师重教的师道观日益淡化,文人学士以求师为耻,师生关系混乱不堪,师道之尊严不复存在。韩愈面对当时社会教育的状况,毅然挺身而出,作《师说》一文,重新倡导培育尊师重道的良好社会学风,以维护儒家的人文教化思想,在当时社会人文教化中产生了积极的影响和作用。

　　韩愈在《师说》中明确提出"师者,所以传道、授业、解惑也"的观点。他认为教师的责任,一是传授儒家的仁义之道;二是为学生讲授《诗》、《书》、《礼》、《易》、《春秋》等儒家经典之作;三是为学生解答学道和学业过程中的困惑。说明教师在社会教化中的责任是重大的,只有在全社会自上而下形成良好的"尊师重道"的学风,才能使教师顺利完成"传道、授业、解惑"的任务。所以,韩愈极力强调师道的尊严。同时,韩愈虽强调师道之尊严,但又不拘泥于此。在学习的过程中,他又强调"道之所存,师之所存"的观点,体现了师生平等、教学相长的师生观。在《师说》中,他明确提出"圣人无常师"和"弟子不必不如师,师不必贤于弟子"的主张,说明了在教与学的过程中,先闻道者可以为师的道理,体现了他既强调师道之尊严,又强调师生之平等、教学相长的人文教化思想。

　　韩愈强调"尊师重道"的人文教化思想,其目的在于强调"师道"与"儒道"二者之间的统一。通过"尊师"来增强教师"传道"的意识,为重振儒学之道开辟道路。因此,"尊师重道"是韩愈人文教化思想的精髓,为提高教师的社会地位、重建良好的师风产生了重要的作用。《师说》是中国教育史上第一篇比较全面阐述师道尊严的经典之作。韩愈强调师与道的密切联系,其根本目的就是要重建儒家文化,以儒家的仁义道德教化思想来培养造就统治者需要的人才,以促使社会精英人才勇于担负起振兴国家民族的重任。

　　韩愈秉承孔子的"就有道而正焉"(《论语·学而》)的人文教化思想,主张"道之所存,师之所存"的师道相依的观点,体现了韩愈人文教化思想的核心内容。韩愈认为"尊师"与"传道"二者是相辅相成的。只有首先形成尊师的社会风气,儒家的仁义道德之道才能得以传播;而一旦儒家的仁义道德之道深入人心,尊师的社会风气也就自然形成。如果整个社会缺乏尊师的人文氛围,那么,儒家的仁义之道也就无法得到传播。同样,如果偏离了儒家的仁义之道,那么,教师的传道也就成了无本之木、无源之水。因此,韩愈极力主张整个社会应当形成"尊师重道"的人文氛围,以先王之道来教化民众。

　　同时,在学习先王之道的过程中,韩愈要求人们要勤学勤思、学思结合,以求博学专精。在《进学解》一文中,韩愈明确提出"业精于勤荒于嬉,行成于思毁于随"的主张，勉励人们要刻苦学习，勤于思考，才能有所成就；反之，如果贪玩成性，学业就会荒废。他勉励人们要想成就自己的德行，就必须做到凡事三思而后行；反之，如果放荡成性，品德就会堕落。因此，在博学与专精的关系上，韩愈认为二者是对立统一的。如果学习不能广博，专精也就失去了基础；反之，如果学问不能专精，博学也就失去了意义。所以，韩愈主张在学习先王之教的过程中，要做到"师其意而不师其辞"，意为在学习中要善于领悟先王之道的思想内涵，不必拘泥于先王之道的文辞章句上，只有这样，才能真正达到学有所用的求学目的。

韩愈作为复兴儒家文化的倡导者，他希望通过"尊师重道，以教传道"的方式来"明先王之道"，使儒家的仁义道德教化思想得以传承，以维护社会统治秩序，在历史上具有积极进步的意义。当然，因为他毕竟是站在封建统治阶级的立场上，所以，他的人文教化思想又未免带有时代和阶级的局限性。

（四）提出"不拘一格培育人才，选用人才"的人文教育思想。韩愈从儒家道统思想出发，为了巩固封建统治秩序，主张大力培育国家需要的人才。他认为，儒家主张以"道"和"德"来治理天下，就必须通过教育的途径大力培养一批德才兼备的精英人才来治理国家，以践行儒家的道统思想。同时他认为，以德治国的核心内容就是人治，在人治的国家里，治理国家的人，也就是官吏个人的品德修养和道德自律意识就显得尤为突出和重要。因此，韩愈建议唐最高统治者要从国家的长远利益出发，得天下英才而教育之，为封建国家培育储备德才兼备的官吏。

为了培育人才，韩愈向统治阶层进谏培养人才的重要性。在《上宰相书》中，他说："君子能长育人材，则天下喜乐之矣！"说明了培育、选用德才兼备的人才是国家长治久安的根本大计。在《三上宰相书》中，他说："愈闻周公之为辅相，其急于见贤也，方一食而三吐其哺，方一沐三捉其发。"韩愈通过借用周公求贤若渴的诚心强调了培育人才的重要性。因此，韩愈要求统治者整顿国学，改革招生育人的制度，扩大育人的范围。同时，韩愈在担任国子祭酒后，严格选拔学官，以他们的实际才学为根据，改变了此前只看资历不考艺能的积弊。此外，韩愈对国子监新增的属官，一律任用儒生，且要经过严格的考试，合格者才有资格担任学官。韩愈任国子祭酒期间，使国学恢复了正常的教学秩序，师生之间研讨学问和砥砺品性蔚然成风。

在培育人才的实践中，韩愈敢于挑战自魏晋六朝到唐中期士大夫耻于为师的社会氛围，他作《师说》一文，指出师的重要作用及相师的必要性，从而打破了当时耻以相师的观念，大胆地招收学子，为封建社会培育了一大批人才。韩愈不但在太学和国子监讲解儒家正统经传，教导学子修业求道、养性进德，而且在被贬谪潮州时，还捐资创办乡校，为教育和培养人才作出很大的贡献。

韩愈不但主张要重视培育人才，而且也主张要不拘一格选拔人才。在《进学解》中，他说："大木为杗，细木为桷。欂栌、侏儒、椳、闑、扂、楔，各得其宜，施以成室者，匠氏之工也；玉札丹砂，赤箭青芝，牛溲马勃，败鼓之皮，俱收并蓄，待用无遗者，医师之良也；登明选公，杂进巧拙，纡馀为妍，卓荦为杰，校短量长，唯器是适者，宰相之方也。"韩愈以木工为喻，说明了在建造房屋时，木工把大木作为栋梁，把细木则用作椽子、斗棋、门闩、榫子等，用其所长，各得其宜的道理来说明选人用人之道。统治者只有善于为各方面的人才提供一个发挥专长的机会，才能真正实现人尽其才、才尽其用的目标。

在《马说》一文中，韩愈把人才比作千里马，要求管理者应当像伯乐那样，善于发现和识别人才。如果为政者没有独具慧眼，那么，人才也会像千里马那样被埋没掉。因此，韩愈希望为政者应当善于发现人才，应当做到不拘一格地选用人才。他极力反对当时实行的"国家之仕进者，必举于州县，然后升于礼部吏部"的选人用人的程序方式。他认为，这种选拔人才的方式只能让那些有门第、有关系的人获得仕进的机会，而寒门之子由于无人举荐就会失去仕进的机会。同时，韩愈对当时只注重以"试之以绣绘雕琢之文，考之以声势之逆顺、音句之短长"为考核选拔人才的依据表示不满。这种只注重表面而不重视真才实学的选人方式，不能让有真才实学的人才脱颖而出，为国家效力。所以，韩愈认为选拔人才应当做到唯才是举，不拘泥于门第偏见。只有这样，才能为国家广开门路，选拔出各种有用的人才。同时在用人的过程中，韩愈极力反对对人才吹毛求疵、求全责备的用人观。总而言之，韩愈认为统治者能否发现人才、培育人才、重用人才是关系到国家盛衰兴亡的大事，对统治者摧残埋没人才的做法进行无情的批判和讽刺，表现了他爱惜人才、不拘一格选拔重用人才的思想，他的人才观对社会人文教化产生了重要的影响。

四、柳宗元：吏为民役，以德安民

柳宗元生活的时代，正是唐朝由鼎盛开始转向衰弱的中唐时期。大唐帝国经历了安史之乱、藩镇割据、宦官专权、朋党之争及农民起义的打击后，社会经济、政治、文化出现了混乱不堪的局面。在社会人文教化领域，传统儒家的教化思想也开始出现转型。柳宗元从先秦儒家实践要义的理性精神出发，反对汉以来直至初唐儒学以章句训诂之学为重的治学氛围，主张应当深入探究原始儒家的人本主义精神和实用理性的实践精神，构建了开放的儒学思想，在社会人文教化中产生了深远的影响。

（一）提出了"天人不相预"的人文教育思想。天人关系的问题是先秦哲学的中心问题。孟子提出"尽其心者，知其性；知其性则知天矣"的观点，认为"天人合一"，可以相通。荀子提出"明于天人之分"。他认为"天行有常"，而人可以"制天命而用之"。说明了天道自有自身的客观运行规律，人有主观的能动性，体现了古代朴素唯物主义和辩证法的思想。汉代董仲舒提出"天人之际，合而为一"的主张，认为"天者万物之祖"，主张"天人合一"。在唐代，天人关系的问题仍是思想家们争论的焦点之一。韩愈在《原人》中提出"贵与贱、祸与福存乎天"，认为天是有意志的，可以左右主宰人的富贵、贫贱和祸福。而柳宗元秉承了荀子"天人相分"的观点，明确提出"天人不相预"的主张，并作《天说》一文批判韩愈"天能赏功罚祸"的观点。柳宗元认为，天是由元气构成的自然物，是客观存在的物体，没有人的意志，一切自然现象是按自然界的客观规律在运行，反对用虚无缥渺的天命、天意来为人的主体行为作解释。柳宗元力求从人的主体能动中来理解天人之间的关系，以突出人的主体作用，否定天对社会历史进程的作用。

柳宗元在《答刘禹锡天论书》中说："生植与灾荒，皆天也；法制与悖乱，皆人也。二之而已，其事各行不相预。"说明了万物生长与灾荒是自然界的自然现象，社会治理与法制悖乱是人为的事情，自然界的运行规律与人类社会的治乱之间没有内在的必然联系。因此，柳宗元强调"天道和人道各行其是，互不干预"。他明确指出，天不可能干预社会上的人事，应当从人自身的主体性活动来确定天（自然）存在的意义。在《断刑论下》中，柳宗元指出"曲顺其时，以谄是物哉？吾固知顺时之得天，不如顺人顺道之得天也"。他认为不能只谈天而不讲人事，圣人之道必须是着眼于利国利民的道德实践上，而不能仅仅是对儒家圣人之言的训诂解说上。当然，在柳宗元看来，人事活动与天无关主要是强调人类社会自身存在的规律。他要做的就是单纯地回归人事自身，"不穷异以为神，不引天以为高，利于人，备于事，如斯而已矣"。（《时令论上》）而和他同时代的刘禹锡，针对柳宗元在天人关系理论上的局限性，提出了"天人交相胜，还相用"的主张。说明了在特定的条件下，人可以胜天，天也可以胜人的道理。自然（天）的能力是顺应自然规律而生育万物，人的能力是发挥人的主观能动性，以改造自然，维护社会秩序。这样，使天人关系又趋于"中和"的状态，是对传统"天人合一"教化思想的超越，比较真实地反映了自然界和人类社会之间对立统一的辩证关系。

在社会人文教化中，柳宗元提出"天人不相预"的观点，其目的是将人们的思想从"天人合一"的神秘主义学说中解放出来，使被赋予意志的天，回归为自然的天，这是对汉代以来"天人感应"和"符命"学说的彻底否定，体现了唯物主义的世界观。柳宗元在《天对》中回答了屈原在《天问》中提出的关于宇宙本源的问题，进一步阐明了自己唯物主义的宇宙观。他认为天和地都是由元气构成的，元气充满天地之间。并且，这种气是无始无终、无穷无尽的，而作为宇宙的天，在空间上是无边无际的。柳宗元认为，天地之间万物的生长是构成天地万物的元气自身运动的结果，万物随四时的变化而生长荣枯，这是不以人的意志为转移的。天人依据各自的内在规律自行发展，二者不相干预，是对唯物主义宇宙观的进一步发展，具有重要的人文教化意义。在《断刑论下》中，他说："苍苍者焉能与吾事！"说明了莽莽苍苍的自然之天是不能干预人事的。因此，人在自然之天面前，不能消极等待，而应积极主动发挥人的能动作用，获取人类自身的物质需求。

总之，柳宗元以"天人不相预"为社会人文教化思想，并在《时令论》、《断刑论》、《贞符》、《非国语》、《封建论》等文中对"天人感应"的有神论进行了无情的批判，把天事和人事区别开来，主张尽人事，而不以天为高，反对把人类社会的一切人事归根于神或天（自然），这在社会人文教化中产生了深远的影响。

（二）提出"以民为本，吏为民役"的人文教育思想。柳宗元以原始儒学的人本精神为依据，进一步发展了孟子"民为贵，君为轻"的民本思想，提出"吏为民役"的主张，在社会人文教化中，重新唤起了民众的主人翁意识，在当时社会上引起了振聋发聩的影响。

以民为本是柳宗元执政为官的根本，同时也是他官德思想的灵魂。柳宗元继承并发展了中国儒家中正仁义的仁爱思想，以"仁政"作为他从政的核心内容和准则。他积极参与王叔文集团的政治变革，其目的就在推行利国利民之教化思想。并且，柳宗元的政治改革理论，深受以赵匡、陆质等人为代表的"新春秋学派"的影响，赞同新春秋学派提出的治经释经要为现实社会服务的理念，反对以马融、郑玄二人为代表的就经治经、重章句训诂的治学之风。在《寄京兆许孟容书》中，他说："勤勤勉勉，以兴尧、舜、孔子之道，利安元元为务"，体现了他为政之道的核心就是以民为本，尽力做到利民、安民、便民的目标。

柳宗元在被贬永州之后，对民间百姓的疾苦有了更深入的了解和同情，使他的民本思想得到了进一步的升华。他更加坚定地认为，为官之道在于要坚守官道和官德，在于对百姓施行仁爱之道，把为民解忧作为为官者的重要职责。同时他认为，官吏只有施民于仁政，才能得民心，才能使社会安定、经济发展，才能巩固国家的长治久安。在《捕蛇者说》一文中，他借孔子批判"苛政猛于虎"，揭露了当时社会官吏鱼肉百姓、把百姓逼到死亡线上的黑暗现实。在《种树郭橐驼传》中，他又借"养树"之道来喻"治民"之道。他认为统治者只有像种树那样"顺木之天，以致其性"来治理民众，尽量做到不扰民、不欺民。为官者不但要有"利民"的理念，而且更要有"民自利"的思想，才能使民众安其生，才能实现"利安元元"的目标。柳宗元的人文教化思想具有一定的历史意义和现实价值。

柳宗元在人文教化中强调以民为本的同时，又针对当时"民为吏役"的社会现实，大胆提出"吏为民役"的主张。在《送薛存义之任序》中，他说："凡吏于土者，若知其职乎？盖民之役，非以役民而已也。"说明了官吏是人民雇佣的仆人，是人民的公仆，那么官吏就应当为民众谋福祉。他又说："夫为吏者，人役也"，阐明了"吏为民役"的主张。他认为官吏应当为民众做事，而不应成为民众的主宰者，不能无端地去扰民、害民。柳宗元的观点和主张在封建集权专制统治的社会里是惊天之论,在社会人文教化中产生了巨大的反响。

同时,他认为"凡民之食于土者,出其十一佣乎吏,使司乎于我也。今我爱其直、怠其事者,天下皆然"。(《送薛存义之任序》)说明了官吏是民众用赋税所供奉雇佣的仆人,因此,官吏就必须为民众做好事、做成事,认真履行自己所应当负起的职责,而不能凭借自己手中的权力对民众为所欲为,甚至胡作非为,祸害百姓。而在现实社会生活中之所以出现官吏欺压百姓、压迫百姓的事,其根源在于官吏手中有权力,而百姓手中没有权力。所以,百姓心里的诉求和意志就无法得到表达的机会,百姓也就无法行使自己的权力了。

因此,在《送薛存义之任序》中,他又说:"而民莫敢肆其怒与黜罚者,何哉?势不同也。势不同而理同,如吾民何?有达于理者,得不恐而畏乎!"说明了一旦民众的民主意识觉醒起来后,他们就懂得掌握自己的命运和权力。柳宗元在社会教化中,特别强调民众的历史地位和历史作用,并指出民众有能力行使属于自己的权力。可见,柳宗元的观点和主张已超越了儒家传统的"民本主义"思想,从儒家传统的"养民、牧民"的思想升华到"吏为民役"的思想高度,强调了民众才是真正的主人,官吏是奴仆,要求为政者对民众要顺其性、安其生,给民众提供一个不受干扰的生存和发展的环境。同时,柳宗元将传统儒家重视民生的民本思想发展到民众有权黜罚贪官污吏的高度,反映了柳宗元民主政治的教化思想。

总之,柳宗元的"以民为本,吏为民役"的人文教化思想不但明确了民众的主体地位,而且强调了官吏必须为民办事,必须严格遵循法制,维护纪纲,自觉约束自己的言行,必须"以生人为己任",这在一定程度上承认了民众的生存权利,在社会人文教化中具有积极进步的意义。

(三)提出"以贤治国,以德安民"的人文教育思想。柳宗元认为,民众用自己十分之一的收入来作为官吏的俸禄,所以,官吏是民众雇请的仆役。因此,官吏的职责是为民众服务,为民众公平办事,而不是去奴役民众。同时,柳宗元认为,教育就是要培养"明其道"的官吏,就是要培养"益于世用"的人才。他在《商君书·更法》中说:"苟可以强国,不法其故,苟可以利民,不循其礼。"他认为圣人之道,就是要造就"利于人、备于事"(《时令上》)、"以生人为主"(《文通先生陆给事墓表》)、"以利安元元（民生）为务"的官吏。只有这样，官吏才能真正做到有利于民、有济于世。这样的官吏应当是"不以是取名誉，意欲施之事实，以辅时及物为道"。(《答吴武陵论非国语》)说明了做官不是以沽名钓誉、升官发财为目的，而应当以经世致用为目标。因此，柳宗元积极主张要培养"益于世用"的人才。在社会人文教化中，他强调把培养人才与推行社会进步、减轻民众劳苦、促进国家强盛统一起来。

中唐时期，科举考试已成为士人入仕做官的主要途径。柳宗元针对当时在科举考试上出现"贵者以势托、富者以财托、亲故者以情托"的弊端，主张必须大力改革科举考试制度，以利于擢拔那些"德才兼备"、能够"辅时及物"的经世致用之才。同时，柳宗元不但提出"益于世用"的育人用人的观点，而且还以身垂范、努力践行。柳宗元为官期间，始终以民生利益、国家利益为重，积极进取、宽简爱民。永贞革新所采取的一系列"肃贪裁冗、罢官市、放宫女、轻徭薄赋、限制宦官兵权"等措施，充分体现了柳宗元等人"辅时及物"的人文思想。在被贬永州期间，他仍积极兴办学校、破除迷信、解放奴婢、开井种树、发展农桑、为民谋利、服务社会、化解矛盾、安抚民众等，他以自己的实际行动来践行自己提出的"益于世用"的教化主张。

在用人上，柳宗元主张"崇德赏功，唯贤是举"。他认为一个国家的兴亡、一个社会的治乱，其根本的原因在于社会的道德和教化。因此，在用人上必须做到"德才兼备，以德为先"。柳宗元继承并发展了先秦儒家的道德教化思想，提倡崇德赏功、重用贤能。在《涂山铭》中，他说："帝王之政，崇德而赏功"，强调了崇德赏功、任用贤能对国家、对人民的重要作用。所以，在用人上，柳宗元主张"即其辞，观其行，考其智，以为可化人及物者，隆之"。(《送崔子符罢举诗序》)意为选拔重用人才，不但要考察他的辞章文才，更要考察他能否为国家黎民百姓干好事、做成事的能力，也就是考察他能否"化人及物"的才干。他认为只要具备了这种才能，就可大胆选拔重用。

同时，在用人上，他主张应当重在看其德行，不应只看其出身贵贱；应当任人唯贤，反对任人唯亲；在官吏的使用上，应当以贤以能为根本，不应当以姓以族为依据。在《非国语》中，柳宗元说："官之命，宜以材耶？抑以姓乎？文公将行霸，而不知变是弊俗，以登天下之士，而举族以命乎远近，则陋矣。"表明了柳宗元唯才是用的用人之道，要求打破门第的高低贵贱以及上下关系的亲疏远近，主张以德和才来选拔任用贤能之才。在《六逆论》中，他批判了《左传》把"贱妨贵，远间亲，新间旧"（即卑贱的妨碍高贵的，疏远的离间亲近的，新人离间旧人）看作是国家混乱的根源。他认为"贱而圣且贤"的人可以代替"贵而愚"的人，这是实践唯才是举的根本原则。

总之，柳宗元在强调唯才是举的同时，还进一步强调对已任用的官员必须对他们的政绩进行跟踪调查，对称职的官吏进行褒扬提拔，对失职或不作为的官吏应当严加惩罚，黜退免职，真正形成"德才兼备者上，慵懒无能者下"的用人制度。在《封建论》中，他强调说明"朝拜而不道，夕斥之矣；夕受而不法，朝斥之矣"，说明了只有严格按照用贤弃庸的用人之道，才能真正实现社会安定、国家强盛的局面。

（四）提出"文以明道，文以载道"的人文教育思想。中唐时期，韩愈、柳宗元掀起了古文运动的高潮，柳宗元首次提出将"文以明道，文以载道"作为古文运动的思想主旨，强调了文章要做到思想性和艺术性的高度统一，要做到形式和内容的高度统一。柳宗元主张"为文"的根本目的是"明道"，就是要弘扬儒家的"圣人之道"。他认为如果"为文"只求形式和词藻的华丽，而不能领悟表达"圣人贤人"的人生要义，那么文章就成了"无本之木，无源之水"。韩愈在《答李秀才书》中说："学古道而欲兼通其辞；通其辞者，本志乎古道者也。愈之所志于古者，不惟其辞之好，好其道焉尔。"说明韩愈把"文以明道"放在首位。柳宗元在《答韦中立论师道书》中说："始吾幼吵，为文章，以辞为工。及长，乃知文者以明道"；在《报崔黯秀才论为文书》中说："圣人之言，期以明道，道假辞而明。"可见，韩柳都强调"文以明道，文以载道"的主张，他们所指的"道"是指儒家的仁义道德之道。

同时，柳宗元在"文以明道"中更加强调"辅时及物，利安元元"的经世致用之道，强调了"道"的现实性，著文应当有益于世人，能够惠及民众。在《报崔黯秀才论为文书》中，柳宗元又说："然圣人之言，期以明道，学者务求诸道而遗其辞，辞之传于世者必由于书。道假辞而明，辞明书而传。要之，之道而已耳。"说明了为文的主要目的是为了阐明"道"，而不是片面追求文章形式的精美和文词的华丽。柳宗元主张社会教化应当采用"文以明道"的教育方法，"求尧、舜、孔子之志"、"行尧、舜、孔子之道"。（《同吴武陵赠李睦州传序》）可见，韩愈的"道"着重于对人进行道德教化，以维护封建等级制度；而柳宗元的"道"着重于"辅时及物"的现实需要，着重于关心下层民众的生活疾苦，但二人"文以明道，文以载道"的主张，其最终目标都是要发挥文学针砭社会的需要，这种经世致用的文学思想具有深远的社会人文教化的历史价值和意义。

柳宗元在被贬永州后，创作的许多寓言故事，体现了"文以载道"的人文教育思想。寓言多用寄托、象征的表现手法，通过虚构短小精悍的故事情节来表现作者对现实社会某些现象的态度，以引起世人的思考和反思，从而产生劝谏、讽刺和针砭的作用。在《三戒》中，柳宗元用"临江之麋"、"黔之驴"和"永某氏之鼠"三则寓言故事，来讽刺劝诫那些仗势欺人、不学无术、胡作非为、专横跋扈的小人。《临江之麋》中，作者借一只被主人溺宠的麋鹿，家犬因惧怕主人而不敢吃它，反而和它示好，结果被外面的狗吃掉，而它却至死不明事理的故事，讽刺了那些狐假虎威的小人，并告诫他们只要一旦失去了主人的庇护，他们的命运将是很惨的道理。《黔之驴》中，作者借一只被人运到贵州却无可作用的驴子，在遭遇老虎时，终因技不如虎，被老虎吃掉的故事，讽刺了那些外强中干的人，最终难逃厄运。《永某氏之鼠》中，作者借永某氏因生肖属鼠而喜欢鼠，任凭老鼠在家中胡作非为，结果房子换了主人后，老鼠全部被主人消灭的故事，讽刺了那些仗势欺人、作恶多端的小人。

柳宗元借寓言故事对社会风气进行针砭，以文明道，表明了作者的社会政治理想。柳宗元在《三戒》的小序中说，"吾恒恶世人之人，不知推己之本而乘物以逞，或依势以干非其类，出技以怒强，窃时以肆暴，然卒迨于祸。"从中可见他为文的心态和用意，也可以说是"以文明志"，并对当时污浊和黑暗的社会进行无情的讽刺和抨击。此外，在《罴说》、《蝜蝂传》、《哀溺文》和《招海贾文》等寓言中，柳宗元借物喻人，以文明道、以文载道，激发世人对人之所以为人的关怀和思考，对不断衰弱的社会人文精神的期待和呼唤，这是他创作寓言的真正人文情结所在。正如"天地有大美而不言，四时有明法而不议，万物有成理而不说"（庄子《知北游》）一样，柳宗元创作的寓言故事，其寓意和人文精神的价值所在是让后人去思考、去探究、去领悟。他后期创作的《憎王孙文》、《鹘说》、《牛赋》、《瓶赋》、《愚溪对》等寓言是他"文以明道"思想的进一步突显，表现了他对人文精神的渴望和追求，以及对自己虽有经世安民之才，却反遭贬谪的不满和矛盾的心态。柳宗元借物讽人，采用了合理的想象和夸张的手法，既表达了自己对道德、正义、真理的执着追求，又表达了对现实社会存在的假、恶、丑现象的讽刺和批判，表现了丰富的社会人文精神，实现了"文以明道，文以载道"的社会人文教化思想，使寓言成为一种独立的文体登上了文学的舞台，同时也为中国古代文化展现了一幅宏大的人文画卷。

（五）提出"美不自美，因人而彰"的人文教育思想。柳宗元被贬永州十年间，创作了大量艺术性很高的山水诗文，《永州八记》是其山水诗文的代表之作。柳宗元对山水景物的自然之美有自己独特的感受和体会。他认为，山川景物的自然之美是自在之美，不能自彰其美，也就是说，山水景物之美只有通过人的眼睛去发现，只有通过人的心灵去感受，才能真正领略到自然之美，否则，山川自然景物之美是静寂的。所以，柳宗元在《邕州马退山茅亭记》一文中，提出了"美不自美，因人而彰"的美学命题，对社会人文教化产生重要的影响。

柳宗元认为，人可以发现自然美，进一步欣赏自然美。同时，人还可以改造自然，创造出人工园林之美，这是"美不自美，因人而彰"的根本内涵。从《永州八记》中可以看出，柳宗元将自己的身心安放在这些被世人遗忘的山水景物之中，然后慢慢地去感受、去领悟、去品味世人见不到的山水之乐、山水之美。《永州八记》中所描绘的八处美景，因柳宗元来之后才被发现，而之前却无人知晓，其根本原因是永州处于江南的蛮荒之地，虽然山川景物钟灵毓秀，美不胜收，但当地的百姓为生活所累，无暇去欣赏这自然之美景。因此，《永州八记》的每一篇文章都是一次美的发现。柳宗元被贬永州，心中苦闷忧愤，只能寄情于山水之间，希望通过大自然的美景让自己陶醉，以慰藉自己寂寥的心灵。所以，他能发现人们熟视无睹的山川景物之美，将自然之美与人文精神有机地融为一体，从而产生了无穷的审美价值与魅力，体现了"美不自美，因人而彰"的社会人文教育思想。

柳宗元在永州和柳州时，借山水景物之美来寄托自己深沉的悲情和强烈的孤寂情怀。一方面，永州自然山水景物的清幽、秀美和作者忧国忧民、品行高洁之美有机地交融在一起，使作品的艺术之美和作者的人格之美达到了高度的统一。在《至小丘西小石潭记》中，作者用细腻的笔法刻画了小石潭优美清静的自然景物，同时，又烘托了作者孤寂悲愤的情怀。说明小石潭四周虽然景物优美，令人神往，但寂静冷落、幽深悲凉，使人感到寒气透骨、心神凄凉忧伤，不得不离去的矛盾心态。可见，作者将自己的感情有机地融入自然景物之中，触景生情，情随景迁，自然地形成了一种凄美的艺术境界，同时也体现了"美不自美，因人而彰"的审美高度。可见，柳宗元的山水游记不仅仅停留在对自然景物之美的白描上，而且熔铸着作者的审美体验。在描写自然景物之美的基础上，融入了作者的人生感悟和审美评价，体现了"美不自美，因人而彰"的人文教化思想。

总之，隋唐时期，采取开放、宽松、自由的文教政策，造就了繁荣强盛的大唐文化，使社会人文教育思想达到了恢弘的境界。唐统治者实行"崇儒重教，三教并举"的教化政策，使儒家人文教育思想自汉以后再次成为社会人文教化思想的主导思想。从贞观之治的"以文治国"到开元盛世的"以孝治天下"，再到中唐以后的"忠君爱国"的教化思想，反映了儒家人文教育思想在唐朝的复兴。同时，唐朝统治者以儒家文化为中心，兼容佛道文化，在社会人文教化中起了互补的作用，有利于巩固封建统治秩序，对当今构建和谐社会、培育人们社会主义核心价值观具有重要借鉴作用。

第六章 宋元：人文之大成

一、时代背景

宋太祖赵匡胤建立北宋后，十分重视文化教育，强调"文治"对社会发展的重要作用。在建国初期，为了大量招揽国家需要的人才，他重视科举取士制度，并在讲武殿亲自批阅试卷，将殿试确定为科举考试的制度。宋太宗也十分重视科举取士，他说："王者虽以武功克定，终须用文德致治。"(《续资治通鉴》卷十一)，确立了"兴文教，抑武事"的国策，使宋朝出现了程朱理学和陆九渊心学，在社会人文教育思想上取得了辉煌的成就，实现了人文之大成。

宋朝初年，通过科举考试选拔了一大批统治者急需的人才，为巩固中央集权的封建专制统治服务。同时，自庆历四年（1044年）后，宋朝的文教政策偏重于"兴学育才，广办学校"上，重视用儒家的思想来教育学子。建隆三年（962年），宋太祖亲自撰文颂扬孔子和颜渊，并在国子监中塑绘先贤先圣的画像。宋太宗即位后，仍然重视提高儒学在社会人文教化中的地位，明确规定选用人才必须精通儒家的经书要义，必须遵循周孔之礼。宋真宗以后，尊孔崇儒的文教政策更加突出。大中祥符元年（1008年），宋真宗加谥孔子为"玄圣文宣王"，后又加谥为"至圣文宣王"。宋真宗亲自撰写《至圣文宣王赞》，称颂孔子为"人伦之表"；后又撰《崇儒术论》，称颂儒学为"帝道之纲"，并命邢昺、孙奭等人重新校定《周礼》、《仪礼》、《公羊》、《谷梁》、《孝经》、《论语》、《尔雅》等七经疏义及《论语正义》、《尔雅疏》、《孝经正义》、《孟子正义》、《九经正义》等共为《十三经正义》，颁行于学校，作为国家法定的教材，对社会人文教化起了很大的促进作用。

在统治者的重视和鼓励下，宋朝自庆历四年后出现了三次大规模的"兴文教，办学校"的运动。

一是范仲淹在宋仁宗庆历四年（1044年）发起的"庆历兴学"。在地方普遍设立学校，要求诸路府州军都要立学办校，具有士子二百人以上的也要求设立学校，并且教官要选本地宿学硕儒充担。士子必须在学校接受一定时间的教育才可以应试科举。改革科举考试制度，取消了贴经墨义，偏重于策论经学及明法科试断案上。创建太学，并选派石介、孙复等名儒到太学执教。在太学中推行大教育家胡瑗创立的"分斋教学制度"。

二是王安石在宋神宗熙宁年间（1069年）发起的"熙宁兴学"。主要是改革太学，创立"三舍法"（三舍法是北宋王安石变法科目之一，即用学校教育取代科举考试。把太学分为外舍、内舍、上舍三等，外舍2000人，内舍300人，上舍100人。官员子弟可以免考试即时入学，而平民百姓子弟需经考试合格才能入学。上等以官，中等免礼部试，下等免解。后来地方官学也推行此法，反映了班级教学的特色。这一改革措施，实际上将太学变成了科举的一个层次，学校彻底变成了选官制度的一个组成部分）；恢复和发展州县地方官校；恢复并创立武学、律学、医学等专科学校；编撰《三经新义》作为统一的教材，并对儒家《诗》、《书》、《周礼》三部经典著作重新加以注释，作为变法的理论依据。《三经新义》颁行以后，成为太学和州县学校的主要教材，同时也成为科举考试的必读之书和应试标准，其目的是为封建统治者培养需要的人才。

三是蔡京在宋徽宗崇宁年间（1102年）发起的"崇宁兴学"。主要是在全国普遍设立地方学校；建立县学、州学、太学三级相联系的学制体系；在京城开封南门外营建规模宏大的辟雍（也称外学），发展太学；恢复设立医学，创立算学、书学、画学、武学法等专科学校；罢科举，改由学校取士，这是对取士选人制度的重大改革。北宋王朝进行的三次规模宏大的兴学改革运动，推动了教育事业的不断完善和发展，同时也推动了北宋王朝尊孔崇儒文教政策的深入执行，对社会人文教化产生了积极的影响，为宋朝文化的繁荣和发展指明了方向。

此外，大宋王朝在遵循尊孔崇儒文教政策的同时，也大力提倡佛教和道教思想。其根本目的是为了巩固和维护封建专制统治的需要，使儒、佛、道三教在长期的相互争辩中逐渐走上融合的道路，为宋朝理学思想的产生奠定了基础，为宋朝理学成为中国封建社会后期的主导思想作了准备。

元朝统一后，为了加强中央集权专制统治，忽必烈采用"汉法"，任用了一批汉人，加快促进了蒙古族的封建化进程。在社会人文教化上，元朝统治者为了巩固国家政权，稳定社会秩序，在文化教育领域全面推行"遵用汉法"的文教政策。这不但化解了蒙古族与汉族之间在文化和教育上的矛盾和冲突，而且也促进了中国各民族之间文化的交流与合作，对巩固统一的、多民族的封建国家产生了重要的历史作用。

一是推行汉化，尊孔崇儒。元世祖忽必烈统治时期，重用汉族士大夫刘秉忠、郝经、姚枢、许衡、窦默等人，大力推行汉化政策，并将尊孔崇儒定为国策，承认和提倡以儒家学说为主体的汉族传统文化。大力兴办学校，发展教育，用汉族文化中的儒家教化思想来教育培养子弟，在全社会形成尊孔崇儒之风，规定祭祀孔庙的礼仪与帝王相同。元武宗至大元年（1308年）加封孔子为"大成至圣文宣王"，称赞孔子为"万世师表"，并将孟子列入"亚圣"的地位。元武宗还命令中书右丞荸罗铁木尔以国字翻译《孝经》，并称赞《孝经》"乃孔子之微言，自王公乃至庶民，皆当由是而行"。元仁宗也提出"修身治国，儒道可切"的主张。（《元仁宗本纪三》）

二是重教兴学，以文治国。元世祖曾向姚枢询问治国安民之道，姚枢建议"修学校，崇经术，旌节孝，以为育人才、厚风俗、美教化之基，使士不媮于文华"。（《姚枢传》）因此，重教兴学也是元朝人文教化政策的一个重要内容。元世祖中统二年（1261年）八月下诏："诸路学校久废，无以作成人才，今拟选博学洽闻之士以教导之，凡诸生进修者，仍选高业儒生教授，严加训诲，务要成材，以备他日选擢之用。"至元六年（1269年）又下诏："事有似缓而实急者，学校是也。盖学校者，风化之本，出治之源也。"（《礼部四·学校》）可见，元世祖在文教政策上既推行汉化政策，又兴学明教、培养人才，对促进社会人文教化产生了积极的作用。自元世祖之后，元朝历代统治者像元成宗、元武宗、元仁宗等都高度重视兴办学校。

三是恢复科举，提倡理学。元统治者为了网罗天下人才，元仁宗皇庆二年（1313年）正式颁行科举条例，元仁宗延祐二年（1315年）正式恢复了科举取士制度，其目的是通过科举考试来发现和选拔人才。并且，元代科举制度比唐、宋都有了一定的发展和完善，明确规定了考试内容，即"举人宜以德行为首，试艺则以经术为先，词素次之"。同时，对科举考试的方法和程式也做了更加详细、更加具体的规定。科举考试的办法以朱熹的《贡举私议》为蓝本，考试内容则以程、朱等注解的《四书》、《五经》为主，若"非斯言也，罢而黜之"。

随着元朝汉化政策的大力推行和科举取士制度的恢复和发展，宋朝理学的地位和作用也就显现出来。元朝统一全国后，为理学的进一步传播提供了良好的条件，逐步确立了理学在科举考试中的重要地位，规定科举考试从《四书》中命题，并以程朱理学大师的注疏作为评分的标准。同时，元统治者正式确立了程朱理学的官学地位，传统的经学教育开始向程朱理学教育转变，并把宋代著名的理学大师的牌位列入孔庙从祀。从此，程朱理学就成了元代统治者的最高指导思想，并影响了明清二代，完全确立了程朱理学在中国封建社会后期思想文化领域里的绝对统治地位。所以，社会人文教化也以程朱理学为主要导向，促进了社会人文教化的不断深入发展。

宋元时期，虽然战事不断，社会相对比较混乱，但同时也加速了各民族之间的大融合，尖锐的社会民族矛盾又激发了文人学士的创作激情。所以，各民族之间在文化上相互影响、相互渗透、相互吸收，使宋朝文化出现前所未有的繁荣局面，在中国文化史上具有独特的地位，成为中国传统文化发展的又一个高峰，为宋朝社会人文教化思想发展到高峰提供了条件。

两宋时期，在哲学思想上出现了理学，创建了中国封建社会后期新的儒学体系。理学又称"道学"或"宋学"，它是以儒学为主体，以"理"为宇宙最高本位，将佛家和道家的思想渗透到儒家哲学思想中，是中国哲学思想的又一次飞跃，对宋代的文学、史学创作等都产生了重要的影响，并作为一种文化现象，影响、主导着整个社会人文教化的进程。

周敦颐（号濂溪先生）是理学的先驱者和奠基人。他认为宇宙的本源是太极，在《太极图说》中，他说："无极而太极。太极动而生阳，动极而静，静而生阴。静极复动。一动一静，互为其根；分阴分阳，两仪立焉"。说明了太极的动和静产生出阴阳，阴阳二气交相作用而生成"水、火、金、木、土"五种物质元素，即五行或五气，再由五行繁衍出丰富多样的物质世界。同时，他又认为"唯人也得其秀而最灵。形既生矣，神发知矣，五性感动而善恶分、万事出矣。圣人定之以中正仁义而主静",主张"无欲故静"的道理。周敦颐对宇宙万物的生成变化,以及封建人伦道德等做出了系统的阐析,以此来构筑他的理学体系,成为理学的哲学方向。因此,周敦颐的哲学思想是客观唯心主义的宇宙观。

在北宋理学发展上起重要作用的是二程,他们是周敦颐的学生,是北宋理学大师。二程在哲学本体论上的核心思想是"理"或"天理"。南宋朱熹对理学的最大贡献是最终完成了理学的理论架构,形成了具有严密的思辨结构的新儒学体系,并在认识论上达到了高峰,是南宋理学的集大成者。他是中国封建社会自孔子以后最具影响力的唯心主义哲学家。陆九渊是南宋"心学派"代表人物,提出"心即理",认为"心"是天地万物的本源。他说"吾心便是宇宙,宇宙便是吾心",把"心"当作宇宙和道德的本体,同时也是他哲学思想的基石。1176年,南宋两大哲学家陆九渊和朱熹在江西信州(上饶)的鹅湖寺进行了一场大辩论,史称"鹅湖之会"。朱子认为封建伦理纲常是客观存在的天理,陆九渊却认为封建伦理纲常是人人所固有的"本心"。他们的争论是主客观唯心主义哲学内部的辩论,在否认世界本源的物质性上两人又是一致的。

两宋时期唯物主义哲学思想的代表人物主要有张载、王安石、陈亮和叶适。张载既是气学的创始人,又是唯物主义一元论的坚守者。他认为"气"是万物的本源,世间存在的万物都是由物质性的气构成的。他认为圣明之人因为已洞悉宇宙之本源,所以,从宇宙观出发来理解人的生死观,从而抱持"生无所得,死无所丧"的人生态度,既不追求佛家幸福的来世,也不追求道家长生不老的现世,说明了圣贤之人尽力追求的是一种"人之所以为人"的正常生活过程。张载认为天地万物都是由气凝聚而成的,人同样如此。因此,气的本性即人的本性,阴阳二气有清有浊。人性是由阴阳二气和宇宙本性(天地之性)构合而成。天地之性是人的善性,而阴阳二气之性因为有清有浊,是人的气质之性,善恶兼有。所以,在现实社会中,人常常会被气质之性中的恶性所蒙蔽,而产生无限制的贪欲之念。因此,人要不断地修炼反省,以制人欲,达到变化"气质"的目的,变"气质之性"为"天地之性",这就实现了人从功利境界超越到道德境界的目标,也就是达到了天地无私的境界。这样就将人性与天地之性相互通融,使理学本体论的建构获得了宇宙论的理论支撑，有别于唯心主义的理学思想。

元朝统治时期，在哲学和宗教上也取得一定的成就。1235 年，南宋理学家赵复被蒙古军俘虏到燕京（今北京），受到忽必烈的召见。后来，元世祖在燕京设立了太极书院，专门请他讲授程朱理学，培养了一大批理学人才，使理学的人文教化思想开始在北方广泛传播。许衡、刘固、吴澄三人为当时三大理学家，他们的理学思想主要是继承宋代理学，创新的较少，特别是他们将"三纲五常"看作永恒不变的教条，被统治者所看重和利用。因此，新儒学（理学）作为维护封建集权专制统治的官方哲学，在元朝时，受到了最高统治者的青睐。从州县的学校教育到朝廷的考试，都以朱熹对孔孟经典著作的注释为准，朱熹的《四书集注》成为了学子们必读的圣经。

二、人文教育思想概述

宋元文化在中国文化发展史上有其重要的地位和影响。陈寅恪先生说："华夏民族之文化，历数千年之演进，造极于赵宋之世。"① 说明了宋元时期，造就了中国封建社会文化的高峰。在宋王朝文化高度繁荣发展的同时，由于与周边少数民族之间长期存在着矛盾和冲突，决定了两宋在社会人文教化中，显现内省收敛的基调。

宋初，宋太祖确立了"兴文教，抑武事"的基本国策；宋太宗强调"文德致治"，重视用儒家的思想来进行教化；宋真宗率先对孔子进行祭奠，以阐明"尊孔崇儒"的人文教育思想。宋统治者在尊孔崇儒的同时，又大力提倡对佛教和道教思想的信仰，形成了以儒为主，以佛、道为辅的社会人文教化的格局。元朝统治者为了维护国家政权，在社会人文教化中，吸收并继承宋代"尊孔崇儒，儒佛道并存"的教化政策，主张用"信用儒术"来教化民众。此后，元朝历代皇帝也一直秉承这一教化思想，加快促进元朝的"汉化"过程，对维护元朝统治起了一定的作用。

宋代文化在社会人文教化中，出现多元"兼容并存"的状况，主要有二程洛学、王安石新学、苏氏易学、朱熹理学、陆九渊心学等，各个学派学统

---

① 陈寅恪：《宋史职官志考证序》，《金明馆丛稿二编》，第 145 页。

四起、宽容并存，表现出兼容的价值取向。在宋代"尊孔崇儒，三教并存"教化思想的影响下，宋代各学派的代表思想家都将佛、道的教化思想为我所用，出入释老，援佛道入儒，兼收并用，重建新儒学的教化理论体系，对社会人文教化产生了很大的影响。两宋时期以儒学为主体，以佛、道为辅助的社会人文教化格局，使三教实现和平共处，各自发挥社会教化的作用。

宋孝宗在《三教论》里明确提出"以佛修心，以道养生，以儒治世"的教化思想，促进了三教之间在社会教化思想上相互吸收，取长补短，以推动整个社会人文教化的不断前进和发展。新儒学吸收佛老的教化思想，来完善儒学的教化理论体系；佛学也将儒学的忠孝节义引入教义戒律中来，不断充实丰满佛学的教化思想；道学则从佛教哲学中吸取养分，融进清静恬淡的养生教化思想中，在儒家士大夫中产生教化作用。同时，佛教的因果轮回教化思想与儒家纲常伦理教化思想相结合，在普通民众中进行教化，真正实现"三教之设，其旨一也"的社会人文教化的终极目标。在宋代政治氛围相对宽松、文化管理较为开放的时代，宋代的士人、民众等各个阶层人士都能吸收、消化、借鉴、融合各种不同的文化及其教化思想，最终创造出宋代灿烂辉煌的文化。

在教化中，宋代文化强调经世，注重实学实用，以培养造就济世致用之才，体现出一种昂扬的积极入世的人文情怀。中华民族人文精神由魏晋的超纯化、隋唐的才情充沛到宋代归于收敛内省。因此，宋代文化并不只是空谈性理，而是同样具有经世之用。范仲淹的庆历新政、王安石的熙宁变法，都是以宋学经世理念为指导，以理学"内圣外王之道"为依据的社会变革实践活动。在人文教化中，"内圣"就是要求执政者要做到"格物致知、诚意、正心、修身"；"外王"就是要求士大夫及君王行仁道，齐家、治国、平天下。

宋代理学从二程到朱熹、陆九渊，都是希望统治者能做到"内圣外王"的教化目标，但社会现实的矛盾和冲突，以及南宋末期统治者偏安江南、苟且偷安的现状，促使了理学完全转向内省、收敛的教化方向。尽管如此，在宋朝民族危机、内忧外患的时代背景下，宋代文化的这种经世致用的教化思想，又转变为忧国忧民的忧患意识，鼓舞激励着有识之士"以天下为己任"，勇于担负起民族危机的责任和使命，担当起建功立业的历史重担，以实现自己生命的价值。范仲淹在《岳阳楼记》中喊出了"先天下之忧而忧，后天下之乐而乐"的肺腑之言，正是这种人文教化精神的突出表现。

总而言之，赵宋统治者在建国初年，着重在思考如何收归兵权和财权的问题，无暇于去思考重建社会人文教化思想的问题。但随着国家的统一，社会经济和文化的繁荣发展，需要建立一种与之相适应的新的社会人文教育思想。同时，赵宋统治者是通过"黄袍加身"的和平方式夺取政权，统治集团内部旧的思想和统治秩序并未被打破。赵宋统治者为了巩固政权，只好通过"钱权交易"，以高官厚禄为诱饵将兵权和财权收归中央，但国家也因此付出了沉重的代价。此后，赵宋王朝开了"权钱交易"的先河，官场腐败，人浮于事，存在严重的冗官现象，这给社会人文教化带来严重的阻力。

随着兵权收归中央，文官出任军队要职，虽然解决了武将专权、威胁江山社稷的重大问题，但同时也大大削弱了军队的战斗力，使赵宋王朝在对外作战中，屡战屡败。社会矛盾尖锐，人心不稳，整个社会陷入了伦理人文无序的危机当中。

赵宋统治者面临着治国与治心的双重严峻任务。而汉唐以来以儒学为主的社会人文教化思想，已明显不能适应赵宋王朝社会发展的需要，因此，只有将儒学的外用治国与内用治心有机结合起来，使儒学回归人伦本位，重新建构儒家的人伦道德，这已是一项迫在眉睫的大事。因此，宋代理学家们面对最高统治集团采取"杯酒释兵权"，实行权钱交易后，导致整个国家政治腐败、官吏贪婪、社会道德沦丧的现状，以及面对辽、金、西夏、蒙古等外敌的入侵，统治者却苟且偷安，乞降求和，民族气节丧尽的局面。"理学家们有针对性地提出天理人欲之辩，期求以天理对人的欲望进行节制，反对人欲横流；针对统治集团的腐败，理学家们极力倡导修身，以'格物致知'的途径来培养道德意识，提高道德认识，以'自反'的途径来省察内心道德与非道德的矛盾运动，把道德修养提到了空前的高度，成为理学伦理思想的一个重要亮点和极具特色的组成单元；针对宋代社会道德沦丧而出现的道德危机，理学家们把宇宙本体与道德本体融为一体，从宇宙本体的高度论证了道德的普遍性和绝对性"。① 从而引领着宋代社会人文教化的主流和方向。他们把儒家"天人合一"的思想推向一个新的层次和高度，强调要"存天理，灭人

---

① 陈谷嘉著：《宋代理学伦理思想研究》，湖南大学出版社 2006 年，第 4 页。

欲",要通过不断内省慎独、格物致知的途径,来加强个人严格的道德自律自觉的修养程度,将"治心""治身"与"治国"三者有机地结合起来,实现儒家"内圣外王",正心、诚意、修身、齐家、治国、平天下的目标。

而且,在社会人文教化中,理学家们强调只有从统治集团成员做起,加强道德修养和自律,才能在净化社会风气,净化民心、民风中起模范作用。由于宋代社会道德沦丧、人性失落,因此,在社会人文教化中,理学家们把人性善恶问题作为教化的重点,对人性之善恶提出新的观点,以天地之性和气禀之性对人性之善恶作出了新的解析。在义与利、天理与人欲的关系上,理学家在社会人文教化中都主张以义导利、以天理节制人欲,反对见利忘义的行为,反对人欲横流的社会现实。所以,宋代在社会人文教化中,对儒学的社会教化学说进行了创新,并赋予新的内涵,使儒家学说成为内用"治心修身"与外用"治国经世"的教化功能有机地结合起来,从而打破了汉唐儒学在社会人文教化中传注儒学的局限性,恢复了先秦儒学"养心、修身"之功能,重新建构了儒学的人伦之内涵,充分发挥了儒学"治心"的内用功能,着重阐发了儒学的心性之学及人伦之理与自然之理的内在联系,使新儒学在当时社会人文教化中产生了重大的影响和作用。

总之,宋代理学是中国封建社会后期一个主要教化思想,它融合了儒、释、道三家的人文教化思想,在推动华夏民族的思辨能力和社会人文教化中发挥了重要的不可替代的作用。特别是在两宋特定的时代背景下,在宋代理学者们的宣扬下,民族大义、尽忠报国、杀身成仁、舍生取义等忧患精神,成为当时社会人文教化的主旋律,成为了上至王侯将相,下至庶民百姓普遍认同的道德规范,同时也涌现了一批像杨家将抗辽、岳飞抗金、文天祥抗元这样可歌可泣的英雄人物,这种激烈昂扬的民族意识也是当时社会人文教化的一大特征。宋代文化在社会人文教化中,强调"民吾同胞,物吾与也"的平等观念,体现了"天地万物与吾一体"的主体精神,反映了宋文化"百家争鸣、百花齐放"的繁荣局面。同时也说明了人只有依靠自身的智慧和力量,发挥自己自强不息的主体意识,才能真正实现人与自然、人与社会、人与人之间的和谐共存,才能真正实现"天地之性人为贵"的主体性和平等性。因此,宋代文化在社会人文教化中体现出来的忧患意识、主体平等意识,都是宋代人文精神的体现,这种"以天地为己心、以天下为己任"的人文情怀,对明清以后的社会人文教化产生了巨大的影响。

当然，宋代理学在社会人文教化中产生的消极影响，虽然在宋代时并不明显，但是在明清以后就显而易见了。从社会影响上看，宋代理学从理论上阐述论证了三纲五常的合理性，不但扼杀了人个性的自由，而且使执政者能够"以理杀人"，出现了一大批"卫道士"。从思想学术上看，理学以"道统"思想扼杀了个人的创造力和个人学术自由的能力。从文化创新上看，理学以"崇儒"学说来反对外来文化，使中国文化逐渐陷入到保守、停滞与封闭的状态中去。

三、程颢和程颐：重义轻利，义利兼顾

在北宋理学发展上起重要作用的是程颢和程颐俩兄弟，他们都是周敦颐的学生。二程在哲学本体论上的核心思想是"理"或"天理"。他们提出"天者，理也"和"惟理为实"的观点，认为"理"是万物的终极本体，是永恒存在的精神实体，并把"君道、臣道、父道、子道"这些封建社会的伦理规范都看成是"天理"的体现。他们把"理"当作人的最高道德准则，强调了"理"对个人和社会的教化意义。

（一）提出"心即性，性即理"的人文教育思想。在人性论上，二程认为"不是天理，便是私欲"（《二程遗书》卷十五），主张"灭私欲，则天理明矣"（《二程遗书》卷二十四）。在认识论上，二程鼓吹唯心主义先验论，主张格物就是穷理，只有穷理才能致知，认为一切知识"皆出于天"，真正的知识、才能是人头脑里固有的，而不是通过实践获得的。并说："人心莫不有知"（《二程遗书》卷十一）、"知者吾之所固有"（《二程遗书》卷二十五），说明二程的哲学认识论是建立在唯心主义先验论之上，其"格物穷理"理论，主要是指向人文理性而不是科技理性上。可见，二程的理学体系和教化思想反映了北宋理学的基本轮廓，为南宋朱熹创建严密的理学理论体系和教化思想作了铺垫，在中国哲学思想史上及社会人文教化上占有重要的一席之地。特别是程颐把《周易》"从一而终"的思想拓展为"饿死事极小，失节事极大"（《二程遗书》卷二十二）的说教，对封建社会后期的妇女危害极大，许多妇女成为封建"礼教"的牺牲品。所以，清人戴震道出了"酷吏以法杀人，后儒以理

杀人"的天机。

二程人文教育思想的核心是"理"，他们认为"天下只有一个理"，万物也只有一个理，就是"天理"。而人是得天地阴阳之正气而成为人，所以，程颢认为，人与天地万物一样，人的道德修养的最高境界是与"天理"合一。程颐认为，人的本性也就是人所要遵循的理，就是"天理"，所以，他提出了"性即理"，也就是天性即天理的主张。人的本性也就是"天性（或天理）"，应当作为人处世的最高准则，并且要保持人的心性与天理相吻合，即天理良心。所以，二程的人文教化思想归根究底就是"心即性，性即理"，人的天性应当与天地万物之理保持一致。因此，二程认为天与人有着共同的本质属性，这个本质属性就是"天道"或"天理（天性）"。这不但是对儒家"天人合一"教化思想的开拓和发展，同时，也使儒家的核心价值观得到合理性的论证。在社会人文教化中，二程把宇宙的本体与人类道德的本体相等同，从宇宙观上来推演认识人的本性及人的道德起源。

同时，二程认为，人是宇宙万物中的一物，所以宇宙万物的起源也就是人类的起源，天地自然之理也就是人类道德之理，说明了人类也是天地阴阳二气交合而成的，阴阳二气赋予了天地万物以生命，人类也不例外。因此，人类是得天地清正之气而所以为人；草木禽兽是得天地浊偏之气而所以为禽兽。这样，人与天地万物是同根同源的，所以，人类的道德教化就应当以宇宙本体的"天理"作为人类道德教化的本体。若"天理之不存在，则与禽兽何异也"，说明了"天理"是判断人与禽兽不同的标准和根据。这与先秦儒家从人的道德属性出发，提出"仁义礼智"作为判断人与禽兽不同的依据是不谋而合的。二程认为，在人文教化中，"天理"是判断人的道德修养高低的一个重要依据。所以，"人之所以为人者，以有天理也"。（《粹言·人物篇》卷二）可见，二程提出的"天理"与孔孟提出的"仁心"，在教化本质上是相同的，从而赋予天理以伦理的意象，将"德、诚、礼、性"上升为人性本体的高度，使"天理"与"德性"合二为一。

（二）提出"重义轻利，义利兼顾"的人文教育思想。宋代之前，儒学思想家只谈义不谈利，主张"重义轻利"。而脱离"利"抽象谈"义"，只能是理想主义的空谈。"义"与"利"的关系问题就是"道德"与"物质"的关系问题，也就是"天理"与"人欲"的关系问题。管仲在《管子·牧民》中说：

"仓廪实则知礼节，衣食足则知荣辱。"说明了在社会人文教化中，道德修养的培育，要建立在合理的物质需求的基础上，若没有合理适当地满足人的物质欲望，空谈天理，也是毫无意义的。

二程在义利关系上，一方面主张"重义轻利"，另一方面又主张"义利兼顾"，说明二程已意识到义利之间并不是绝对对立的关系。程颢说："天下之事，惟义利而已。"（《二程遗书》卷十一）说明在以经济为基础的社会中，都存在"义利"之辩，"理欲"之争。在社会人文教化中，如果没有进行适当的控制和调节，义利关系就会失调，要么空谈重义轻利之说，要么盛行唯利是图之风，那么"天理"与"人欲"就变成了一对不可调和的矛盾。因此，二程把义利关系作为社会的基本矛盾和问题来看待，在人文教化中，主张先理清二者之间的关系，才能教化人们正确看待和把握物质（利）需求与精神（义）需求之间的关系。二程要求人们在社会生活中应当守住自己的本分，消除自己的分外之想，也就是消除自己的贪念和贪心，只有这样，天理与人欲才能得到平衡。在教化中，二程劝诫人们不要急功近利，应当以义为先，以利为后，以义为公，以利为私，尽力做到先义后利，先公后私。在《粹言·论道篇》中，二程说："义利云者，公与私之异也。"又说："道者天之公也"、"公者仁之理"、"理者天下之公"。可见，二程在社会人文教化中，把"公"与"天道"、"天理"联系起来，说明以"义"为公，就是以"义"为天理。教化人们要常怀"公义"之心，在守住本分的同时，要尽力做到重义轻利。

二程主张"重义轻利"，与董仲舒提出的"正其谊不谋其利，明其道不计其功"的主张是一致的，其原因是二程认为"利为私"，若私心贪念、贪欲太多太重，必定会害及自身。有权就有利，有利就有害。所以，"权利"和"利害"都是相随相联，关键在于自己的把握和节制。程颐说："义之精者，须是自求得之，如此则善求义也。"（《二程遗书》卷十七）并说："孟子辩舜、跖之分，只在义利之间。言间者，谓相去不甚远，所争毫末尔。义与利，只是个公与私也。才出义，便以利言也。只那计较，便是为有利害。若无利害，何用计较？利害者，天下之常情也。人皆知趋利而避害，圣人则更论利害，惟看义当为与不当为，便是命在其中也。"（《二程遗书》卷十七）。二程认为"重义轻利"与"重利轻义"是圣人与众人的根本区别，众人都习惯于趋利避害，而圣人是以义来决定自己当为与不当为的准则。众人只看到利，而看不到义，所以，即使善于趋利避害，而终有害；圣人是以义为先，不趋利避害，而终无害。

所以，程颐又说："不独财利之利，凡有利心，便不可如作一事，须寻自家稳便处，皆利心也。圣人以义为利，义安处便是利。"（《二程遗书》卷十六）可见，程颐认为，看不见的"利欲之心"，比看得见的"财利之利"危害更大。因此，在社会人文教化中，首先要净化人的"利欲之心"，才能节制人的"财利"之念。所以，二程认为，合适的教化方式应当"以义导利"，而不是绝对片面地教导人舍去利就无祸害了，而是教导人不应当以利为心，也就是教化人不要变成利欲熏心、见利忘义、唯利是图、不择手段的人。

《易经》中说："利者义之和，以义而致利斯可矣。"说明了在义利关系上，只要能做到"以义导利"，那么，得利就是符合道德规范的。同时，"利者义之和"，说明了正当的"利"本身就包含了"义"。程颐说："凡顺理无害处便是利，君子未尝不欲利。"（《二程遗书》卷十九）说明了对无害之利，即使是君子也未尝不想得到。他又说："仁义未尝不利。"（同上）说明了"仁义"之中也包含了利，并且"利"也有两个属性，即"私利"和"公利"。无节制的非分之想就是有害之"私利"，而本分适宜的私利就是无害之利。"公利"是和"私利"相对而言的"利"，如果"私利"膨胀必定损害"公利"，就会给他人及社会带来严重的危害。总之，在社会人文教化中，二程既主张"重义轻利"，又主张"义利兼顾，以义导利"，在社会人文教化中具有积极的意义。

（三）提出"存天理，灭私欲"的人文教育思想。天理与人欲是和义利相对应的一对关系，义就是天理，利就是人欲。因此，理欲之辩是义利之辩的延伸，都是在道德与物质利益关系问题上的行为，强调以"义"对"利"、以"天理"对"人欲"进行调节和控制，而不致于使人性陷于"见利忘义"和"物欲横流"的境地中去。但同时，在宋代，"理欲之辩"也不是"义利之辩"的简单重复，而是有其更高心理层面的论辩，强调的是人性修养应当从道德舆论外在约束的层面，上升到人内心自觉的有意识的道德自律层面上，这是社会人文教化的终极目标和最高境界。在二程之前，宋代理学家张载说："徇物丧心，人化物而灭天理者乎！"（《正蒙·神化》）说明了如果人对自己的物质欲望，不懂得加以节制自律的话，就不但会伤及天理，而且还会陷入物欲之中而伤及自身。因此，张载在社会人文教化中，主张袭用孟子的"寡欲"，不纵欲，这又与孔子说的"克己"是相通的。其目的是教化人们在欲望诱惑面前能把持住自己，能克制自己的私欲。

宋代的理欲之辩发展到二程时达到了高潮。二程的理欲观与义利观在本质上是一致的。二程以心性论为基础，认为"人心"表现为"人欲"，"道心"体现为"天理"。所以，二程认为"人心私欲，故危殆。道心天理，故精微。灭私欲则天理明矣"。（《二程遗书》卷二十四）说明了"私欲灭，天理明"的教化思想。程颢说："人心莫不有知，惟蔽于人欲，则亡天德（天理）。"（《二程遗书》卷十一）说明了人都有认知好坏的能力，但由于受人欲的引诱而做出了违背天理的行为，因此，在教化中要灭私欲，才能存天理。程颐说："人虽有意于为善，亦是非礼。无人欲即皆天理。"（《二程遗书》卷十五）说明了人欲是人不为善的内在根源，只有灭人欲，才能存天理。所以，"养心莫善于寡欲，不欲则不惑"。（《二程遗书》卷十五）体现了无欲则刚的教化思想。程颐又进一步说："人之为不善，欲诱之也，诱之而弗知，则至于天理灭而不知反，故目则欲色，耳则欲声，以至鼻则欲香，口则欲味，体则欲安，此皆有以使之也，然则何以窒其欲？曰思而已矣，学莫贵于思，唯思为能窒欲。"（《二程遗书》卷十五）说明了要节制人欲，就必须每天经常反省自己的行为，才能明白自己行为的对与错，才能明白人欲的危害，只有这样，才有可能培育个人从内心自觉自律的道德意识，使自己的行为保持在合适的界线，而不至于纵容自己的声色和欲望，也就是说要控制自己的物欲、色欲和权利欲，否则就会造成物欲横流、色欲放纵、民心不正、民风不纯、争权夺利、勾心斗角的社会局面，从而使社会道德败坏、天理不存。

二程针对宋代社会统治集团荒淫无度、政治腐败、人欲横流、道德沦丧、天理不存的社会现状，提出了必须"窒人欲"的教化主张。但二程的"窒人欲"并不是绝对的禁欲主义，二程反对的是"纵欲"，只有"纵欲"才会"天理"不存。若是人本能的、自然的、合理的、本分的生理欲望，那就是正常的，不会对天理造成破坏。因此，人欲和天理并不是对立不可调和的矛盾。二程作为宋代理学大师，他们提出的"存天理，灭私欲"的教化主张，其目的是在于灭无限度、无节制的、非分的私欲，而不是灭全部的人欲。若灭掉全部的人欲，那么，人正常的食欲也被灭了，人不吃饭如何生存呢？这么简单的道理，难道二程会不知吗？所以，后人批判二程提出的"存天理，灭人欲"是禁欲主义，其实是后世学者自己对二程理论的误解而已。总之，二程的理欲教化思想与义利教化思想是一脉相承的，二者既有对立的一面，又有统一的一面。

（四）提出"德刑并用，恩威并施"的人文教育思想。面对北宋王朝内忧外患及北宋统治者只知苟且偷安、乞降求和，丧尽了民族气节的现状，二程作为当时社会先知先觉的精英人物，不可能熟视无睹。为了寻求封建国家长治久安的治国方略，二程认为应当采取"德刑并用，恩威并施"的人文教化思想，这种两手抓的治世之策对后世产生了很大的影响。

二程从人性论出发，认为在社会人文教化中，教化比刑罚更为重要。程颢说："人生气禀，理有善恶，然不是性中元有此两物相对而生也。有自幼而善，有自幼而恶，是气禀有然也。"（《二程遗书》卷一）程颢认为，人性是由阴阳二气形成的，天地阴阳二气为善，而父母阴阳之气有善有恶。所以，人本性中既有善的因子也有恶的因子，人刚出生时，人的情欲处于相对静态之中，情欲表现得不大明显，因此，人性的善恶也反映得不大明显。人性善恶因子之所以不同，是因为秉承父母阴阳二气的清浊程度不同而造成的。人秉承父母阴阳交合之清气多，则本性中善的因子就多，人性表现善多恶少，并且先天的性形成了后天的格，人性为善，人格就高，人品也高，是属于上品之格的人；反之，若秉承父母阴阳交合之浊气多，则本性中恶的因子就多，人性表现恶多善少，人性为恶，人格就低，人品也低，是属于下品之格的人。人性至善者，即使后天没有接受很好的教化，懂得很好地把持自己的情欲和行为，不会为恶，更不会大恶；人性至恶者，即使后天接受了很好的教化，但仍然会把持不了自己的情欲，还是会放纵其情欲，行为上表现为恶多于善，甚至是大恶，这就是孔子说的"惟上智与下愚不移"的道理。若禀承父母阴阳交合之清浊二气差不多对等，其本性中有善有恶，人格中等，人品也中等，属于中品之格的人。这部分人在社会上占绝大多数，同时，这部分人重在后天的教育。若后天教育得好，其情欲表现适中、本分，符合社会道德伦理的规范和要求，不违背天理、道理和法理，说明中品之人已向上品之人靠拢；若后天教育得不好，任凭自己纵情纵欲，说明中品之人已向下品之人靠拢。

所以，在社会人文教化中，如果中间这绝大多数中品之格的人向上品之格的人看齐、靠近，那么可以判断这个社会人文氛围良好，整个社会民心纯正、民风纯朴；反之，如果中间这绝大多数中品之格的人向下品之格的人看齐、靠近，那么可以判断这个社会人文氛围恶劣，整个社会必然是道德滑坡，民心不正、民风不纯，这是社会处于危险境地的信号。并且，人的格是静态的，只有通过人的情和欲的动才能表现出来。这好比两部外观相似的车子，在静止状态时，你分辨不出两部车子哪部性能好，哪部性能差，而其实这两部车子从不同的厂家制造出来后，其性能优劣就已经固定了。一旦动力发动后，在高速路上一跑，两部车子性能的优劣马上就表现出来了。同样的道理，两个不同的人，从出生后人的本性就定下来了，只是幼小时尚未明显表现出来而已。因为人在幼小时情欲表现得不是很明显，人格的高低也看不出来，人性和人格都处于相对静止的状态。汽车性能的优劣是看发动机性能的优劣，而人品格的高低是看人的情欲和动机合理、本分、适宜否。情欲是人的发动机，人都有七情（喜怒哀惧爱恶欲）六欲（声色香味触法）。人在特定的社会环境中，在特定的情景中，外界的情境会对人的"情欲"产生刺激反应，人心会动，从而会表现出不同的行为，通过人表现出来的行为可以判断人"品格"的高低，又通过人品格的高低进一步来判断人性的善恶。

因此，程颢说："凡人说性，只是说'继之者善'，孟子言人性善是也。"（《二程遗书》卷一）说明了孟子所说的人性本善，纯善无恶之性，只是指"继之者善"，而不是指"成之者性"的道理。"继之者善"是指天地阴阳二气运行，形成新事物的天地之性，是纯善的。因为天地阴阳二气都是按宇宙自然的运行规律运行，没有人的好恶之性，所以天理之性为善。而"成之者性也"是指父母阴阳二气在交合中创造出了具体某个人的性的规定性，这是指现实中的人的人性，已不是作为天地之理的性，而是由父母阴阳二气决定的具体的人性。所以说"人之初，性本善，性相近，习相远"中的"性本善"应当是指由天地阴阳二气之善性，直接创造出来的第一代原始人类，其性是善的，因为他们直接秉承了天地阴阳清正之气。所以"人之初"应当理解为由天地阴阳二气创造的第一代原始人类，他们的性为善，而不是指由父母阴阳二气交合再创造出来的第二代及以后的人。第二代以后创造出来的人，其性中善恶因子皆有，其性有善恶之分。

所以，程颢以水为喻来说明人性，他说："夫所谓'继之者善'也者，犹水流而就下也。皆水也，有流而至海，终无所污，此何烦人力之为也？有流而未远，固已渐浊；有出而甚远，方有所浊；有浊之多者；有浊之少者。清浊虽不同，然不可以浊者不为水也。如此，则人不可不加澄治之功。故用力敏勇则疾清，用力缓怠则迟清，及其清也，则却只是元初水也。不是将清来换却浊，亦不是取出浊来置一隅也。水之清，则性善之谓也。"（《二程遗书》卷一）说明了有的人像水总归大海一样，一生都保持清白，在人格上无大的污点之处，这是上品人格的人。而有的人像水一样，刚流出不远就变浊了，说明这是下品之格的人。有的人像水一样，前期为清为善，而后期为恶变浊。其中，有的人变恶明显些，有的人变恶含蓄些。但不管人格高低，这都是人性善恶的表现，因此，程颢在社会人文教化中，强调"人不可以不加澄治之功"，主张后天对人加强教化的重要性和必要性，否则就有可能像水一样，本清的水在流的过程中反而变浊了。

同时，人如果能随时反躬自省，不断提高自己的人性修养，也可以从善如流，改邪归正，提高自己的人格品位，从而回归到天地之善性，明天理，存良心。特别是对中品之格的人来说，"澄治"之功重在内心的修治和教化，所以，程颐说："刑罚虽严，可警于一时，爵赏虽重，不及于后世，惟美恶之谥一定，则荣辱之名不朽矣。故历代圣君贤相莫不持此以励世风。"（《二程文集》）说明了重刑罚和重赏赐都不是解决社会民心、民风的根本办法，只有用名声的善恶、声誉的荣辱对后代子孙的影响，来教化激励人们改恶从善，才能真正形成纯朴的民风和纯正的民心，这才是治国的根本良策。

程颢认为，当时宋朝社会出现"人性未尽美，士人微谦退之节，乡间无廉耻之行，刑虽繁而奸不止"（《二程文集》）的人文教化混乱的局面，关键在于"教化未大醇"。可见，程颐明确将教化作为治国安邦的重要任务，并主张对儿童从小就要开始进行"忠信孝悌，仁义礼智信"教育，使他们明人伦，能做到择善修身，于化成天下，不能专靠愚民政策来维护封建统治秩序，这是社会人文教化的一大进步，具有积极的历史意义。程颐说："民可明也，不可愚也。民可教也，不可威也。民可顺也，不可强也。民可使也，不可欺也。"（《二程遗书》卷二十五）说明了在教化中，统治者若采取"愚民"、"强民"、"欺民"的教化政策是不可行的，只会造成社会人文教化的混乱和民心的离散。同时，二程认为，社会教化的物质基础必须解决民众的基本温饱问题，否则，对民众进行社会人文教化只能是一句空谈。程颐说："衣食不足，风俗何缘而可厚？"说明了老百姓一旦到了上不能赡养父母，下不能抚养子女的境地，社会教化也就无人理睬了。因此，二程的教化思想不是建立在空谈上，而是以一定物质基础为前提的，具有历史的进步意义。特别是主张对统治者自身的教化，更具有积极的意义。

在社会人文教化中，二程针对人性恶的一面，主张尚德与尚刑并用。在尚德教化的基础上，应当使用刑罚来维护封建国家的长治久安，二者缺一不可。二程认为："自古圣王为治，设刑罚以齐其众，明教化以善其俗，刑罚立而教化行，虽圣人尚德不尚刑，未尝偏废也。"说明了自古圣王治理国家以教化为主，但并不放弃刑罚，对顽固不化、人格低下的人，都应当以刑罚进行惩治，以维护封建国家的统治。程颐说："在口则为物隔而不得合，在天下则为强梗或谗邪间隔于其间，故天下之事不得合也。当用刑罚，小则惩戒，大则诛戮以除之，然后天下之治得成矣。"可见，二程主张不管什么人，有罪就一定要惩罚，对罪大恶极之徒应当严惩不贷。若不惩治恶人就是伤害好人。因此，二程反对皇帝不问对象、不分具体情况而大赦天下罪犯的做法。但是在刑罚中，他们主张"刑可上民众而不可上大夫"的法治思想又具有历史的局限性。

（五）提出"敬以直内，敬义夹持"的人文教育思想。二程认为，人之性禀承于父母的阴阳之气，其中有清浊双重属性，清者为善性，浊者为不善之性。因此，在教化中要使善性向更善之性发展，使不善之性向善之性转化，就必须对人进行道德修养教育，使人性回归于天地善之本性，实现天理与人心合一的目标，即天人合一。针对孔子说"上智与下愚不移"的观点，程颐认为，只有自暴自弃的人才不可移，如果能用心修炼磨砺，下品之格的人可以提升为中品之格的人，中品之格的人可以提升为上品之格的人。说明人性之善恶、人格之高低，只要通过自身后天的道德修炼就可以转化。

因此，二程把人的道德修养称为"澄治之功"，认为要将人的先天之善性转化为现实的人的高尚道德品质，以及要将人的先天之恶性转化为现实之善性，都必须进行"澄治"的道德修养之功夫。而所谓"澄治"就是人要尽力节制消除人性中恶的情欲，在现实行动中通过"敬以直内，敬义夹持"的修养，将人性中恶的情欲转化为现实的善的行为，实现人格的潜移默化，从而提升人格的品位。所以，程颢提出"敬以直内"道德修养的途径。"敬以直内，义以方外"原出于《周易》，在此，程颢把"敬以直内"作为道德涵养的功夫，把"敬"作为其心性道德修养的中心内容，提出识仁定性的心性道德修养观，强调心在道德修养中的重要作用，体现心本体论的观点，对后来的心学发展产生了极大的影响，开创了心学的先河。

程颢说："若修其言辞，正为立已之诚意，乃是体当自家敬以直内，义以方外之实事。"(《二程遗书》卷一)反映了程颢心本体论的观点。"敬以直内"强调以诚敬之心来加强自己内在的道德修养。"直内"强调的是人内在的道德要求，主要体现在立志、立诚上，"义以方外"强调的是外在的集义，但必须以人内在的立志、立诚为基础。程颢说："道之浩浩，何处下手？惟立诚才有可居之处，有可居之处则可以修业也。"《二程遗书》卷一)说明了"立诚"是人澄治之功的内在道德涵养的要求，所以，"直内"须用"敬"。程颐说："但涵养久之，则天理自然明。"《二程遗书》卷十五)二程以天理作为宇宙的本体，认为"'直内'，乃是主一之义。至于不敢欺、不敢慢、尚不愧于屋漏，皆是敬之事也。"(《二程遗书》卷十五)可见，从修养的工夫上看，主一就是要求澄治修养者必须收敛自己的身心欲望，要求修养者应当将天道、天理时刻存在自己的心中，身体力行去做尽人事达天意之事，以实现天人感应、天人合一的目标。因此，"敬以直内"总的来说，就是要求人们要专心致志于对天理的体会和感悟，要具有诚心，摒除自己内心的各种私心杂念，使内心和中正仁义相通达，以保持自己的敬畏之心。所以，"敬"不仅是明理存诚的手段，而且是修身的根本途径。二程认为主敬是涵养身心王道，必然用心去培养，以达到"忘敬而无不敬"的境界，实现修心、修性的目标，使自身达到"浑然与物同体"，内外两忘，去人欲而天理存的修养境界。因此，凡是仁者，在为人处世和道德行为上就不会有过失。

程颢虽然主张"敬以直内，义以方外"这两种修养途径和方法，但他更强调"内圣"的修养目标，将识仁定性的道德修养作为"澄治之功"的重要组成部分。而程颐提出内外结合的"敬义夹持"的修养工夫，是对程颢偏重于"主敬"内修教化思想的补充和完善。程颐把"主敬"与"集义"结合起来，提出"敬义夹持"的修养之道。二程提出的修养途径和方法，形成了理学伦理思想中最富特色的道德修养思想，同时也是对儒家伦理思想的不断完善和发展。程颐说:"敬只是持己之道,义便知有是有非,顺理而行,是为义也。若只守一个敬,不知集义,却是都无事也。"(《二程遗书》卷十八)可见,程颐认为"主敬"和"集义"在人的道德修养中,都是不可或缺的。"敬"主要体现在人的诚心上,"义"主要体现在人的明是非上。程颐说:"敬义夹持,直上达天德自比。"(《二程遗书》卷五)同样说明了"主敬"与"集义"是道德修养不可分割的内外两个方面。他又说:"集义必于行事,非行事则无集矣。"(《粹言·论道篇》)可见,程颐认为"义"不是单纯的道德涵养,更重要的是道德上的认知问题。因此,"集义"乃是对天道、天理的理解和认识,是对道德行为的理性判断。所以,程颐说:"涵养须用敬,进学在致知。"(《二程遗书》卷十八)程颐认为,人既要不断地加强自己的心性修养,还要不断地格物穷理,从知识上提高充实自己。

程颐对《大学》中提出的"格物"、"致知"、"诚意"和"正心"八字中的"格物"进行解释,认为格物是建立修养功夫的主要思想基础。他说"格,犹穷也。物,犹理也。犹曰穷其理而已也。穷其理,然后足以致之,不穷则不能致也。格物者适道之始,欲思格物,则固已近道矣。"(《二程遗书》卷二十五)他把"格物"解释为穷理,就是要穷究事物之理,将理学的天理之说与知识相贯通,这是理学史上的一大贡献。所以,程颐认为物不分内外,穷理的方法、途径也是多种多样的。他说:"凡一物上有一理,须是穷致其理。穷理亦多端:或读书讲明义理;或论古今人物,别其是非;或应接事物而处其当,皆穷理也。"(《二程遗书》卷十八)说明"穷理"是通过读书以明理,通过对古今历史人物的考究来分辨是非,使自己的行为合乎义理。因此,程颐又说:"致知在格物,格物之理,不若察之于身,其得尤切。"(《二程遗书》卷十七)说明了人在道德修养上,要不断反复检查反省自己的思想行为是否和理义相符,这也是一种格物的方式,并且是最切要的功夫。而在致知上,程颐说:"莫先于正心诚意,诚意在致知,致知在格物。"(《二程遗书》卷十八)意为要使道德内化于心,形成人比较稳定的道德品质,必须先致知。同时,人要获得对天下之理的理性认识,必须正心诚意去格物。格物的目的是认识掌握天下之理,在格物的过程中,不断积累对事物的真理性的认识,在认识上自然会产生一个质的飞跃,以求得天下之理。所以,程颐说:"如千蹊万径皆可适国,但得一道入得便可,所以能穷者,只为万物皆是一理。"(《二

程遗书》卷十五）说明了"格物穷理，非是要尽穷天下之物，但于一事上穷尽，其他可以类推"。（《二程遗书》卷十五）

可见，程颐提出的"敬义夹持"内外结合的修养之道，是实现内圣外王的重要途径，使道德内化为人的自觉行动，把修养建立在自己高度的自觉之上。同时，"敬义夹持"也是一种动静结合的修养途径。"主敬"为静，是修养中的一种静态。"集义"为动，是动态的量的积累过程，必须去读书和研究历史，必须去应接事物。程颐说："'集义'是积义，'所生'如集大成。"（《二程遗书》卷十五）表明了在道德修养中必须动静结合，才能持守"天理"，并在道德实践中自觉"依理而行"，配义以道，以养人的浩然之气，内化形成人至大至刚至勇的气节和志节。总之，二程在社会人文教化中，提出"敬以直内，敬义夹持"的道德修养论，强调了只有通过自身的道德修养，才能使人性中善的本性转化成现实的道德行为，使人性中恶的因子逐渐向现实中善的道德转变。所以，二程强调的这两种道德修养的途径和方法在社会人文教化中具有一定的意义。

四、朱熹：格物致知，居敬存养

朱熹对理学的最大贡献是最终完成了理学的理论架构，形成了具有严密和思辨结构的新儒学体系，并在认识论上达到了高峰，是南宋理学的集大成者，他的哲学思想是客观唯心主义。朱熹对周敦颐、邵雍、张载、程颢、程颐北宋五子提出的理学思想进行了系统的创造性的归纳总结，不但使以伦理道德为本位的儒家学说升华到更加哲学化的理论高度，而且使具有丰富思辨思想的佛道学说有了实际的生活内容。因此，朱熹是中国封建社会自孔子以后最具影响力的唯心主义哲学家。

朱熹的人文教育思想是以伦理为核心，融合儒道佛为一体。他认为"理"是万物生成的本源，"气"是构成万物的材料，理在气先，气在理中，理永恒存在于每一个事物中，不同的事物有不同的理。事物之间不同的根本原因，在于秉承了不同的"气"。朱熹把儒家的伦理论与道家的宇宙论统一起来，上升为理的本体，以此来论证封建社会等级制度的合理性。他说："三纲五常终变不得，君臣依旧是君臣，父子依旧是父子。"（《朱子语类》卷二十四）朱熹的人文教化思想迎合了封建统治者的需要,成为了中国封建社会后期占统治地位的指导思想,在社会人文教化中产生了深远的影响。

(一)提出"格物致知,居敬存养"的人文教育思想。这是朱子对二程"敬以直内,敬义夹持"人文教育思想的继承和发展。朱子说:"盖人心之灵,莫不有知,而天下之物,莫不有理。惟有理有未穷,故其知有不尽也。"(《四书集注·大学章句》)说明人只有明白穷尽事物之理,才能致知,才能自觉加强自身的道德修养,从而进一步净化社会风气,净化民众的心灵,提升人们的人格,特别是提升执政者的道德修养和人格。所以,朱子在社会人文教化中,始终把对人的改造和提升执政者的人格放在首位,大力提倡"格物致知"和"居敬存养"的道德修养之道。

朱子在《大学章句》中说:"格,至也。物,犹事也。穷至事物之理,欲其极无不到也。"说明了"格物"就是要接触了解事物,并认识事与物的本质、本性、本理,也就是探求并研究事与物之间内在的理,使人明白事理。朱子又说:"致,推及也。知犹识也。推及吾之所知识,欲其所知无不尽也。"(《大学章句》)说明了"致知"就是将自己所学的知识推到尽处,达到尽善尽美的境界。因此,朱子认为"格物以理言,致知以心言"。(《朱子语类》卷一百二十)在道德修养中,人只有善于格物,穷尽事物之理,才能尽性,才能不断提升自己的人性修养。只有不断穷天理明人伦,然后才能"齐家、治国、平天下"。所以,在社会人文教化中,朱子把"修身"作为"齐家、治国、平天下"的前提。人们只有在"格物"后才能获得道德上的认识,才能在"致知"中不断提高道德修养。因此,朱子说:"事父母,则当尽其孝;处兄弟,则当尽其友,如此之类,须是要见得尽。若是一毫不尽,便是穷格不止。"(《朱子语类》卷十五)说明"格物致知"首先要格尽君臣父子兄弟朋友人伦之理,只有这样,才能忠君爱国,才能对父母尽孝道,才能对兄弟和睦友善,才能对朋友友好,言而有信。只有这样,才能真正做到明辨是非,深明天理大义。

朱子在《大学章句》中,把"格物致知"与人的道德修养紧密相连,认为在社会人文教化中,人只有善于从人的本心入手,探求人性中善的因子,并将其发扬光大,才能实现"格物致知"的目标。朱子说:"明德者,人之所得乎天,而虚灵不昧,以具众理而应万事者也。"(《大学章句》)朱子认为,人性中原始至纯至善的德性因被后来气禀之性所拘囿,被人欲所蒙蔽,所以出现了人性中善恶混杂的现象,使人性表现时明时暗,因此,需要通过"格物致知"让人之善性彰明。所以,朱子又说:"然其本体之明,则有未尝息者,故学者当以其所发而遂明之,以复初也。"(《大学章句》)朱子进一步阐明了人性中善的本性,虽受人的情欲所蒙蔽和诱惑,但因为人的善性尚未全部被人欲所泯灭,所以,社会人文教化的目标就是通过"格物",尽力去改变人的情欲,使人的情欲发而适中,符合社会道德伦理的规范和要求,从而使人性中善的因子复明,尽力使人性向原始纯粹至善至美的天性靠近。因此,"格物"的目的也就是复明人性中固有的善的德性。总而言之,在社会人文教化中,朱子提出"格物致知",就是强调自省的道德修养之道,其最终目标就是使人明明德,使人亲民,使人性止于至善的境界。

在社会人文教化中,朱子强调"格物致知"的同时,又强调"居敬存养"的道德修养方法。朱子认为:"敬则天理常明,自然人欲惩窒消治。"(《朱子语类》卷十二)说明"居敬"要从人的内心修养入手,自觉抑制外物对人欲的诱惑,自觉守卫伦理道德,在道德修养中,尽力达到"内无妄思,外无妄动"的境界,"则吾心湛然,天理粲然"。(《朱子语类》卷十二)可见,"居敬"的道德修养是朱子对二程提出"敬以直内,敬义夹持"的道德修养方法的继承和发展,在朱子的人文教化中占有重要的地位。他说:"敬字工夫,乃圣门第一义,彻头彻尾,不可顷刻间断。"(《朱子语类》卷十二)说明"居敬"是儒家道德修养的要义之一,是培养人的人文情怀,使人潜在的善的因子转化为现实道德实践的重要途径。朱子又说:"敬不是万虑休置之谓,只是随事专一谨慎,不放逸尔。"(《宋元学案·晦翁学案》)说明人只有专心致志,谨慎认真,坚持"居敬"的修养之道,才能实现"明天理,灭人欲"的教化目标。朱子认为"敬只一个'畏'字"。(《朱子语类》)"畏"就是"敬畏"之意,是指为人处世不放逸,遇事小心谨慎,要懂得收敛身心,不放纵,不受身外物欲所诱惑。特别是在"权、色、利"诱惑面前,要常抱畏惧之心,才能看清物欲、权欲、利欲、色欲的本质,时时保持自己自觉、自律的清醒头脑,以加强自身的道德品质修养。

朱子说:"人心本明,只被物事在上盖蔽了,不曾得露头面,故烛理难。"(《朱子语类》卷十二)意为人本来的清明之心,在物欲的诱惑之下陷入昏昧之中，使天理不明。因此，人在道德修炼的过程中要保持"自家心常惺惺"（同上）的状态。只有这样，才能在居敬存养中，始终保持自己清明警觉的心智，以摒弃自己心中不当非分的情欲邪念。因此，朱子说："学者常用提省此心，使如日之升，则群邪自息。"（《朱子语类》卷十二）意为人只有随时保持清醒的理性意识，收敛自己的欲望，心中的情欲邪念才会自然烟消云散。所以，朱子说："人常须收敛个身心，使精神常在这里。似担百十斤担相似，须硬着筋骨担。"（《朱子语类》卷十二）朱子要求人们要时刻警醒和约束自己的情欲，只有这样，才能专心于培育自己的伦理道德和人文精神。可见，朱子在"居敬存养"中提出的"敬畏、惺惺、收敛"等内在的道德教化主张，体现了"居敬"的深刻道德内涵，在社会人文教化中具有重要的意义。

所以，朱子说："要在精思明辨，使理明义精，而操存涵养无须臾离，无毫发间，则天理长存，人欲消去，其庶几矣哉。"（《朱子语类》卷十二）可见，在道德修养中，只要能坚守住这种心智，只要能坚持住这种涵养，便可以超凡脱俗，成就自己的道德和人格。此外，"居敬"作为"涵养"的前提和基础，表现了个体道德修炼的途径。朱子提出"涵养之则，非礼勿视听言动，礼仪三百，威仪三千，皆是"。（《朱子语类》卷十二）说明了应当用礼仪和威仪来规范人们的道德行为，使其不偏离天理与人伦道德规范。朱子说："养，非是如何椎凿用工，只是心虚静，久则自明。"（《朱子语类》卷十二）说明了"存养"的关键在于养心，在"敬"的前提下，收敛本心，不丧失本心，将本心安放在义理上。在个体道德自省、自律、自察中来穷理尽性以达天命，在存养中实现"存天理，灭人欲"的目标。所以，朱子说："学者为学，未问真知与力行，且要收拾此心，令有个顿放处。若收敛都在义理上安顿，无许多胡思乱想，则久久自于物欲上轻，于义理上重。"（《朱子语类辑略》）说明了"存养"之道，主要在于发扬善性，净化本心。同时，朱子"存心养性"的道德教化思想也是对孟子"存其心，养其性"和"求放心"教化思想的继承和发展，在中国社会人文教化中产生了深远的影响。

（二）提出"克己养心，寡欲养性"的人文教育思想。"克己复礼"是孔子提出的教化思想。孔子说："非礼勿视，非礼勿听，非礼勿言，非礼勿动。"孔子认为要"复礼"就必须"克己"。朱子认为，人的视、听、言、动是人本身的四种功能，在社会人文教化中，要提高个人的道德修养，就要做到"克己寡欲"，身体力行，谨记圣人的教诲，学习圣人之道，不断向圣人的境界靠拢。朱子在《视箴》中说："心兮本虚，应物无迹。操之有要，视为之则。蔽交于前，其中则迁。制之于外，以安其内。克己复礼，久而诚矣。"（《近思录·克己》）说明了人的心体本来是虚的，感应万物而又无迹可寻。因此，人的操守在于确立"视"的准则。在物欲横流的现实面前，人的内心容易被外物所蒙蔽，因此，只有确立"视"的行为准则，目不妄视，才能够做到"克己复礼"，久而久之就达到"诚"的境界。如果在物欲的影响下，从而失去人先天秉持的纯正天性，人性就会被物欲所同化。所以，圣贤之人能克己，坚守心中的行为准则，行为有定止，不为外物所动，从而克制邪念，在清心寡欲中保存自己内心的"诚"。

在《动箴》中，朱子又说："哲人知几，诚之于思。志士励行，守之于为。顺理则裕，从欲惟危。造次克念，战兢自持。习与性成，圣贤同归。"（《近思录·克己》）说明哲人都能明白事物精妙、精深的道理，因而心存"诚"意。而志士在行事时能磨砺自己的品行，时刻保持自己的操守，不妄动，能顺应天理行事，所以能从容安定且宽裕。反之，如果人依从私欲，就会使自己面临危险。因此，即使在颠沛流离、身处危境中也要保持自己的一份善念，做每一件事都要把持住自己，能严格要求自己，小心谨慎地坚守自己的信念。这样，习惯和性情就慢慢养成，久而久之，在不断磨炼心性中达到圣人的境界。孟子说："养心莫善于寡欲。"朱子认为："养心不止于寡而存耳。盖寡焉以至于无，无则诚立明通。诚立，贤也；明通，圣也。"（《近思录·克己》）孟子认为修养本心最好的途径就是减少私欲。而朱子进一步说明，修养本心仅仅减少私欲，而保留私欲的存在还是不够的。只有在减少私欲直至毫无非分之私欲后才可以。人只有无私欲，然后心才会诚，才能明理通达。心中有诚，才能达到贤人的境界；心中能明理通达，才能达到圣人的境界。说明克己寡欲在人文教化中的重要作用。

同时，朱子说："凡人欲之过者，皆本于奉养。其流之远，则为害矣。先王制其本者，天理也。后人流于末者，人欲也。《损》之义，损人欲以复天理而已。"（《近思录·克己》）说明凡是人的欲望有过度的地方，都是本源于人基本的生活奉养。一旦不能节制，让私欲放纵，就会远离人性的本源，最后造成社会危害。所以，先王制定国家政策时，是依据天理而定。后代的人弃本逐末，是因为人的私欲放纵的缘故。因此，《损》卦的涵义就是要求人们克己制欲，节制自己非分的私欲，从而使人性回归到天理本身。所以，人心一旦有非分的私欲，就会远离道义，就不能走中正的道路。

在克己中，朱子认为："人而无克伐怨欲，惟仁者能之。有之而能制其情不行焉，斯亦难能也，谓之仁则未可也。"（《近思录·克己》）说明了只有仁者才能做到没有好胜、自夸、怨怼、贪婪这四种毛病。如果一般人能努力克制自己的这些毛病不让其发作，这也是难能可贵的，但还不能说因为自己能克制就达到了仁的境界。程颢说："义理与客气常相胜，只看消长分数多少，为君子小人之别。义理所得渐多，则自然知得客气消散得渐少。消尽者是大贤。"（《程遗书》卷一）同样说明了义理与私心彼此消长的过程，是区别君子与小人的标准。如果义理在人性中占的成分越多，就说明私心在人性中所占的比例就越少。如果私心能消散干净，那就可以成为圣贤之人了。

在情欲不动的情况下，人都能明白做人要保持平和、温柔、宽厚、和缓的情绪，但一旦遇到事情，情绪就会变得暴躁，处事严厉，其原因就是人的意志控制不了人的情绪，人的心智反而被情绪所操纵。因此，朱子说："人不能祛思虑，只是吝。吝故无浩然之气。制怒为难，制惧亦难。克己可以制怒，明理可以制惧。"（《近思录·克己》）说明了人之所以不能消除种种疑思杂虑，是因为其气量狭小、视野浅陋，这样的人当然没有浩然之气。要克制自己愤怒恐惧的情绪并不是一件容易的事，但只要自己修炼到善于克制自己的情欲之动，就可以抑制自己的愤怒，只要自己在心中能明晰天理、道理，就可以消除自己心中的恐惧。因此，朱子说："'舍己从人'最为难事。己者我之所有，虽痛舍之，犹惧守己者固，而从人者轻也。"（《近思录·克己》）说明"舍己为人"这是人最难做到的事情。即便能够下定决心"舍己"，心中还是难免会产生纠结。所以，只有能牢牢守护自己本心的人，才能做到出于公心而坦然无私地舍弃自己的利益，以保全他人及社会的利益。

当然，在社会教化中，朱子虽然主张"克己寡欲"，但"寡欲"并不是"灭欲"。人饿了需要吃饭，渴了需要喝水；冬天要穿棉衣御寒，夏天要穿葛衣避暑，这都是人本能的需要。因为人的本性有天然的欲望，所以，人要善于克己隐忍，才能磨砺提升自己的品德。朱子说："若圣人因物而未尝有怒，此莫是甚难。君子役物，小人役于物。今见可喜可怒之事，自家着一分陪奉他，此亦劳矣。圣人之心如止水。"（《近思录·克己》）意为圣人修习达到宁静如水的境界。圣人的本心不为外物所驱使，没有丝毫主观情感上的好恶，而是因为事情本身可怒而怒。因此，"人能克己，则心广体胖。仰不愧，俯不怍，其乐可知。有息则馁矣"。（《近思录·克己》）说明了人如果能克制自己的私欲，就会胸襟宽广，体貌安详，自然就俯仰无愧于天地，坦荡自如，其乐无穷。反之，如果不能克制自己的私欲，那么人心就不会安详和乐。所以，有德行的人很知足，没有贪婪的欲望，不会因为追求过分、非分的欲望而使自己的身心受累，不会因小而失大，也不会因末而失本。所以，朱子说："仁之难成久矣，人人失其所好。盖人人有利欲之心，与学正相背驰。故学者要寡欲。"（《近思录·克己》）阐明了人之所以很难修习达到仁的境界，是因为人人都有追求利益欲望之心，从而迷失了自己追求的方向，这是与学道求仁背道而驰的。因此，求道学仁的人要尽力做到"寡欲"，以养其性。

并且，在社会人文教化中，朱子主张要从小培养儿童良好的道德品质，从小磨炼儿童"克己寡欲"和"谦恭礼让"之心，使天理、义理从小植根心中，才能在成人后坚守这一道德教化准则。反之，如果儿童从小养成骄纵懒惰的脾性，没有教化他们正确的待人处世之道，那么，长大以后，脾性就会越发恣意狠毒，一味执着于物我亲疏得失之分，不肯以谦恭尊敬之心对待他人。因此，只有在幼儿时就注重对孩子的品德进行培育，让义理占据人心，才能培养出"仁义、诚信"，对他人和社会有所作用的人才。

（三）提出"为学立德，明理为人"的人文教育思想。朱子继承并发展了二程的理学思想，认为人是吸取天地之精气和五行之精华而形成的。天地气化而生成之人，本性是真诚虚静和良善的，人性中仁义礼智信五性具备。但父母阴阳二气结合的种生之人，人之五性并不全备。因此，外物对人有所触动就会引起人心的感应，使人产生七情六欲，情欲之动将对人性产生影响。所以，明理之人会约束自己的七情六欲，使之符合中庸之道，自觉涵养自己的性情，端正自己的品格，彰显自己的善性。而愚笨之人则不知节制，放纵自己的情欲，损毁自己的品格，使自己善的本性湮灭，恶的本性泛滥。因此，人必须学习，才能明白自己的心性，才能自觉主动地修养心性，树立品德，才能明理诚信做人。所以，人只有通过学习才能明白自己的心性，从而去追求诚的境界，才能在为人处世中坚守仁义忠信之道，那么，人性中邪恶之心念就会自然消失。

朱子从人的性、心、情、欲等人性本体论出发，认为天理不但是宇宙的本体，而且也是人的道德本体。因此，朱子站在天理的角度，认为教育应当分为"小学"和"大学"两个层次。8 岁至 15 岁为小学教育阶段，他认为这个阶段是培育儿童形成良好品德、具有"圣贤坯璞"的关键时期。他指出"蒙养弗端，长益浮靡"，说明了如果儿童在学习中没有打好品德基础，长大后就会做出违背伦理道德的事，这时再去弥补就为时晚矣。所以，朱子认为在小学教育时，就应当重视培育人的人文精神。在学习中，朱子认为儿童因为"智识未开"，思维能力比较弱，所以他们学习的内容应当保持在"知之浅而行之小者"，为此，他提出以"教事"为主来培育他们从小立德的思想，朱子说："小学是事，如事君，事父，事兄，处友等事，只是教他依此规矩做去。"（《朱子语类》卷七）说明了小学之学主要是让儿童在日常生活中，通过动手去做力所能及的事，使他们在心里懂得基本的伦理道德规范，并从小养成良好的行为习惯，学习初步的文化知识和技能。朱子在《小学书题》中说："古者小学，教人以洒扫、应对、进退之节，爱亲、敬长、隆师、亲友之道。"说明了儿童只有在学习礼节和做事的过程中，才能培养其德性，增长其才干，成为"圣贤坯璞"。

同时，在人文教化中，朱子主张对儿童要先入为主，趁早施教。朱子认为儿童比较容易受各种社会思想的影响，因此，必须趁早趁小对其进行儒家的伦理道德教育，"必使其讲而习之于幼稚之时，使其习与知长，化与心成，而无扞格不胜之患也"。（《小学书题》）在对儿童进行教育感化时，应当力求以形式多样、形象生动、有趣的教育形式为主，激发儿童学习的兴趣，让儿童乐意接受，进一步培养儿童良好的道德行为习惯，使儿童"积久成熟，自成方圆"。因此，朱子亲自编定《童蒙须知》和《训蒙斋规》，使儿童的言行举止有章可循、有规可依，有利于儿童道德行为习惯的养成。当然，其中也存在一些繁琐和压抑儿童个性发展的消极因素。不管怎样，朱子开创以《须知》和《学则》的形式，来训练培养儿童养成良好的道德行为习惯，在社会人文教化中产生了积极的影响。

15 岁以后为大学教育。朱子认为，大学教育应当在小学重在"教事"的基础上，重点"教理"，重在培养学生探究事理的能力。朱子说："国家建立学校之官，遍于郡国，盖所以幸教天下之士，使之知所以修身、齐家、治国、平天下之道，而待朝廷之用也。"（《朱文公文集》卷七十五）所以，在社会人文教化中，道德教育是朱子理学人文教育思想的核心内容。为学的目的在于立德，立德可以修身，可以治国。同时，立德的主要任务就是"明天理，灭私欲"。朱子说："修德之实，在乎去人欲，存天理。"（《与刘共父》）朱子认为"立德"首先要"立志"。人只有先树立远大的志向，才能做到"存天理，去人欲"，摒除心中的私心杂念。他指出有些人"贪利禄而不贪道义，要作贵人而不要做好人"的根本原因是"志不立之病"。说明为学先要立志、立德，要修业进德，居敬存养，然后才能明理做人。

同时，朱子认为人要为自身立德，就必须"无时不省察"自己的言行。他说："凡人之心，不存则亡，而无不存不亡之时。故一息之倾，不加提省之力，则沦于亡而不自觉。天下之事，不是则非，而无不是不非之处。故一事之微，不加精察之功，则陷于恶而不自知。"（《性理精义》）说明在为人处事中，不使人心"沦于亡"，处事不"陷于恶"，人必须经常反省检查自己的言行得失，然后才能明理。朱子说："夫学问岂以他求，不过欲明此理，而力行之耳。"（《朱文公文集》卷五十四）朱子进一步要求学子不但要做到为学立德，而且还要将所学之伦理道德化为自己的实际行动，贯彻到自己的道德实践中去。他说："故圣贤教人，必以穷理为先，而力行以终之。"（《朱文公文集》卷五十四）朱子强调"力行"的重要意义，反对言行不一的行为。他说："内积忠信，所以进德也。择言笃志，所以居业也。知至至之，致知也。"（《近思录·为学》）意为学者只要内心积累忠实诚信，就可以增进美德；讲话谨慎，言辞是出于自己坚定的志向，就可以积蓄功业；明白自己进取的目标并努力去实现目标，这就是"致知"。

此外，朱子进一步强调了为学对立德明理的重要作用。他说："人之蕴蓄，由学而大。在多闻前古圣贤之言与行。考迹以观其用，察言以求其心。识而得之，以蓄成其德。"（《近思录·为学》）说明德行的积累，是通过学习而不断博大。人需要多学习古代圣贤之言行，考察他们的事迹来观察用处，体会他们的言语来探求他们的内心，并融会贯通，积累自己的美德。所以，人要不断反复地学习，尽力做到内心没有私心杂念，这样就能感应万物，无不通畅，以成就自己的美德，直达天理以感化众人。因此，学习主要在于学习圣人之道，在于明白圣人之道。这样在学习上就不会犯"买椟还珠"的错误，从而达到"敬以直内，义以方外"的境界。

（四）提出"重义轻利，明理灭欲"的人文教育思想。朱子认为："义者，天理之所宜也。"（《孟子集注·梁惠王上》）"利者，人情之所欲。"（《论语集注·里仁》）他把义与利的关系作为社会普遍存在的问题来讨论。他说："事无大小，皆有义利"、"今人只一言一动，亦步亦趋，便有个为义为利在里。"（《朱子语类》卷十三）所以，朱子认为，在义与利关系上，应当"重义轻利"，反对"重利轻义"。这是区别君子与小人的重要依据，也是反映人性圣与不肖的标准。

朱子说："为人之义，只知有义而已，不知利之为利"。（《朱子语类》卷三十六）朱子强调了"舍利取义"的为人处世之道。他认为，教化人们践行"舍利取义"，必须从人心入手，教化人心，培育人文精神，端正人的心机，才能以"义"去克制人内心的"利"。因此，他说："凡事不可先有个别心，才说到利，必害于义，圣人做处，只向义边做。"（《朱子语类》卷五十一）朱子认为做任何事情，人的动机非常重要。如果动机纯正必定会重义轻利，如果动机不纯必定重利轻义。同时，他又说明如果人人都能做到重义轻利，那么，人人在这个社会中都可以得到利。反之，如果人人都重利轻义，那么，最终人人都将失去利。所以，他说："只认义之和处便是利，不去利上求利了。"（《朱子语类》卷三十六）说明在义上求利是真利，在利上求利是损利。因此，在社会教化中，朱子要求人们"盖凡做事只循这个道理做去，利自在其中矣"。（《朱子语类》卷三十六）

可见，朱子的义利观继承并发展了二程的义利观，主张重义轻利。所以，程朱的义利观在理学中占有重要的地位，影响了明清以后人们的价值观。朱子在义利观上还一针见血地批判了中国封建统治者"假借仁义以行其私"的家天下的统治思想。说明朱子批判的对象是全体社会成员，包括统治者在内，将王霸思想与义利观结合起来讨论治国之道，主张以仁义治国，使义利观提高到一个新的层面。总而言之，朱子在义利观上主张先义后利、重义轻利、以义导利、以义节利，这在宋代人欲横流、道德沦丧、重利轻义的社会背景下，具有重要的教化意义。

理欲之辩同义利之辩在南宋也进入了一个新的高潮。朱子在理欲关系上，提出了"明天理,灭人欲"的主张。他认为义利观和理欲观是儒学最基本、最本质的问题。朱子说:"圣贤千言万语,只是教人明天理,灭人欲。"(《朱子语类》卷十二)强调了要存天理就必须灭人欲。他又说:"况天理人欲不两立,须得全在天理上行,方见得人欲消尽。义之与利,不待分辨。"(《朱子语类》卷一百一十三)说明了朱子把天理与人欲对立起来,二者不可两立。只有把人的认识提高到天理之上,才能使人欲消尽,义利关系才可辩明。因此,朱子提出"存天理,灭人欲"的主张。因为天理为公、人欲为私。公为道心,私为人心。在社会教化中,要树立公道之心,就必须消灭私欲之心。朱子说:"人之一心,天理存,则人欲亡;人欲胜,则天理灭,未有天理人欲夹杂者。学者须要于此体认省察之。"(《朱子语类》卷十三)说明如果人心与道心一致,那么天理就存,人欲就消亡。因此,在社会人文教化中,要尽力培育人心与道心一致,消灭人欲。但消灭人欲并不是说不要人欲,而应当是节制人欲,不纵欲。朱子说:"饮食者,天理也;要求美味,人欲也。"(《朱子语类》卷十三)可见,朱子说的灭人欲是指灭不当、非分之欲,而非人之正常之欲,如饿了吃饭,这是正常之欲,是属于天理的范畴之内,不可灭。

所以,朱子提出的"存天理,灭人欲"与宗教提出的禁欲主义有本质的区别。他是对南宋统治集团巧取豪夺、追求奢侈糜烂生活的批判,而不是针对下层劳动人民维持生存的起码物质欲望。所以,朱子主张"存天理,灭人欲"是指以天理道德教化去节制不合理、非分的人欲。他认为"天理人欲,不容并立"的原因,一方面是基于天理既是宇宙的本体又是道德的本体,是至善的,而人欲是善恶并存,所以天理与人欲是不相容的;另一方面是基于南宋社会道德沦丧,人的操守与人格失落,社会物欲横流,贪官污吏横行的现状,说明了天理(道德)与人欲之间的矛盾和冲突已经到了不可调和的地步。朱子主张天理与人欲对立的同时,又说:"有个天理,便有个人欲。"(《朱子语类》卷五)说明了二者又是相互依存,只要社会人文教化做到在人的心里,人心与道心相近,那么,人欲就可以回归到天理的轨道上来。所以,要实现这一教化目标,只有在全社会加强人文教化,形成共同的道德标准,实现道德对人欲的节制和调控作用,制止、改变人欲横流的社会现状,以保存天理。因此,在社会教化中,关键是从人心入手,改造社会,改造人心,使人心得到净化,使民风纯朴,实现天道、地道、人道相一致。

五、陆九渊：存心养心，辨志明义

陆九渊的宇宙论、道德论和人性论都是建立在以"心"为本体的基础上。因此，在社会人文教化中，他反对朱子以"理"为宇宙和道德本体的观点。他认为离开了"心"就无所谓"理"，"心"是宇宙的本体，也是道德的本体，道德缘起于"心"，所以只有从人"心"入手，努力做到"存心、养心、求放心"，然后才能培育人高尚的道德，提高人的品格。陆九渊的人文教育思想重在对人的"心"和"性"的培育上，重在激活人内在道德主体的自觉和自律上，重在"治心"，与朱子重"理"，强调外在的道德规范对人内在情欲的约束不同。陆九渊从伦理学上将人的道德主体地位提高到前所未有的高度，注重并强调人道德主体内在的自律。陆九渊的人文教育思想主要体现在以下几个方面。

（一）提出"存心养心，以求放心"的人文教育思想。陆九渊以"心"作为宇宙道德的本体，使宇宙本体论与道德教化论有机统一，实现"天人合一"，使"心"成为道德伦理的最高范畴，彰显了人道德主体的能动性和自觉性。他说："仁义者，人之本心也。孟子曰'存乎人者，岂无仁义之心哉'，又曰'我固有之，非由外铄我也'，愚不肖者不及焉，则蔽于物欲而失其本心。贤者智者过之，则蔽于意见而失其本心。"（《陆九渊集》卷一）他认为人都具有先天的道德本心，这是道德法则、道德情感的根基，所以称为仁义之心。在现实社会中，人会做出不道德的行为，是因为本心为外界的物欲所诱惑蒙蔽，失去了人的本心。所以，教化的目的就在于保持人的本心以免丧失。

陆九渊说："先王之时，庠序之教，抑申斯义以致其知，使不失其本心而已。"（《陆九渊集》卷十九）说明古代圣王之所以设立学校，教化民众，其本意是为了让民众深明大义，不丧失自己的本心。孟子说："人之所不学而能者，其良能也；所不虑而知者，其良知也。孩提之童无不知爱其亲者，及其长也，无不知敬其兄也。"（《孟子·尽心上》）说明了陆九渊的心本体论源于孟子的性善论。孟子认为亲亲是仁，敬长是义，人在天地之先具有仁义之心，这就是人的良心和良知。而人之所以会做出违背伦理道德的行为，是因为人丧失了这个本心，也就是丧尽天理良心。所以，孟子认为："恻隐之心，仁也；羞恶之心，义也；恭敬之心，礼也；是非之心，智也。仁义礼智非由外铄我也，我固有之也，弗思耳矣。"（《孟子·尽心上》）说明本心是人道德意识和情感的载体。所以，在人文教化中，他强调"存心养心，以求放心"。

他说："古人教人不过存心、养心、求放心。此心之明人所固有，人惟不知保养反戕贼放失之耳。"（《陆九渊集》卷五）阐明了存心、养心的主要目的是使人的本心不为外物所诱惑蒙蔽。因此，陆九渊认为修养本心，并不是通过"格物致知"及"致知穷理"来实现，而是通过"发明本心"和"体悟本心"来达到。他说："君子之所以异于人者，以存其心也。"说明了君子与小人的根本区别是能存其心，善于对"本心"进行培养，并把丧失的本心找回来。所以，人只要能做到"存心"，就可以发挥"心"的主宰和支配的作用，保持人高尚的道德品质，不为外界物欲所诱惑，从而增强自身拒腐防变的内在自律能力。因此，"存心"在于"养心"，在"存心养心"中进行道德磨炼，使人心不为物欲人欲所侵害，这是道德修养的根本途径。

同时，陆九渊认为"心即理"，理在心中，穷心即穷理。所以，"存心养心，以求放心"就是尊德性。因此，在人文教化中，对"存心"的道德磨炼其实就是"尊德性"的修炼。他认为朱子强调"格物致知"是"道问学"，是外在道德修炼，在当时的社会背景下，不但达不到收回本心的目的，本心反而会受其所害。所以，只有向内用功，将"存心"作为修养品德的主导力量，才能实现"养心求放心"的目标。因为陆九渊认为"心"是成就人的品格和品性的内在根据，"心"就是道德本身，所以，如果离开了"存心养心"，那么"求放心"和塑造高尚的人格人品也就失去了依据。可见，陆九渊强调的"存心"，就是要存养人的仁义道德之心。

因此，君子与小人在人格上差别的主要原因，就是在"存心养心"上的差别。他说："庶人去之，君子存之，去之者，去此心也。故曰此之谓失其本心，存心者存此心也。"（《陆象山全集》卷十一）说明了君子能"存其本心"，而庶人却"失其本心"。所以，若要成就自己高尚人格和高尚道德品质，只有"存养其本心"，才能涵养自己的德性，以求放心，三者缺一不可。陆九渊说："知物之为害，而能自反，则知善者，乃吾性之固有，循吾固有而进德，则沛然无他适矣。故曰：复，德之本也。"（《陆象山全集》卷三十四）说明人性本善、人心本善，但人心因受外物的诱惑而使良心和善性走失。所以，"求放心"就是把失去的"本心"找回来，也就是要革除物欲、去其物蔽，使"心"自反，恢复本心，这是立德的根本。

所以，在社会人文教化中，陆九渊说："君子之修德，必去其害德者，则德日进矣，故曰，《损》，德之修也。"（《陆象山全集》卷三十四）同样阐明了"求放心"就是要摒除物欲之诱惑，彰明人的本心。"存心"就是保存人的本心，也就是保存人的良心、良知；"养心"就是要"保养灌溉"人的本心，不使本心受外物所诱惑；"求放心"是以"存心"和"养心"为基础，是道德修养中向内用功的重要环节，只有"三心"相连，人的道德修养才能进入一个新的境界。同时也表明了在人文教化中，除了外在的道德规范对人的行为约束之外，还应当充分发挥人内在道德主体在道德修养中的主动性和自觉性。

在"存心养心，以求放心"的修炼途径和方法上，陆九渊认为"不必他求，在乎自立而已"。（《陆象山全集》卷三十六）主要是发挥人的主观能动性，彰显道德主体的主导作用。修养的方法和途径只能从自己心中寻找，不能向心外寻找，若单靠向外寻找，就不能"尽心"，从而导致内无所主的修养状态。因此，陆九渊否定了朱子"格物致知"和"道问学"的修炼方法。他认为，"道问学"和"格物致知"的修炼方法否定了人的道德主体的主导地位，造成了人们思想上的混乱，在"格物"中，使本来"坦然明白之理"反而变得迷蒙而迷惑，使学子们失去了"存心养心"之功夫，把学子们引上了追求功名利禄之路，将为学变成了追求功名利禄的手段和工具，就求不得"放心"，为学也只是热衷于文义与解字，应对科举考试，而忽视了经典诗书所蕴含的人文之精神。

总之，陆九渊在人文教化中重视向内用功，反对向外求索的修炼之道，具有一定积极的意义，但他把向外与向内截然对立起来的主张，有失教化之偏颇，其根源在于陆九渊主张"吾心便是宇宙"的心本论观点。陆九渊面对南宋统治集团大多数成员的品性德行越来越坏的现象，而程朱所提倡的"格物致知"和"道问学"的人性修养途径根本扭转不了社会道德的沦丧，所以，他从心本论的角度出发，提出了只有"存心，养心，以求放心"，确立了人道德主体的自觉、自律的修养论，在社会人文教化中产生重要的影响。

（二）提出"辨志明义，重德轻利"的人文教育思想。陆九渊不但重视义利之辨，而且认为辨义利首先要"辨志"。从心学的角度看，"志"是指意志的动机，属于人内心主观性的范畴。人的行为是否符合道德价值的要求，主要取决于人行为内心的动机。因此，"辨志"就是要分辨人意识活动的内在动机的善恶。陆九渊说："凡欲为学，当先识义利之辨。今所学果为何事？人生天地间，为人自当尽人道，学者所以为学，学为人而已，非有为也。"① 他把义利之辨当作为学的主要目标，把"学为人"当作学习的根本所在，而"学为人"首先要"辨志"，同时只有明义利之后，才可以立志。儒家一贯强调人必须以"义"来立志，也就是要以"义"来支配人的行为和动机。

陆九渊认为，人内心的志向和动机决定他日常的所习和志趣。如果人的志向和动机为义，那么，他所习所喻的目的就在于义；反之，如果人的志向和动机在于利，那么，他所习所喻的目的就在于利。所以，为学在于为人，为人在于"辨志"。人的志向在于天下之大义，他的人品道德就高；反之，人的志向在于个人之私利，他的人品道德就低。因此，陆九渊认为判定一个人道德的高低，不在于看他表面的行为，而在于辨明他表面行为后面内心的动机。陆九渊说："某观人不在言行上，不在功过上，直截是雕出心肝。"(《象山先生全集》卷三十五，《语录》下) 也就是说，判断一个人道德品质的高低，主要在于看清他的内在动机和志向，也就是辨察他行为的内在动机。假如一个人终日埋头苦读古圣贤之书，其志向和动机仅仅是为了谋取个人的功名利禄，其行为可嘉，但其动机为私。因此，陆九渊说："学者须先立志"。② 可见，他要求学者首先要在道德目标上确定自己的志向，然后才能明辨义利关系，才能用自己的意志来选择良好的内在动机。所以，他要求学者在为学之前，先要端正自己的思想和内心的动机，才能在面对义利矛盾和冲突时，能做出正确的判断和选择，不趋利避害，不见利忘义，不唯利是图。

同时，陆九渊认为，义利之辨从道德原则上看，"义"就是道德动机，"利"就是利己动机。所以，如果人的动机是道德的，那么，他的行为必定是道德的，是和利己主义相对立的；如果人的动机是不道德的，那么，他的行为必定也是不道德的，是和道德原则相冲突的。因此，义利之辨主要是辨明人的道德人格问题，主要是辨明人是利己还是利人、利公的动机。陆九渊认为义是道义，是人内心所固有的，也就是主观自成的，不是外界强加给人的。

---

① 《陆九渊集》，中华书局 1980 年，第 470 页。
② 《陆九渊全集》，中华书局 1980 年，第 470 页。

"利"是"利欲",是与"义"相对立的,二者是势不两立的。他说:"且如其人,大概论之,在于为私己、为权势、而非忠于国、徇于义者,则是小人矣。"① 说明了君子为公为义,大公无私,先人后己;小人为己为利,自私自利,二者也是势不两立的。

可见,陆九渊认为,评价一个人是君子还是小人,不仅仅是看其行为上是否符合道德准则的要求,而重要的是考虑其内在的动机。只有内在的动机是道德的,是为义为公的,才能说明他是一个君子,是一个有道德的人,是一个大公无私的人。所以,在社会人文教化中,陆九渊提出要"收拾精神,自作主宰"的主张。他认为仅仅克制自己内心的欲望不去做违反道德的事,这只是为外界的道德规范所威慑,还不是自己内心的道德自觉,说明了内心的动机还是不纯的。而要变外界的强制为自己内心的道德自觉,培养自己良好的内在动机,就必须做到善于收拾自己的精神,自己做自己内心的主宰,实现自己人格的升华。只有这样,人心才不会为外界的诱惑和邪说所迷惑和动摇,发现自己的本心,让人的本心主宰自己的行为,引导人成为一个明志重义、重德轻利的人。

在社会人文教化的方法和途径上,陆九渊认为对社会不同阶层的人要采取不同的教化方式,特别是对达官贵人的教化是社会教化的重中之重,是社会教化的关键。陆九渊在对官吏的教化中认为,君王封官设吏的主要目的就是让官吏为国为民尽责,为民谋福利。因此,官吏在管理民众中首先要有"公心"和"良心"。官吏应当问政于民,为民生之幸福而施政,才能体现官吏为官为吏的内在心理动机。他针对南宋末期社会政治腐败,官吏贪淫,民不聊生的社会现状,一针见血地指出官吏内心动机的严重不纯正。他说:"官人视事,则左右前后皆吏人也。故官人为吏所欺,为吏所卖,亦其势然也。"② 说明了为官者下去视察民情民风,左右前后都是吏,最终为吏所欺骗和出卖。为官者回朝后,向君王禀报下去视察的所见所闻,又将君王欺骗出卖了。这样,社会风气将日益腐败,民心日益堕落。陆九渊再说:"吏人自食而办公事,且乐为之,争为之者,利在焉故也。故吏人之无良心、无公心,亦势之

---

① 《陆九渊集》,中华书局1980年,第405页。
② 《陆九渊集》,中华书局1980年,第112页。

使然也。"① 说明胥吏治理民众的内在本心及动机不是真正为国为民,而是出于为自身的私利着想,在办公事的过程中,他们考虑解决问题的出发点就不是从为国为民的角度出发,而是把自己的私利放在首位考虑,所以胥吏互相勾结,狼狈为奸,贪污腐败的事件屡见不鲜。这样,吏治百姓就失去了其应有的公平、公正和公心,也就是失去了天理良心。这样就直接影响到社会教化的导向,直接影响了社会民风民心的纯正。

因此,陆九渊认为,对官吏的教化应当从官吏的本心入手,培育官吏内在的自觉和自律,端正官吏的内心动机,培育他们执政为民的公正之心和天理之心,真正做到在其位谋其政,真正做到为官一方造福一方百姓,促进社会人文教化的良性发展。

在对天下民众的教化上,陆九渊继承了先秦孟子"民为贵,社稷次之,君为轻"的民本教化思想。他认为对民众的教化,首先是官吏要做到身体力行、以身垂范的榜样教化作用,才能有效激发、带动民众内心固有的善良之心,促进社会良好风气的形成。

在社会人文教化中,陆九渊不但提出了对"君子、官吏、民众"的教化,主张"张官置吏,所以为民"的民本教化思想,而且还提出了"养民重在治吏"的主张。陆九渊认为上古"三代之治"之所以出现民心纯正、民风纯朴的良好社会风气,是因为上古三代人君和官吏的产生和设置的根本出发点都是以"天下为公"为基础,以辅佐上苍和安济黎民百姓为己任,没有私心和杂念。他说:"天生民而立之君,使司牧之,张官置吏,所以为民也。"(《陆象山全集》卷五)说明了上天造出了万物和民众,然后立了天子,天子封官设吏来管理百姓,其目的和动机都是为了安抚百姓,让百姓安居乐业。因此,上古三代实现了社会公平、公正和正义,官民和谐相处的大同社会。

陆九渊面对南宋社会物欲、人欲横流、政治腐败、道德沦丧、民风败坏的社会现状,提出了"养民重在治吏"的主张。他痛恨那些"为官不仁"、置百姓困苦于不顾、一心只想自己升官发财的官吏。因此,陆九渊在社会教化中,十分重视对地方胥吏的治理。他指斥有些地方胥吏独霸一方,为害一方,怙恶不悛、为非作歹、欺下媚上的行径。他指出,这些胥吏投机取巧,以官

---

① 《陆九渊集》,中华书局1980年,第112页。

府的名义互相勾结，欺压良善，巧取豪夺，成为地方百姓的一大祸害。他认为这些下级胥吏之所以敢这样胡作非为，毫无顾忌，其根本原因在于上下官吏互相勾结，形成朋党之势，互相包庇，一级贿赂一级，一级保护一级，从而造成民冤难伸、民忧难解、民愤难泄、民恨极深的现状。因此，为了纯正民风、民心，推行上天的教化思想，他极力主张对祸害一方的胥吏要严惩，绝不手软。只有这样，才能真正形成扬善除恶的良好社会风气，真正实现"去不仁乃所以为仁，去不善乃所以为善"的教化目标。

（三）提出"致道者在乎学，为学者在乎志"的人文教育思想。陆九渊一生中设堂讲学主要有两次，一次是他中进士后，在家候职两年期间，学子学友前来求学问道，他将车房命名为"槐堂"，进行讲学传道，他的心学思想在此期间基本确立。另一次是他四十九岁以后，在贵溪天山象山精舍设堂讲学论道，历时四年，这是他讲学传道的鼎盛时期，是他心学思想完善和成熟时期。他主张以发明本心来提高人的品德修养，说明了在教学育人的过程中，只有引导学子在心中先树立起正确的理想和志向，在为学中才能发明本心；人的本心只有在为学中充分得到发明和完善，才能实现"天人合一"的道德境界。如果人的本心被利欲和私念所蒙蔽，为学成为人内心获取功名利禄的工具，那么，为学就不但不能致道，不能修养身心、培养本心，而且还会使人迷失本心，以至于丧失本心，从而远离了为学之本。所以，陆九渊认为"然无志则不能学，不学则不知道，故所以致道者在乎学，所以为学者在乎志"。（《陆象山全集》卷二十一）说明了为学之初，先要立志。只有树立远大而坚定的志向，才能学以致道，才能使本心不为外物的诱惑所蒙蔽。

陆九渊在阐明教育的目的是"明其本心，以致于道"之后，认为要实现社会和谐稳定，离不开社会人文教化。陆九渊认为南宋社会的教育"传注益繁，论说益多，无能发挥，而只以为敝。家藏其帙，人诵其言，而所汲汲者顾非其事，父兄之所愿欲，师友之所期向，实背而驰焉"。（《陆九渊集》卷十九）反映了当时社会的教育被越来越多的"传注"、"论说"所替代，其教育的目的与先王之教背道而驰。因此，陆九渊强调对人施教，首先要辨明本末之理。他说："先王之时，庠序之教，抑申斯义以致其知，使不失其本心而已。尧舜之道不过如此。"（《陆九渊集》卷十九）阐明了"学问之道无他，求其放心而已矣"。（《陆九渊集》卷三十二）

可见，陆九渊对为学致道的要求就是辨志以明其本心，这是教育的根本目的。而就师生而言，为师者要"变本心以为主宰，既得本心，从此涵养，使日月光明"。(《年谱》)首先要求教师要涵养自己的德性，不断提升自己的道德修养，以感染熏陶学生。就学子而言，首先要从老师那里学道，以发明自己的本心，进而达到"理明义精，动皆听于理，不任己私耳。"(《陆九渊集》卷十四)他强调学生不但要从先生那里学道以发明本心，更要明白本心所蕴含的内在仁义礼智之理。他说："学者之为学，固所以明是理也。"(《陆九渊集》卷三十二)他又说："学者须是明理，须是知学，然后说得惩窒。知学后惩窒，与常人惩窒不同。常人惩窒只是就事、就末。"(《陆九渊集》卷三十五)说明了为学能明理，明理才能致道。为学之初需先明志，然后本心才不会为物欲、人欲所蒙蔽。因此，知学明理之人与常人的"惩窒"方法不同。常人一般只是就事论事进行惩窒，知末不知本；而为学者惩窒是"就本"、"就理"，而不是"就事"、"就末"。这就是陆九渊强调的"故所以致道者在乎学，为学者在乎志"的明理之道，并通过教育使人本心中的德性实现"成孝敬、厚人伦、美教化、移风俗"(《陆九渊集》卷三十五)的教化目标。

在为学方法上，陆九渊在强调"易简"的为学修炼本心的基础上，提出了"以尊德性御道问学"作为为学方法。朱子将为学和道德修炼看作是人道德修养积累的过程，也就是"集义"的过程。在"道问学"中使人认识、理解并积累道德素养，以达到道德境界。因此，朱子将为学作为人养成良好的道德品质的基础和准备过程，阐明了人必须接受教育，人必须努力读圣贤书，才能形成自己高尚的道德情操，为学过程只是间接潜在地与教育目的相联系。而陆九渊恰恰相反，他认为为学和道德修养活动就是学以做人的过程，而不仅仅是手段和工具而已。因此，"道问学"必须在"尊德性"的前提下进行，为学的过程就是"尊德性"的过程，也是"学以做人"的过程。所以，教育目的就是人"本心"的内在主观要求，必须内化为人内在的道德要求。因此，在教育、为学和道德修养的过程中，不管是教育还是为学都必须通过"本心"的理解和认同来实现，将外在的圣贤之书上的道德内容、道德要求内化为人内在本心的道德认识和道德要求，并贯彻在自己的道德实践中，实现"人性之德"与"天地之德"化二为一、天人合一的境界。

可见，在为学和教育的方法上，朱子主张"道问学"，认为人的知、情、意、行等必须在为学中获得道德认识和深刻的自省自察的基础上才能产生,才能形成自己高尚的道德品质。但不足之处在于"道问学"与道德品质的形成之间并不是必然的联系和结果,也可能"道问学"是为个人获取名利的工具和手段,那么,这种"道问学"的为学和教育就不是其终极和根本的意义了。而陆九渊主张"尊德性",正是认识到朱子"道问学"目标指向的多元性。因此,他提出为学和教育活动应当从人的本心入手,在人的"德性"本心为善的指导下开展为学和教育活动,也就是在"尊德性"的前提下,进行为学和教育活动,才能有效保证人所学的道德知识形成人内在的道德情感,并落实在人的道德行为实践中。因此,他提出"以尊德性御道问学"的观点,以"易简工夫"直指人的本心,将道德知识转化为人的道德品质,主张以人内在本心的道德自觉和自律来代替外在的道德规定和道德约束。借助于人内心"切己自反,改过迁善"、"先立乎其大者"、"清心寡欲"、"存心、养心、求放心"等途径来实现"发明恢复本心"的教化目标,使人在内心产生"顿悟"。因此,道德修养的关键在于人道德主体的"自觉"和"自律"而已。

陆九渊人文教育思想的理论基础是"心学"。他认为"心"无所不包,万物皆备于我。所以,在社会人文教化中,他主张通过"人心"来体认本心,从而达到教化的目标。他认为,在现实生活中,人的道德修养之所以有高低之别,是因为品格低下者,人心有病,为物欲、人欲所蔽,所以无法发明自己的本心。他说:"愚不肖之蔽在于物欲,贤者之蔽在于意见,高下污洁虽不同,其为蔽理溺心,不得其正一也。"(《陆九渊集》卷一)陆九渊又说:"夫所以塞吾心者何也?欲也,欲之多,则心之存者必寡;欲之寡,则心之存者必多。故君子不患夫心之不存,而患夫欲之不寡,欲去则心自存矣。"(《陆九渊集》卷一)说明了人欲是使人心不明的主要根源,只要清心寡欲,则人的本心自然存在。陆九渊从性善论的角度出发,认为人的本心是善的,后来之所以不善,主要是受人欲所诱惑和蒙蔽。所以,陆九渊在道德修养的教化中,主张摒弃个人非分和过分的私欲,才能保持人善的本心。他说:"大概论之,在于为国、为民、为道义,此君子矣。大概论之,在于为私己,为权势,而非忠于国殉于义者,则是小人矣。"《陆九渊集》卷三十四)说明了陆九渊以为公或是为私来区分君子和小人,这是对朱子"存天理,灭人欲"人文教育思想的继承和发展。朱子道德修养的途径是"格物致知",是内心慢慢领悟;

而陆九渊道德修养的途径是"发明本心",是内心的顿悟。

陆九渊认为,为学首先要在"明本心"的基础上为学,否则,为学也会迷失本心,把人的本心引向邪处,无益于人道德修养的提高。学子为学要先明确为学的目标指向,也就是为学首先要立志,要端正为学的内在动机。若为学的目标仅仅是为一己私利去读书,定位在个人私欲上,则学问和本领越大,以后对他人和社会造成的祸害也越大;若为学的目标定位在为他人为社会作贡献,同时也成就自己个人的价值和意义,那么,为学才有真正的意义和价值。因此,在社会人文教化中,在儿童时期就应当培育儿童正确的理想和志向。若儿童能从小树立正确的理想和志向、从小树立为他人和社会作贡献的内在心理动机,那么,在以后接受教育的过程中才会有正确的人生方向,读书的动机才不会偏离正确的轨道。所以,陆九渊强调"切己自反,向内用功"的道德修养途径,主张人自身在道德修养中的主导作用,重视道德自律性,这在当时世风败坏、道德沦丧的南宋社会,具有现实的意义,对后世产生了深远的影响。当然,不足之处在于片面强调人自省自律的能力。

总而言之,宋元时期,采取"尊孔崇儒,重教兴学"的文教政策,使儒、佛、道三教逐渐出现融合的趋势,为宋元社会人文教育思想奠定了基础,为宋朝理学和心学的发展作了准备,使宋元的人文社会教育思想达到了高峰,对中国封建社会后期的人文教化思想产生了深远的影响,对推动华夏民族的思辨能力的发展起了重要的作用。同时,宋代理学家倡导的爱国主义、民族大义、舍生取义等以"天下为己任"的人文精神,对今天培育人们社会主义核心价值观具有重要的借鉴价值。当然,宋明理学主张的三纲五常等伦理思想以及陆九渊片面强调的人自身的自省自律能力,在社会人文教化中又有消极的作用和影响。

第七章 明朝：人文之延续

一、时代背景

明太祖朱元璋从历史经验教训和亲身经历中，深刻地认识到教育对国家长治久安的重要作用。他认为："天下初定，所急者衣食，所重者教化。衣食给而民生遂，教化行而习俗美。足衣食者在于劝农，明教化者在于兴学校。"（《明太祖实录》卷二十六），所以，明太祖实行"治国以教化为先，教化以学校为本"（《明史·选举志一》）的文教政策。明初，不管是国家的政治体制还是文教政策基本上是延续宋元的。在思想教化上，明统治者十分推崇程朱理学，将理学教化思想作为人们思想、文化和教育领域的指导思想。

明朝建国之前，朱元璋就将应天府学改为国子学，成为中央最高学府。明朝洪武元年，明太祖令官员子弟及民间文才优秀的人入学。洪武十五年（1382 年）改国子学为国子监，国子监的学生称为监生，分为官生和民生两种。永乐元年（1463 年），又在北京设国子监。永乐十八年（1420 年），明朝迁都北京，将北京国子监改为京师国子监，原京师国子监改为南京国子监。洪武二年（1369 年），颁布兴学令，要求全国各地普遍设立学校。明初学校和教育事业的发展是前所未有的。明统治者开设学校、教化民众、重视科举、选拔人才，其根本目的是为了培养和选拔他们所需要的治国人才。

洪武二年（1365 年），明太祖下令"国家取士，说经者以宋儒传注为宗"。永乐十三年（1415 年），明成祖又命令翰林学士胡广等人编纂《五经大全》《四书大全》和《性理大全》，并颁行天下，作为钦定的学校教科书，使程朱理学成为明代士子读书入仕的基本学习内容。同时，明太祖对不利于封建专制统治的思想学说采取排斥打压的政策，对《孟子》一书中的民本思想尽行删除,并将孟子逐出孔庙,免其供享,反映了明朝文教政策的专制和霸道。因此,明朝对中央和地方学校的管理十分严格,禁止国子监的监生随便发表言论,各堂之间不准随便往来交结,凡有违者都严加惩治。在地方学校中,同样实行严厉的专制管理,其目的都是为了禁锢人们的思想,压制舆论,加强在思想、文化上的专制统治。

明初统治者重视科举选拔人才的考试制度,使科举制度在明代得到了进一步的完善和发展。同时,三部《大全》的编纂及其颁行,进一步确立和加强了程朱理学在思想教化领域的统治地位,在社会教化上,使程朱理学成为了"独尊天下"的社会人文教化思想。但同时,由于程朱理学上升为国家的意识形态,因此,这一教化思想也就逐渐失去了原有的活力,特别是士人学子为了猎取功名利禄,埋头于四书、五经,钻研空洞的八股文,而对来自生活有用的知识却充耳不闻,成为了十足的书呆子。所以,明代的学校教育和科举制度又成为禁锢人们思想的镣铐,严重阻碍社会文化和科学的繁荣发展。而更为严重的是明代统治者为了加强对人们思想上的控制,大兴文字狱,并以无端的罪名残酷迫害士人学子,滥杀无辜,制造恐怖气氛,反映了明朝专制统治在思想、文化教育领域的具体表现。虽然如此,但明初统治者确立的"治国以教化为先,教化以学校为本"的文教政策,促进了明代学校教育的普及和发展,在客观上为明清思想文化的繁荣和发展奠定了基础。

明朝统治者虽然在社会人文教化上实行严酷的控制,对封建文人采取了笼络和高压的手段,但明朝文化还是取得了一定的成就。

明朝文化的发展与当时社会政治、经济的改革紧密相连。明初,在政治上进一步加强封建专制统治,废除了有一千多年历史的丞相制度和有七百多年历史的中书、尚书、门下三省制度,皇帝军政大权独揽一身,是秦汉以来封建中央集权专制统治的高峰,对百官和百姓进行严格的控制。在经济上,明朝建国一百多年内,采取了恢复和发展经济的措施,社会经济得到了恢复和发展,社会相对比较安定,出现了比较繁荣的局面,这为明初文化的发展创造了条件。在思想文化上,采取独尊程朱理学的文教政策,大兴文字狱,对封建知识分子采取笼络和高压的政策,对知识分子的思想起了禁锢的作用。虽然这样,但明初统治者大力兴办学校教育,开设文华堂,广泛招揽人才,这在客观上为明初文化的发展产生了积极的作用,出现了一批优秀的作家,创作了许多优秀的经典之作。杰出的作家罗贯中、施耐庵根据民间广泛流传的三国、水浒话本、杂剧的基础上，创作了《三国演义》和《水浒传》这两部经典巨作，在思想性和艺术性上都达到了很高的成就，使中国小说创作进入了一个崭新的时代。罗贯中创作的《三国演义》是中国章回小说的开山之作，也是中国最有成就的长篇历史小说。因此，明前期优秀作品几乎都集中在元明之际，而明朝建国以后的一百多年里，文坛上显得比较暗淡和冷清，其根本原因与明朝统治者在政治思想上所采取的高压政策有关，文人学子只是在文学作品上做一些整理加工的工作。

同时，明中叶弘治（孝宗）、正德（武宗）时期，社会经济出现了相当繁荣的局面，农业生产进一步得到发展，手工业、商业的发展也非常迅速，客观上促进了城市经济的繁荣和发展，为明朝科技文化的发展提供了扎实的基础和条件。特别是随着经济的不断发展，弘治、正德时期，统治集团追求奢侈淫逸的糜烂生活，使整个社会风气日趋堕落，这也直接影响了文人文学创作的灵感和方向。明中叶，兰陵笑笑生创作的《金瓶梅》，全面揭露了明代社会富商、恶霸、官僚相互勾结，狼狈为奸，祸害百姓的黑暗现实，揭露了封建统治集团及其走狗寡廉鲜耻，荒淫无度的嘴脸。同时，也反映了明代社会城市经济的发展和市民阶层思想意识的发展变化。《金瓶梅》是中国第一部文人独创的长篇小说，又是第一部以家庭生活为题材的长篇小说，对后世小说的创作产生了很大的影响。

万历后期，统治集团内部东林党和邪党（天启转为阉党）的激烈斗争，对人们的思想和社会生活产生了很大的影响和冲击，出现了著名的哲学思想家王守仁，他从挽救社会危机出发，继承并发展了陆象山的心学思想，完成了主观唯心主义的哲学体系，在当时社会人文教化中产生了很大的影响。明嘉靖、万历以后，随着社会政治、经济和哲学思想的发展和变化，文学创作与社会现实生活联系得更加紧密，创作了许多反映社会现实生活和人们内心思想情感的优秀作品，成为广大民众自我娱乐和自我教育的精神食粮。

二、人文教育思想概述

明清之际，中国文化开始出现近代转型，同时，也是中国人文教化思想由古代向近代转化的过渡时期。明朝建国初期，明太祖为了巩固大明王朝的长治久安，试图通过倡导儒学来加强对全国臣民精神的控制和统治。他采取文治政策，重视教育，兴办学校，实行教化。同时，他多次下诏求贤，征召各地大儒贤才，作为实施"文治"路线的主要传播者，确立了以儒学作为治国之道和进行社会人文教化的主要载体，为明初笼络了一批经邦治国的儒才，为儒学成为明朝人文教化的主流地位奠定基础。

为了确立儒家思想在社会人文教化中的至尊地位，明太祖重视对孔子的祭祀，并重建封建伦理纲纪，将制礼作乐作为恢复先王之治的主要途径之一，提倡读经修身，并极力推崇程朱理学。明太祖采取的这些文教政策和措施，对确立儒学在官僚集团和民众思想中的统治地位奠定了坚实的基础。明太祖之后，明朝的历代帝王基本上继承了开国之初明太祖确立的尊儒国策，并将程朱理学上升为国家的意识形态，确立为正统的统治地位，使程朱理学成为明清两代的主要教化思想，影响了明代文化的发展方向和人生价值的取向，出现了一批哲学思想家，形成了蔚为壮观的明代文化景观。他们在传承儒学的同时，又对儒学、特别是宋明理学进行反思、总结和批判，使中国传统文化在明清时期达到了高度精致，同时，也使中国传统文化的发展出现了消沉的态势。这一时期的社会人文教化思想在承继宋明理学教化思想的同时，也进一步走向丰富和分化瓦解的道路，为近代具有启蒙色彩的人文教化思想的酝酿、产生和发展提供了可能。明清思想家在反思宋明理学对人的思想的束缚禁锢的同时，开始对人生的价值和意义进行重新的思考和探索，肯定了人内在的合理的情欲需求，注重现实的人，倡导经世致用的务实学风，提出"天下兴亡，匹夫有责"的时代强音和教化主张，成为近代中国传统文化接受西方强势文化挑战的主旋律，成为中国文化从古学走向新学的重要桥梁。

明初，在社会人文教化中，主要以程朱理学的人文教化思想为主流。明成祖时期编纂的《五经大全》、《四书大全》和《性理大全》，作为明代科举取士的唯一标准，使程朱理学成为明初"独尊天下"的社会教化思想。这时期的代表人物有薛瑄、吴与弼、胡居仁、陈献章等人，他们在社会人文教化思想上，基本恪守朱子的教化思想，没有创立新的教化思想。

薛瑄在教化思想上提出了"理在气中"，反对朱子的"理在气先"。在理气关系问题上，薛瑄认为理寓气中，反对朱子"理在气先"的教化主张。他说:"遍满天下皆气之充塞,而理寓其中。"(《读书录》卷二)强调了理气之间不可分割的主张。他又说:"气之所在,理随在焉,夫岂有亏欠间隔哉!"(《读书续录》卷一)说明了"理气浑然无间"的道理。"气"在天地未形成之前就已经存在了,气是永恒存在的,并贯穿于天地之始终,理只能寓于气中。因此,朱子的"理在气先"成为无源之水、无根之木。薛瑄在教化中说:"盖未有天地之先,天地之形虽未成,而所以为天地之气则浑浑乎未尝间断止息,而理涵乎气之中也。及动而生阳,而天始分,则理乘是气之动而具于天之中;静而生阴,而地始分,则理乘是气之静而具于地之中。分天分地而理无不在,一动一静,而理无不存,以至化生万物,万物生生而变化无穷,理气二者盖无须臾之相离也,又安可分孰先孰后哉?"(《读书录》卷三)可见,朱子强调"理在气中"的前提是"理在气先",而薛瑄主张的"理在气中"的前提是"理气无先后"之分,但这也导致了他在理气论上的自相矛盾。因为薛瑄不赞成"理气为二",所以,他提出"气载理,理乘气"及"气为客,理为主"的观点又与他的"理气无先后"形成了自相矛盾。可见,薛瑄的理气观仍是属于理学体系的范畴,属于"气本论"的气学体系范畴。

在心性论问题上,他突出"性"作为实体存在的意义,在教化中重视存心养性、持敬涵养的修炼砥砺的功夫。他认为"天地万物惟性之一字括尽"(《读书录》卷一),他主张通过"存心"以求达到"复性"的实践目标。

在人性善恶教化思想上,薛瑄认为"性纯是理,故有善而无恶;心杂乎气,故不能无善恶"。(《读书录》卷五)说明了人性与理都是至纯无恶的,而人心与气一样是混杂而有善有恶的。他认为人性是天道自然运行而赋予人的一种本质属性,并且性与心是同时具备不可分离的,人性本体是无所作为,而人心是有觉有感的,所以,心统性情。因此,他说:"天道流行,命也;赋予人,性也;性与心俱生也。性体无为,人心有觉,故心统性情。"(《读书续录》卷四)强调了"养性"须由"存心"来实现的教化主张。而针对如何"存心复性"这一问题,他强调"居敬以立本,穷理以达用"。(《读书录》卷五)他认为"存心复性"的主要修养工夫是"居敬"。只有做到居敬才能消除人心之胡思乱想和人身之胡作非为,时刻保持自己的"谨畏之心",而不至于迷乱了自己的情欲。他说:"万起万灭之私,乱吾心久矣。今当悉皆扫去,以全吾湛然之性。"(《读书录》卷一)可见,薛瑄人文教化思想的重点在于寻找

第七章 明朝：人文之延续

人之善性，在修养工夫上重视通过居敬来正心，在明初教化思想上具有一定的意义。

吴与弼在社会人文教化上，提出"身体力行"的主张。他一生严格按照理学的方法，刻苦实践，注重自身践行"涵养本心"的工夫，提倡"安贫乐道"的人文精神。他说："充满宇宙皆生物之心，满腔子皆恻隐之心。"（《日录》）说明了他在教化思想上更注重对"心"的道德磨炼，将宇宙万物的生长规律与人的道德精神主体融为一体，认为"存心含宇宙，不乐复如何！"（《吴康斋先生文集》卷六）反映了他追求"苟得本心，随处皆乐"（《日录》）的人文精神境界，对后世的人文教化思想产生了深刻的影响。

胡居仁尊崇程朱理学，深受吴与弼的影响，遵从"居敬"的教化思想。在修养工夫的教化上，他说："儒者工夫自小学洒扫应对、周旋进退、诗书礼乐、爱亲敬长、毕恭毕敬、无非存心养性之法，非僻之心在这里已无。及长则主敬穷理并进交养，戒谨恐惧，诚恐一事有差，则心无不存、理无不在。"（《居业录》卷七）可见，在教化中，胡居仁既重视对儿童从小进行养成教育，又重视对成年人进行明理教育。在社会人文教化中，他又强调"穷理"的重要性，他说："理与气不相离，心与理不二。心存则气清，气清则理益明，理明气清则心益泰然矣。故心与气须养，理须穷，不可偏废。"（《居业录》卷一）说明了在社会人文教化中，既要存心，又要穷理。只有存心，穷理才有意义；只有穷理，存心才有实在的内容，以达到"心与理"的内在统一。因此，心存则理明，理明则气清，气清则情欲正，情欲正则心正，心正则格高，格高则性善。总之，只有养心才能养身，只有养心才能养性；只有养情才能养心，只有养情才能养性。胡居仁将程朱理学强调的穷理工夫纳入到人的道德实践当中，在教化中注重在人自身内心用功，反对一味求乐的情欲，以实现理学对人的教化作用。

陈献章在社会人文教化中，提出"静坐中养出端倪"的修养之道。他说："舍彼之繁，求吾之约，惟在静坐。久之，然后见吾此心之体隐然呈露，常若有物。"（《陈献章集》卷二《复赵提学佥宪·一》）认为实现"心"与"理"合一的关键在于"静坐"，在静坐静心中体悟出人性道德的本体所在，也就是人性本体道德意义上的"善端"和"良心"。因此，陈献章在人文教化中提出"静坐养心"及"养善端于静坐"的主张，把静坐作为超越教派的普遍法则，无论是佛家还是儒家，都可以通过静坐的修养工夫，实现涵养善端的教化目标，同时也开创了明代心学的先河。

此外，陈献章还提出了"学以自然为宗"的教化思想。他的弟子湛若水说："夫自然者，天之理也。理出于天然，故曰自然也。"（《重刻白沙子全集序》）说明了天理出于自然的道理。陈献章又说："宇宙内更有何事？天自信天，地自信地，吾自信吾。"（《陈献章集》卷三）可见，他认为宇宙万物都是以自身的自然运动规律运行的，人自身的内在"仁心、良心"的运动变化也有其自在的规律，反对人为意识安排强制，强调了人为学过程中顺其本心自然的重要性。他说："古之善学者，常令此心在无物处，便运用得转耳。学者以自然为宗，不可不着意理会。"（《陈献章集》卷二）他提出"以自然为宗"的教化思想，与程朱理学在教化中强调注重知识积累的教化思想有着根本的不同。他认为"自然之乐，乃真乐也。"（《陈献章集》卷二）陈献章将"自然"与"真乐"结合起来，反映了他注重人的内心体验，使心学教化思想具有现实的价值和意义。

总之，陈献章的人文教化思想主要体现在"重视躬身实践，讲求内心体验，他对宇宙问题以及儒家学说的关怀，最终都在自身体验上加以落实，因而其思想意趣并不表现为追求建立一套完整的理论体系，他对后世的影响主要是一种精神上的激励：要求人们'自立'、'自强'、'自得'。他的思想在批判理学、开启心学的时代潮流中占有十分重要的地位。"[①]

湛若水是陈献章的得意弟子，得中进士那年在京与王守仁相识，二人志同道合，推荐程颢的"仁者以天地万物为一体"的教化思想，为明初心学思潮的形成作出了重要的贡献。在社会人文教化中，湛若水提出了"随处体认天理"的主张。他说："所谓随处体认天理者，随未发已发、随动随静，盖动静皆吾心之本体，体用一原。"（《甘泉文集》卷七）他又说："天理者，吾心本体之中正也。"（《甘泉文集》卷七）说明了"体认天理"不是外向求理，而是内向体认于心。可见，他基本上认同"心外无理"的心学主张，因此，他的思想仍是"心学"的教化思想。但由于湛若水心学理论庞杂，未形成鲜明个性的心学体系，所以，他的心学思想在明代社会教化中产生的影响远远不

[①] 复旦大学哲学系中国哲学教研室编著《中国古代哲学史》（下册），上海古籍出版社2011年，第668页。

如王阳明。

明中后期，随着王阳明心学思想的不断发展和盛行，程朱理学在社会人文教化中的权威地位受到了强烈的挑战，为士人学子的思想和心灵开辟了一个新的自由的天地。王守仁所创的心学思想体系与程朱理学的正统思想是背道而驰的。他主张"返心求理"，反对朱子的"外向穷理"的观点。他认为人的价值和意义在于人的本心，人的本心是人的道德行为的本体，并且作为人本心的良知是人先天就有的，因此，人们只要能做到"循其良知"，努力去实践道德，就是"尊德性"，所以，他提出"心即理"的心学核心观点。

明中叶以后，在社会人文教化思想上，出现了以罗钦顺、王廷相为代表的气学教化思想。

罗钦顺认为，理是气之聚散离合的内在条理或规律，理不能脱离气而存在，也不是依附于气的另一实体。他说："理只是气之理，当于气之转折处观之。往而来，来而往，便是转折处也。夫往而不能不来，来而不能不往，有莫知其所以然而然，若有一物主宰乎其间而使之然者，此理之所以名也。"（《困知记》续卷上）说明了理只是阴阳二气运动、气化成物的内在规律，因此，可以说"理气为一物"。他的这一观点是建立在"气本体"基础上，其意义在于反对朱子"理为气本"的宇宙观，说明他的哲学思想已由"理学"向"气学"转变。

在社会教化中，罗钦顺对心学的教化思想也展开了批判。他认为心学把"良知"作为心之本体的教化主张是错误，只有"道、德、性"才是"实体"。他认为"心"只是人的知觉功能，"心"的知觉作用虽具有"神妙灵明"的特征，但不能以此就认为"心即理"。并且他认为心学家在教化中主张只要人发现良心，就可以在自己的行动中付于道德实践，而无须进行修炼工夫的观点是错误的。因为他认为人的五官与外物接触后所产生的人内心情欲的变化虽是一种"自然之机"，但在此之下，必须通过人个体对该心情的不断磨炼，才有可能使自己的言行合乎道德礼仪规范的要求，否则就不可能真正保持此良心。所以他说："心者，人之神明，而理之存主处也。岂可谓'心即理'，而以穷理为穷此心哉？良心发见，乃感应自然之机，所谓天下之至神者，固无待于思也。"（《困知记》附录《答允恕弟》）

此外，罗钦顺对王阳明提出的"良知即天理"的教化主张也提出了批判。

"良知即天理",是王阳明心学思想的一个重要教化主张。他认为人的良知如果不是天理,那么人的良知对人来说就失去了存在的价值和意义。并且王阳明始终认为人的良知具有判断是非的能力,能自觉指导人的道德实践,并在日常生活行为中表现人的良知。而罗钦顺认为良知只是人的知觉,所以良知不能等同于天理,爱与敬才是人心之天理,这就从根本上否定了王阳明心学"良知即天理"的教化思想。但王阳明的弟子欧阳德反驳罗钦顺把良知当作知觉的观点。他说,"知觉"只是指人视听言动的感官知觉,不具有伦理学意义上的善的含义,而人内心的良知具有"知恻隐、知羞恶、知恭敬、知是非"的能力,所以说"良知即天理"。针对欧阳德的观点,罗钦顺提出了反驳观点,他说,欧阳德将"知恻隐"等知觉能力看作良知,而将人的"知视"等知觉能力单纯作为知觉,这就人为地把"知"一分为二,变成了人的两种"知",并且人内心的"仁义礼智"四端都是外物刺激人的感觉器官而反映到人心并产生的四种道德行为,所以他认为"知惟一尔"。

可见,罗钦顺在人文教化中将人内心道德之知的良知与人感官之知的知觉混为一体,也就是良知等同于知觉。这一观点其实并不符合王阳明良知学说的真实内涵。良知只能说是人对自己心中的七情六欲作出一个合理、规范、本分的判断并付于自己的言行中,表现出道德的自觉和自律,说明了这个人内心有良知,也就是这个人有良心。反之,如果说这个人无良心,也就说明他内心无良知,内心只有"恶知","恶知"就是人对自己心中的七情六欲作出非分、过分或不道德的判断并付诸自己的言行中,表现出不道德的行为。所以不管是"良知"还是"恶知",都是人心的知觉,但人心的知觉有两种情况,而不是就一种"良知就是知觉",其中还有"恶知"。因此有良知的人才有良心,没良知的人就没有良心,良心才是天理,天理就是良心。人心有良知,人性表现为善;人心无良知(有恶知),人性表现为恶。

罗钦顺在教化中主张不能将"良知与天理"等同,其实里面就隔着一个"良心"。他提出的"知惟一尔"的观点是正确的,但他又没有具体分析出人心知觉的两种情况,即"良知"与"恶知"。而欧阳德将人内心的良知与人感官的知觉截然两分,看不到二者之间的内在联系和相互影响、相互作用。同时,他也看不到良知与天理之间还隔着一个"心"。只有有"良知"的人才有"良心",没有良知,只有"恶知"的人就只有"恶心",没有"良心",这种情况欧阳德似乎把它忽略了。所以,要说能与天理相提并论的只能是"良心",因为天理是宇宙天道的运行之理,是道德的、本然的运行之理;而作为人道的运行之理,也应当是符合道德的、人内在本然的运行之理,这就是按人内在的"良心"来运行之理,才是天理。可见,良心才是天理,天理就是良心。

王廷相的气学思想主要是秉承了宋代张载的气一元论的思想,提出了"气为实体,性出于气"的哲学主张,对宋代以后的理学和心学思想作了深入的研究和批判,在明代产生了很大的影响。

在社会人文教化中,王廷相认为"气"是构成宇宙万物的本体。他说:"天地之先,元气而已矣。元气之上无物。"(《雅述》上篇)说明了"气"是万物之本体,天地未形成之前,只有元气存在,并无任何一物。他又进一步说:"天内外皆气,地中亦气,物虚实皆气,通极上下,造化之实体也。"(《慎言·道体》)可见,天有天气,地有地气,人有人气,物有物气,气是天地万物造化的本体。他认为:"二气感化,群象显设,天地万物所由以生也,非实体乎!"(《慎言·道体》)意为元气中阴阳二气发生交感气化而生出万物,那么可以说,天地万物的本体就是元气,元气就是宇宙的本质,就是太虚的实体。可见,王廷相的气学思想是以元气为实体的气本论。他说:"气也者,道之体也;道也者,气之具也。"(《慎言·五行》)说明了气既是宇宙的本体,也是道的本体,道只是气的内在规律或条理,是气内在所具有或具备的规律或条理,因此,道的具体表现就是理。在教化中,他说:"万理皆出于气,无悬空独立之理。"(《太极辨》)说明了理是以气作为自身的载体,理在气中,气为道之体。他又说:"天地未生,只有元气。元气具,则造化人物之道理即此而在。故元气之上无物、无道、无理。"(《雅述》上篇)在理气关系的教化中,王廷相坚持元气本体论的教化思想,理无独自存在之理,理随气而在,理载于气中。他对朱子的"理在气先"的教化思想进行了批判,否定了理是万物的本体,提出了理只是自然气化成万物的规律。王廷相的气学思想是中国社会人文教化思想的一大进步。

在人性论教化上,王廷相从气本论立场出发,认为后来所说的男女交合、种生创造出来的人的人性,就主要是指人的"气质之性",而非程朱理学家所说的"天命之性"。因为天地阴阳二气交感气化而生的人的人性,才直接秉承天命之性或天地之性，其本性为善。因为天地阴阳二气交感而化生万物时，人是得天地阴阳二气之清正之气，所以是万物之灵、五行之秀气也。因此，可以说人之初、性本善。而后来以男女阴阳二气交合、种生创造出来的人的人性，主要是秉承父母的气质之性，直接受父母阴阳二气的影响，天地之性只是或多或少地遗留在种生之人的气质之中，天地之性只是通过气质之性间接地影响种生之人的人性，所以其人性中善恶因子都有。因此，天命之性无法直接影响种生之人的人性，只能蕴含在父母的气质之性中，对新生之人的人性产生间接的影响。

所以，罗钦顺说："'天命之谓性'，自其受气之初言也。"（《困知记》卷上）说的就是这个道理。说明了后来一代代种生之人的人性，如果离开了父母的气质之性，天命之性也就无从说起。王廷相的人性论教化思想在此基础上，进一步提出人性都是由气质之性所构成的，气形成性，所以不能离气言性，从而得出"性与气相资"的观点。他强调秉承父母"清明淳粹"之气，人性为善；反之，秉承父母"驳杂昏浊"之气，人性为恶。同时，王廷相还认为，人性之善恶不但取决于父母的气质之性，而且还受后天生活环境的影响，所以，他提出了"凡人之性成于习"（《王氏家藏集》卷二十八）的主张，认为人后天逐渐形成的生活习气对人性的善恶也有影响。他说："可变其气质而为善，苟习于恶，方与善日远矣。"（《王氏家藏集》卷二十八）说明了人后天良好生活习惯的养成，对人性会产生很大的影响。因此，王廷相最后提出了人性中善固有的观点，说明了"善"是人性，"恶"也是人性，人性有善恶两种因子。

王廷相的气本论教化思想，在明代人文教育思想上占有重要的地位，他对程朱理气观进行了深刻的批判，并将气本论延伸到人性论上，反对以理言性，将人性分为天命之性与气质之性，提出一个性的主张，在一个性之内含有善恶两种因子，对后世产生了重大的影响。同时，在教化中，王廷相对心学的批判从纯理论学术的探讨，延伸到国家现实政治上来，批评了心学家们热衷于清谈"心性良知"，于国于家不但没有任何好处，而且还会产生危害。这种批判从心学发展中出现的某些不合时宜的现象来看，似乎也有一定的道理，在社会人文教化中具有积极的意义。

总之，明代的气学思想在社会人文教化中，虽然不能成为主流的教化思想，但气学建构的对宇宙和人性本体的重新思考，使人们重新来审视和思考人作为人存在的价值和意义，并从气的角度重新来思考人性问题、身心修养问题以及养气与存心关系等问题，都具有重要的人文教育意义和价值。

明晚期，在社会人文教化思想上有影响的代表人物是顾宪成、高攀龙和刘宗周。在人文教化中，他们明确提出"以性善为宗"的教化主张。他们虽然赞同王阳明提出的"致良知"的教化思想，但对他提出的人性"无善无恶"的观点提出批评。

顾宪成在社会人文教化中，认为"见以为心之本体原是无善无恶也，合下便成一个空；见以为无善无恶只是心之不著于有也，合下便成一个混。"（《札记》卷十八）说明人性中无善无恶的教化主张，将会造成人性的"空"和"混"。这就表明了如果人与人之间的人性是无差别的，儒家的圣贤规矩、礼法都将被人性无善恶所取代，那么人的行为也就分不出善恶，人格也就没有高低，也就是善恶之界限将不复存在，社会道德将陷入一片混乱之中，人们分不清何为善之举，何为恶之举？是非黑白将会完全颠倒，人伦将会败坏，社会道德将会沦丧，所以，顾宪成说"此之谓以学术杀天下万世"。（《札记》卷十八）

可见，顾宪成认为心学派提出无善无恶的人性教化主张，所造成的危害不仅仅是理论学术上的问题，而是关系到世道人心、社会风尚教化的大事。同时，社会将出现"以任情为率性，以随俗袭非为中庸，以阉然媚世为万物一体，以枉寻直尺为舍其身济天下，以委曲迁就为无可无不可，以猖狂无忌为不好名，以临难苟免为圣人无死地，以顽钝无耻为不动心矣"（黄宗羲：《明儒学案·东林学案一》）的后果。说明了如果取消人性善恶之别，就会导致人的价值观模糊不清，传统美德丧失，同时又会让自私自利之心得以盛行，最终造成社会人心败坏、世风日下、道德沦丧的局面。但顾宪成对王阳明心学的批判，只是从理论上推理的结果，而不是现实社会现实的结果，因此，他对心学的道德批判，只能是出于自己的主观评判。但顾宪成对心学过分强调人的本心至善、本心自然，而忽视了人性恶的根源的教化主张，进行了尖锐深刻的批判具有一定的价值和意义。他在批判王阳明"无善无恶"的教化观点时，着重针对人性"恶"的问题进行探究，主张只有从小培育人的自觉自律意识、积极努力地为善去恶，才能逐渐克服并压制、控制人性中"恶"

的因子，实现人性向善发展的目的。

顾宪成在东林书院时就明确提出"以性善为宗"的教化主张，其目的就是为了纠正心学教化思想的偏缺之处，主张以"人之性"来支配主导"人之心"。高攀龙也说："学问之道无他，性而已矣。"（《东林书院志》卷六）说明了他们二人在人文教化中，都关注到人性善恶本源的问题，以及"人性"善恶对人心所具有的决定、主导的作用。顾宪成在临终前说了一句名言："语本体，只是'性善'二字；语工夫，只是'小心'二字。"（《札记》卷十八）说明了人性修养的终极目标是"性善"，修养的工夫集中在"小心"二字上。顾宪成又说："只提出性字作主，这心便有管束。孔子自言'从心所欲不逾矩'，矩即性也。"（《札记》卷五）说明了人的"性"才是人"心"的主宰，若舍性言心，心就无本、无根。因为人之性是人之心所以为心的内在依据，人心的善恶是以人性中善恶因子作为底质，因此，人心最终还是由人性来主宰、决定的。人之情欲是人心的内容，人的情欲也可以影响人心，所以从小培育人良好的情欲，可以使人心向善，人心向善可以使人性中恶的因子受到善的因子的抑制，使人性表现为善。

高攀龙在社会人文教化中，提出"格物复性"的教化主张。他与顾宪成一起，对晚明心学主张人性无善无恶所造成的危害深感忧虑。他说："人不识这个理字，只因不识性。这个理字，吾之性也。人除了这个躯壳，内外只是这个理。"（《东林书院志》卷六）说明了高攀龙在社会人文教化中，秉承了朱子的理学思想，他由理及性，认为充塞天地之间就是"理"，这个"理"也就是我说的"性"。因此，高攀龙的人文教育思想就是"以理穷性，化性为善"。他又说："圣人之学，复其性而已。"（《高子遗书》卷九）说明古代圣贤所追求的就是回归人的本性，也就是回归人之善性。所以，他又说："学问起头要知性，中间要复性，了手要尽性，只一性而已。"（《高子遗书》卷八）高攀龙认为性是一切学问的根本，只有树立人的根本，人才会行人道。在教化中，他认为，首先要通过格物以穷理，穷理以明性，明性而后知性。并且，人只有在知性之后才能复性。因此，他批评王阳明的心学只重视致知而忽视格物的弊病。他说："明德一也，由格物而入者，其学实，其明也，即心即性。不由格物而入者，其学虚，其明也，是心非性。"（《高子遗书》卷八下）高攀龙认为，要明德必须从格物入手，只有格物穷理，学问才会扎实，心性才会显明，否则"明德"就会陷入玄虚之学中去，心性就会不明。所以，他强调"观物是养心，格物是求放心"，其目的是寻求"知性"与"养心"的统一。高攀龙既强调"读书明理"的必要性，又反对与"养心"无益的格物之学。他对"格物"的终极目标是最终实现道德的自我完善，而反对为学仅仅在于客观知识的积累。在这一点上，他的教化思想与王阳明的"为学在于致良知"是不谋而合的。

可见，高攀龙既反对心学后学者空谈心学，一味强调"明心见性"，突出心之本体的灵明自知自觉，而忽略了性对心的决定和支配作用，又反对程朱理学偏重读书穷理，而忽视人自身的内心修养。所以，知性的目的在于复性，复性的工夫做到极致，则尽性之功已在其中。

在社会教化中，高攀龙从人性本善的观点出发，认为性秉承于天，但又内具于人的形体之内，成为了"气质之性"而非"天地之性"。所以，人性至善者只是少数聪明睿智、先知先觉的圣人，而大多数人都是"气质之性"，在人的情欲之中有善恶，所以人心就有善恶，人的贫富、贵贱、成败、得失、祸福、荣辱、寿夭等也就迥然不同。因此，天地至善纯善之性也就不复存在，只能蕴含在人的气质之性当中，所以人首先要知性，才能复性。复性的主要途径在于为学明善，只有真正实现为学明善的目标，为学才有可能改变人的气质。

所以，高攀龙认为人性本善，而现实生活中人性善恶皆有，其根本原因是受气质中的善恶因子所蒙蔽的缘故。气质中的善恶因子就是被人心中的名利、富贵等情欲的好恶所束缚、缠绕而不得解脱。所以，他认为天命之性原本无一物，而气质之性中的私欲，便是人性不得复归的根源，使人沉迷在个人的情欲和私欲之中而自生缠绕。因此，他主张只有消除人心中的私欲，才能恢复人至善的本性。他说："学也者，去其欲以复其性也，必有事以复于无事也。"（《高子遗书》卷九）他认为人的私欲是种生之人内心固有的，只有将人心中的私欲逐步减去，才能恢复人至善的本性，天地至善之性才会在人身上找到。他认为人生而有欲，差别只是人内心的私欲有合理与不合理、本分与非分、道德与不道德之分，只要人内心的私欲是合理、本分、道德的就无可厚非；反之，凡是非分、不合理、不道德的私欲就应当除去，这才是真正的知性和复性。这就是孔子说的"从心所欲，不逾矩"，虽然随心所欲，但在内心有个道德底线，做人做事都不会超越这个底线，使自己的心收放自如，道德律令、是非好恶都在自己的心中。因此，在教化之中，应当做到尽性。尽性就是要充分发挥善性的作用，不让人的私欲膨胀，复性之后，仍要长期保持善性，才能做到尽性，才能使人内心的情欲不为外物所诱惑。

明晚期，在社会人文教化中产生重要影响的最后一位思想家是刘宗周。

在社会人文教化中，刘宗周以心学内部为切入点，提出"慎独诚意"的教化思想，来纠正心学存在的弊病。"慎独"一说来自《中庸》，其中有"天命之谓性，率性之谓道，修道之谓教。道也者，不可须臾离也。可离非道也。是故君子戒慎乎其所不睹，恐惧乎其所不闻。莫见乎隐，莫显乎微，故君子慎其独也"。意为天赋予人性，依性而动就是道。圣贤顺道设立教化，道一刻也不能偏离，偏离了就不是道。所以君子在自己独处时，更要内心戒慎恐惧，从内心深处自我警觉，不可产生违背人的天性和天道的心念。人内心深处的私欲和隐微处，别人看不见、听不到，但对天道而言，依然是清晰明鉴的，所以君子在独处时，应当谨慎内心意念的不良萌动。刘宗周认为，人之所以为人，就是人内心要时刻保持一种敬畏之心，丝毫不能有懈怠和放纵。特别是人在独处之时，人内心的一切意念和情欲的发动只有自己知道，不为他人所知，也不为他人所制所控，这时只能靠自己内心深处的"天命之性"来把持掌控，而不使自己的良知、良心游失，所以更应当小心谨慎，不使心中的杂思邪念萌生，否则便是自欺。因此在社会人文教化中，刘宗周特别强调在诚意正心的过程中不能自欺欺心。《大学》中说："所谓诚其意者，毋自欺也。如恶恶臭，如好好色，此之谓自谦，故君子必慎其独也。小人闲居为不善，无所不至。"意为意念诚实，就是说不要自己欺骗自己，要像厌恶难闻气味那样厌恶邪恶，要像喜爱美丽的女子一样喜爱善良，这样才能说心安理得，所以君子在一个人独处时一定要谨慎。而小人在无人监督的情况下，什么坏事都敢干，说明了君子慎独的重要意义。

同时，在教化中，刘宗周认为必须把"天命之性"和"慎独"结合起来，因为人的天命之性本善，是人"慎独"的内在根本动力。只有用本善的天命之性去反省、省察人内心的意念，才能使人在独处时不萌生杂思邪念。他所指的慎独对象是指人的"性体"，"性体"的指向是人的"心体"，也就是人内心的"意根"。只有人内心的意根清正，人的心体才能清正，所以在修炼工夫上，他主张要做到诚意尽性才能实现慎独的目标。此外，刘宗周提出"慎独诚意"的教化思想，其目的还在于纠正心学末流出现"学不见性意念为恶"的弊端。他认为"意为心之所存"，意诚则心诚，心诚则良心彰显。诚就是天之道，去实践诚就是人之道。

刘宗周针对心学派提出"致良知"，强调人内心的灵知对道德实践的自主性，但又忽视了对"性本体"的关注的观点主张"慎独"，应当对人内心的道德进行不断地提升，才能克服人性内在的弱点。他说："独者，静之神，动之机也"，（《学言上》）强调了"慎独"的重要性。在"独"时，心中的意念所动有善有恶，要取善舍恶，就必须做到"正心"，"正心"的关键在于诚意，因此，刘宗周主张以意为本、以诚意为原则。他说："说意仍是说心，意不在心外也。心只是个浑然体，就中指出端倪来曰意，即惟微之体也。"（《答董生心意十问》卷九）可见，刘宗周主张"慎独"和"诚意"的教化思想，从心学内部批判心学，从而建立了一种新的心学。他的教化思想是以"意"为核心，主要对人的"独体"和"意根"的深入挖掘，使人内心自明，善于辨清人心的善恶之念，并从根源上消除人心中的恶念和恶意，从而塑造人内心自觉自律的道德自觉。刘宗周的教化思想不同于程朱理学，偏向于王阳明的心学教化思想，并且又丰富了心学的教化思想，是明代最后一位大思想家，在明代人文教化思想上产生了重大的影响。

明代哲学中进步思想的代表人物是李贽。李贽的人文教育思想集中体现在敢于打破世人对孔子思想的迷信，提出了"不以孔子的是非为是非"的著名理论。他认为六经只是史官过分的赞美之语，不足为万世之至论，表现了李贽敢于打破崇拜的批判精神。他主张"各从所好，各聘所长"，充分发挥各人的才能和个性，反对用"德礼"和"政刑"来禁锢人们的思想，束缚人们的行动。在文学创作上，提出了"童心说"，认为"童心"即"真心"，天下美文，没有不出自人的童心。其主要著作有《焚书》、《续焚书》、《藏书》、《续藏书》等。李贽最终被明政府以"敢倡乱道，惑世诬民"的罪名迫害致死，其著作也被列为禁书。

三、王阳明：正心诚意，致其良知

王阳明在人文教化中，提出"心即理"和"知行合一"的哲学命题。在他 50 岁左右，提出了"致良知"的哲学命题，标志着王阳明哲学思想的最终形成和成熟。

（一）提出"心即理，心外无物"的人文教育思想。他被贬贵州龙场驿时，在困苦的生活环境中，每天默然端正，终于恍然大悟，明白"圣人之道，吾性自足"的道理，从而摆脱了朱子理学"格物致知"的困扰，认为"理"在于人的心（性）中，不在于外物。他在龙场悟道以后，明确提出"心即理"的教化主张。

他说："且如事父，不成去父上求个孝的理；事君，不成去君上求个忠的理；交友治民，不成去友上、民上求个信与仁的理。都只在此心，心即理也。此心无私欲之蔽，即是天理，不须外面添一分。以此纯乎天理之心，发之事父便是孝，发之事君便是忠，发之交友治民便是信与仁。"（《传习录》上，第 3 条）说明了教人求善、培育良心，只需在个人自己内心探求。并且，作为人的道德原则的"义"，也不可能存在于外，而只能从心之本质上去求。因此，忠孝仁义这些人之本心只能从人的内心发出，只要从小去培育，人心无私欲之蔽，良心就发明。所以，心即理，就是"孝心、忠心、诚心、仁心"都是存在于"孝子、忠臣、净友、善民"的身上，只有从这些人的身上才能求到"孝心、忠心、良心和爱心"。所以，在社会人文教化中，只要从小培育无私欲遮蔽之心，那么，天理就在人的良心当中，就是"纯乎天理之心"。如果用这颗"纯乎天理之心"去侍奉父母，去为君王国家做事，去对待朋友，去治理民众，就会诚心诚意去做人做事，而不会有违背天理之心，有超越伦理道德之规范。

因此，王阳明又说："所谓汝心，却是那能视听言动的，这个便是性，便是天理。"（《传习录》上，第 122 条）可见，王阳明所说的"心即理"中的"心"是指人内心的那种"能视听言动"的道德能力，即人内心的道德知觉和道德自律，对外物的刺激和诱惑有道德判断能力，且付诸道德实践的能力和内在意志。从根源上说，人心是否具备这种道德自知自觉和道德判断能力，并付诸现实道德实践中,其本源因素是植根于人心中的"性"和"理",体现了王阳明既肯定"心即理"又肯定"性即理"的教化思想。同时,"性"与"理"是先天本质地存在于人心中,心与理是本源的同一,无理即无心,无心即无理。王阳明说:"这心之本体,原只是个理,原无非礼,这个便是汝之真己。这个真己是躯壳的主宰。若无真己,便无躯壳。真是有之即生,无之即死。"(《传习录》上,第122条)说明了人内心的"仁"是人心之根本,也就是人内心的"天理",即良心。有了这个良心,人才是真人,才是有灵魂的活人,这个良心是人的躯壳的主宰。如果人丧失了这个良心,人就不是真人,是没有灵魂的人,只是一具行尸走肉而已,活着也相当于死了。王阳明"心即理"的教化思想强调了"心"与"理"之间浑然合一,不可相离,这就从根源上否定了朱子理学提出的"心"与"理"是截然两分的教化思想。

(二)提出"知行合一,正心诚意"的人文教育思想。由于明代在政治上实行专制独裁统治,不但造成政治的腐败,而且也影响了明代的学风和教化。学子和士大夫所用心的只是一味地追求功名利禄,趋炎附势,人心虚空,功利思想蔓延,世风不振,学术不明。针对明代的这种社会现状,王阳明极力倡导圣贤之学,提出了"知行合一"的主张,以扭转日益衰败的世风,纠正当时学者知而不行以及行得不够笃实的弊病。他认为程朱理学重在向外物求理,先知理而后行,将知与行割裂开来,出现知行不一的情况。所以,他认为如果人知而不行,那不是真知,并且其知是毫无意义的。

因此,王阳明认为人心对善恶具有辨知的能力,能够分辨善与恶、好与坏,这是知的一面。"知"之后若能弃恶行善,就说明了"知"与"行"是统一的;反之,若"知"之后却不能弃恶行善,就说明"知"与"行"相分离,并且这个"知"不是"真知",而且被人内心的情欲所蒙蔽,说明人性中恶的因子胜过善的因子,在行为上表现出弃善行恶。所以,古之圣贤在社会人文教化中,就是主张要尽力弘扬人性中善的因子,抑制人性中恶的因子,使人心的"知"与"行"合二为一,知善而好,知恶而厌,使自己内心的良知不被任何私欲所蒙蔽。所以,要实现"知"与"行"统一的目标,就必须从"致良知"入手,从人的内心入手,只要内心有不善的意念发动,就应有立即禁止的内在自律、自控的能力,把不善的意念消灭在萌芽状态,不让它潜伏在心中,这是王阳明提倡的"知行合一"的人文教育思想。

在社会教化中,要让人能做到彻底消灭潜伏在自己心中的不善之念,就必须从小培养儿童具有正心诚意的能力。因为正心诚意是人能够弃恶行善的起点和内在动力。他说"破山中贼易,破心中贼难",说明当人的情欲或意念一发动,在行为上就表现为行善还是行恶的具体行动,也是人格或人品高低的具体表现,也是圣人与凡人、好人与坏人的根本区别。所以,王阳明认为,当人的情欲或意念发动(或产生)时,如果人的良知不为私欲所蒙蔽,它自然能辨识善恶,也自然能随时随地"抑制私欲,保存良心",行与知同时并起,实现一致。因此,在教化中,他劝导人们要提高自己内心的修炼工夫,在不善之念产生时,就要用善的因子去克制恶的因子,不使人性中恶的因子主导、支配人的行动。所以,王阳明极力强调"知行工夫"的重要性,体现了他重视"力行"的重要性。他说:"知者行之始,行者知之诚:圣学只一个工夫,知行不可分作两事。"(《传习录》上,第26条)说明了知对行的指导作用,行对知的实践意义。对个体来说,就是要将人的道德意识贯彻于自身道德实践的全过程。只有这样,才能真正实现"知行合一"的教化目标。

(三)提出"致其良知,发明本心"的人文教育思想。王阳明在提出了"心即理"及"知行合一"之后,进一步提出"致良知"的教化主张。他认为只有真正实现"致良知"的目标,才能真正做到"知行合一"。他说"知善知恶是良知"、又说"良知即是天理",而"天理"其实就是人内心能分辨是非善恶的本心。所以,"致良知"就是对人的道德实践而言,只有真正做到"致良知",才能实施道德实践。因此,"知"是指人的良知,"行"就是"致其良知"。"良知"既在知行之上,又在知行之中;"良知"可以指导知行,知行必须以良知为依据,才能实现合一。

王阳明认为,在道德实践的过程中,人们必须用自己的良知来监督明察,才能真正"致其良知"。他说:"良知自知,原是容易的,只是不能致那良知。"(《传习录》下,第320条)说明在现实社会生活中,有些人不能真正做到"致其良知",其根本原因在于人内在的良知时常会被人内心不合理、不本分、不规范的情欲所蒙蔽,使自己的良知不能指导、支配自己的行为。因此,如何在日常生活中,把握自己的良知,是个体道德实践的重要任务和目标。他说:"今时同志中,虽皆知得良知无所不在,一涉应酬,便又将人情物理与良知看作两事,此诚不可以不察也。"(《王阳明全集》卷六)意为人的良知贯穿于人的日常生活中，所以在日常生活中就应当真正做到"致其良知"，在事事物物上"致其良知"。不但要做到在内心意念上产生以良知作监察，而且又必须在"随时就事"上"致其良知"，所以，"致良知"就是人的道德实践，是工夫论学说，是人的良知本体论的必然要求和意义价值所在，也是王阳明晚年教化思想的浓缩和集中体现。

因此，王阳明认为，致良知的方法和工夫，一是要"拂除心中的私念和私欲，不使一念不善在胸中潜伏，以保存那本具的善端；二是要在事实上、环境上接受磨炼，笃实履践，不能只是口头上说说而已，要致我的良知于事事物物，使事事物物都合于正理、合于天理。"[①] 说明了"致其良知"要求人要加强内在心性的修养工夫，只有从内心入手，从小培育人正心和诚意的意志，才能既实现"知行合一"的目标，又能发明自己的本心而致其良知。

（四）提出"明伦成德，圣人可学而至"的人文教育思想。王阳明说："学校之中，惟以成德为事，而才能之异，或有长于礼乐、长于政教、长于水土播植者，则就其成德而因使益精其能于学校之中。"（《王阳明全集》卷二）王阳明认为，学校教育的重点首先在于"明伦成德"，然后再教之以知识技能。因此，在教化上，王阳明只谈人伦道德，其根本原因在于他认为有知识技能的人，不一定是有道德修养的人，并且，他认为无道德修养的人，可能以其"知识之多，适以行其恶"。所以，学校教育的根本目标就是首先教学生"明伦成德"。

王阳明针对当时科举考试所造成的负面影响，说："自科举之业盛，士皆驰骛于记诵辞章，而功利得丧，分惑其心，于是师之所教，弟子之所学者，遂不复知有明伦之意矣。"（《王阳明全集》卷七）说明了学校教育为了满足学子科举考试的需要，而将"明伦成德"教育弃之不顾，与圣人之学相去甚远。因此，王阳明主张在学校教育中应当以"正心"为首要任务，为学应当"致良知以成德业"，应当将知识技能教育与人文道德教育紧密结合起来，去除人心中的私欲，恢复人的良知。

同时，王阳明认为，学校教育就是教人做人，学做圣人。因此，只要在学校教育中对人进行"致良知"教育，使人内心本然的道德意识自觉转化为

[①] 王寿南主编：《中国历代思想家——宋明》，九州出版社 2011 年版，第 42 页。

人的道德实践，那么，人人都可以成为"圣人"。他认为，虽然人的先天资质差异不同，但通过后天的教化，加上个人的不断努力修养身心，都有可能培育成品德高尚的人。他说："圣人可学而至，谓吾心之灵与圣人同也，然则非学圣也，能自率吾天也。"（《王阳明全集》卷三十六）说明了凡人之心与圣人之心皆同，而在现实社会中，许多人不能达到圣人的境界，只是因为他们的本心为内心的情欲所蒙蔽而不明，无法致其良知，所以，必须从小对其本然之心进行培育教化，让其从小养成良好的礼仪习惯，净化其心，才能在长大成人之后，保持其"童心"，从而达到圣人之心。

王阳明提出"圣人可学而至"的人文教育思想，打破了朱子"道问学"的教化思想，肯定了人人只要通过"尊德性"教育，便可成为"圣人"，推进了社会人文教育思想不断向前发展。可见，王阳明提出培养"圣人"的教化思想，其根本目的是为了取代统治集团内部出现的"外假仁义之名，而内行其自私自利之实"的伪君子，以重振社会正气，重塑社会良好风气。只有教化培养出一大批言行一致、知行合一、表里如一的国家栋梁之才，才能真正担负起振兴国家的重担。

王阳明的人文教育思想，突出强调了"修身养性"、"尽心存性"的教化思想，不同于程朱理学偏向于"格物致知"、"居敬涵养"的教化思想。程朱理学的教化思想重在格物穷理尽性；而王阳明心学的教化思想重在明心尽性于致其良心，强调"心"在道德实践过程中的主导地位。王阳明吸取了孟子"万物皆备于我"及程颢"仁者浑然与物同体"的教化思想，提出"良心遍在"的教化思想，认为在社会教化中，只要消除人心中的"人己之分"、"物我之别"的意念，就能实现"人人同善"的教化目标。王阳明的学生钱绪山将王阳明的教化思想总结为"无善无恶是心之体，有善有恶是意之动，知善知恶是良知，为善去恶是格物。"这就是"天泉证道"著名的四句教化口诀，包含了"正心、诚意、致知、格物"的教化精义。王阳明一生纯粹从自己内心体验到的教化精义去言传身教于人，教导人们在道德实践上做工夫，使人心向善，与天理合一，在事事物物上致其良知，他的教化思想不但纠正了儒家教化思想流于空疏迂阔的弊病，而且在理论上创新了儒家的教化思想，在道德实践上为儒家教化思想开辟了新的教化之路。王阳明先生不仅是中国哲学思想史上一位集大成的心学大师，而且他的人格、学问和功业都实现了立德、立功、立言"三不朽"的人生目标，他的人文教育思想对晚明以后的学风和教化之风产生了深远的影响。

  总之，明朝在社会人文教化上基本延续宋元的人文教育思想，不但重视科举选拔人才的制度，而且进一步确立和加强程朱理学在社会教化中的主导地位。同时，由于程朱理学上升为国家的意识形态，所以使程朱理学成为士人学子获取功名的一个工具。明代以后，学校教育和科举制度成为禁锢人们思想的牢笼，特别是明统治者大兴文字狱，残酷镇压知识分子，使明初确立的"治国以教化为本，教化以学校为本"的人文教育思想逐步沦丧，中国文化开始出现转型。尽管如此，但明朝在社会人文教育思想上还是取得了一定的成就，特别是明中后期出现了以王阳明为代表的心学思想，动摇了程朱理学在社会教化中的主导地位，为社会人文教育思想打开了新天地，具有重要的现实借鉴价值。

# 第八章 清朝：人文之退缩

一、时代背景

清朝定都北京后，将"兴文教，崇经术，以开太平"作为文教政策的总方针。在社会人文教化中，清统治者崇尚儒家的经术，将儒家思想作为统治者支配民众思想的最高统治思想。康熙二十二年（1683年），康熙皇帝亲自书写"万世师表"匾额，悬挂在各地的孔庙中；第二年，康熙皇帝亲自到曲阜孔庙祭孔；乾隆皇帝曾经九次亲赴曲阜孔庙祭拜。清统治者通过崇儒尊孔的文教政策，彰显儒家文化的教化思想，并以《六经》作为巩固大清王朝封建专制统治的精神支柱。

清统治者在崇儒尊孔的同时，又大力提倡程朱理学。顺治和康熙皇帝先后下诏册封朱熹的世孙为翰林院《五经》博士。康熙二十九年（1690年），康熙皇帝书写"大儒世泽"匾额及对联"诚意正心阐邹鲁之实学，主敬穷理绍廉络之心传"，悬挂在考亭书院。康熙五十六年（1717年），命人纂修《性理精神》，并亲自为之作序，颁行天下，宣扬理学中的"忠""孝"思想，以教化民众。经过清统治者的大力提倡，程朱理学成为清朝社会人文教化的指导思想，同时也成为科举考试的基本内容。

清初统治者在学校教育上沿袭明制，在中央和地方广兴学校，严订学规，并以率性、修道、诚心、正义、崇志、广业为学校教化的中心任务。同时，清初政府为了加强对学校的管理和对学生的教化，制订了多种严厉的学校规章制度。顺治九年（1652年），颁布了《卧碑文》（亦称《训士卧碑文》），对学校教育的目标、方法、手段以及对学生的为人、为学等都提出了具体的要求，在学校人文教化中产生了一定的积极影响。

《卧碑文》中第一条"生员之家，父母贤智者，子当受教。父母愚鲁或有为非者，子既读书明理，当再三恳告，使父母不陷于危亡"。可见，学校人文教化的对象不仅仅是学生，还要求通过对学生的教化延伸到各个家庭的父母，间接对父母进行教化，特别是对愚鲁或有为非者的父母进行教化。这样就将学校教育和家庭教育相结合，并且，也阐明了教育都是平等相互的，教育是相互感化的，而不是单一的。也就是在学校里，教师与学生是平等相互教育、相互感化的；在家里，父母与子女也是平等相互教育、相互感化的。这在社会人文教化中具有积极的现实意义。第二条"生员立志，当学为忠臣清官。书史所载忠清事迹，务须互相讲究，凡利国爱民之事，更宜留心"。这条从立志的角度对生员进行教化，要求生员以"忠臣清官"作为自己的人生理想和目标，并以中国历史文化中忠臣清官为自己学习的榜样，要求生员要热心于追求利国利民的事，弘扬中华民族爱国爱民的人文思想。第三条"生员居心忠厚正直，读书方有实用，出仕必作良吏。若心术邪刻，读书必无成就，为官必取祸患。行害人之事者，往往自杀其身，常宜思省"。这条从人性本体的角度进行教化，要求生员只有先养成忠厚正直的本心，读书做学问才有现实的作用，出仕做官才会努力去当一名良臣良吏。如果生员心术邪恶，没有一颗忠厚正直的良心，读书做学问一定不会取得大成就，如果出仕做官必定害国害民，最后害己，自取灭亡。在教化中强调培育人的良心的重要作用。第四条"生员不可干求官长，交结势要，希图进身。若果心善德全，上天知之，必加以福"。这条从为官之道的内心动机进行教化，要求生员不可为自己升官之动机，而刻意去巴结长官。如果自己真是一位心善德全之人，上天一定会知道，会自然地赐福给他。这里强调的是为官之道，必须依靠自己的良心和才能去自然获取，而不是依靠自己费尽心机去跑官要官。这条主要是对生员内心为官的动机进行教育感化。第五条"生员当爱身忍性，凡有司官衙门不可轻入。即有切己之事，止许家人代告。不许干与他人词讼，他人亦不许牵连生员作证"。这条从爱身忍性的角度进行教化，要求生员要修炼内在的性情，爱惜自己的身心，不可与官员私下勾结，行不可告人之事，不可做有违自己良心的事，不可做有损自己名声的事。第六条"为学当尊敬先生。若讲说，皆须诚心听受，如有未明，从容再问，毋妄行辨难。为师亦当尽心教训，勿致怠惰"。这条从为学、为生、为师的角度对生员和先生进行教化。学生在做学问的过程中，首先要有一颗尊敬先生的本心，只有具备为学的诚心，才能真正地尊敬先生，然后才能诚心地做学问。并强调在做学问的过程中，如果有疑难不明的问题，应当用诚心和先生探讨，而不可故意去跟先生发难。同时，从为师之道进行教化，要求先生也应当从自己的良心出发，尽心教诲学生，真正做到诲人不倦，努力去尽为师的职责，而不使学生怠惰。以上几条社会人文教化思想在学校教育中产生了积极的影响。

1700年，清政府颁布了《圣谕十六条》，具体内容是：敦孝弟以重人伦；笃宗族以昭雍睦；和乡党以息争讼；重农桑以足衣食；尚节俭以惜财用；隆学校以端士习；黜异端以崇正学；讲法律以儆愚顽；明礼让以厚风俗；务正业以定民志；训子弟以禁非为；息诬告以全善良；戒窝逃以免株连；完钱粮以省催科；联保甲以弭盗贼；解仇忿以重身命。《圣谕十六条》以孝弟人伦为根本、以邻里和睦相处为准则、以重农桑尚节俭为风尚、以兴办学校端正学风为依据、以明礼守法为准绳、以良善本心为修身养性之根本，对生员进行教化。这十六条对生员的思想、心性、学习、生活等各个方面进行教化，成为各类学校培养、教育学生的准则，在社会人文教化中具有一定的社会功用。

1724年，清政府又颁布了《圣谕广训》，其教化思想与《圣谕十六条》基本相同，不过对《圣谕十六条》的具体条文和教化思想进行了进一步的发挥和阐释，更具有社会人文教化的作用。除此之外，清政府为了在思想文化领域实行专制统治，在社会人文教化中禁锢人们的思想，以巩固清政府的封建君主专制统治，树立清朝贵族统治的绝对权威，在康熙、雍正、乾隆统治时期大兴以思想、文字定罪的文字狱。清朝兴起的文字狱株连人数之多，惩罚之严酷，手段之残忍都是前所未有的。还有对那些被认为不利于清政府统治的书籍进行大量销毁。这些做法严重阻碍了中国社会人文教化的进展，造成了严重的社会后果，在中国社会人文教化史上产生了非常恶劣的影响。

清政府虽然采取严酷的手段加强对人们思想上的统治，以巩固清政府封建专制统治，但在反抗清政府的封建专制统治的过程中也产生了一大批进步的思想家、文学艺术家和科学家，他们在哲学、文学、史学和科学艺术等领域取得了一定的成就，为清代文化注入了一股新鲜的血液，为中华民族的文化宝库增添了一份宝贵的文化遗产。

明末清初的哲学思想家主要有黄宗羲、顾炎武、王夫之三大家。他们三人都亲身经历了明代国破家亡的惨境，亲眼目睹了明末社会政治的腐朽和黑暗，同时也亲身参加了抗清的斗争，因此，他们对社会矛盾、民族矛盾和人民生活的现状都有深入的了解和体验，所以产生了进步的民主思想和唯物主义哲学思想。清初哲学思想家除了黄宗羲、顾炎武、王夫之三大家之外，颜李学派的创始人颜元也是一位大哲学家。

清代中期，随着清统治者对文化思想领域统治禁锢的不断加强，乾隆、嘉庆统治时期，经学和考据在学术文化思想中占据了主导地位。尽管如此，这时期的哲学思想在戴震的引领下，唯物主义哲学有了新的发展。除戴震之外，在当时有一定影响的哲学家还有章学诚、焦循、阮元等。清朝后期，随着鸦片战争的爆发和帝国主义列强的入侵，中华民族处在危亡之中。哲学家们抛弃了乾嘉以来的古文经学，而将今文经学与经世致用之学相结合，构成了新的救国救民的哲学思想，主要代表人物有龚自珍、魏源、康有为、梁启超、严复等人。

清初的进步作家密切关注社会现实生活，具有较强的民族意识，对现实社会生活的认识和体验也更为深刻，这对他们的文学创作产生了很大的影响。这些社会现实生活为清代作家的创作提供了素材和源泉，为清代章回小说创作取得卓越成就奠定了基础。清代是中国古典小说创作的成熟期和黄金期，其艺术性和思想性都达到很高的水平。其中最著名、最有成就的代表作有蒲松龄的《聊斋志异》、吴敬梓的《儒林外史》和曹雪芹的《红楼梦》。

二、人文教育思想概述

清初统治者在社会人文教化上，采取"崇儒重道、以孝治国"的政策。一方面大力提倡程朱理学，对民众进行思想教化；另一方面大兴文字狱，对不利于清朝统治的思想言行，进行严厉的禁锢和残酷的镇压，使社会人文教育思想出现了严重的退缩。

清朝"崇儒重道、以孝治国"的人文教化思想，是建立在清初统治者提出的"兴文教，崇经术，以开太平"的文教政策前提下，以及清初社会经济得到恢复和发展的基础上构建起来的。同时，清朝在学术思想领域和文化领域所取得的丰硕成果也促进了清朝人文教化思想的不断发展和转型。特别是晚清时期，西方帝国主义强大的经济、文化入侵，清政府腐败无能的表现，处处被动挨打的现实，使人文教化思想和内容都发生了重大的转变。在社会人文教化中，"救国救民，救亡图存"成为了社会人文教化的主旋律。同时，维护民族独立的民族主义，争取民主权利的民权主义，摆脱贫穷落后的民生主义成为了社会人文教化的主要内容，从而使中国的传统人文教化思想向近代人文教化思想转型和发展。

清初统治者带着浓厚的满族朴野文化的虚怯心理入主中原，面对博大精深的中原汉族文化，为了加强对汉族民众思想文化的统治和控制，从顺治、康熙、雍正到乾隆，在社会人文教化中大力提倡程朱理学。在行动上，不但重用理学名臣，而且还采用威逼利诱、软硬兼施的手段，招揽汉族精英协助其治国安邦。清政府一方面推行开科取士，用理学经典著作作为考试的内容，对知识分子和民众进行教化和控制；另一方面又大兴文字狱残害知识分子，焚毁反清的书籍。在教化中，使民众的思想意识统一到清统治者预定的教化轨道上来，宣扬"以孝为先，忠清忠君"的封建教化思想，使宋明理学成为清政府禁锢民众思想的有力工具。

顺治统治时期，确立了孝为百事之纲，令人编纂《孝经衍义》，将"崇儒重道、以孝治国"作为一项基本国策。在康熙长达六十一年的统治期间，儒家的社会人文教化思想得到了大力的尊崇和推广。康熙八年，年仅16岁的康熙帝即"幸太学，释奠先师孔子，讲《周易》、《尚书》"。① 次年，康熙帝命令礼部设立经筵讲官，每年春秋讲学两次，主要内容为《六经》、《论语》、《孟子》及宋明理学。他也十分强调以孝治天下。在社会教化中，他认为"帝王抚有四海，必首隆孝治以端教化之源"。② 1673年，康熙命令以著名理学名臣熊赐履为首，重新修订《孝经衍义》，并颁行全国，作为社会人文教化的总纲领。1713年，康熙帝令熊赐履、李光地等人编修《朱子全书》六十六卷，并亲自为之作序；后又令人在明朝《性理大全》的基础上编修《性理精义》十二卷，在社会人文教化中大力提倡程朱理学的教化思想。

雍正统治时期，依然以儒家的伦理思想作为社会人文教化思想，强调"以孝治天下"、"孝治为先"的教化思想，和顺治、康熙统治时期的教化思想

---

① 《清史稿·圣祖本纪》，中华书局1977年版。
② 《圣祖仁皇帝圣训》卷12《文教》、《四库全书》本。

一脉相承。1727年，雍正皇帝下令刊刻《孝经》，并为之作序，其教化目的就是"使内外臣庶，父以教其子，师以教其徒，口讽其文，心知其理，身践其事，为士大夫者能资孝作忠，扬名显亲；为庶人者能谨身节用，竭力致养；家庭务敦于本行，闾里胥向于淳风。"①

乾隆统治期间，在社会人文教化中也十分尊崇传统儒学和程朱理学，其教化的目的同样也是为了加强对民众思想文化的教化和控制，以巩固其封建皇权的独裁统治。特别是宋明理学主张的"君为臣纲、父为子纲、夫为妻纲"等封建伦理教化思想，正好迎合封建统治者对臣子民众统治的需要。因此，清初的统治者十分重视并尊崇儒家及理学的社会人文教化思想，将"崇儒重道"作为国家统治的基本国策。嘉庆以后的几代皇帝仍然承袭清初崇儒重道的教化政策，并通过科举制度从制度上确保崇儒尊经机制和教化的长期性和有效性，既为清统治者选拔一批忠于皇帝的能臣干吏，又借科举选拔人才来禁锢知识分子和民众的思想，以影响民心和社会教化风气，以培养顺民和忠臣，为统治者君临天下的合法性和合理性提供理论依据。

清后期是中国封建社会由盛转衰的时期，社会各种矛盾日益尖锐。统治者与民众之间的阶级矛盾、帝国主义与中华民族的矛盾交织在一起，引起了思想文化领域的嬗变和转型。清朝前期崇尚儒家和宋明理学的教化思想开始走向分化和瓦解。近代西方资产阶级的启蒙思想开始在中国孕育萌芽，经世致用的思想与启蒙思想融合成一种新的时代教化思想，救亡图存的教化思想成为晚清社会的主导思想。这种人文教化思想，一是表现为封建统治阶级内部的自我反思和自我批判，其目的是为了挽救封建专制统治；二是表现为崇实黜虚、经世致用，反对理学家空谈性理的教化思想；三是表现为民主与科学精神的觉醒，反对封建专制统治，奠定了近代性质的社会人文教化精神。

同时，在人文教化中，顾炎武提出了独特的人学思想，表现为争取人的个性解放，反对封建礼教和封建等级制度对人们思想的严重束缚。黄宗羲在教化中，从人的个体出发，肯定人的自然权利，主张要确立民主政治方案，来保障个人的合理利益。王夫之在教化中，也强调人的生存权和发展权，主张天下为公，反对天下为私。在国家民族危亡之际，许多仁人志士又提出了

---

① 《世宗宪皇帝圣训》卷4《圣学》，《四库全书》本。

"以天下为己任"的教化思想，从不同的途径来拯救国家民族的危机。魏源在《海国图志》中提出了"师夷长技以制夷"的主张；严复提出了"鼓民力、开民智、新民德"的主张；梁启超在《五十年中国进化概论》中，提出中国人只有向西方学习，然后才能知不足。他认为，我们不但要从器物上、制度上感觉不足，而且更应当从文化根本上感觉不足。也就是只有从政治制度上进行改革，才能重振中华民族的传统文化，以对抗西方近代强大文化的冲击。孙中山在《中国同盟会总章》中，提出"驱除鞑虏，恢复中华，创立民国，平均地权"的主张，激励了无数的革命者为中华民族的独立、民主和富强而前赴后继，敢于牺牲。同时，这一教化思想使中国传统的民本思想得到继承和发扬，由传统单一的民本教化思想转变为民族、民权、民生的三民主义教化思想。这不但丰富和提升了中国传统人文教化思想的内涵，而且使爱国主义成为近代中国人文精神的最强音。

三、黄宗羲：以天下之利为利，以天下之害为害

黄宗羲的哲学思想是在批判明末心学的基础上建构起来的。在社会人文教化中，他既反对朱熹提出"理在气先"的理本论，又反对明代理气二元论。他认为气是实体，理非实体，理在气中，理为气之理，气是理的载体，二者统一于气，主张"天地万物同体"。他说："气之流行而不失其序，是即理也。"① 在《明儒学案》中，他又说："自其浮沉升降者而言，则谓之气；自其沉浮升降不失其则而言，则谓之理。"② 黄宗羲从理气二者之间内在密切的联系上揭示理与气不可分，主张理为气之理，无气则无理，气为理之根本，表明了他在宇宙本体论上坚持气本论的教化观点。同时，从黄宗羲的认识论上看，他认为天地万物及人类的本原都是气，气产生了天地万物和人类，气是宇宙的唯一实体。他的气本论和认识论，是对宋代哲学家张载的气本论思想的继承和发展，其目的是对程朱理学将理气割裂开来的观点进行批判。

黄宗羲在气本论的基础上，主张治学要求真适用，反对空谈性命。他极力主张读书要与用心独立思考结合起来，反对博览群书而无一得。他说："读

---

① 黄宗羲：《孟子师说》卷二，《黄宗羲全集》。

② 同上。

书不多，无以证斯理之变化，多而不求于心，则为俗学。"① 他把博闻多见与自己的理性思考结合起来，反之，若读书只是执其成说，缺乏自己的独立思考，那只是肤浅之论说。所以，他认为读书不求真知，没有独创精神，不是为学之道。黄宗羲在《明儒学案·自序》中说："心无本体，功夫所至，即是本体。"他否认了人不经过学习而心中有先验的天理和良知的存在，只有在不断地学习求真、独立思考中才能得到真知灼见，这个"功夫"就是求学求真的方法，在认识本体中起重要作用。

黄宗羲既重视学术又重视学术贵在适用，强调了活学活用、学以致用的道理。同时，他对明清学者在脱离现实的情况下，来学习研究理学和心学的为学之风进行批判。他说："言心学者，则无事乎读书穷理；言理学者，其所读之书不过经生章句，其所穷之理不过字义之从违。"② 他认为研究心学者不重视读书穷理而流于空谈；理学虽然重视读书穷理，但所读之书不外乎是经生章句，所穷之理不过是字义之小理，而非国家民族道义之大理。所以，不管是心学者还是理学者，都是脱离现实的书呆子，他们大都不关心国家民族之大事，只追求读书、考举、做官等个人之私事，并且这种为学之风在明末清初愈演愈烈。他在批判明末清初脱离实际的学风之后，提出了学以致用、重在实践的主张，强调"要把学道与事功紧密结合在一起，事功不在学问指导下进行，必然是伪事功，学问不付诸于实践，达于事功，等于无用之学，不能经世救国，其学问是毫无意义的空谈"。③

在政治教化上，黄宗羲主张君臣皆应当"以天下之利为利，以天下之害为害"。他认为尧、禹、舜三代君臣都能做到"不以一己之利为利，而使天下受其利；不以一己之害为害，而使天下释其害"。④ 所以，"古者天下之人爱戴其君，比之如父，拟之如天，诚不为过也"。⑤ 但是后来君主、臣子都将个人的私利放在国家、万民公利之上，把国家、民众看作自己可以剥削、压迫、敲诈的私有财产，以供一个人或一群人淫乐的载体。这样，必然造成了君臣

---

① 全祖望：《鲒埼亭集》卷十一，《黎洲先生神道碑文》。
② 黄宗羲：《南雷诗文集》上册，《留别海昌同学序》。
③ 汪学群、武才娃著：《清代思想史论》，中国社会科学出版社 2007 年版，第 116 页。
④ 黄宗羲：《明夷待访录》、《原君》。
⑤ 同上。

成为天下黎民百姓最大的祸害的状况。因此，也必然造成了天下民众视其君臣为"寇仇"的状况。同时，在君臣关系上，黄宗羲提出臣子应当"为天下，非为君也；为万民，非为一姓也"的观点。说明了为臣之道的关键，在于看君主是为一己之私利还是为天下之公利。若是为一己之私利，自己顺从辅佐就是置天下万民之利于不顾；若君主是为天下万民之公利，做臣子的就应当殚精竭虑地为之服务。因为为君主服务就是为天下万民服务。所以，他总结说，士子出仕做官不应当简单成为君主的"仆妾"，而应当真正成为天下万民的"公仆"。

在法治与人治关系上，黄宗羲提出"先治法后治人"的观点。他认为法制有两种，一是"天下之法"；二是"一家之法"。"天下之法"是为天下万众谋公利之法；"一家之法"是为君主谋私利之法，其目的仅仅是为了维护皇权，为了巩固帝王的一家之基业。所以，只有先辨明制定法制的最初之动机，才能分清到底是法治社会还是人治社会。若是为一家之私利而制定的法乃是人治的社会，而不是法治的社会。只不过君主通过"法"来治人，人大于法，法仍操控在人之手。若制定的法是为天下万民之公利，而将君主之私利置于法之下，这样的法用来治理社会，才是真正的"法治"社会。他在《明夷待访录·学校》中说："天子之所是未必是，天子之所非未必非，天子亦不敢自为是非，而公其是非于学校。"可见，为了限制君主"家天下"的皇权专制统治，他认为"是非"之判明应落在学校，学校是最适合实行平等议政的场所。虽然他的这种政治理想不现实，但体现了黄宗羲在政治教化上的民主精神，对清末资产阶级改良运动和资产阶级革命思想产生了重要的影响。

黄宗羲亲眼目睹了晚明朝政腐败，官员贪赃枉法和勾心斗角，社会道德沦丧和人心颓废衰败的现状。为了打破传统的政治伦理结构，重新构建他心目中理想的社会伦理道德体系，在社会人文教化中，他提出了培育理想人格以正社会人心的主张。黄宗羲心目中的理想人格不但要有浩然之正气，更要有强烈的社会责任感。因此，在社会人文教化中，他强调人必须立志且要立高远之志，人只有立高远之志，才能注重自己的德性修治，才可以担当社会的重任。他批判当时社会小儒、庸人"厕身儒者之列，假其名以欺世。治财赋者则目为聚敛，开阃捍边者则目为粗材，读书作文者则目为玩物丧志，留心政事者则目为俗吏"。① 而真正有远大志向的儒学之人应当是经天纬地之大儒。朱熹在《通鉴室记》中说:"士之所以能立天下之事者,以其有志而已。"同样,黄宗羲强调世人立志应当以"躬蹈仁义,扶危定倾"为目标,要努力成为"斯世所必不可无之人"。他说:"学莫先于立志。立志则为豪杰,不立志则为凡民。"② 黄宗羲认为凡民之所以为凡民,其根本原因在于不立志,道德学问无所长进,人云亦云,碌碌无所为;而豪杰之所以为豪杰,其内在动力在于立志,躬亲力为,不依傍大儒,力求自知自得,表现出独立的人格魅力。

因此,在理想人格的培育上,黄宗羲要求士人要有"扶危定倾,勇担责任"的精神和信念,不能孜孜以求个人之功名富贵,不能仅仅以个人功名富贵为人生终极目标。他说:"扶危定倾之心,吾身一日可以未死,吾力一丝有所未尽,但不容已。古今成败利钝有尽,而此不容已者,长留于天地之间。愚公移山、精卫填海,常人藐为说铃,贤圣指为血路也。是故知其不可而不为,即非从容矣。"③ 所以,黄宗羲提出了功业、富贵与仁义道德三者相顾相融的主张,反对将三者割裂开来,形成相互对立的主张。功业之中蕴含仁义道德之根本,而仁义道德又应当体现在齐家治国平天下之中,富贵功名又应当是建立在仁义道德功业之上的富贵。黄宗羲说:"志道德者不屑于功名,志功名者不屑于富贵。藉富贵以成功名,其功名为邂逅;籍富贵以谈道德,其道德为虚假。"④ 他强调说明了应当要正确看待三者之间的关系,更要防止富贵之心、功利之心的张扬,而忽视了道德仁义的根本所在。

总之,黄宗羲认为,如果不以建立功业为目的而空谈"仁义道德",是迂腐的表现;如果为了"个人之功业"而不顾仁义道德,是自私的表现。因此,评价一个人的人格高尚与否,关键是看其公私之心志,凡事是出于"私心"还是出于"公心"。他说:"四民之业,各事其事,出于公者,即谓之义;出于私者,即谓之利;故不必违才易务也。"⑤ 说明古今义利之辨的根本在于

---

① 黄宗羲:《赠偏修弁玉吴君墓志铭》,《黄宗羲全集》,浙江古籍出版社 2005 年版,第 433 页。
② 黄宗羲:《黄宗羲全集》第 1 册,浙江古籍出版社 2005 年版,第 151 页。
③ 黄宗羲:《黄宗羲全集》第 10 册,浙江古籍出版社 2005 年版,第 288—289 页。
④ 黄宗羲:《陈夔献五十寿序》,《黄宗羲全集》第 10 册,第 68 页。
⑤ 黄宗羲:《国勋倪君墓志铭》,《黄宗羲全集》第 10 册,第 498—499 页。

"公心"与"私心"之别。同时,这也是评判士人人格高尚与否的关键和首要准则。

四、顾炎武:博学于文,行己有耻

顾炎武在宇宙本论上继承了张载"太虚即气"的气本体论。他认为宇宙万物的本体是"气",而不是"道"。在《日知录·游魂为变》中,他说:"盈天地之间者,皆气也;气之盛者为神。神者,天地之气而人之心也。"说明了有气才有了天地万物,才有了万物生命的存在。如人心气强盛,人就有神,人的精和神都饱满;反之,如果人心气衰弱,人就无神,人的精和神都衰竭。因此,人有了气,就能保持生命的存在,人有了精和神,就能保持充满活力的生命形态。所以天地之间,气聚则形成万物,气散则万物消亡。他又说:"张子《正蒙》有云:太虚不能无气,气不能不聚而为万物,万物不能不散而为太虚。"同样说明了天地万物都是由物质性的"气"凝聚形成有形的万物,并赋予生命。当万物气衰消散不能再聚直至气绝时,则万物的形体也将逐渐腐烂,气化回归太虚。

同时,宇宙天地间气聚成物、气绝物散成气,都是太虚之"气"自然运动变化的过程,每一种状态都是暂时的状态,而宇宙天地之间的"气"的运动变化是无穷无尽的,是不以万物自身的意志为转移的,说明了太虚之气在"有体"和"无形"两种状态中不断运动、变化和发展。由于顾炎武在本体论上坚持"气本论"的唯物观,所以,在社会人文教化中,他批判了封建迷信的因果轮回和因果报应等观点。他认为人的生死、祸福、贵贱、寿夭都是与人自身内在之气的自然运动、变化密切相连,也就是说与自己本身内在的性、情、欲有关,与他人他物无关,是人自身之气运动、变化发展的自然过程而已,既没有上帝在主宰人之祸福,也没有道家的天神在察其善恶,更没有佛家判其入地狱还是升天堂。他认为人生的一切都是由自己内心的情欲在主宰自己的命运,由自己的善恶之心、善恶之性在决定着自己的人生轨迹。

基于他在宇宙观上主张气本论的唯物观,因此,在认识论上,顾炎武提出治学与修身为人相统一的教化主张。他在《与友人论学书》中说:"博学于文,行己有耻。自一身以至天下国家,皆学之事也。"博学于文和行己有耻是孔子在不同时期提出的两个主张。顾炎武把二者结合起来，其目的是一方面提倡要广泛地学习，博览群书；另一方面又强调要学以致用，学以化己，要做到人贵有耻。说明了治学若不和修身相统一，学而无用；修身若不以治学为基础，修身就失去了依托。在《日知录·博学于文》中，他说："君子博学于文，自身而至于家国天下，制以度数，发为音容，莫非文也。"顾炎武进一步强调了树立道德情操的重要性。如果一个人在行为实践中不知有耻，那么他就无立身之基。所以，博学于文是指为学而言，行己有耻是指为人而言，二者的统一表现为博与约、为学与为人的统一，强调了儒家为学重在树人的人文教育思想。

顾炎武认为，儒家在教化上主张做人首先要立本，立本的根基就是"礼义廉耻"四个字。所以，他在《日知录·廉耻》中说："礼义廉耻，国之四维；四维不张，国乃灭亡。善乎管生能言也。礼义，治人之大法；廉耻，立人之大节。盖不廉则无所不取，不耻则无所不为。人而如此，则祸败乱亡亦无所不至，况为大臣而无所不取，无所不为，则天下其有不乱，国家其有不亡者乎？"顾炎武认为礼义廉耻是为学做人的根本，如果一个人丧失了礼义廉耻，那么这个人就丧失了立身之本；同样，如果一个国家丧失了礼义廉耻，那么，这个国家就丧失了立国之基，国家必将大乱而招致灭亡。所以，他特别强调，如果一个国家的大臣丧失了礼义廉耻，无所不取，无所不为，那么国家必定灭亡。因此，在为学和为人上要相统一，这正如孟子说的："人不可以无耻，无耻之耻，无耻矣。"

同时，顾炎武认为，要保国就必须使天下人保持礼义廉耻之心；就必须保持社会道德不沦丧；就必须重视良好社会风气的培育；就必须保持社会民心的纯朴。所以，他提出了"保国"与"保天下"的教化思想。他说："有亡国，有亡天下，亡国与亡天下奚辨？曰易姓改号，谓之亡国。仁义充塞，而至于率兽食人，人将相食，谓之亡天下。"① 说明了"亡国"仅仅是指朝代的更替或国家主权的丧失，只是改姓改号而已；而"亡天下"是指整个社会道德沦丧，人心险恶，民心恶化，人性向恶的方向发展，整个社会人人自危、人人难自保，人人都怕被强者"吃掉"。他又说："是故知保天下，然后知保

---

① 顾炎武：《与人书三》，《亭林文集》第4卷。

其国。保国者，其君其臣，肉食者谋之；保天下者，匹夫之贱，与有责焉耳矣。"① 说明了只有先懂得保天下，然后才能保国。如果不懂得保天下民心，一旦整个社会道德沦丧，民心不稳，国也就保不住了。

因此，他进一步说明"保国"是为政者的职责所在，在其位就要谋其政；而"保天下"是全体国民的责任所在，因为每个民众的个人道德关系到整个天下、整个社会的道德。如果整个社会道德沦丧、崩溃，每个民众都有责任。当然，"保国"与"保天下"之间也不是截然分开、毫无关系的，二者之间是密切联系的。通常一个国家的灭亡都是因为统治者在为政中丧失民心，上行下效，造成整个社会道德的沦丧，造成人心险恶，最终导致国家的灭亡。因此，保国就要保民心，保民心就是保天下，这是从统治者的角度进行教化。而从民众的角度进行教化，要求每个民众都能加强自身的道德修养，共同保持社会道德良知，共同遵守社会道德规范，共同维护社会道德准则，这就避免了整个社会陷入道德沦丧的危机之中，这样也就实现了"保天下"的目标。如果天下保了，国家也就保了。或者说如果社会道德不沦丧，人们的良知、良心及民族精神还在，那么即使亡国了，还有复国的可能。所以，顾炎武提出了"天下兴亡，匹夫有责"。他之所以将"保国家"与"保天下"分开阐述，其目的是在突出强调社会道德教化的重要性，说明社会道德教化的责任在于每个民众身上。当然统治者是其中最为重要的一员，国家的兴亡，天下民心的善恶，为政者肩上的责任重于泰山。

顾炎武针对明末世风日下、社会道德败坏，封建专制王朝统治日趋腐败没落的现状，极力批判士林之流空谈心性义理，而置国家安危、民生祸福于不顾的为学之道；他强烈谴责官僚阶层"无官不赂遗，无守不盗窃"的行径。他说："其束发读书之时，所以劝之者不过所谓千钟粟、黄金屋，而一旦服官，即求其所大欲，君臣上下怀利以相及，遂成风流。"② 他进一步揭露了为官前内在的心理动机和为官后贪得无厌、上行下效、上下勾结、狼狈为奸成为官场风气的社会现状。所以，顾炎武从"经世致用"的角度出发，主张面向社会现实，提倡"实学"反对"心学、理学"。因此，救济民生社会的经世致用的实学逐渐成为为学的主要潮流。

---

① 顾炎武：《与人书三》，《亭林文集》第4卷。
② 顾炎武：《名教》，《日知录》第13卷。

为了营造良好的社会风气，重塑社会伦理道德规范，顾炎武提出应当重视社会教育。他认为社会道德高尚与否、社会风尚优良与否，关键在于人心的善恶。所以，要改造人心，建立良好的社会风气，必须重视社会教化的作用。他主张在社会道德教育中，要提倡廉耻，使人有所畏惧，不敢为恶，不敢胡作非为。顾炎武在重视培养民众"礼义廉耻"的同时，又强调要保证民众衣食具足，才能实现知廉耻的目标。所以，在社会人文教化中，顾炎武提出了"保民、亲民"的思想。他继承了孟子"保民而王，莫之能御也"的民本思想，阐明了为政者只有采取亲民的政策，才能得到民众的拥护，实现长治久安的目的。

五、王夫之：理欲皆性，理欲合性

在自然观上，王夫之坚持唯物主义元气本体论的教化思想。他继承了张载"太虚者，气之体"的思想，认为气是宇宙唯一的物质实体，世界的本质是物质性的气。宇宙中的元气只有聚和散、显和隐的不同存在形态，没有无和有的差别。他说："人之所见为太虚者，气也，非虚也。虚涵气，气充虚，无有所谓无者。虚空者，气之量。气弥纶无涯而希微不形，则人见虚空而不见气。凡虚空，皆气也。聚者显，显则人谓之有；散则隐，隐则人谓之无。阴阳二气充满太虚，此外更无外物，亦无间隙，天之象，地之形，皆其所范围也。"[①] 说明了宇宙中有阴阳二气，二气聚而成万物，人肉眼可见；二气散则回归成气，人肉眼就看不见。因此，宇宙中充满了阴阳二气，无所谓有也无所谓无。

同时，宇宙中的阴阳二气交感不仅创造了包括人在内的天地万物，而且使万物并育、相生互养，构建了宇宙万物的生长规律。在社会人文教化中，王夫之否定了在气之外有其他造物主的存在。他从体用的角度进一步分析了万物和气之间的内在联系。他说："言太和絪缊为太虚，以有形为体，无形为性，可以资广生大生而无所倚，道之本体也。二气之动，交感而生，凝滞而成物我之万象。"[②] 王夫之认为，宇宙中的阴阳二气在对立中引起运动、变化

[①] 王夫之：《太和》，《张子正蒙注》第1卷。
[②] 王夫之：《太和》，《张子正蒙注》第1卷。

和交感，从而形成了万物。阴阳二气不但形成了有形的万物之体，而且也形成了无形的万物之性。人类初始和自然界千姿百态、种类繁多的万物一样，都是由宇宙天地之间的阴阳二气交感而成的。有形为人体，无形为人性。初始之人性为善，因为人是由宇宙天地之间最纯正的阴阳二气交感而成的，同时吸收了五行之精华，所以初始人类为万物之精灵，五行之秀气也。而其他万物或多或少都含有偏浊之气，所以都比不上人类。推而知之，后代种生之人就是由父母阴阳二气交合而成，也就是秉承父母的阴阳二气，从而决定了种生之人的高矮胖瘦和人性的善恶。并且，王夫之认为，宇宙阴阳二气所化生的万物（包括人类），其自身的运动变化和发展也不是机械简单的重复，不是一成不变的，而是处在不断自我更新之中，从而推动了万物自身一代一代在传承中不断进化和发展。由此可见，从自然界到人类社会，都是由宇宙中阴阳二气聚集而成。所以，人之性、心、情、欲、理等，都应当在气的基础上进行讨论，若离气而谈心、性、理、欲、情，则都成了无稽之谈，表现了他坚持气一元论的教化思想。

在道德教化方面，王夫之提出"理欲皆性，理欲合性"的观点。他认为"天理"和"人欲"是相互对立、相互联系的一个整体，"天理"存在于"人欲"之中，"人欲"体现了"天理"，二者不可分离。如果离开"天理"谈"人欲"是纵欲主义；同样，如果离开"人欲"谈"天理"是虚无主义。天理和人性都是人性善恶表现的内容，二者统一于人性。他认为适当、本分、合理合情的人欲体现了天理，人性表现为善。反之，贪婪、过分、不合情理的人欲毁灭了天理，人性表现为恶，二者是密不可分的。王夫之强调"天理"和"人欲"的内在紧密联系，并不是主张纵欲，而是要求人欲必须是在天理之内的人欲，而不是在天理之外的人欲，离开天理谈人欲就是纵欲。

王夫之反对程朱理学"去人欲，存天理"，将理欲相对立的观点，主张理欲统一，主张自觉节欲，理欲二者互为一体，在社会人文教化中具有进步的一面。王夫之说："天以阴阳五行之气生人，理即寓焉而凝之为性。故有声色臭味以厚其生，有仁义礼智以正其德，莫非理之所宜。声色臭味，顺其道则与仁义礼智不相悖害，合两者而互为体也。"① 王夫之从人的生之理和欲之理

---

① 王夫之：《梁惠王下篇》，《读四书大全说》第 8 卷。

入手，说明了人之声色臭味之欲使人生存，而仁义礼智之理使人成为人。如果在社会教化中，只讲人的仁义道德之理，而忽视了人的声色臭味等方面的欲，都不是正确的人性论，起不到真正的教化作用。

王夫之以气本体为基础，提出教育对培育人的品德所起的重要作用。他从人性的本体入手，寻找育人的突破口，具有积极的意义。虽然他主张人性不是天生、固定不变的，是在后天不断成长的过程中逐渐形成的观点，笔者不敢苟同，但他将教育与人性本体论紧密联系在一起研究、探讨、论证，却具有一定的借鉴价值。特别是他在道德修养上提出的"立志、自得、力行"的教化主张，在社会人文教化中具有重要的作用。王夫之认为"立志"在育人中具有重要的意义，一个人志向高远与否将直接影响到其人品德的优劣。圣贤之人与凡人的重要区别，就在于圣贤之人有一个远大而坚定的理想和志向，并持之以恒地朝这个远大的理想不懈地努力。在《张子正蒙注》中，他说："正其志于道，则事理皆得，故教者尤以正志为本。"说明了教育者首先应当引导学生从小树立正确远大的志向和理想，并将此作为教育之根本，必须专一、执著追求，这无疑是正确的。同时，他认为道德教化的关键在于学生的自觉和自勉，然后才能在学习中自得。他说："学者不自勉，而欲教者之俯从，终其身于不知不能而已矣。"[①] 他强调学者要主动自觉地对自己提高标准，严格要求自己，而不能要求先生降低要求来迎合自己。只有这样，通过先生的教育和引导，学生才能有所收获。因此，他总结说："教在我，而自得在彼。"[②] 王夫之在强调"立志、自得"之后，在道德教化中对学生提出更高的要求，学生不但要在学习中加强道德修养，而且更重要的是要将道德付诸于社会实践中去，提倡身体力行道德。他认为在学、问、思辨和行中，"行"最为重要，学生要将自己的道德知识落实在自身的道德实践中，这才是真正有价值和意义的。

六、严复：两利为利，独利不为利

严复作为中国近代启蒙思想家，他清醒地认识到强弱存亡的关键在于

---

① 王夫之：《四书训义》第35卷。
② 王夫之：《四书训义》第11卷。

"三强",即:"血气体力之强,聪明智虑之强,德行仁义之强"。所谓"三强",实质上也就是民强,因此,他认为当务之急是"鼓民力,开民智,新民德"。而"新民德",就是提高人民大众的思想道德素质,以天下为公,增强公德意识和社会责任意识,取代冷漠、麻木、自私,不讲信义的卑鄙吝啬的行为,尤其要以自由、民主、平等观念来取代传统的奴隶道德,根除奴化意识,洗心革面,立新人。他认为"三民说"中,新民德最为重要。

在道德和利益关系上,严复提出"义"不能脱离"利",肯定私利存在合理性的教化思想。

在义利关系上,严复认为执著于重义轻利,反倒有害于义。他还认为"天赋之人性"决定了人生而有欲、生而求利。求利是人性的基本法则,这是他对古代只言利人、而不言利己的性善论的修正。他坚持认为性善"不止于利人",且首先要"利己"。在人性的本质规定中,天理与人欲是不可分割的,"生民有欲"此乃"天赋之人性",是任何力量都无法剥夺的。人的本性在于求利,即自存,就人我关系而言,我不是为他人而生,也不是为他人而存。我与他人组成"群合"社会,并不是为了专利他人。所以,他说:"两利为利,独利不为利。"[①] 他认为,利己固然需要利人,而利人最终也是为了利己。只有利己利人相结合,才有利于促进社会的发展。因此,严复批判了孟子和董仲舒把"义"和"利"截然分开的主张,指出了这种观点完全是一种宗教禁欲主义的理论。

他认为改变重义轻利风尚,将"利"摆在一个恰当的位置是十分必要的。中国传统道德主张"重义轻利",这固然是高尚的,但在社会现实中,民众离不开对"利"的合理追求,因此,合理的"利"本身也就是"义"。所以,如果是谋求人民"长久真实之利",有益于社会进化的"利",那么"利"和"义"就是统一的。因此,他说:"故天演之道,不以浅夫昏子之利为利矣,亦不以豁刻自敦滥施妄与者之义为义,以其无所利也。庶几义利合,民乐从善,而治化之进不远矣!"[②] 由此可见,严复认为片面强调舍利取义,不但不能促进社会的发展,而且也是对仁义的损害。

同时,由人己关系看义利关系,他认为己之利与人之利并不是完全对立

---

① 《严复集》第四册,中华书局1986年版,第989—990页。
② 《严复集》第四册,中华书局1986年版,第859页。

的，他人之利与自己之利是相互依存的。他说："盖未有不自损而能损人者，亦未有徒益人而无益于己者，此人道绝大公例也。"① 他认为有时为他人利益而牺牲自己利益并不一定都是崇高的，有时甚至是非道德的，因为自己与他人同属道德关怀的对象，因此，利己并不都是"恶"。个人利益被"义"所规定是有一定条件和特定时间空间的，而不是随时随地都要以"义"来替代"利"，只有这样，真正的"义"才能体现出来。

可见，严复将中国传统道德只谈"义"不谈"利"的倾向突出出来，并试图纠正传统道德极力倡导的舍利取义、舍生取义的思想。在此前提下，严复也反对自私自利、唯利是图、见利忘义的个人极端思想和行为。严复提倡的"利"是在"义"的前提下获得的"利"，也就是说，君子爱财取之有道，这个"道"就是指要符合生财的自然规律，要在不损害他人和社会公共利益的前提下获取利，而不是以牺牲他人和社会的利益来获取自己个人的利益。严复的这一观点对新时期，特别是在当前我国处于社会转型时期，构建公民的道德具有现实的指导意义。在现实生活中，既要鼓励民众通过合法的途径获取合理的利，守本分；又要培养民众具有崇尚道义的思想道德品质。只有这样，才能真正构建新公民的道德标准，而不陷入极端"义和利"主义的困境中。因为极端"利己"和极端"利人"都是错误和行不通的，只有二者兼顾，合理对待，才能适应新时期公民道德建设的要求。

在集体和个人关系上，严复提出"群"不能脱离"己"，推崇个己优先的教化思想。

严复在"义"和"利"的关系上提出了"开明自营"的新主张，从而改变了传统尚义轻利的道德观。同样，在看待集体和个人的关系上，严复强调"群"不能脱离"己"，推崇个己优先地位。因为"群"和"己"是相对独立的道德主体，在中国传统道德中，"群"是代表一家之私的"群"；而即使"群"是代表全体公民，具有"公"的内涵，也不能忽视"己"的利益和个人追求。他认为封建专制主义文化意识的最大特征就是忽视个体自我、压抑个体自我，从而使民众的自我人性、人格、人权在沉重的社会压力下扭曲变形，甚至连在痛苦中的呻吟和怨愤都不允许。民众的生命在无声无息中被践踏、

---

① 《严复集》第四册，中华书局1986年版，第893页。

被凌辱、被灭裂。

为了重新唤回人的声音、人的尊严和人的权利，严复提出自我本位主义的自由论，这对人权法观念的崛起有着极为重要的推动意义。严复认为，如果过分强调国家和集体利益，而忽视、甚至一味牺牲个人利益，这在一定程度上会不断消磨个人的活力与自觉，同时，也会不断消磨集体和个人之间所应有的伦理关系。严复虽然向往个人利益和价值的实现、个人自由的获得；但同时，他也批判了那些光顾小己而不关心社会国家生死存亡的极端个人主义者。严复希望构建的群己关系是具有中和特征的"群己并重"的关系，也就是既能体现公众利益，又能关注个体利益的道德教育观。因此，他既反对极端利己主义，要求人们树立爱群、为公、爱国的观念，培养对国家民族的责任心和义务感，讲究公德；又主张重己，强调个人利益的重要性。

为此，他提出了"开明自营"的口号。他说："大利所存，必其再益。损人利己非也，损己利人亦非。"① 他主张既要"利己"，又不"损人"，他这种"两利为利，独利必不利"的思想，是近代西方资产阶级思想家所宣扬的"合理的利己主义"思想。这种"合理的利己主义"思想反映了资产阶级要求个性解放，发展资本主义商品经济的要求。② 但不管如何，严复强调集体和个人并重，既要保护国家和集体利益，又不损害个人利益的主张，在当前现实生活中具有重要的借鉴意义。在社会转型时期，许多打着维护国家和集体利益的旗号，不断损害民众个人利益的事情层出不穷，这将对构建我国新时期公民道德及公民的核心价值观产生许多不良的影响。同时，也使社会道德教育与学校道德教育严重分离，使全体公民的道德建设和社会核心价值观的建立困难重重。因此，在改革开放中，在进行社会主义建设中，只有将集体国家利益与个人利益兼顾，正确处理群己关系，才能使我们的事业顺利发展，才能在社会转型中重新树立公民的道德品质，重新构建公民的核心道德价值观。

在自由与责任关系上，严复提出在"自由"前提下的道德"责任"的教化思想。

严复提出"身贵自由"的命题，认为民众只有获得了个体的道德自由，才能发挥天给予人的禀赋和权利，使人成为一个完全意义上的人；如果否定

---

① 严复：《原强》，1895年发表在天津《直报》上。
② 唐凯麟：《论严复的伦理思想》，《求索》1985年第3期，第63—66页。

人的道德自由，就否定了人存在的意义。他说："夫自由一言，真中国历古圣贤之所深畏，而从未尝立以为教者也。彼西人之言曰：'惟天生民，各具赋畀，得自由者，乃为全受。'故人人各得自由，国国各得自由，第务令毋相侵损而已。侵人自由也，斯为逆天理，贼人道。"① 他指出，人如果失去了自由就生不如死，存不如亡。而中国长期延续的封建专制主义及其纲常名教的统治，恰恰剥夺了人的自由，把人变成奴隶。"自秦以降，为政虽有宽苛之异，而大抵皆以奴虏待吾民"，因而造成了"民固有其生也不如死，其存也不如亡"的悲惨状况。严复认为人的生和死、存和亡的区别就在于"自由不自由之间异耳"。② 也就是说，与其在封建专制主义及其纲常名教的统治下奴隶般地活着，不如在为自由而斗争中死去。这在当时对于促进个人的觉醒，有着巨大的启蒙意义。③

严复认为，人除了言论自由和学问自由以外，还包括一般行为的自由。他认为思想需要借助行为来表现自己，人的行为只要不危害他人，即使是社会道德所不允许的，法律也不得禁止。这是严复在思想表现自由问题上的新见解。他强调道德自由要与其他自由区别开来讨论，他说："至于小己之所为，苟无涉于人事，虽不必善，固可自由"，④ 其基本精神就是将伦理自由与政治自由区别开来，将道德规范和法律规范区别开来，这为思想表现自由开辟了广阔的天地。严复提出"虽不必善，固可自由"的主张，表明了严复的道德教育思想具有一定的彻底性，他将法律上的善恶同道德上的善恶区别开来。

同时，他认为伦理道德自由是相对的，在空间上要以他人的自由为界。他说："自人群而后，我自由者人亦自由，使不限制约束，便入强权世界，而相冲突。故曰人得自由，而必以他人之自由为界。"⑤ 因此，对个人而言，自由的占有是有限度的。而伦理道德自由与人的能力、知识关系密切，人的能力越强、知识越丰富，个人享有的自由也越大。因此，伦理道德自由要以他

---

① 严复：《论世变之亟》，1895年发表在天津《直报》上。
② 严复：《原强》，1895年发表在天津《直报》上。
③ 唐凯麟：《论严复的伦理思想》，《求索》1985年第3期，第63—66页。
④ 《严复集》第四册，中华书局1986年版，《按语》。
⑤ 《严复集》第一册，中华书局1986年版，第133页。

人的自由为界，也就是不存在绝对的道德自由。严复把这种有条件的"自由"引入道德领域，才使人的道德自由更具有科学性。同时也使人的道德实践成为可能，对人的道德惩罚成为可能。

可见，没有自由的道德，不但事实上取消了道德的是非善恶的根据，而且也无助于民德的进化。因此，只有先赋予民众以道德自由，才能使民众履行自己的道德责任。严复对中国传统道德理论体系的改铸对当前公民道德建设具有重要的指导作用。在社会转型中出现的各种不道德、不以为耻的缺德事件，其根源在于中国传统道德规范中没有自由、平等的实践，因此造就了民众以自营为要务的普遍人格。因为民众在承担道德义务和责任时没有得到相应的道德自由和权利，这对个人来说本身就是不道德、不人道的，长此以往，也就不能形成真正"无我"的道德责任，民众实际上只是因为对行政指令的畏惧而在勉强履行自己的道德责任，这样也自然不能培育良好的社会道德风尚。

所以，严复将自由平等权利视为民众道德教育的基石，在社会人文教化中谱写了独具光彩的一章。严复在近现代思想史上的地位，不仅在于他精心翻译的西学名著影响于世，而且更重要的在于他比划中西、纵论今古中所提出的自由为体、个人本位的道德教育思想，将随着时代的进步愈益显示出其重要性。当然，由于所处的时代背景不同，严复的道德教育思想也具有历史的局限性，其中有些观点具有片面性。

严复虽然对中国传统道德理论体系进行改铸，但他从未发表过激烈的反孔言论，相反，他一直对孔子推崇备至，对中国传统道德教育观从未全盘否定。公平地讲，严复的人文教化思想前期侧重于宣扬西学西法的自由人权民主法治精神，同时并未彻底否定中学中法的传统；后期侧重于强调中学中法的王道一统的思想，同时并未否定西学西法的精神，只是认为共和不适宜于中国国情而已。他对西学西法和中学中法的态度始终是比较中和客观的。一般说来，他既不像康有为、梁启超那样在中法的传统中陷得过深，也不像后来新文化运动提倡者陈独秀、胡适等人那样主张全盘西化，彻底否定中国传统道德人文教育思想。因此，严复的道德教育观对当前我国推进公民道德建设及树立全体公民核心的道德价值观具有重要现实指导意义。

总之，清朝人文教育思想从清初的"崇儒重道，以孝治国"向清后期以

"抵御外寇,救亡图存"为主的社会人文教育思想转变,表明儒家理学空谈性理的人文教育思想开始走向分化和瓦解。同时,近代西方资产阶级启蒙思想已开始孕育,民主与科学人文教育思想开始觉醒,为近代社会人文教育思想的形成奠定基础,对近代社会争取民族独立、国家富强、人民幸福产生了巨大的作用,促使中国传统人文教育思想向近代转型,丰富和提升了中国传统人文教育思想的内涵,使爱国主义成为近代中国人文教育思想的主旋律,对当前培育爱国主义思想仍然具有现实的意义和价值。

第九章 民国：人文之转型

一、时代背景

1912年1月1日，革命党人在南京成立了中华民国临时政府，孙中山宣誓就任中华民国临时大总统，先后颁布了一系列的法令和措施。在文教政策上，教育总长蔡元培制订了一系列改革封建教育的措施，颁布了《普通教育暂行办法》和《普通教育暂行课程标准》，对清末的教育进行改革。辛亥革命，虽然没有改变中国半殖民地半封建社会的性质，但毕竟推翻了统治中国260多年的清王朝，结束了中国2000多年的封建君主专制统治制度，建立了共和国，在社会人文教化中产生了积极而深远的影响，唤醒了沉睡中的国民，为"五四"新文化运动打下了基础，为中国社会人文教育思想的转型作了准备。

在文化思想领域，辛亥革命失败后，袁世凯为了复辟帝制，下令尊孔读经，大搞祭天祀孔。同时，外国传教士也极力鼓吹"孔教"与"耶教"可以携手合作，结成了帝国主义文化与中国封建文化的联盟，反对中国新文化。而资产阶级中的一部分激进民主主义知识分子，他们为了防止君主复辟，实现真正的民主共和，在思想文化领域发动了一场反封建的思想启蒙运动，其目的是为了唤醒国民的民主主义思想觉悟，削除封建愚昧落后的思想。

在此历史背景下，陈独秀、李大钊、胡适等人先后参加了《新青年》杂志的编辑工作或成为主要的撰稿人，他们是中国新文化运动的主要倡导者。同时，也形成了一个以《新青年》为核心的新文化阵营。新文化运动在社会人文教化内容上，主要提倡民主与科学。"民主"主要是指资产阶级民主政治，反对君主专制和军阀独裁，反对封建旧礼教、旧道德。"科学"主要是指自然科学和社会科学，以及看待客观事物的科学态度、科学方法，反对迷信盲从思想。新文化运动的另一重要内容是提倡文学革命。《新青年》提倡白话文，反对文言文；提倡新文学，反对旧文学。最早系统地提出文学革命主张的代表人物是胡适。他在《文学改良刍议》中，提出改良文学应从"八事"入手，即应当言之有物、不作无病呻吟、应当讲求文法、反对陈词滥调、不摹仿古人、不用典、不讲对仗、不僻俗语俗字。胡适主张的文学革命只是重在文学形式上的革命，而真正从文学内容上进行革命的代表人物是陈独秀。他在《文学革命论》中，明确提出以"国民文学、写实文学和社会文学"来反对"贵族文学、古典文学和山林文学"，真正从文学内容上进行革命，在社会人文教化中产生了重大的影响。

同时，半殖民地半封建的中国社会现状，深深地影响着中国国民的思想，也极大地影响着中国文化的产生和表现。在当时涌现了一大批忧国忧民、勇于向封建旧制度宣战和对未来充满憧憬的进步作家。鲁迅在《新青年》上发表了《狂人日记》，抨击了中国几千年来吃人的封建制度，开创了文学创作的新道路。此外，诗人刘半农、郭沫若等人的作品，充满了彻底的反封建思想和民主思想。新文化运动的主要目标是以民主和科学思想，来推动中国社会不断前进，使中国人民从封建专制统治和军阀独裁统治中解放出来，从而在思想文化上摆脱落后愚昧的状态，以求国人自强自新，以求国家独立、民族解放和人民幸福。

新文化运动有力地打击了统治中国两千多年的封建专制思想文化，打破了封建礼教对民众思想的禁锢，是中国社会人文教育思想上一次空前的思想解放运动，唤醒了人们的民主思想，特别是在青年知识分子中产生了强烈的反响，推动了青年知识分子去追求思想解放、追求科学、民主和自由的决心和毅力，为马列主义在中国的传播准备了条件，为"五四青年爱国运动"作了思想上的准备。同时，也为民国文化的不断丰富和发展创造了有利的条件，为民国社会人文教育思想的转型奠定了基础。

在俄国十月革命的影响下，1919年，中国爆发了五四爱国运动。五四运动既是一次强烈的反帝反封建的爱国运动，又是一次空前的思想解放的新文化运动。五四运动不但提高了中国人民的思想觉悟，而且培育了一代杰出的无产阶级革命家、文学家、自然科学家和社会科学家，为民国文化的繁荣发展打下基础，为中国无产阶级革命文学创作提供了丰富生动的素材。

在南京国民政府的恐怖统治下，中国无产阶级革命文学运动（或称左翼文学运动）蓬勃兴起。在国共两党激烈的阶级斗争中，迫切要求中国共产党必须在无产阶级文学创作上提出自己鲜明的主张，旗帜鲜明地宣传自己的文艺主张。郭沫若等人率先倡导无产阶级革命文学，他们阐述了文学的阶级性，提出了文学是阶级斗争的武器的主张；阐明了无产阶级文学产生的社会根源以及应当承担的历史使命。在无产阶级文学创作内容上应当以工农大众为对象，要接近工农大众。无产阶级革命文学的倡导，在社会人文教化上产生了振奋人心、鼓舞斗志的重要作用。同时，在全民族抗战的大背景下，促使一大批作家深入到社会现实斗争中去，创作了许多优秀的现实主义文学作品，在社会人文教化中产生了积极深远的影响。

1942年，在延安整风运动中，毛泽东发表的《在延安文艺座谈会上的讲话》，在中国文艺史及思想史上具有重要的意义。毛泽东强调文艺工作者要站在无产阶级的立场上，首先要为工农兵大众服务，要求文艺工作者要"深入工农兵群众，深入实际斗争"中去，从中获取最丰富的创作源泉。在创作中，文艺工作者的思想感情要和工农兵大众的思想感情融为一体，创作出反映时代和工农兵大众革命生活的优秀作品。《讲话》的发表，在中国文艺运动和文艺创作史上引起了继五四之后又一次深刻的文学革命，解放区的文学创作取得丰富的成果，出现了像丁玲的《太阳照在桑干河上》、周立波的《暴风骤雨》等优秀作品。同时，工农兵成为了作品的主人公。整个文学创作出现了新的面貌，代表了文学创作的一个新方向，在社会人文教化上具有划时代的深远意义和影响。

从1912年至1949年，中国文化的发展历经了许多曲折和艰难的发展过程。但五四新文化运动的兴起和中国共产党领导的以工农兵为主体，以创作无产阶级民主的、大众的、科学的文化为宗旨的文学革命，为这一时期中国文化的繁荣和发展注入了新鲜的血液，为中国文化宝库增添了许多宝贵的财富。民国时期，在哲学思想、文学艺术、史学和自然科学等各个文化领域都取得一定的成果，在社会人文教化中产生了积极的影响。

二、人文教育思想概述

　　清末到民国初期，中国传统文化面临着西方文化的挑战和解构。五四新文化运动强调中西文化的调和融合，以创造新的文化，这是对中西文化各自优缺点的正确认识。从 1895 年甲午战争到五四运动的 20 多年间，中国资产阶级新文化体系开始形成，封建传统旧文化遭遇激烈的抨击和推翻，不同的文化观和文化派别不断涌现，形成了不同的文化价值观，为近代文化的繁荣发展创造了条件，也为中国传统人文教育思想的转型作了准备。

　　1840 年鸦片战争以前，中国社会处于传统封建文化的主导统治之中；鸦片战争以后，中国社会变成半殖民地半封建社会，社会文化结构也由单一的封建传统文化增加了帝国主义文化和资产阶级新文化，三种文化同时在社会上存在，在社会人文教化中相互碰撞、相互交锋，相互论战。同时，以传统儒学伦理纲常为核心的封建文化，在社会人文教化中占主导地位的态势也在发生重大的转变。在纲常伦理思想受到西方文化冲击时，一批有识之士敢于正视现实，敢于正视中国传统文化中的缺点，敢于正视西方资产阶级文化中的优点，并致力从西方资产阶级文化中去寻求探索适合中国实际的人文教育思想，这就是他们提倡的"科学和民主"教化思想。他们极力鼓吹以资产阶级的民主、平等思想来反对封建纲常伦理教化思想，并且，这种斗争一直延续到五四新文化运动时期。同时，在社会人文教化中，中国传统文化结构的核心发生了改变。虽然长期统治中国的封建纲常伦理思想仍然在社会人文教化中存在，但资产阶级倡导的民主、科学、平等思想在社会人文教化中已深入人心，产生越来越广泛的影响。

　　民国初年，南京临时政府在社会人文教化上取消了清末教育宗旨中"忠君"、"尊孔"的教化主张，对"尚公、尚武、尚实"加以改造，使之符合资产阶级民主主义教化的需要，并重新阐述为公民道德教育、军国民教育、实利主义教育及世界观教育和美感教育，以培养国民健全的人格。袁世凯窃取辛亥革命的胜利果实后，为了实现他独裁统治和复辟帝制的需要，在社会人文教化中掀起了一股恢复封建文化教育的浪潮，与社会上的封建复古势力遥相呼应，恢复了学校尊孔祀孔活动，孔子的神位被重新迎回学校。1913 年，袁世凯出台《天坛宪法》草案，规定国民教育以孔子之道为修身之本，使孔子之学成为社会人文教化的主导学说。1915年1月颁布《特定教育纲要》，强调以"注重道德、实利、尚武"作为教育的宗旨。不久，又颁布《颁定教育要旨》，确定"爱国、尚武、崇实、法孔孟、重自治、戒贪争、戒躁进"作为教育的宗旨，完全将民国临时政府颁布的教育方针推翻了。

同时，袁世凯政府在社会人文教化中，对学生灌输要坚决拥护以他为首的独裁统治，重新确定儒学作为学校教育的基本课程，肯定了儒学的教育价值。1915年，袁世凯政府以《特定教育纲要》和《颁定教育要旨》作为教育的总方针，使儒学文化重新回到学校课堂上，社会上也出现了尊孔读经的高潮，使儒学在社会人文教化中又占据主导地位。但袁世凯政府在社会人文教化中极力推崇儒学的根本目的是为他独裁统治和复辟帝制作准备，借用儒学的等级思想来抵制革命民主思想，而并非真正从中国传统文化本身所蕴含的丰富的社会教化功用上考虑，所以遭到革命民主主义人士和有识之士的坚决抵制。

民国初年，中国的政治体制由专制变为民主，由于人们观念认识上的不同，因此，在社会人文教化思想上产生了许多分歧，引起激烈的争辩，促使中国传统儒家文化与近代中国现代化成为了人们关注和争辩的焦点。有学者认为，儒家思想长期在中国社会人文教化中发挥着重要的作用，维系着人心，可以净化人们的内心，培育国民高尚的道德情操。另有一些学者认为，儒家是封建专制统治下的产物，它的教化思想已不适合现代人社会教化的需要，如果尊孔必然导致专制与复辟，在社会人文教化上将产生不良的影响，若想让中国从积贫积弱中强盛起来，必须完全放弃儒家的教化思想。特别是袁世凯尊孔复辟帝制和张勋、康有为发动的"复辟"事件，使孔教运动和儒家思想遭受重创，至五四运动前夕，在社会文化领域由反孔进而形成全面的反传统思潮。而实际上儒家的人文教化思想与专制政体之间并没有内在的必然联系。儒家教化思想虽然产生于专制统治时期，且统治者常常利用儒家的社会教化思想来维护其专制统治，但儒家社会教化思想中的许多精华却是永恒不变的，至今仍有现实的意义和价值。

由于北洋军阀政府的专制统治和倒行逆施，在社会思想文化领域兴起了一场反封建的新文化运动。资产阶级民主人士在社会人文教化上提倡"民主"

与"科学",强调引进和学习西方先进的文化,反对中国传统封建主义思想文化,并对中国传统教育和教育观念进行深入的反思和建构,成为新文化运动的重要组成部分,在社会人文教化中发挥重要作用。五四运动标志着新文化运动高潮的到来,促进人们民族现代意识的觉醒和思想的空前解放,在社会人文教化领域,形成了形形色色的教育思潮和教育运动,推动了当时社会人文教化思想的转型。陈独秀、李大钊、胡适等以《新青年》为阵地,以民主和科学为武器,在思想、文化、教育领域兴起了一场反对尊孔读经、反对封建旧礼教旧道德的新文化运动,他们无情地揭露了封建礼教对人性的残害和对人们思想的麻痹。鲁迅在《狂人日记》《我之节烈观》《我们现在怎样做父亲》等作品中,对封建礼教对人的残害进行更具体、形象、生动的揭露和批判,在当时社会人文教化上产生了振聋发聩的反响。

因此,以民主和科学为旗帜的新文化运动,在社会人文教化领域力图以人权、自由、平等的民主思想和重视科学技术、崇尚自然、讲究实用的科学精神来教化民众,主张重视教育的个性化、平民化、实用化和科学化,以培养时代所需要的人才。这时期,在社会人文教化上对民主科学的倡导,对封建传统文化的反思,对专制统治的针砭,其目的是从人们的文化思想上,增强对个人价值的认识和追求,在社会人文教化领域倡导个性的解放,教育知识分子和青年学生勇于追求个人的权利和尊严,敢于打破中国传统文化主张的三纲五常伦理教化思想,反对造就顺民的教化思想,主张中国的富强之道不在强兵,而在强民,在于教化人们培育健全人格和人性。在学校教化中应当以儿童为中心,从小培育儿童拥有自尊与被尊的文化心理,从小养成健全的人格,使受教育的每个人都能各尽其性、各尽其才。在教育平民化上,他们主张打破传统封建教育的贵族化和精英化,确立教育的庶民化。他们极力反对主张贵贱、劳心与劳力、治人与被治的封建传统教化思想。

在教育实用上,反对封建传统教育与社会实际相分离的教化思想。新文化运动的鼓吹手陈独秀在《近代西洋教育》中,指出西洋教育所重的是世俗日用的知识,东方教育所重的是神圣无用的幻想。因此,他主张中国教育应当弃神而重人,弃神圣经典与幻想而重自然科学的知识和日常生活的技能。他说的虽然有些极端,但在当时具有重要的教化作用。他的教化主张对解决学校教育与社会人才需求的矛盾,对解决个人教育与生计的关系问题具有一定的启示作用。在教育的科学化上,"科学"是新文化运动中高扬的一面重要旗帜,在当时社会人文教化中占有重要的位置。在田正平主编的《中国教育思想通史》中指出,中国传统思想文化载体中的知识分子重文献词章和自我修养,而轻视研究探索自然和现实社会,重情感而轻理性,轻实证研究。中国传统文化中的这种人文教化思想对人们思想观念的影响根深蒂固,受这种文化思想的影响,中国人的思维和处事方式常常缺乏科学理性的判断和选择,常常表现为直观臆断和情感用事。因此,陈独秀批判中国传统教育为"伪教育",主张让科学内容和方法渗入社会教育事业,以改变中国人的情感、态度和价值观。可见,五四新文化运动所倡导的社会人文教化思想,反映了他们对中国传统人文教化思想进行深层次的反思和自觉主动的改造,这对20世纪二三十年代中国教育的改革和发展起了重要的推动作用。

南京国民政府统治时期,中国近代文化在曲折中不断向前发展,在思想文化上表现出多元性和复杂性。在社会人文教化领域,南京国民政府以三民主义作为全社会的主流意识形态,在全社会大力宣传和推行三民主义,并将三民主义作为学校教育的根本方针,作为培养人才的指导思想。1927年5月,蒋介石在南京召开五四运动纪念大会上,提出了"党化教育"的号召。之后,南京国民政府制订了《学校施行党化教育办法草案》,要求在国民党领导下,把教育变成革命化和民众化。"党化教育"是对全体国民灌输三民主义教化思想的重大政治举措,使三民主义成为全社会的主流意识形态。在社会人文教化中,以训练党的方法来训练学生,以三民主义的教化思想来培育学生的人生观、价值观,造就新的国民。

1928年5月,在第一次全国教育会议上,蒋介石明确提出以"三民主义教育"代替"党化教育",要求以三民主义教化思想为宗旨,贯彻三民主义人文精神。为了落实和强化"三民主义"教化思想,1931年6月,南京国民政府公布《中华民国训政时期约法》;同年9月,又通过了《三民主义教育实施原则》,通令全国各校一律悬挂"忠孝、仁爱、信义、和平"八字匾额,并对各级各类学校实施三民主义教育作了具体的规定。小学生从小就应当使整个身心融于三民主义教化之中;中学生应当树立对三民主义的信仰,并确实陶冶其忠孝、仁爱、信义、和平之国民道德;大学生应当切实理解三民主义真谛,并能践行三民主义之使命。此外,三民主义教育贯穿于全体社会民众,特别是党员和军人。

三民主义是孙中山先生在1905年成立中国同盟会时首次提出的,主张以实现民族主义、民权主义和民生主义为革命奋斗目标。1925年5月,国民党召开一届三中全会,通过《中国国民党接受总理遗嘱宣言》,正式确立了三民主义的权威地位。孙中山的三民主义教化思想融合了西方资产阶级思想、中国传统文化思想及苏俄社会主义思想。国民党元老戴季陶将孙中山的思想和三民主义教化思想进行儒家化。他认为,孙中山的三民主义是以儒家的"忠孝、仁爱、信义、和平"的道德教化思想作为三民主义教化思想的基础。民族主义就是以"孝慈"为道德基础,民权主义就是以"信义"为道德基础,民生主义就是以"仁爱、和平"为道德基础。这样,孙中山的三民主义教化思想就是以"仁爱"为基础的王道文化。

以蒋介石为首的南京国民政府为了统一全国民众的思想,迫切需要以三民主义来统一全国民众的人文教育思想。1932年5月,蒋介石在"自述研究革命哲学经过的阶段"演讲中,提出了"力行哲学"的观点。他认为孙中山"知难行易"的教化思想与王阳明"知行合一"教化思想是一脉相承的。古往今来宇宙之间只有一个"行"字才能创造一切,所以,唯认行的哲学为唯一的人生哲学。1939年3月,蒋介石发表了"行的道理"的演讲,极力强调要力行三民主义,要求全体国民要努力践行"社会廉耻"和"忠孝、仁爱、信义、和平"等儒家道德教化思想。蒋介石将孙中山的三民主义进一步儒化,将儒家伦理道德教化思想与三民主义教化思想融合为一体,使之成为孙中山三民主义教化思想的"精髓",并为他所用。

三民主义教化思想与民国初年蔡元培倡导的"思想自由,兼容并包"的教化思想相冲突,是中国教育理念的重要转向,新文化运动时期形成的自由、民主、科学的人文精神明显弱化。

从1931年至1945年,日本帝国主义长期对中国发动侵略战争,对沦陷区实行殖民文化统治,推行奴化教育,对中国文化的健康发展造成严重的破坏,在社会人文教化上产生许多负面的影响。这样,在中国大地呈现出国民党统治区、中国共产党领导的抗日根据地和日本控制的沦陷区三种不同的文化形态。同时,国共两党由于在政治思想和意识形态等方面的不同,双方在社会人文教化上也表现出各自不同的特点,但在社会人文教化上的共同目标就是宣传教育、鼓励广大军民同胞团结一致起来抵抗日本侵略者，争取抗战的最后胜利。

日本侵略者对中国文化进行摧毁和掠夺后，开始在沦陷区推行文化专制统治和奴化教育。卢沟桥事变后，日本侵略者利用汉奸控制亲日报纸、电影、商务印书馆、中华书局等新闻媒体及出版社。日伪在新闻媒体上不厌其烦地对其侵略行为进行美化宣传。日伪大力扶植汉奸文人创作汉奸文化，强迫沦陷区民众接受其奴化教育。1932年，日本侵略者在伪满政府内设立资政局弘法处，主要负责美化宣传日本法西斯统治为"王道乐土"，企图通过"涵养民力，善导民心"的文治途径来征服中国人的民心，消除中国人的反抗心理。日本侵占东北以后，先后成立了"中支宗教大同盟"及"大东亚佛教总会"，日本侵略者企图利用宗教来愚弄东北人民的思想信仰，实现其分裂中国领土的目的。

中国共产党积极领导帮助沦陷区人民勇敢起来反对日伪的奴化教育，并在中国共产党领导的《新中华报》、《解放日报》、《新华日报》上，刊文揭露日伪奴化教育的阴谋与滔天罪行，在社会人文教化领域唤醒民众的觉悟，揭露日伪统治者实施奴化教育的险恶用心。在八年抗战中，中国共产党对沦陷区的民众、青年教师与学生都给予积极的指导，呼吁、鼓励沦陷区的爱国青年学生团结起来，积蓄力量，随时准备和解放区的军民及爱国青年学生一起战斗，推翻日伪政权的统治，迎接抗战的最后胜利。

在解放区，中国共产党在文化战线上高举抗战大旗，不仅在社会人文教化中为广大民众提供了强大的思想武器和精神支柱，而且在中国近代文化史上占有重要的地位，在民国社会人文教化中产生了深远的影响。1942年，毛泽东在延安文艺座谈会上的讲话，明确提出文化对抗战所起的重要作用，文艺必须为人民大众、为工农兵、为抗战服务。同时，文艺工作者开展抗战文化运动时，首先，必须突出抗日的主题，一切文艺创作都必须表现抗日民族统一战线这一主题；其次，必须体现大众化的特点，一切文艺创作必须以广大军民所能听懂、所能接受的艺术表现形式，去提高他们抗战的热情和胜利的信心，鼓舞他们同心同德地去和敌人作斗争。抗战时期，在中国共产党抗日文化方针的指导下，解放区积极组织抗日救亡文化宣传团体，在社会宣传教化中取得了显著的成就。同时，也带动了国统区和沦陷区民众的抗日热情。

全面抗战爆发后,在国统区,为了树立中华民族文化的自信心,以蒋介石为首的国民政府,在文化上采取了多项措施来应对民族危机,振奋民族精神。1938年3月,国民党召开临时全国代表会议,通过《确定文化政策案》,提出要加强全国民众之精神国防,以中国传统的伦理道德或民族主义思想,作为国民精神教育的总纲。国民政府实施的国民精神总动员,对振奋全国军民同胞的精神,激发军民的抗敌斗志,团结一致打击日本侵略者,争取抗战的最后胜利起了重要的促进作用,在当时社会人文教化上产生了积极的正面的影响。

抗战时期,在社会人文教化领域,现代新儒家已发展到较为成熟阶段。1941年,贺麟在《儒家思想的新开展》一文中,提出"新儒家"的概念。他认为,民族复兴不仅是争抗战的胜利,不仅是争中华民族在国际政治中的自由、独立、平等,民族复兴本质上应该是民族文化的复兴。民族文化的复兴,其主要的潮流、根本的成分就是儒家思想的复兴、儒家文化的复兴。假如儒家思想没有新的前途、新的发展,则中华民族与民族文化也就会没有新的前途、新的发展。他说,中国近百年来的危机,根本上是一个文化的危机。他将儒家思想文化的命运与中华民族的前途命运紧紧地联系在一起思考,这在传统社会人文教化中具有一定的时代性和突破性。

贺麟进一步指出,中国传统儒家文化在中国文化生活中失掉了自重权,丧失了新生命,这才是中华民族最大的危机。纵观中国历史,汉唐等出现政治清明、社会安定的太平盛世的时期,无不以儒家文化作为社会人文教化的主流导向,无不以儒家传统文化的精华来净化社会人心,使民风纯朴、人心纯正。如果中华民族不能以儒家思想或民族传统精神去儒化或华化西洋文化,则中国将失掉民族文化上的自主权,而陷于文化上的殖民地。所以,他强调寻求儒家思想文化的新发展,关键在于融会吸收西洋文化的精华与长处。在社会人文教化中,他提出发展儒家思想文化的新途径,一是以西洋哲学思想发挥儒家之理学,寻求进一步发展人的智慧;二是吸收基督教之精华以充实儒家之礼教,进一步磨炼人的意志,规范人的行为;三是领略西洋之艺术以发扬儒家之诗教,进一步陶养人的性灵,美化人的生活。在中国传统儒家思想文化吸收西洋文化精华的过程中,既不必求儒化的科学,也无须科学化儒家思想。总之,他认为,新儒家思想之开展,将循艺术化、宗教化、哲学化之途径迈进，就是"吸收、转化、利用、陶熔"西洋文化以形成新的儒家思想、新的民族文化。在民族文化上、在教化思想上收复失地，实现民族传统文化和教化思想上的独立和自立。

现代新儒家的代表人物有梁漱溟、张君劢、熊十力、冯友兰、贺麟、马一浮等，他们各自在构建自己学术理论体系的同时，还通过创立书院、兴办刊物等活动来扩大宣传民族文化的力度，增加影响力，在社会人文教化中形成了一股影响深远的文化思潮。一是现代新儒家将中国传统儒家文化的复兴与民族救亡运动紧密联系在一起，以中国传统文化人文教化中的忠臣豪杰的爱国英雄气概来激发国人的民族血气，对树立国人的民族自尊心和自信心、增强民族忧患救亡思想意识起到巨大推动作用。二是现代新儒家对中国传统儒家文化的复兴充满着信心，认为对外抗敌御辱就是中国传统文化被激活、被复兴的重要时期。三是现代新儒家坚信中国传统儒家文化对民族自尊自强的内在教化力量，认为西方文化对中国传统文化的冲击和严重破坏，严重地影响了中华民族的生存能力和地位。梁漱溟认为，外国列强对中国领土的侵略，只是破坏中华民族的独立和领土完整，无伤其根，而近代以至五四以来，在西方文化的冲击下，国人对中国传统文化的厌弃和反抗，则是自身内部的自觉地对民族文化的丢弃和破坏，这是中国社会可能走向崩溃的最可怕的内在文化动因。因此，现代新儒家认为，拯救中华民族的危亡，应当彻底挽救已被人心厌弃的中国固有的传统文化精神和人文教育思想，重建中华民族自强不息、勇于抵抗外侵的民族精神，才能真正拯救中华民族而不被外国所灭亡。现代新儒家在民族危亡时期，希望通过弘扬、挖掘、融合、创新中国传统文化，以增强中华民族的自信心，增强中华民族抗敌的力量，这在当时产生过重要的影响和作用。[①]

三、梁漱溟：理性为体，本能为用

梁漱溟的人文教育思想主要来自印度佛教的唯识学、博格森的生命哲学和中国传统儒家的陆王心学。在民国初年，梁漱溟面对社会政治生活中的丑

---

① 张昭军等主编：《中国近代文化史》，中华书局2012年版，第308—312页。

恶现象，毅然辞去《民国报》记者之职，回家潜心研究佛学，并遵从佛教戒条，发表了《究元决疑论》，批评古今中外的各家学说，唯独尊崇佛学的教化思想。在《究元决疑论》中，梁漱溟探求了世界的本源问题和人生问题。他在对本体论的探讨中，特别推崇唯识学说，认为唯识学是印度大乘佛教的基础。因此，唯识学成为梁漱溟人文教育思想的一个重要来源。博格森的生命哲学在辛亥革命后传入中国，是19世纪末20世纪初在西方兴起的一种非理性主义思潮的一个重要哲学流派。梁漱溟通过阅读《变得哲学》，了解博格森的生命哲学，在《究元决疑论》中，他运用博格森的生命哲学中的创造进化论对印度佛教进行阐释，指出佛教认为世间一切的人事关系皆是由各种因缘引起的。中国传统儒家文化中的陆王心学对梁漱溟的人文教化思想也产生了重要的影响，他是五四新文化运动以来倡导陆王心学最有力量的人（贺麟语）。在《东西文化及其哲学》中，梁漱溟对陆王心学给予很高的评价，指出孔子是中国文化的创造者，孟子是孔子精神的继承者，孔孟之后能继承其精神者为王阳明。梁漱溟接受陆王的心学，认为道德的源泉和根本在于天赋人性之善，道德和人格的修养主要在于人内在的道德修炼。所以，他批评程朱理学提倡"格物究理"的教化思想，却完全接受陆王心学提出的"切正反省，以致良知"的教化思想，既强调个人在道德修养上的自求工夫，又积极主张入世的知行合一的教化思想。①

在社会人文教化中，梁漱溟提出"理性为体，本能为用"的人文教育思想。梁漱溟文化哲学的理论基础是"三大文化路向说"。他认为，文化不过是寻一民族生活的样法，而人的生活本身就是人的内心永远也满足不了的意欲。他以人内心意欲的满足与否为依据，提出了人生要面对的三大问题。一是人对物质的需求问题；二是在社会关系中，人与人之间相处的问题；三是人都要面对自身肉体死亡的问题。因此，在社会人文教化中，他提出了三种不同的"生活样法"或"文化路向"。而要解决人生普遍存在的这三大问题，梁漱溟则从东西方文化的不同教化功能中寻找解决的途径。他在研究西方文化中发现西方文化中的科学技术文化具有征服自然、向外追求物质满足的功用。因此，西方文化可以解决人生的第一个问题，以满足人追求物质的意欲。中

---

① 王寿南主编：《中国历代思想家》（三），九州出版社2011年版，第116—124页。

国传统儒家文化中的中庸之道，在人文教化中主张安分守己，安贫乐道，清心寡欲，缺乏向外征服性和外侵性，有利于协调人与人之间的和谐关系，保持社会的和谐稳定。因此，可以用来解决人生的第二个问题，以实现人在物质意欲满足后，对个体精神意欲的追求。

梁漱溟在早期研究印度佛教中，认为印度文化中的佛教文化在既肯定人肉体死亡的同时，又肯定人的精神与灵魂的不灭，以此来解决人普遍存在的对自身肉体死亡的问题，以满足人长生不死的内在意欲，以及人们对死亡所产生的恐惧心理。印度佛教文化宣扬人的灵魂和精神的永恒，说明了人偶然来到世上，人的肉体在用了几十年或上百年后虽必然死亡，但人的灵魂却不灭，在肉体死亡后，人的灵魂进入了另一个世界，回归到广大茫茫的宇宙中，也就是传说中的西方极乐世界——天堂或地狱。这样，既解决了人们对自己灵与肉的关系问题内心所产生的困惑，同时又给人们指明了人的肉体死亡后，灵魂的归宿有两种选择，一是去天堂，二是去地狱。灵魂去天堂的人必须在肉体死亡之前为他人、为社会多做好事；反之，如果人在现实社会中对他人、对社会做坏事，人在肉体死亡后，就要下地狱。梁漱溟认为，印度佛教文化在社会人文教化中会对现实的人的心理产生威慑，让人产生敬畏的心理，在现实生活中不敢胡作非为，不敢纵情纵欲，不敢对他人和社会做有害的事。因此，他认为印度佛教的教化思想可以用来解决人生的第三个问题，让人在生前就对自己肉体死亡后灵魂的归宿在心理上有所准备，在现实社会生活中为他人和社会多作贡献。

所以，梁漱溟认为西方科学民主文化的路向是向前追求，创造了物质文明，成就民主与科学。中国传统儒家文化的路向是对自己的意欲和周围人际关系进行变换调和持中，解决人类感情和内在生活需要，成就了儒家伦理道德和非功利主义的人生态度。印度佛教文化的路向是人在现实社会物质意欲和精神意欲得到满足后，反身向后追求，解决的是人自身灵与肉、身与心、生与死的矛盾问题。

同时，梁漱溟认为东西方文化的根本精神又具有相融互补的一面，在人生的不同阶段具有不同的教化作用。印度的佛教文化提出的以人为善，以慈悲为怀，多为他人和社会造福的教化思想与中国儒家文化倡导的修身、齐家、治国、平天下的积极入世的人文教化思想是相通的。18世纪西方文艺复兴时期，在社会人文教化中开始关注人，提出人本主义，从"神本"走向"人本"，与中国传统文化从原始社会崇拜"神"到崇拜"人"的转变，其根本人文精神和教化思想也是相通的。因此，梁漱溟认为，东西方文化各有自己的优缺点，不能因为西方文化适合了人类对物质文明的需要，而否定东方文化的教化功能。中国文化和印度文化在当时被人们所否定，并不是文化本身的原因，只不过是不符合当时人们的需求而已。当人们在满足自身对外界物质意欲的追求后，在追求自身内在精神和外在精神的和谐及对自身灵与肉的关注时，就会将中国文化和印度文化看成是比西方文化更高层次的文化追求。

因为人们在生存问题解决以后，转而将去追求更高层次的自身的情感和精神层面的满足，而一旦人的物质意欲和精神意欲都得到满足后，就会思考关注人自身的身与心、灵与肉、生与死的问题，以解决人在面对这些问题时，心里所产生的恐惧与痛苦。所以，梁漱溟得出的结论是，不是西方文化优于东方中国文化和印度文化，而是东方中国文化和印度文化在层次上高于西方文化。随着人类生存问题的解决，西方创造物质文明的科技文化就失去了其现实的价值，而原来不合时宜的中国文化和印度文化，因为人类需求的提高，就会出现复兴的趋势。

在"三大文化路向说"的基础上，梁漱溟提出了"理性为本，本能为用"的教化主张，这是他的文化心理学。1924年，梁漱溟在武昌师大作"孔子人生哲学大要"的演讲中，批判了当时盛行的本能心理学说。他认为，人类生活的主宰是"人心"，本能虽然是生活的来源，但不主宰人类的生活。20世纪三十年代中期，他明确提出了"理性"的概念，将中国传统民族文化精神归纳为"人类的理性"。在《精神陶炼要旨》中，他认为人类所以为人类，在其具有理性。1949年，他在《中国文化要义》中对"理性"作了比较完整的界定，并用来分析中华民族的文化心理。1984年，他在《人心与人生》中，对自成一说的文化心理学作了比较系统的阐述，其中包括"理性、理智和本能"三个基本范畴，并构成了"人心"的内涵。

从生活方式上看，动物是依其本能而生活，人类是依其理智而生活，而植物定居一方而生长着，无所谓本能与理智。因此，人类是高级动物，可以凭借自己创造的身外工具来生活。而"理性"是与"理智"相比较而存在的。在梁漱溟的道德本体论中，他认为与人善的本能相对立的不是中国传统文化中强调的"人欲",而是与人的情感相对的"理智"。他认为,人心中的一切念头的产生都与人的理智计算有关,也就是与人心善于考虑利害得失有关,这就是人的理智。理智表现为人的知,理性表现为人的情。理性认知的对象是情理,理智认知的对象是物理。人心对物理的认知必然排除个人感情的好恶,作纯客观的判断;对情理的认知必须以无私的感情为中心,作无好恶自欺的判断。因此,理性是一种有情感成分的道德直觉,或伦理的情谊,具有非功利主义的特质,而理智则不然。

在梁漱溟的教化思想中,认为人的"直觉"是道德的本体,人的直觉就是人内心的"仁"和"良知",也就是人生命的本然状态,是没有经过理智判断的本然感觉和行为。他说:"人类所有的一切诸德,本无不出自此直觉,即无不出自孔子所谓'仁'",[①] 而"知觉"是人"不虑而知"、"不学而能"的天生的道德本能情感。因此,在社会人文教化中,他认为道德同食色一样都是人本能的反应,用不着刻意去遵守道德规范,只要凭自己本能去做就是对的。他认为人的道德实践只要听凭人的直觉,自能不失规矩,就是符合天理,如果在道德实践中自己要打量计算,就会进入"私心和私欲"之中。虽然后来他自己对这种说法有所修正,但五四新文化运动时期,他的这种道德人本主义具有自然人本论的特点,强调人的道德实践与人先天的本能相一致,若人刻意去实践便会使道德的性质发生改变。他之所以批判宋明理学,就是认为理学中融进了理智计算的因素。梁漱溟在人文教化中强调人的本能情感的至善,体现了"以情代性"的教化思想,将陆王心学的"心即理"改为"情即理",说明了在人的理智和道德的关系中,道德仍然居于主导的地位。梁漱溟将中国传统道德人本主义与西方现代哲学中的人本主义思潮有机地结合起来,形成了他早期的人本主义教化思想。[②]

总之,梁漱溟在社会人文教化中,开启了现代新儒学对五四时期提倡的科学主义展开批判的先河,强调了科学与哲学、宗教的界限,指出了科学所包含的理智方法的有限性,突出了直觉体悟等在社会人文教化中的重要作用。他主张以陆王心学来化解人的道德迷失和道德危机,并从心学的角度对孔子的人生哲学进行阐释,使宋明儒学得以重新复兴。他还主张将西方哲学与中

---

① 梁漱溟:《梁漱溟全集》(一),山东人民出版社1989年版。
② 李军、曹跃明著:《中国现代哲学新论》,齐鲁书社2007年版,第155—157页。

国传统儒家教化思想实现融合，他用博格森的生命哲学来重新阐释中国儒家哲学的变易教化思想，用博格森的直觉主义来重新阐释儒家哲学的认识教化思想，用博格森的唯意志主义来重新阐释宋明儒家提出的"存天理，灭人欲"的教化思想，从而创立了现代"新孔学"的思想体系，对后来熊十力的"新唯识学"、冯友兰的"新理学"、贺麟的"新心学"产生了很大的影响，在中国社会人文教化中具有重要的作用。①

四、熊十力：仁者本心，体用不二

在人文教化上，熊十力面对当时社会人文精神丧失、社会道德沦丧的现状，他重新思考人的本质和宇宙的本体，重新思考人生的意义和价值，重建儒学的本体论，重建人的道德，重塑中国文化的主体性。他认为中国传统儒家哲学的本体就是"仁者本心"，也就是人与天地万物的共同本体。因此，在哲学本体论上，他反对科学主义的哲学倾向，他认为科学是用理智去认识外在的客观世界，而哲学所要探讨研究的是宇宙的真理，是对人生终极意义的考究，因此，他认为哲学就是本体，"万化之源、万有之基，即此仁体，无可以知解向外求索也。"② 所以，他说的本体就是本心之仁，是生命本体，并不是自然本体。同时，这个本体又是人内在的道德主体，是人实现道德自我完善的本体。他认为通过人内在的"仁心"可以"明德"，实现天人合一，实现个人的内在仁心良知与外在的道德实践的一致，实现工夫与本体的一致，外王与内圣的一致。因此，他强调传统儒家所说的人的道德本性就是人的本心，这是人内在道德的源泉。同时，这个本心不但是人生命的本质存在，而且是宇宙万物存在的依据。可见，熊十力对本体论的阐述源自于王阳明的心学。

在人文教化上，熊十力提出"体用不二"的人文教育思想。他认为宇宙间真实存在的只有一个本体，那就是宇宙心及万物各具之心。他肯定了本体的唯一性及本体与功用的一致性。他认为体用之间、理气之间没有先后之分，本体与现象之间没有间隔，这不同于西方哲学将本体与现象割裂开来，又不同于印度佛教哲学将入世与出世对立起来。所以，他认为，在宇宙论中，表

---

① 王寿南主编：《中国历代思想家》（三），九州出版社 2011 年版，第 184—188 页。
② 熊十力：《新唯识论》，重庆商务印书馆 1944 年版。

现为体用不二；在人生论中，表现为天人合一；在功用上，表现为道器合一。熊十力认为中国哲学体用合一的传统，既无宗教之迷，又可以避免沉沦于功利主义，可成为中国文化发展的主流，可建构起新的哲学体系和民族文化。① 熊十力的哲学本体论充满着人性，是理论、实践和情感的高度统一，认为人生价值的根源在于人的本心，只要人能消除内心的私欲，就能发现生命的本性或宇宙心。

所以，他的宇宙论、本体论都归根于他的心性论。因此，他又提出了"翕辟成变"的教化思想。他认为"翕"具有摄聚成物的能力；"辟"就是心，是与"翕"同时而起并能主宰"翕"的功者，二者相反相成而流行不息。他的"翕辟成变"论强调不能离开人本身去探求宇宙的变化，而应以生命本体作为万化之源、万有之基去寻求能变者。因此，他主张应当以自觉的人本精神，即以"人道"来统摄"天道"，维护人道尊严，珍惜人本身的价值，倡导积极进取的人生态度和"天行健，君子以自强不息"的积极入世的精神。熊十力的心本论在社会道德教化中具有一定的实践意义，他将正心诚意与格物致知结合起来，改造只重德行修养的理学传统。② 熊十力的哲学本体论教化思想主要是为了解决人的本质、人与自然的关系问题，而不是为了讨论世界本原的问题。

熊十力在发现"本心仁体"的教化中，主张"体证本体，性修不二"。他认为科学不能解决宇宙人生的根本问题，在社会人文教化中，若要发现本心，体认仁体，就要使人拥有"反己之学"，善于发现自己的主体性和道德人格。他说："若夫高级心灵，如所谓仁心，则惟有反己体认而自知之耳，诚非实测术所可及也。"③ 说明了人的道德意识、追求人格的完满不可用科学的方法和手段来分析或实验，而只能用哲学的"反求自识、反己体认"来分析解决，使人尽力做到能"体证本体，性修不二"。他认为，在自然科学领域，必须以理性为主要手段向外去探寻客观世界；而在玄学上，必须以反省自求来自觉自悟。因此，他认为科学是"为学日益"的"量智"，玄学是"为道日损"的

---

① 李军、曹跃明著：《中国现代哲学新论》，齐鲁书社 2007 年版，第 224—225 页。
② 李军、曹跃明著：《中国现代哲学新论》，齐鲁书社 2007 年版，第 232 页。
③ 熊十力：《明心篇》，上海龙门书局 1959 年版，第 96 页。又见，《熊十力全集》，第七卷，第 220—221 页。

"性智"。"性智"是对人内在本心的觉悟,"量智"是对外在事物的思量和推度。所以,"性智"就是本心,而"量智"是"性智"的发用而已,不能推求人内在的仁心本体。熊十力在《新唯识论》中说,人的生命与宇宙大生命原来不二,人只有凭借自己性智的自明自识才能实证本体,才自信真理不待外求,才自觉生活有无穷无尽的宝藏。若是不求诸自家本有的自明自识的性智,而只任量智把本体当作外在原事物去猜度,或则凭主观臆想建立某种本体,或则任妄见否认了本体,这都是自绝于真理。① 说明了量智不可能实证本体,本体要反求自得。本体就是人内在所固有的性智。只有人内在的本心得到净化时,人的性智才会显发出现。这时,人自然内外浑融,达到体认本心,实现天人合一,人之仁心与天地之心相合。因此,本心仁体就是人内在的自我认识。当然,熊十力也并不否定理性思辨在教化中的作用,玄学并不排斥量智,但必须达到精神内敛、默然返照,人道浑然与天道合一的大彻大悟的境界,顿悟本心仁体,从功利境界上升到道德的境界。

为了达到超越苦乐、超越善恶的崇高精神境界,熊十力在《原儒》中提出"思修交尽"的主张。他认为,思而无修,只是虚见;修而无思,终无真解。只有做到思维与修养交致其力,才能实现"民胞物与,天人合德"的境界。他说:"天人合德,性修不二故,学之所以成也。《易》曰:'继之者善,成之者性'。全性起修名继,全修在性名成。本来性净为天,后起净习为人。故曰:人不天不因,天不人不成。故吾人必以精进力,创起净习,以随顺乎固有之性,而引令显发。"② 说明了性修统一的教化思想,也就是本体与工夫、天道与人道的统一。人只有不断进行学习修养,才能使人内在的、与生俱来的道德善性充分得到开发。因此,他认为不但要努力保养人内在的"良知"、"良能",而且还要努力主动地去自创人的"明智",才能不断创新人的道德生命,以创起人的净习,克服人的恶习。否则,人心为人情、人欲及外物所遮蔽,人就会丧失作为人的本性,而返归同于鸟兽。因此,他说:"性有全显之可能,然仅曰可能而已。人因常有心为皋形役之患,而易为鸟兽之归。"③ 说

---

① 熊十力:《新唯识论》,卷上,第7页。或《熊十力全集》,第三卷,第22—23页。
② 熊十力:《新唯识论》,卷下之二,第20—21页。或《熊十力全集》第三卷,第464—465页。
③ 熊十力:《读经示要》卷三,上海正中书局1949年版。

明了人心如果被人情、人欲所役使，就容易失去本心，所以，人要有"反本"和"复性"的功夫，就是寻找人的本心或本体。熊十力认为，道家之道心、佛家之佛心、儒家之良心其实都是人之本心，也就是人的性智。这说明了熊十力的本心论是以中国传统儒家哲学的教化思想为基础，以宋明理学的心性论学说为依据，宣扬人的内在的道德本质，这就是宇宙的本体，所以，要发现人的内在的德性，就必须反身内求，不能向心外探求。熊十力的心性论是对陆王心学教化思想的继承。

熊十力认为，人的本心从道德原则上看，儒家的创始人孔子已经提出"仁者爱人"的道德本性说，其中的"仁者"就是指人的本心。孟子提出的人有恻隐之心、羞恶之心、辞让之心、是非之心的根源还是人内在的仁心本体。同时，他从《周易》中说的"《易》以乾元为万物之本体"作依据，说明元就是人的本心。所以，在社会人文教化中，他认为本心是万化之源，是人的内在道德和价值的源泉，是与人生理情欲需求相对立的内在道德本体。因此，从道德本性的原则上看，人的本心既是清净明觉的，又是刚健自强的。人的本心一旦被发现，就会引导着人从情欲的无尽深渊中向人心的真善美转变，体现了熊十力先生的人性本体论凸显了能动、创新和变易的人文教化精神。

同时，他以道德本性立论，肯定人是理性存在的。他认为，人的理性的主要作用，并不是对客观世界的认识，更重要的是对人内在道德主体的发现，因此，他主张应当从道德的角度和人本的立场来认识和评价人类社会的进化和发展过程，表现了道德理性主义的原则。从本体的生命性原则上看，熊十力认为，宇宙万物是由其内部"翕"、"辟"两种力量相互作用，从而"翕辟成变"而化生出万物。他将本体的生命性看作是主动和能动的。他说："道家偏向虚静中去领会道，此与大易从刚健与变动的功用上指点，令人于此悟实体者，便极端相反。"[1] 熊十力在社会人文教化中，不但对道家的人文教化思想进行批判，而且对宋明理学的教化思想也同样进行批评。

他认为，宋明理学虽然在义理研究上取得成效，但因受佛家教化思想的影响，使中国传统儒学失去了先秦儒学的活泼之妙和刚健之德。特别是王阳明的心学注重"尊德性"，强调向内用功，而忽视了"道问学"之向外用力。

---

[1] 熊十力：《体用论》，上海龙门联合书局 1958 年版。

他批评王阳明的心性本体学说只"以为现具足之体,无事于推广也"。他认为,本心的扩充要靠人自身不断去努力。只有这样,人的本心仁体才能不断发扬光大。在理欲关系上,他虽然承认人的本心与人的情欲是相对立的两方面,但同时,他又肯定了人的情欲存在的合理性,与人的道德本体并不是绝对对立的。他批判了宋明理学家将二者绝对对立的教化主张,反对宋儒提出的"存天理,灭人欲"的观点。他说:"夫欲曰人欲,则亦是人之欲也。人之欲,其可尽去乎?使人之欲可尽去,除非人不生也。人既有生,便不能无欲,如何尽去得?大抵人欲所应起者,只是不理顺之欲。吾人见得天理透,使天理常作得吾身之主,则欲皆从理,而饮食男女莫非天理中事矣。"① 说明了合理之欲是人之正常之欲,不可全部去之,所去之欲是不合常理之情欲,应当去之。表明了宋明理学在理欲关系上走向极端,从而使先秦儒学的刚健进取、生机活泼的生命气象不复存在。②

同时,熊十力认为情理为本心,情欲为习心。他说:"习心者,原于形气之灵。由本心之发用,不能不凭官能以显,而官能即得假借之,以成官能之灵明,故云形气之灵。"③ 他认为习心是物化之心,主要在于追名逐利,习心的形成与人的感性情欲有关。因此,在道德上,本心是道德理性,习心是情感和欲望。本心不为物欲所御,而习心会为物欲和功利所驭。因此,在对待理与欲、本心与习心上,只能通过人内在的道德理性(本心)去驾驭习心,使人的情欲调控在一个合乎道德情理的范围之内,实现本心与习心、情理与情欲的和谐统一。此外,熊十力又将本心与习心演化为性智与量智,这其实与中国传统儒家提出的天地之性与气质之性、道德理性与情感欲望是一脉相承的不同表达而已。

五、冯友兰:知觉灵明,尽心尽性

在社会人文教化中,冯友兰提出了人心具有"知觉灵明"的教化主张。他认为,人之所以能有觉解,就是因为人是有心的。并且,人的心不同于禽

---

① 熊十力:《十力语要》,辽宁教育出版社1997年版。
② 李军、曹跃明著:《中国现代哲学新论》,齐鲁书社2007版,第232—238页。
③ 熊十力:《熊十力论著集之一〈新唯识论〉》,中华书局1985年版。

兽的心，人的心具有"知觉灵明"的功能，宇宙间正因为有了人，有了人的心，所以，茫茫宇宙就像在黑暗中有了灯一样。① 因此，人的"知觉灵明"之心是自觉的，而动物之心只是本然或本能之心。所以说，人心是有觉解的，而动物之心是无觉解的。他认为，"解"是了解，"觉"是自觉。人做某事，了解某事是怎样一回事，此是了解，此是解；他做某事时，自觉去做某事，这就是觉。所以，人是有较高程度觉解的动物，人生是有较高程度觉解的生活。这就是人区别于禽兽，人生区别于动物的生活者。②

因为人心有觉解，所以，人心具有"知觉灵明"的特性，而动物的活动只是一种本能的反映，因此，动物之心没有觉解。人因为有觉解，所以才会去思考和追求人生的意义，而动物只是本能地适应环境而生存着，动物没有"知觉灵明"之心，所以不会去思考活着的意义。这是人与动物最本质的区别。并且，对于人与动物之间这种质的区别，"只能从哲学上给予认识，并不是对之在实验室里加以清楚的区别。就是说，对于人心和动物之心的认识，有哲学之认识和科学的认识之别。科学意义上的认识，具有生物学的意义，而哲学上的认识才有伦理学上的意义"。③ 说明了人心与动物之心在觉解灵明上的区别，是从哲学伦理的角度来阐述的，而不是从科学生物学的角度来研究论证的。

同时，他认为宇宙中有了人，就有了人的文化。人生的意义在于以文化完成天地所未竟之功也，这就是人在社会教化中所要发挥的作用。朱子说，"人者天地之心，教化皆是人做。此所谓人者，天地之心也。"（《朱子语类》，卷八十七）。可见，人只要对自己的人生越觉解，知觉越灵明，那么，人生对于他就越有意义。所以，冯友兰说："觉解是明，不觉解是无明，觉解是无明的破除。无明破除，不过是无明破除而已。并非于此外，另有所获得，另有所建立。"④ 所以，《礼运》中说："人者，天地之心。"说明了宇宙中只有人的存在，才有觉解，没有人就没有觉解，没有觉解，宇宙只是处于浑沌状态。因此说，宇宙中无人就像黑夜中无灯一样。

---

① 葛剑雄主编：《冯友兰讲哲学》，凤凰出版社 2011 年版，第 32 页。
② 葛剑雄主编：《冯友兰讲哲学》，凤凰出版社 2011 年版，第 27 页。
③ 刘长城著：《解读冯友兰—中国哲学的发展》，北京大学出版社 2008 年版，第 177 页。
④ 葛剑雄主编：《冯友兰讲哲学》，凤凰出版社 2011 年版，第 32 页。

在社会人文教化中，冯友兰认为，宇宙中的心为宇宙的心，但宇宙的心是比较空泛无内容的，而人心是充实饱满的，能给宇宙以秩序，并且这种人的心是"共同的心"，而不是"个别的心"。宋明儒学、陆王心学认为"理在心中"，说明了心中有同理，才能说理在心中。康德也说："为心所知的世界，经过心的知而始有秩序，秩序是知识的范畴所给予的。"可见，冯友兰认为，康德的说法，在人所知的事物中，有些事物，人以为是必然的，有些事物，人以为是偶然的。因为在人的心中，本有必然与偶然的范畴。人的心是有思想、有知识、有情感的；宇宙的心是无思虑、无知识、无情感的，其内容是比较空洞的。冯友兰认为，陆王心学不仅认为"理在心中"，而且认为"天地万物皆在心中"，就像王阳明说的"天下无心外之物"。王阳明又认为"人是天地的心"，而人心中只有一个灵明，这个"灵明"就是人的心。而充塞天地之间的也只有这个灵明，有了这个"灵明"才有了天地万物，没有了这个"灵明"也就没有了天地万物。哲学家贝克莱认为"存在即感觉"之说，与陆王心学如出一辙。所以，冯友兰总结说："人的心的存在，靠人的脑子的活动；但我们不能说，人的心'不过是'人的脑子的活动。我们可以说一幅画的存在，靠颜色与纸，但我们不能说，一幅画'不过是'颜色与纸。"[①] 说明了人心的存在是以人的脑子的活动为基础。在宇宙万物之中，因为有人、有心，天地万物便觉解明白起来，所以可以说，人与天地参。

冯友兰认为，人的心不但有觉解，而且有情欲。孟子说的"无君无父，是禽兽也"，主要侧重于人的道德行为方面。人的道德是和人的觉解和情欲密切相关的，而禽兽就无所谓"道德"二字了，它的一切活动是内在本能的反应罢了。人的道德水平的高低与人的觉解和知觉灵明程度的高低有关。因此，可以说，人的道德行为也就是人的觉解的行为。冯友兰认为，觉解是构成道德的一个重要成分。程门主张"涵养须用敬，进学在致知"的修养方法，也是重在心灵的觉解，让人先学知识，穷得物理，然后在行道德实践时，对自身的道德行为有比较明了的了解，这比对自己的道德行为不甚了解的行为更有意义。可见，人因为有知觉灵明，有较高的觉解，所以不同于其他动物。知觉灵明是人心的重要因素，在道德行为中，人将其知觉灵明充分发展，就

[①] 葛剑雄主编：《冯友兰讲哲学》，凤凰出版社2011年版，第36页。

是"尽心"。若在道德实践中，心为形役，就与禽兽无异了。

同时，冯友兰认为，人不但有心而且有性，万物有性但不一定有心。因此，性是万物之性，万物各具特性。人之性就是人之所以为人之性，而区别于禽兽之性。因为人有心又有性，能觉解，所以，人不但能知他物之性，且由于人有知觉灵明，所以又能自知其性，自知人之所以为人的意义，这就是常说的"人贵有自知之明"。人的灵明之心得到充分发展时，人就实现了"尽心"，尽心则知性。孟子说的"尽其心者，知其性也。知其性则知天矣"，就是这个道理。人只有具备了较高的知觉灵明，才可以知人的性，人能知性也就是自知，这就是人的尽心尽性。

冯友兰说，尽心尽性，可以使人得到一种境界，人可以在这种境界之中得到一种快乐，这就是学圣贤之学，乐圣贤之乐。但他又说，求尽心尽性者不能以求快乐为目的，否则就不能尽性，因为人若以求快乐为目的而求尽性，这只能是尽动物之性，而不是尽人之性。因为他认为，只要是求"自我"的快乐，无论他所追求的是何种高尚的快乐，其境界只能是功利境界，处在功利境界中的人，就不可能做到尽心尽性的程度。圣人的道德境界是不以求"自我"的快乐为目的，但在不求自我的快乐之中，自有一种快乐在其中，这就是道德境界中的圣人之乐是不求而自至的，人在此种境界中则自有此种快乐。同时，他又认为，若人专以求此种快乐为目的，则永远不能到达此种境界。所以，冯友兰认为，人都有知觉灵明，不同之处在于不同的人，对自身知觉灵明觉解发展的程度不一样。人若能充分发展其知觉灵明，使其完全符合人之所以为人之理所规定的标准，人就是做到了尽心尽性。

人的知觉灵明愈发展，人所知的事愈多，人就愈不能安于事实上的不完全。也就是说，人就会不断地追求尽量完善的人生。他认为，"杀身成仁，舍生取义"所追求的就是这个理。冯友兰在《心性》中进一步引用朱子的话来说明这个理。朱子说："只理会此身，其他都是闲物事。缘我这身，是天造地设的，担负许多道理。若尽得这道理，方成个人，方可以柱天踏地，方不负此生。若不尽得此理，只是空生空死，空具形骸，空吃了多年人饭。见得道理透，许多闲物事，都没要紧。"在社会人文教化中，他认为，人就是要"尽得这道理，成就一个是而已"。因此，人的情欲及自私之念只要依照这个天理，人的欲望也可说是尽性了。冯友兰说："人不但是人，而且是生物，是动物。他有人之性，亦有生物之性，动物之性。在《新理学》中，我们说，生物之性、动物之性，亦是人所有的，但不是人之性，而是人所有之性。感情欲望等，大概都是从人的所有之性发出的。从人的所有之性发出者，道学家谓之人心。从人的人之性发出者，道学家谓之道心。"① 说明了人性中有善性和恶性，善性为人性，恶性为兽性，善性是道学家说的道心，也就是公心；恶性就是兽心，是动物本能的私心。

朱子说："人心便是饥而思食，寒而思衣的心。饥而思食后，思量当食与不当食；寒而思衣后，思量当着与不当着：这便是道心。圣人时，那人心也不能无。但圣人是常合着那道心，不教人心胜了道心。"（《朱子语类》，卷七十八）说明了人饥而思食，人寒而思衣，这是人心中的本能之心，也就是兽心；进一层次，人虽饥但又思量当食与不当食，人虽寒但又思量当衣与不当衣，这是人之道心。这个道心就是符合做人的义理的标准和要求，人有义理之判断，而动物则没有。若人在思量后，明知不能食、不能衣，但因为自身饥寒，而仍然食与衣，那么就说明其人兽心胜过道心，人已不是人，人已返原为禽兽。所以道家说"人心惟危，道心惟微"，说明了有些人明知有些事不可为却为之，这就是"人心惟危"，说明人心处在危险的境地；有些人虽有道心却不实践道心，这就是"道心惟微"，说明道德处在衰微的境地。因此，在社会人文教化中，冯友兰提出要充分发展人的"知觉灵明"的特性，使人的内心觉解，明事理，明白人生的意义在于何处。反之，若人不能充分发展人的"知觉灵明"之心，人的内心于事于物不能觉解明了，不能真正明白人生的意义，那么，人心就复归于动物本能的兽心，人与禽兽就没有什么不同了。总之，人生的过程是一个不断觉解的过程，在觉解的过程中，不断明白人生的真正意义，所以，人生觉解得越深越多，人生对他来说就越有意义。

在社会人文教化中，冯友兰提出了"境界发展论"的人文教育思想。冯友兰依据人对宇宙人生觉解的程度，将人的境界分为"自然境界、功利境界、道德境界和天地境界"四种，这四种境界由低向高发展，反映人对宇宙人生意义觉解的程度越高越深，人的境界也越高。冯友兰认为，处于自然境界中的人，其人没有觉解，不知有我，其行为活动是一种本能的率性行为，是顺

---

① 葛剑雄主编：《冯友兰讲哲学》，凤凰出版社2011年版，第45页。

才或顺习而已，也就是"行乎其所不得不行，止乎其所不得不止"的状态。他对自己所做的事的意义没有很明白的了解，也就是没有很深的觉解，所以，他的境界只是处在一个浑沌的状态，只是凭自己的本能如"日出而作，日入而息"的生存状态。但他并非对自己所做的事一点觉解都没有，因此，这又不同于动物的本能，对人来说只是率性而已。同时，冯友兰认为，这种境界的人不限于原始社会中的人，就是在现代化、工业化的当今社会，也有很多这种境界的人。他们所做的事也是"行乎其所不得不行，止乎其所不得不止"，他们做事做人不知其所以然，他们做事做人内心觉解很少，不著不察，不知不识，即使行道德之事，也只是一种习惯或本能的冲动，其间不知有我。

处在功利境界的人，其间有我，他的一切行为的终极目标都是为我，他做人做事有自我功利的清楚觉解，也就是为他自己的利益而争权夺利，即使有时行道德之事，其目的仍是将行道德之事作为自己追求名利权的工具而已，而不是为行道德而行道德。而处在自然境界中的人，虽然其出发点也是本能地为自己，但他们对自己的名利权没有清楚的觉解，只是出于本能的冲动，没有心灵的谋划。而处在功利境界中的人，其内心对自己的行为有很清楚的觉解，也就是内心有很清楚的谋划，其最后的目的就是为自己谋划名利权。

处在道德境界中的人，对人心人性已有较深较高的觉解，其做人做事是"行义"，其间"无我"，其行为是为道德而行道德，即使有时其行为表面看是做争权夺利的事，但其终极目标、根本目的还是为他人、为社会而争夺，并不是为他们自己的名利权而争夺，这种人的境界仍是处在道德境界之中。所以，冯友兰认为，在功利境界中，人的行为以"占有"为目的，是为了"取"；在道德境界中，人的行为是以"贡献"为目的，是为了"与"。因此，若人处在功利境界中，即使有时也会"与"，其目的还是为了"取"；若人处在道德境界中，即使有时也会"取"，其目的还是为了"与"。

处在天地境界中的人，其对宇宙人生的觉解最多最深，其行为是"事天"。这种人能尽心尽性，因为他已知天，他已认识到人不但是社会的一部分，而且是宇宙的一部分。人不但应当对社会要有所贡献，而且对宇宙也应当有所贡献。这种境界是一种大道大德、大仁大义的境界。如果说道德境界是一种贤人的境界，那么，天地境界就是一种圣人的境界。笔者认为，圣人的境界就是完人的境界，而人世间人无完人，所以，这种天地境界的圣人其实在现实社会中是不存在的。若真的有就是"神人、仙人"了,这种人才能真正实现"天人感应,天人合一"的人生境界。因此,这种人生境界又是一种"浑沌"的境界,但又不同于自然境界中的"浑沌"。所以,冯友兰认为,人的境界的高低主要决定于人对宇宙人生的意义的觉解程度的高低,与人的经历或贫富、贵贱关系不大。如果人的觉解能超过实际的世界,他所能享受的也就不限于实际的世界。

总而言之,冯友兰认为人的境界是不断发展的。自然境界中的人虽不知"有我",但却是"真我";功利境界中的人虽明知"有我",但未必是"真我";道德境界中的人虽"无我",但却是觉解的"真我";天地境界中的人是最高觉解的"真我"。自然境界中的"真我"是一种不知性、不觉解的"真我",而道德境界中的"真我"是一种知性觉解的"真我"。天地境界中的"真我"是一种知天的"真我"。可见,人的境界的发展就是"我"的发展,人从不知"我"到明知"我",再到"忘我"(即真我)的发展过程,最终实现"我与天地参"的圣人境界。这种境界就是老子说的"夫惟无我耶,故能成其我"的人生境界。

此外,冯友兰认为,就一个人来说,人在婴儿时是自然境界,及至成人时是功利境界。这两种境界,人无须努力就可以自然得到。而道德境界和天地境界,必须经过人的努力涵养修炼才可能得到,否则,人就一生处在功利境界中。同时,他又认为,不同境界的人可以做相同的事,但相同的事对他们的意义却是大不相同的。古人说:"三代以上,惟恐好名。三代以下,惟恐不好名。"意为道德境界的人如果好名的话,那么,其境界就可能会落入功利境界。而功利境界的人,如果不好名的话,就有可能做不利于他人和社会的事。如果好名的话,为了其名声,可能做对他人和社会有利的事。可见,做同一件事对功利境界的人和道德境界的人来说,其人生的意义是不一样的。据说,古代某朝某代有父子俩同朝为官,并且都能在其位谋其政,在老百姓中口碑都很好。后来,有人问其子,你和你父亲都名声在外,你觉得父子俩之间还有什么不同的地方。其子说,我为民做好事后怕别人不知道,而我父亲为民做好事后怕别人知道,这就是我们之间最大的区别。可见,其子好名,尚处在功利境界中,其父不好名,已处在道德境界中。

在本体论中,冯友兰提出"气为依据,理为依照"的人文教化思想。朱子提出:"天地之间,有理有气。理也者,形而上之道,生物之本也。气也者,形而下之气,生物之具也。"冯友兰对朱子的道器之教化主张进行改造创新。他认为,理不但是无能,而且是说不上是无能,因为只有理并不能说明事物的实际存在。他认为事物的产生有两个必要的条件,一个是事物产生的依据,这就是"气";一个是事物产生的依照,这就是"理"。同时,他又认为事物产生所依据的这个"气",就是"料",又称"无极"。事物的产生要有气有理才会实现。他将料分为相对的料和绝对的料。相对的料是指具体性的料,是事物的特性,是称为"料";而绝对的料是普遍性的料,是事物的共性,这就是事物的"气",是真元之气,万物皆由"气"产生,"气"就是万物的共性。

冯友兰对气的理解和阐释不同于程朱理学对气的理解。冯友兰认为,朱子关于气的概念和理解是一种事物,而新理学关于气的理解是一种逻辑观念。既不是理,也不是实际的事物。实际事物是依据气和依照理而形成的。因此,他认为,张载(横渠)所说的气完全是一种实际的物,是属于科学的观念。后来程朱所说的气也不是一种完全的逻辑观念,他们说的气有清气和浊气之分,这就不是"气",而是气依照清之理或浊之理者而已。他认为,伊川说的真元之气可借用为新理学的绝对的料之名。因为伊川说的气有聚散之能,气聚则物生,气散则物亡,这种真元之气是一种实际的物。

冯友兰认为,老子说的"道常无名"、"道隐无名",庄子说的"太初有无,无有无名。一人所有,有一而未形"等,都说明了道家认为具体的事物是有名的,而道并不是具体的事物,所以是无名的。因此,若从道是无名之说来看,则道家所说之"道"颇似于新儒学所说的"真元之气",但又不能完全等同。因为道家所说之道可以直接生万物,而冯友兰所说之真元之气,若无可依之理,则不能生成实际的事物。所以,冯友兰认为,道家所说的道近乎是一种逻辑观念。因为道家所说的"有"、"无"等大都是一种逻辑观念。同时,他又认为,道家所说之道与新理学所说的真元之气相似,所以,他就借用道之无极为真元之气命名,但冯友兰所说的无极又不同于道家所说的无极,这个无极必须依理而生物,无理就无物。他说的太极与无极,只是两个相对的逻辑概念。太极是极端的清晰,也就是"理";无极是极端的混沌,也就是"真元之气"。说明了万物是无极(真元之气)向太极(理)的运动过程中产生的。这与道家说的道是无极是不一样的。冯友兰认为气是依照理而获得自身的规定性，而成为具体事物的过程。可见，他是运用西方现代哲学的逻辑分析方法，对程朱理学进行了改造创新，并将形而上学阐述为一个空洞的逻辑结构。所以，冯友兰的新理学是把"理学"的观念转变为"逻辑"的观念，从而改变了"理学"的性质，一方面使"理学"由"内在的哲学"变成"超越的哲学"，另一方面亦使理学中本为建立道德与价值本源的努力转变成逻辑的论述。①

在社会人文教化中，冯友兰提出"人力为才命所制"的人文教育思想。冯友兰认为，人的努力称之为"力"，是与人的"才命"相对而言的。人努力的效用是有界限的，主要是由人的才命所决定的。人的天授之资、天授之赋称之为"才"。所以，人在某方面通过努力所能达到的极致成就，就是其人的才的极致，也就是他的努力的极致。因为他的才只达到这个程度，所以他再努力，也只能达到这个界限。冯友兰举例说，一个诗人的才，如只能使其成为名家，则他无论如何努力做诗，无论做了若干首诗，他只是名家，不是大家。所以，某人在某方面能做出大的成就，取决于某人在某方面特别努力且在某方面又有天才。同时，他又认为，人有了天赋之才以后，还要靠后天以人力去充分发展人的天才，才能完成人的大成就。但人的力只能发展完成人的才，而不能增益人的才，因此，人的力为人的才所限制。人所能做出的成就，只能在他的才所极致的界限之内努力去发展、去完成，这就是"人尽其才"。而在他的才所极致的界限之外，他即使再努力也不会取得很大的进益，这就是"才尽"。

冯友兰认为，人的力不但受限于人的才，而且还常受限于人的命。人的命也是天赋的，但冯友兰所说的命，不是指生命之命，而是指人的一生中不期然而然的遭遇。因此，他说的是运命之命，也就是人的命运或运气。他认为，每个人都是生活在整个自然环境和社会环境之中，而自然环境和社会环境中的绝大部分并不是人的才和人的力所能创造和改变的。所以，人在自然环境和社会环境中就会不期而遇各种人生的遭遇，这就是人的命。因此，孟子说："莫之致而至者，命也。"荀子说："节遇之谓命。"他们说的都是指非

---

① 王寿南主编：《中国历史思想家》（三），九州出版社 2011 年版，第 344 页。

人力及人才所能创造或改变的。当然，冯友兰这里所说的人生的遭遇，有好的遭遇和坏的遭遇，而不是专指坏的遭遇。冯友兰认为，人的命是人之力所无可奈何的，如果人的力能改变其人生，这就不是命。他说，如果一个人纵情挥霍而使自己变成一贫如洗的穷光蛋，这不是他的命，而是他自作自受的结果；如果一个人因为天灾人祸而变得一贫如洗，这就是他的命，因为他自己无能为力。可见，人的生存环境，有些可以靠人本身的努力去改变，而人竭尽全力仍不能改变他生存的环境，这就不是人力所能改变的，这就是人的命。据说，汉朝时有个人叫冯唐，在他年轻时，汉文帝喜用老成的人，所以他得不到升官。到汉武帝时，他年老了，而汉武帝却喜用年少有为之士，所以他又得不到升官，这就是冯唐的命。但冯友兰这里说的命又不是世俗所说的按生辰八字或骨相所先定的命。若是先定的命，那么，即使文帝喜用少年或武帝喜用老年人，冯唐都没有升官的机会。冯友兰说的命只是人生当中不期然而至的遭遇而已。

在社会人文教化中，冯友兰认为，人所遭遇的环境，如果有利于人展其才、施其力，这就是顺境；反之，如果人所遭遇的环境不利于人展其才、施其力，这就是逆境。人所遭遇的是顺境还是逆境，这都不是事前先定的，不是世俗所说的先定之命。因此，事后只能说是幸运或不幸运而已。其幸运者谓之运好或命好，其不幸者谓之运不好或命不好。人的运是指人在一生中的某一时或某一段时间的遭遇，命是指人一生中全部时间的遭遇。因此，如果一个人一生中的一部分时间幸运多于不幸，说明这个人运好，反之，说明这个人运坏；如果这个人一生中的全部时间好运多于坏运，说明这个人命好；反之，就是命坏。判断某人运的好坏，在经过一段时间后可以马上作出判断，而判断某人命的好坏，只能是"盖棺定论"。所以，冯友兰认为，人通过奋斗所能改变的仅仅只是人生存的某些环境，而不能改变人的命，作为人的命，人只能顺从接受。当然，笔者认为，人的运和人的命是密切相关的，如果人一生的运好，那么，人的命就好；反之，人的命就坏。而人的好运一方面是机遇，另一方面是人的才与力结合奋斗的可能。所以说，人的运和命与人的才和力还是有很大的关系。同时，人的运和命与人的情和欲也有很大的关系。如果人的七情和六欲能修养保持在一个合理、合情和本分的限度内，那么，人的运和命就可能好，反之，人的运和命就不一定好。

同时，冯友兰又认为，通常所说的人的运好、命好是顺境，人的运坏、命坏是逆境，这只是从人的遭遇的情况所作的一般区别。虽然所有的人都受自己的才与命的限制，但不同境界的人对自己所遭遇的顺境或逆境却各自不同的理解。处在自然境界中的人，因为他对自己所做的事无明了的觉解，所以，他做事不知受其才与命的限制，他只是顺才或顺习而行，也就是"行乎其所不得不行，止乎其所不得不止"而已。这就说明了如果凭他的才所不能做的事，他起先虽无觉解，但后来他不做或不愿做，不是他有觉解后的"知难而退"，而只是一种本能的顺才顺习罢了。比如，大鹏一飞九万里，小鸟一飞数丈高，这都是本然受制于其才而已，并不是有觉解后，大鹏故意不飞数丈高，小鸟故意不飞九万里。

所以，自然境界中的人，他本来只是顺才而行，他本不知他的力受其才的限制，因此，顺境或逆境对他来说影响不大，他只是本然地顺才而行，行到才的极致而止。处在功利境界中的人，他明了觉解到他的力受其才的限制，并且，功利境界中的人，其行都是为了求名求利，求自己最大之名利。而人的才不可能满足人对名利的最大追求，所以，功利境界中的人常会感到身处逆境中，其精神上常会因其力受其才的限制而烦恼。处在道德境界中的人，其力虽然也受其才的限制，但因为他行事以尽人伦、尽人责为目的，不求个人名利之最大化，所以，有大才就做大事，有小才就做小事，不管是顺境还是逆境，都能实现尽人伦、尽人责的目标。因此，他们没有精神上的烦恼，也不会因为别人的才超过自己而烦恼，而功利境界中的人就会因为别人的才和成就超过自己而嫉妒烦恼。处在天地境界中的人，以知天知事赞化为目的，所以在精神上也不受才的限制。可见，道德境界和天地境界的人就如大鹏与小鸟一样，自由自在，各尽伦尽责，各知天知事赞化而已，无待无执罢了。此二者与自然境界的人相比，主要区别在于是否觉解明了而已。所以，道家教化人安于自然境界，免受因知其力受其才限制而产生的烦恼痛苦。但处在自然境界中的人，在精神上永远达不到像天地境界中的人一般逍遥自在。因为一种是觉解明了后的自在、自由和逍遥，一种是处在浑沌中的不自在的自由、自在和逍遥，这是两种不同的境界。

并且，冯友兰认为，顺境对于人固然是好的，但逆境对于人也不完全是不好的。孟子说："天将降大任于斯人也，必先苦其心志，劳其筋骨，饿其体肤，空乏其身，行拂乱其所为，所以动心忍性，增益其所不能。"这种逆境其实是对人的一种考验和磨炼。比如，周文王被囚拘而演《周易》，孔子在厄运中而作《春秋》，屈原被流放乃赋《离骚》，左丘明双目失明而作《国语》等，这些人都是在逆境中成就了自己的功业。因此，凡是在学问事业上有大成就的人，必定是曾经逆境的人。同时，人的有些道德价值的实现非在逆境中完成不可，因为有些道德价值本身就涵蕴着逆境。如"贫贱不能移"的道德价值只有在穷困潦倒的逆境中才能体现出来，就是"时穷节乃见，一一垂丹青"的写照。可见，逆境对人来说也是人生一笔宝贵的财富。

冯友兰虽然认为人力受才命的限制，但人在修养、学问、事功等方面所取得的成就，与人的才、力、命三者的关系又不尽相同。他认为，在学问上的成就，主要靠人的才气，次之为力，再次之为命；在事功上的成就，主要靠人的命，次之为才，再次之为力；在道德修养上的成就，主要靠人的力，次之为才，再次之为命。所以，曾国藩曾说："古来圣贤名儒之所以彪炳宇宙者，无非由于文学事功。然文学则资质居其七分，人力不过三分。事功则运气居七分，人力不过三分。惟是尽心养性，保全天之所以赋予我者，此则人力主持，可以自占七分。"因此，冯友兰在社会人文教化中劝导人们，凡是人力自占七分者，可以立志求之，而非人力可为者就无须去强求了。因为人不可能专靠努力就可以成为像李白、杜甫这样的大诗人；也不可能专靠努力就可以成为像汉高祖、唐太宗这样的英雄人物。但在社会人文教化中，我们可以教导人们立志成为拥有高尚道德境界的圣贤之人。

六、陶行知：爱满天下，教人求真

在社会人文教化中，陶行知提出"爱满天下，教育为公"的人文教育思想。他的人文教育思想来源于中国传统儒家文化。他自幼聪颖好学，在私塾受到良好的传统国学教育。孔子提出"仁者爱人"及孟子提出"仁者无不爱也"的人文教化思想，深深地影响着陶行知。他认为，孔孟说的"仁者爱人"就是要"爱民"，爱天下之民。因此，他提出"爱满天下"的泛爱教化思想。陶行知的这种"泛爱"人文教化思想是他毕生从事乡村教育、平民教育、难童教育的精神动力和源泉，体现了强烈的人民性。陶行知的人文教育思想以传统儒家以人为本的教化思想为根基，一生关心民瘼、尽瘁民事、为民立教、为民兴学，高举全民教育的伟大旗帜，真正做到"鞠躬尽瘁，死而后已"的人生境界。

孔子在"仁学"的基础上，丰富发展了民本思想。孟子继承孔子的民本教化思想，提出"民为贵，社稷次之，君为轻"的仁政思想。儒家在"仁学、仁政"教化思想的基础上，试图构建"天下为公"的理想社会。陶行知深受中国传统儒家人文教化思想的熏陶，他认为，要实现"天下为公"的美好理想，首先必须实现"知识公有"，实行全民教育，让知识像空气一样，人人都可以享有。所以，他提出"教育为公"的思想。他说："人民贫，非教育莫与富之；人民愚，非教育莫与智之。"① 因此，他提出"还教育于民"的主张，体现了传统儒家的民本教化思想。他说："中国自有现代化的教育以来，人民从来还没有受到过民主的教育。所以今后不但没有受过教育的人要来上民主第一课，就是受过教育的人也需要受教育，也应该来上民主第一课。但是要做到这一步，必先要教育是属于人民的，才办得到。因此，我主张政府应该还教育于民！"② 为了实现还教育于民的理想，陶行知提出要"征集一百万个同志，创设一百万所学校，改造一百万个乡村"的奋斗目标。他认为"民主的教育是教人做人，做自己的主人，做国家的主人，做世界的主人。"③ 所以，只有先实现教育为公，实行全民教育，才能实现天下为公的目标。而要实现教育为公的目标，首先要实现教育机会均等的目标。他说："对人说，无论男、女、老、少、贫、富、阶级、信仰，以地方说，无论远近、城乡，都应有同等机会享受教育之权利。"④ 陶行知的教育思想体现了孔子提出的"有教无类"的人文思想，所以，他创立的生活教育理论就奉行"亲民、亲物"的原则，主张"科学下嫁"、"学术下凡"的观点，要求学者应当和人民亲近，将知识、文化送还给人民。他说："与人民亲近是'做人'的第一步，与万物亲近是'格物'的大门口。专在书本上学'做人''格物'的道理，究嫌隔膜。所以我们要把汗牛充栋的书本移在两旁，做我们生活的助手，不可使他

---

① 《陶行知全集》第 1 卷，四川教育出版社 1991 年版，第 221 页。
② 《陶行知全集》第 4 卷，四川教育出版社 1991 年版，第 583 页。
③ 《陶行知全集》第 4 卷，四川教育出版社 1991 年版，第 590 页。
④ 《陶行知全集》第 4 卷，四川教育出版社 1991 年版，第 590 页。

们立在中央，把我们和人民、万物的关系离间掉。"① 为了实现真正还教育于民、教育为公的目标，陶行知认为，办教育应当为人民的需要而办教育，而不应当拿教育来管制人民的自由，禁锢人民的思想；教育应当"教民造富、教民均富、教民用富、教民知富、教民拿民权以遂民生而保民族"。因此，陶行知提倡教育者应当具有"捧着一颗心来，不带半根草去"的无私奉献精神，真心实意、诚心诚意为人民的利益着想而办教育。

在社会人文教化中，陶行知提出"千教万教，教人求真；千学万学，学做真人"的人文教育思想。中国传统儒家文化是教人做人的道德文化。孔子以"礼"作为人的道德规范，以"仁"作为人的最高道德准则，所以，"礼"与"仁"是孔子人文教化思想的核心内容。在个人修养上，孔子要求人们要"克己复礼"，以身垂范，实践"仁德"。孟子在社会人文教化中强调"修身"、"成人"的重要性。"修身"就是要"养浩然之气"，"成人"就是要成为具有"仁、义、礼、智、信"之内在品质之人。陶行知提出"教人求真，学做真人"的教化思想与传统儒家的教化思想是一脉相承，一气相通的。他认为，道德是做人的根本，也就是说，教育要以育人为先、德育为本，培养具有高尚品德的人。陶行知说："我们的孩子们都从老百姓中来，他们还是要回到老百姓中去，以他们所学的东西贡献给老百姓，为老百姓造福利；他们都是受着国家民族的教养，要以他们学得的东西贡献给整个国家民族，为整个国家民族谋幸福；他们是在世界中呼吸，要以他们学得的东西帮助改造世界，为整个人类谋利益。"② 因此，陶行知办教育所要培养的是"真人"，要造就人格完美的学生，要造就能为他人、为社会谋福祉的人。所以，陶行知特别注重对学生进行道德修养教育。可见，陶行知的道德教化思想与中国传统儒家文化的教育思想是一脉相承的。所以，他在社会教化中，提出"建筑人格长城"，也就是建造"人格防"的倡议，而"人格防"的基础就是人的道德。

《礼记·大学》说："大学之道，在明明德，在新民，在止于至善。"陶行知认为，这是从前的"大学之道"。新的大学之道就不同了。依照新的眼光来看，它变成了"大学之道，在明大德，在新大众，在止于大众之幸福"。③ 说

---

① 《陶行知全集》第 2 卷，四川教育出版社 1991 年版，第 443 页。
② 《陶行知全集》第 4 卷，四川教育出版社 1991 年版，第 456 页。
③ 《陶行知全集》第 3 卷，四川教育出版社 1991 年版，第 447 页。

明陶行知在社会人文教化中要培养有"大众之德",并愿意为大众做事的人才。这就是"教人求真,学做真人"的本质内涵。同时,在教化中,陶行知借用明清时期思想家、教育家颜元拒绝祖父用行贿的办法给他买个秀才的故事,称赞颜元"宁为真白丁,不为假秀才"的品德,激励学生应当像颜元那样,努力做个品德高尚的"真人"。

陶行知在创办育才学校时,对所要教化培养的人才提出了明确的要求。他说:"育才学校办的是智仁勇合一的教育。智仁勇三者是中国重要的精神遗产,过去它被认为'天下之达德';今天依然不失为个人完满发展的重要的指标。尤其是目前抗战建国时期,我们需要智仁勇兼修的个人,不智而仁是懦夫之仁;不智而勇是匹夫之勇;不仁而智是狡黠之智;不仁而勇是小器之勇;不勇而智是清谈之智;不勇而仁是口头之仁。"① 陶行知的人文教化思想始终贯穿在他的办学实践中,他用中国传统文化中的"智仁勇"三达德来培育教化学生,使每个学生都能以"智仁勇"来滋润浸化其智慧之心,以培养学生高尚的道德情操和完美的人格,成为能为社会为国家作贡献的有用之人。

在社会人文教化中,陶行知提出"以教人者教己"的教化思想。陶行知作为一位伟大的人民教育家,他一生严于律己,为人师表,克己为民,以身作则,以身垂范,努力践行"为一大事来,做一大事去"的人生理想,不愧为"万世师表"的称号。在师德教化上,他提出"以教人者教己"的思想。他认为,"教师的一举一动,一言一行,都要修养到不愧为人师的地步。"② 说明了教师的天职既是教人化人,又是自化化人。他说,教师的职务就是"千教万教,教人求真";学生的职务就是"千学万学,学做真人"。因此,教师在教学生的同时,也是在教自己。陶行知认为,教育事业是教师人格与学生人格相互影响、相互感化的过程,因此,教师在教育学生的过程中,首先要以身作则,给学生作出榜样。教师要求学生做的事,教师职员要躬亲共做;要学生学的知识,教职员要躬亲共学;要学生守的规矩,教职员要躬亲共守。这样,师生在教学相长中实现了师生的共同进步,实现了师生人格的共同提升,达到了"以教人者教己"的目标。

同时,陶行知还认为"真教育是心心相印的活动。唯独从心里发出来的,

---

① 《陶行知全集》第 4 卷,四川教育出版社 1991 年版,第 460 页。
② 《陶行知全集》第 2 卷,四川教育出版社 1991 年版,第 275 页。

才能打到心的深处。"① 说明了师生之间的教与学既是师生心灵上的一次沟通融合，又是师生人格上的一次磨砺提升，只有这样，才能真正实现"自化化人，自警警人，自觉觉人"的教学目标。同时，教师要实现"以教人者教己"的目的，还必须能真正做到"学而不厌，诲人不倦"，具有爱满天下之心的人生境界。在陶行知看来，教师必须天天学习，天天进行再教育，才能常教常新，有教学之乐而无教学之苦。学而不厌既是诲人不倦的前提和基础，又是教学有新意的来源，还是能获教学之乐、去教学之苦的好方法。② 说明了教师要做到深入浅出地教学生，就必须先让自己明白，然后才能有效地教学生。所以，陶行知说："在教师手里操着幼年人的命运，便操着民族和人类的命运。"③ 可见，"教育是教人化人。化人者也为人所化，教育总是互相感化的。互相感化，便是互相改造"。④ 所以，陶行知对教师提出了六点要求：一是要追求真理。教师必须不断地长进，才能教大众。二是要讲真理。教师只能说真话，说假话便是骗子，怎么能做教师呢？三是要驳假话。教师要有勇气站起来驳假话。四是要跟学生学。教师要虚心向学生请教，才能真正教育好学生，使你永远不落伍。五是要教你的学生做先生。教师不但要善于向学生学，教学生做你的先生，而且还要进一步教学生去教别人，把真理公开给大众。六是要和学生大众站在一条战线上。教师只有和学生站在同一条战线上，站在大众的真理战线上，才能真正成为一位合格的教师。这样，教师把自己的生命放在学生的生命里，同时教师和学生都能把生命放在大众的生命里，这才算是尽了教师的天职。

陶行知终生献身于教育事业，把教育事业作为一件人生大事来做，所以，他不但自己以身作则，以身垂范，而且对教师的师德、教师的职责提出了很高的要求。他以"爱满天下，教育为公"的博爱情怀；以"捧着一颗心来，不带半根草去"的无私奉献精神；以"教人求真，学做真人"的育人治学的教育理念，教育感化着一代代的教育工作者，他们扎根在广大农村和边远贫

---

① 《陶行知全集》第 2 卷，湖南教育出版社 1984 年版，第 134 页。
② 中国陶行知研究会课题组：《陶行知教育思想的现代价值》，华文出版社 2001 年版，第 363 页。
③ 《陶行知全集》第 2 卷，四川教育出版社 1991 年版，第 436 页。
④ 《陶行知全集》第 2 卷，四川教育出版社 1991 年版，第 435 页。

困山区，为教育事业默默耕耘，无私奉献，无怨无悔，涌现出了许多可歌可泣的典型先进人物，充分体现了陶行知的人文教育思想。

总之，民初在取消清末"忠君尊孔"之后，社会人文教育思想向多元方向发展，科学与民主的教化思想日益深入人心。随着袁世凯和康梁的尊孔复辟，使中国传统儒家人文教育思想遭到全面的否定，进而又从反孔进一步发展到全面的反传统，这在当时反帝反封建的新文化背景下，虽然具有一定的进步意义，但同时，中国儒家优秀传统文化中的人文精神也遭到全面的否定，使儒家人文教育思想出现了断层，对民国以后社会人文教育思想产生了许多消极的影响。抗战时期，现代新儒学出现，他们将儒家人文教育思想与中华民族的复兴紧密相连，指出中华民族的危机从根本上说是中国传统文化的危机。因此，他们极力寻找儒家文化的新发展，以儒家优秀传统文化中的人文教育思想来净化社会民风、民心，以激发和树立中华民族的自尊心和自信心，增强民族忧患意识，培育人们的爱国主义精神，这不但在当时具有重要意义，而且在今天构建社会主义核心价值观中仍然具有现实价值。

主要参考文献：

[1] 童恒萍.《墨学精神研究》[m]. 北京：人民出版社，2010.
[2] 江澜译.《墨子启示录》[m]. 北京：京华出版社，2009.
[3] 周桂钿.《秦汉哲学》[m]. 武汉：武汉出版社，2006.
[4] 李峻岫.《汉唐孟子学述论》[m]. 济南：齐鲁书社，2010.
[5] 池万兴.《史记与民族精神》[m]. 济南：齐鲁书社，2009.
[6] 张实龙.《董仲舒学说内在理路探析》[m]. 杭州：浙江大学出版社，2007.
[7] 张秋升.《天人纠葛与历史运演——西汉儒家历史观的现代诠释》[m]. 济南：齐鲁书社，2003.
[8] 刘国民.《董仲舒的经学诠释及天的哲学》[m]. 北京：中国社会科学出版社，2007.
[9] 马育良.《中国性情论史》[m]. 北京：人民出版社，2010.
[10] 唐雄山.《贾谊礼治思想研究》[m]. 广州：中山大学出版社，2005.
[11] 邓红.《王充新八论》[m]. 北京：中国社会科学出版社，2003.
[12] 张鸿、张分田.《大家精要王充》[m]. 昆明：云南教育出版社，2009.
[13] 安平秋、张大可、俞樟华主编.《史记教程》[m]. 北京：华文出版社，2002.
[14] 施丁、廉敏主编.《史记研究》（上、下册）[m]. 北京：中国大百科全书出版社，2009.
[15] 康中乾.《魏晋玄学》[m]. 北京：人民出版社，2008.
[16] 胡海.《王弼玄学的人文智慧》[m]. 北京：人民出版社，2007.
[17] 汤一介.《魏晋玄学论讲义》[m]. 厦门：鹭江出版社，2006.
[18] 余敦康.《何晏王弼玄学新探》[m]. 北京：方志出版社，2007.
[19] 汤用彤.《魏晋玄学论稿及其他》[m]. 北京：北京大学出版社，2010.
[20] 赵吉惠.《中国传统文化导论》[m]. 南京：江苏教育出版社，2007.
[21] 庄辉明、章义和.《颜氏家训译注》[m]. 上海：上海古籍出版社，2006.
[22] 张霭堂译注.《颜之推全集译注》[m]. 济南：齐鲁书社，2004.
[23] 梁超主编.《丝路文化新聚焦》[m]. 北京：社会科学文献出版社，2011.

[24] 李申.《隋唐三教哲学》[m]. 成都：四川出版集团、巴蜀书社，2007.
[25] 何平编著.《中国文明简史》[m]. 成都：四川出版集团、四川文艺出版社，2011.
[26] 周菁主编.《中国历史文化通览》[m]. 北京：研究出版社，2010.
[27] 包和平、王学艳编著.《中国传统文化名著展评》[m]. 北京：北京图书馆出版社，2006.
[28] 路正军.《柳宗元思想新探》[m]. 长沙：湖南大学出版社，2007.
[29] 司马云杰.《大道哲学通书——心性灵明论》[m]. 北京：华夏出版社，2012.
[30] 许建良.《先秦法家的道德世界》[m]. 北京：人民出版社，2012.
[31]《方天立文集》第七卷，《中国佛教文化》[m]. 北京：中国人民大学出版社，2012.
[32] 李泽厚.《哲学纲要》[m]. 北京：北京大学出版社，2011.
[33] 范文澜、蔡美彪等.《中国通史》（第七册）[m]. 北京：人民出版社，1978.
[34] 陈谷嘉.《宋代理学伦理思想研究》[m]. 长沙：湖南大学出版社，2006.
[35] 钱穆.《宋明理学概述》[m]. 北京：九州出版社，2010.
[36] 陈来.《朱子哲学研究》[m]. 北京：生活·读书·新知三联书店，2010.
[37] 陈来.《宋明理学》[m]. 北京：生活·读书·新知三联书店，2011.
[38] 陈宗桂主编.《陆九渊王阳明与中国文化》[m]. 贵阳：贵州人民出版社，2001.
[39] 张立文.《心学之路——陆九渊思想研究》[m]. 北京：人民出版社，2008.
[40] 刘忠孝等主编.《先秦儒家伦理文化研究》[m]. 北京：人民出版社，2012.
[41] 复旦大学哲学系中国哲学教研室编著.《中国古代哲学史》（上下册）[m]. 上海：上海古籍出版社，2011.
[42] 吕朝龚.《教育伦理探微》[m]. 北京：中国书籍出版社，2013.
[43] 马勇.《严复学术思想评传》[m]. 北京：北京图书馆出版社，2001.
[44] 陈来.《宋明儒学论》[m]. 上海：复旦大学出版社，2010.
[45] 王寿南主编.《中国历代思想家——宋明》[m]. 北京：九州出版社，2011.
[46] 江学群、武才娃.《清代思想史论》[m]. 北京：中国社会科学出版社，2007.

[47] 黄敦兵.《黄宗羲伦理思想的主题及其展开》[m]. 北京：中国社会科学出版社，2012.

[48] 赖永海.《中国佛教与哲学》[m]. 北京：宗教文化出版社，2004.

[49] 焦润明.《中国近代文化史》[m]. 沈阳：辽宁大学出版社，2006.

[50] 龚书铎主编.《中国近代文化概论》[m]. 北京：中华书局，2002.

[51] 张昭军、孙燕京主编.《中国近代文化史》[m]. 北京：中华书局，2012.

[52] 郑大华.《民国思想家论》[m]. 北京：中华书局，2006.

[53] 陈旭麓主编.《中国近代史》[m]. 北京：高等教育出版社，2000.

[54] 王桧林主编.《中国现代史》[m]. 北京：高等教育出版社，2001.

[55] 唐弢主编.《中国现代文学史简编》[m]. 北京：人民文学出版社，1985.

[56] 涂可国主编，李军、曹跃明著.《中国现代哲学新论》[m]. 济南：齐鲁书社，2007.

[57] 李泽厚.《中国现代思想史论》[m]. 北京：生活·读书·新知三联书店，2008。

[58] 黄克武.《近代中国的思潮与人物》[m]. 北京：九州出版社，2013.

[59] 王寿南主编.《现代中国历代思想家》[m]. 北京：九州出版社，2011.

[60] 郭齐勇、龚建平.《梁漱溟哲学思想》[m]. 北京：北京大学出版社，2011.

[61] 冯友兰.《冯友兰讲哲学》[m]. 南京：凤凰出版社，2011.

[62] 郭齐勇.《熊十力传论》[m]. 北京：中国社会科学出版社，2013.

[63] 刘长城.《解读冯友兰——中国哲学的发展》[m]. 北京：北京大学出版社，2008.

[64] 葛兆光.《中国思想史》（第一、二卷）[m]. 上海：复旦大学出版社，2013.

[65] 冯友兰.《中国哲学史》[m]. 重庆：重庆出版社，2012.

[66] 冯友兰.《中国哲学简史》[m]. 北京：北京大学出版社，2014.

后　记

　　当前教育的功利目标与培育净化社会人心的终极目标之间的矛盾依然突出。教育对个人的功利作用突显，而在培育人的社会责任感和使命感方面却明显减弱。所以，不管是家庭教育、学校教育，还是社会教育，都不同程度地忽视了人文教育，个人在追求自己利益最大化的同时，却忽略了社会人文素养和人文精神的培育，当前教育在这方面能发挥的作用，仍显得十分苍白无力。记得陶行知先生说过，"办学和改造社会是一件事，不是两件事。改造社会而不从办学入手，便不能改造人的内心；不能改造人的内心，便不是彻骨的改造社会。反过来说，办学而不包括社会改造的使命，便是没有目的，没有意义，没有生气。"[①] 笔者从 2010 年开始，把研究的兴趣和兴奋点放在"中国传统文化与人文教育"这一切入点上，试图通过研究蕴含在中华优秀传统文化中的人文精神和人文教育思想，来探寻人生和教育的真正意义和价值，为研究当前教育中存在的问题提供一些思路和帮助。

　　笔者认为，人生只是时间史上的一个点，时间史是一幅由众多历史人物串起来的巨大画卷。在撰写本书的过程中，我心里一直对中华优秀传统文化中的历史人物怀有敬重之情，对蕴含在中华优秀传统文化中的人文教育思想怀有敬畏之心。在绵延无限的历史长河中，中华民族虽经磨难却能长盛不衰的根本原因，是因为中华民族有一种内在的自强不息、坚韧不拔的传统人文精神。中华优秀传统文化中的人文教育思想丰富多彩、博大精深，在净化民

[①] 《陶行知全集》第二卷，四川教育出版社1991年版，第 435—436 页。

心、纯正民风的教化上，具有重要的历史作用和现实价值。

江山代有才人出，各领风骚数十年。人只有真正明白人之所以为人的意义和价值，才能真正立于天地之间，才能真正为天地立心、为生民立命、为往圣继绝学、为万世开太平，才能真正实现进退自如、逍遥自得的人生境界。同时，在人生短短几十年的旅程中，内心只有真正超越利欲的囚牢，人生才能真正获得自由。并且，只有绝大多数的人真正获得逍遥和自由，整个社会才能真正实现和谐稳定。所以，不管是先秦显学、汉唐儒学、宋明理学和心学，还是晚清以后的实学，其人文教化思想不但在当时发挥了重要的作用，而且在现实社会仍具有积极的借鉴意义和价值。

最后，我要衷心感谢所有对我真诚鼓励、帮助的领导、师长、同仁和朋友。首先要衷心感谢黄新宪老所长一直以来对我的鼓励和厚爱，让我内心充满信心，一路坚持写下来；还要衷心感谢《东南学术》杂志社社长、总编辑杨健民研究员，在百忙中为本书作序和一直以来对我的鼓励和帮助。在此，要衷心感谢福建教育出版社成知辛主任对本书提出许多宝贵的修改意见和建议；要衷心感谢福建教育学院报刊社副社长赖一郎博士一直以来对我的支持和帮助；还要衷心感谢本书责任编辑沈群老师的辛勤付出。最后，特别要感谢我的家人一直以来对我的默默支持，让我心里感到莫大的温暖。由于自己才疏学浅、能力有限，对中国传统文化的理解、感悟和积淀不够，书中难免会出现不当和偏颇之处，敬请各位专家学者批评指正，我内心不胜感激！书中还参阅借鉴了许多专家学者的研究成果，在此表示衷心的感谢！

作　者

二〇一四年十二月十六日于福州